LA MÈRE THOURET

FONDATRICE

DES SŒURS DE LA CHARITÉ

SOUS LA PROTECTION

DE

SAINT VINCENT DE PAUL

HISTOIRE

DE

SA VIE ET DE SES ŒUVRES

PAR

l'Abbé HENRY CALHIAT

CHANOINE HONORAIRE, MISSIONNAIRE APOSTOLIQUE, DOCTEUR EN THÉOLOGIE
ET EN DROIT CANONIQUE

ROME

IMPRIMERIE DU VATICAN

—

1892

· · mes chers sœurs et filles en J. C. si
Vous aviez vu quelque chose
en moi que ne soit pas de bon exemple
pardonnez moi, et oubliez-le
pour l'amour de dieu, je le supplie de
vous toutes benir.

Votre affectionnée sœur
Jeanne Antide Thouret Supérieure
générale des filles de la charité sous la
protection de St Vincent de paul sous la

DÉCLARATION

Je déclare qu'en donnant quelquefois le nom de sainte à l'héroïne de ce livre, je n'entends le faire qu'au sens et dans la mesure autorisés par le décret d'Urbain VIII. Je déclare en outre que je soumets cet ouvrage et ma personne au jugement du Saint Siége, désavouant à l'avance de bouche et de cœur, tout ce qui, contre ma volonté, ne serait pas conforme à l'enseignement de la sainte Église, ma mère, dans l'obéissance de laquelle je veux vivre et mourir.

A S. E. RME

LE

CARDINAL PAROCCHI

VICAIRE DE S. S. N. S. P.

LE PAPE LÉON XIII

EMINENTISSIME SEIGNEUR,

Vous êtes le protecteur des *Sœurs de la Charité sous la protection de Saint Vincent de Paul*, et partout où la Providence a permis que vous les vissiez à l'œuvre, surtout à Bologne et à Rome, vous leur avez prodigué les marques d'une paternelle bienveillance.

Elles vous en sont profondément reconnaissantes. Aussi l'auteur qu'elles ont bien voulu charger d'écrire la vie de leur Vénérée Fondatrice est heureux et fier de vous offrir la dédicace de son livre.

Vous avez daigné accepter cette dédicace, avec la bonté qui vous distingue; c'est là une grâce dont nous sentons tous le prix.

Les Sœurs de la Charité y voient une gloire qui les réjouit, et moi un honneur qui m'encourage.

Le nom de votre Éminence Révérendissime placé en tête de cette histoire sera une bénédiction pour l'Institut, pour l'ouvrage et pour l'écrivain.

HENRY CALHIAT.

AVANT-PROPOS

Quels sont les documents qui m'ont servi pour écrire cette histoire? Je tiens à le dire, avant d'entrer en matière. Pour faire l'œuvre que voici, j'ai eu entre les mains: 1° Des notes rédigées par monsieur l'abbé Seydet, ancien curé de Sancey, lesquelles m'ont été très–utiles pour raconter les commencements de la Mère Thouret: 2° Un mémoire dû à la plume même de la Mère, mais malheureusement interrompu: 3° un manuscrit de Sœur Rosalie sa nièce qui fut sa compagne et sa confidente jusqu'à sa mort: 4° un grand nombre de ses lettres et de ses circulaires conservées dans les archives de sa congrégation: 5° d'importants documents fournis par la Supérieure générale: 6° des notices écrites par les rares religieuses vivant encore qui ont connu leur fondatrice: 7° quelques communications obligeantes qui me sont venues de Besançon: 8° enfin les notes que j'ai prises moi-même, à Naples et à Rome: à Naples, dans la maison de *Regina-Cœli* où repose la Mère Thouret, et où deux fois, en Septembre 1890 et en Août 1891, j'ai pu consulter plusieurs sœurs reçues par elle dans l'institut; et à Rome dans la maison de la *Bocca della Verità* où réside habituellement la supérieure générale.

L'ouvrage comprend cinq livres dont voici les titres: L'ère des commencements. L'ère des succès. L'ère des bénédictions. L'ère des difficultés. L'ensemble du caractère.

Les quatre premiers contiennent l'histoire de la fondatrice des sœurs de la charité sous la protection de St. Vincent de Paul, et le cinquième, spécialement écrit pour ces mêmes sœurs, a pour but de mettre en lumière l'âme, le cœur, l'esprit, les vertus, la gloire de leur vénérée Mère.

PRÉFACE

Filii, et ædificatio civitatis confir-
mabit nomen, et super hac mulier imma-
culata computabitur.

La création d'une famille et la fondation d'une ville donnent la gloire ici-
bas; mais la vie d'une femme sans tache
est une gloire plus belle encore.

(Ecclé. - 40, 19).

Le 25 Mars 1865, l'abbé Richard alors vicaire
général du diocèse de Nantes, aujourd'hui cardinal
de la sainte Eglise et archevêque de Paris, commençait par les lignes suivantes la préface d'un livre
qui lui fait honneur: « Je regarde comme une grâce
de Dieu d'avoir été appelé à écrire la vie de la bienheureuse Françoise d'Amboise, et d'avoir reçu la mission de travailler à la confirmation du culte que nos
pères n'ont pas cessé de lui rendre pendant quatre
siècles [1]. »

Il m'est doux de commencer la préface de cet
ouvrage par des paroles à peu près pareilles: « Je

---

[1] Françoise d'Amboise (1427-1485) fille de Louis d'Amboise vicomte de Thouars et femme de Pierre II duc de Bourgogne, fonda
à Vannes le monastère des Trois Maries dont elle devint prieure
en 1467.

regarde, moi aussi, comme une grâce de Dieu d'avoir été appelé à l'honneur d'écrire la vie de la Révérende Mère Jeanne Antide Thouret.

Je n'ai pas reçu la mission de travailler à l'expansion du culte que mérite cette sainte femme; mais son histoire que je vais raconter pourra cependant lui valoir des admirateurs, en dehors de sa famille religieuse et dans tous les cas elle ajoutera quelques fleurons à la couronne que lui ont tressée ses filles.

Puis, si l'Eglise doit un jour lui décerner les honneurs de la vénération publique qu'elle accorde à ses enfants privilégiés, ce livre sera comme le prélude de la gloire qui lui est réservée.

En attendant, voici pourquoi et pour qui cette histoire est écrite. — Elle est écrite pour faire connaître à la France et à l'Italie, une vierge de Dieu qui, de 1787 à 1826, a bien mérité d'elles, et pour révéler au monde une existence féconde en mérites et en vertus. Il y a plus de cent ans que Jeanne Antide Thouret fut appelée à une vocation sublime. Il y aura bientôt cent ans que l'œuvre qu'elle a fondée vit et prospère au soleil de l'Eglise, pour la consolation des misères terrestres. Il y a plus d'un demi siècle que sa mémoire est honorée dans une congrégation qui compte plus de trois mille religieuses fières de l'avoir pour mère. . . Il est temps de dire le bien qu'elle a fait dans sa vie, et les titres qu'elle a à l'amour de sa congrégation et au respect de l'humanité.

Cette congrégation n'a plus guère à l'heure présente que trois ou quatre sœurs qui l'aient connue et qui puissent encore parler d'elle. Dans quelques années, ses contemporaines, qui ne prononcent son nom que les larmes aux yeux, seront toutes devenues ses compatriotes dans l'éternité.

L'heure est venue d'utiliser leurs souvenirs. De plus, dans les cinq provinces de l'institut, se trouve un nombre considérable de novices et de professes qui ne connaissent que vaguement leur fondatrice et qui ne désirent rien tant que de savoir les bienfaits qu'elles lui doivent. Il est bon qu'elles aient au plus tôt, entre les mains, un ouvrage qui leur raconte ses œuvres, ses souffrances, ses luttes, sa sainteté, et qui leur montre comme dans une auréole, la beauté de son âme, la grandeur de son caractère, les traits de sa physionomie.

Ce livre répond à de légitimes aspirations, mais pour qui est-il écrit? La réponse à cette question est, en partie, dans les lignes qui précèdent. Cette vie est faite *avant tout pour les filles de la charité, sous la protection de saint Vincent de Paul*, pour celles qui vivent sous les règles de Rome, comme pour celles qui suivent la règle de Besançon. Les unes et les autres trouveront dans ces pages des vertus à admirer, des exemples à suivre, des leçons à méditer. Toutes y liront avec intérêt ce qu'a fait et souffert leur mère commune pour leur donner l'existence dont elles jouissent. Elles pourront même s'y regarder comme dans un miroir pour savoir où elles en sont de leur ressemblance avec leur première supérieure générale, et s'y plonger comme dans un bain régénérateur pour y retremper leur amour pour Dieu, pour les pauvres et pour la Règle.

Cette vie s'adresse ensuite aux âmes qui veulent apprendre comment elles doivent lutter contre les souffrances d'ici-bas, pour arriver à la résignation dans ce monde, à la récompense dans l'autre.

« La vie est un combat dont la palme est aux cieux ! » Nous avons tous, qui que nous soyons, prêtres, religieux, religieuses, hommes et femmes du monde, à payer, un jour ou l'autre, notre tribut aux épines humaines ; nous devons tous à tour de rôle, nous incliner sous le sceptre du malheur ; et par suite, nous avons tous intérêt à voir une âme forte résister avec courage aux assauts de la douleur ; or, c'est là le spectacle qui va nous être donné dans ce livre. Nous y verrons, en effet, une fondatrice se montrer toujours patiente et vaillante en face des tribulations que la Providence lui envoie, comme pour jeter d'abord un défi à ses saintes audaces, et couronner ensuite sa magnanimité.

Saint Bernard qui connaissait à fond les mystères de l'âme, nous dit que le cœur est comme une meule de moulin qui broie tout ce qu'on lui confie, blé, paille ou poussière, et qui finit, quand elle n'a plus rien à triturer, par se triturer elle-même.

En effet tout arrive au cœur, tout y passe : l'amour, l'amitié, l'ambition ; toutes les passions s'y donnent rendez-vous l'une après l'autre, pour l'occuper, pour le faire tourner en quelque sorte au courant des flots tumultueux de la vie, et quand il n'a plus rien à moudre, il se ronge, il se broie, il se triture lui-même, sans pouvoir jamais s'anéantir; de là des souffrances sans fin et sans nom dont le récit recommence tous les jours pour attrister l'humanité.

N'y aurait-il pas un moyen d'adoucir ces souffrances, ou du moins de les rendre supportables? Il y en a un. Il consiste à mettre sous la meule *mystérieuse* de ce pauvre cœur trituré quelques grains de résignation chrétienne. Cela fait, le remède est tout trouvé: les saints n'en ont pas connu d'autre, et ils l'ont sans cesse préconisé, parce qu'il est souverain.

C'est celui qu'a employé la Mère Thouret au milieu des épreuves de tout genre qu'elle a rencontrées, et nous verrons, dans ce récit, qu'elle a toujours su l'employer pour la gloire de Dieu; car l'une de ses grandes qualités fut sa conformité constante aux volontés de la Providence.

Enfin, pourquoi ne pas le dire? nous sommes à une époque de *décadence*. Cette fin de siècle semble avoir des odeurs de sépulcre. La littérature du jour sent mauvais; elle est sensuelle, impure et malsaine. Ses créations les plus en renom sont aussi immondes que tapageuses. Elle ne nous fait guère admirer que des types anémiques ou détraqués chez qui la morphine remplace la vertu, et ses héroïnes les plus célèbres ne sont pour la plupart que des femmes névrosées, ou des femmes poupées qui se laissent conduire non par le sentiment, mais par la sensation, non par le devoir, mais par l'instinct.

Il est utile de jeter, au milieu des productions contemporaines qui empoisonnent les esprits, des livres qui sentent bon, et qui nous montrent en même temps des types de femmes pures, idéales, supérieures, des âmes énergiques et virginales ne se laissant conduire que par des sentiments nobles et généreux.

L'ouvrage que voici, sera de ce nombre; car la Mère Thouret est une héroïne taillée à l'antique, une véritable femme forte. Le lecteur pourra bientôt s'en convaincre.

Voilà pourquoi j'ai mis en tête de ma préface, ces paroles prises dans la sagesse de Jésus, fils de Sirach: « La création d'une famille, la fondation d'une ville donnent la gloire ici-bas; mais la vie d'une femme sans tache est une gloire plus belle encore [1]. »

Notre vénérée fondatrice a su vivre sans tache; cette gloire qui est la plus belle de toutes, d'après l'Ecclésiastique, ne peut lui être refusée; mais elle ne s'est pas contentée de celle-là; car, tout en menant une vie immaculée, elle a créé une famille nombreuse qui lui vaut une couronne; elle n'a pas, il est vrai, fondé de villes; mais elle a fondé quelque chose de plus important qu'une cité, quelque chose de plus précieux pour la société: c'est sa congréga-

---

[1] Ecclé. 40, 19.

tion ; c'est un ordre de sœurs vouées à la charité,
à l'éducation et à l'apostolat. N'est-ce pas dire que
son histoire est faite aussi pour tous ceux qui, à
l'heure présente, cherchent, en dehors des romans
naturalistes, des lectures palpitantes; qu'elle s'adresse
également à ceux qui, fatigués des ouvrages réalistes
du moment, veulent pour leur esprit, une pâture
saine et fortifiante.

J'ose espérer que sous ce double rapport, mes
lecteurs seront quelque peu satisfaits, bien qu'ils
soient exposés à rencontrer dans cette histoire des
pages purement ascétiques; mais ils ne doivent pas
oublier que c'est en quelque sorte une vie de sainte
que je vais écrire, et que cette vie, je le répète,
est faite avant tout pour des religieuses qui l'attendent comme un monument élevé à la mémoire de
la meilleure des mères.

Puisse-t-elle répondre à leurs désirs! Puisse-t-
elle surtout répandre dans tout leur institut, la bonne
odeur d'une parfaite édification.

« Il y a des livres, a dit Joubert, où l'on respire
un air exquis. » Pourra-t-on en dire autant de celui-ci?
Je n'ai pas la prétention de l'assurer de peur de paraître présomptueux à cause de mon œuvre; mais
je puis affirmer, à cause des mérites que je dois
louer, et des faits que je vais raconter qu'on y
respirera du moins avec des senteurs salubres, un
air embaumé des plus pures vertus du Christianisme!!

Montauban (T. et G.) 1ᵉʳ Janvier 1892.

LIVRE PREMIER

L'ÈRE DES COMMENCEMENTS

(1765-1799)

CHAPITRE PREMIER

Sa Patrie.

Le Doubs. - Ses industries. - Ses célébrités.
Madame de Tercy. - Sœur Marthe.

Jeanne Antide Thouret est franc-comtoise d'origine. La
Franche-Comté lui a donné le jour. Cette ancienne province,
l'une des plus chères à la France, l'une des meilleures de
notre pays était, on le sait, formée de trois départements :
du Jura, du Doubs et de la Haute-Saône. Le berceau de
notre héroïne appartient au département du Doubs, à l'arrondissement de Baume-les-Dames, au canton de Clerval, à la
paroisse de Sancey le-Grand.

« Le Doubs est un pays de montagnes : elles couvrent,
en effet, une étendue de 447,249 hectares, c'est-à-dire plus
des cinq sixièmes de la superficie du département [1]. » Faut-il
croire, avec certains auteurs que le sol, le climat, le ciel fa-
çonnent les races et que les montagnards portent au fond
de l'âme un sceau particulier qui marque leur caractère à
tout jamais ? Il n'est pas trop téméraire de le penser. Nous
sommes ici en présence d'un caractère mâle, énergique, en-
treprenant, d'une âme taillée à l'antique, d'un esprit ferme
et bien trempé, et tout cela s'harmonise à merveille avec les
natures montagnardes.

---

[1] Malte-Brun, *La France illustrée.*

Le Doubs, traversé par quatre des chaînes parallèles des monts Jura, présente la forme d'un vaste amphithéâtre, et c'est au cœur de cet amphithéâtre que Jeanne Thouret est venue au monde. Elle était, ce me semble, par suite, comme prédestinée à recevoir à son berceau, à porter en naissant, les qualités maîtresses des franc-comtois. Ces qualités sont simples mais belles. Le franc-comtois, disent les historiens, est bon, franc, intelligent, hospitalier, ami de l'ordre et de l'économie.

Nous verrons dans le cours de ce récit que Mère Thouret n'a jamais en rien fait mentir ce portrait, et que ces épithètes louangeuses conviennent parfaitement à sa riche nature.

Les principales industries du pays – celles mêmes pour lesquelles le département tient le premier rang en France – sont la fonte et la fabrication du fer, de l'acier, du cuivre et l'horlogerie.

Hâtons-nous de dire que si l'habitant est voué de préférence aux travaux métallurgiques, c'est qu'il est là plus encouragé qu'ailleurs par les mines qu'il rencontre sur ses pas : il n'a, pour ainsi dire, qu'à frapper du pied pour trouver des richesses.

Mais si la nature a mis des trésors merveilleux dans les entrailles de la terre, la Providence a mis à son tour des espérances sublimes au sein des familles. Le sol produit le fer, et le foyer donne le génie. Là, le voyageur voit de loin en loin fumer des usines qui fabriquent des canons, des cloches, des fusils et le penseur voit à son tour, çà et là, des demeures qui ont fabriqué à toutes les heures de l'histoire, des hommes, des esprits, des caractères dignes de notre admiration.

Nous y trouvons des montres magnifiques qui font le tour du monde et nous y rencontrons également des âmes devant lesquelles l'humanité doit s'incliner dans un sentiment de respect ou d'amour.

Il suffit, pour se convaincre de cette vérité, de consulter les annales du pays et de parcourir la longue liste des célébrités que le Doubs a produites. Je ne m'arrête qu'aux plus remarquables.

Dans le monde militaire, nous avons le maréchal Moncey qui combattit un des derniers à la tête de la garde nationale de Paris dans la plaine de Clichy, en 1814, et ne déposa les armes, qu'après la signature de la capitulation, et avec lui les généraux Douzelot, Michaud, Sicard etc....

Dans le monde littéraire nous avons Charles Nodier, l'homme aimable et bon, accueillant, encourageant tous les débuts et n'ayant que des amis, et Victor Hugo, l'enfant sublime et l'homme immense, le maître de la lyre, qui a reçu tant de dons du Ciel et qui en a tant abusé.

Dans le monde scientifique, comment oublier le grand Cuvier dont le génie exerça une si grande influence sur les transformations de l'histoire naturelle, notamment de l'anatomie?

Dans le monde philosophique, comment ne pas signaler Simon Jouffroy l'élève de Royer-Collard et de Victor Cousin, dont le rationalisme a abouti à un doute si douloureux et qui a tant souffert de n'avoir pas la foi religieuse de ses pères?

Dans le monde religieux, citons au courant de la plume, le cardinal de Granvelle qui, évêque d'Arras à 23 ans sut se faire un nom au concile de Trente et dont une place de Besançon porte encore le nom; le cardinal Gousset dont les ouvrages théologiques font la fortune des bibliothèques ecclésiastiques; Mgr. Doncy dont les Protestants de Montauban redoutaient tant la polémique incisive et savante Mgr. Cart et Mgr. Besson qui tous les deux, par la parole et la plume, ont illustré le siége de Nîmes; le père Nonnotte qui réfuta si victorieusement les erreurs de ce *singe de génie* qui s'appelle Voltaire; le père Varin d'Ainvelle qui a joué un si grand et si beau rôle dans la fondation de la société du Sacré-Cœur de Jésus, etc.

Si maintenant je jette un coup d'œil sur les deux départe-
tement voisins qui avec le *Doubs* formaient jadis la Franche-Comté, je remarque dans la Haute-Saône le cardinal de
Jouffroy, l'orientaliste Beauchamps, etc., et dans le Jura, le
général Pichegru, Mgr. Gerbet, etc... et en parcourant cette
riche nomenclature, en voyant cette liste flamboyante de noms
illustres, je me pose la question que se posait le poète Al-
fieri pour l'Italie, sa patrie. Je me demande si la *plante
homme* naît plus robuste et plus forte dans le pays franc-
comtois et je suis tenté de saluer cette terre féconde en
grands hommes par les beaux vers qu'Ausonne adressait à
une contrée voisine dans la langue de Virgile :

« Salve magna parens frugumque virumque, Mosella ! »

Mais je me pose aussi une autre question. Comment se fait-il
que parmi tous ces fronts auréolés par la gloire, je ne trouve
pas de femmes ? Qui ne sait que les femmes ont leur rôle
dans l'histoire de tous les siècles comme dans la littérature
de tous les temps ?

Comment se fait-il que les historiographes du pays ne
signalent pas de femmes célèbres à notre attention ? Serait-ce
parce que dans la Franche-Comté, la femme ne fût jamais
à la hauteur de l'homme ? Non certes.

Le dire serait une grossière erreur. Il vaut mieux croire
que la femme franc-comtoise a imité la femme romaine, qu'elle
a caché sa vie dans le foyer, qu'elle a été plutôt inspiratrice
et conseillère que créatrice et qu'elle s'est toujours contentée
du charmant éloge mérité par la matrone antique : « *lanam
fecit, domum mansit : elle a travaillé la laine et gardé la
maison.* » Malgré tout, dans la galerie des célébrités franc-
comtoises qui ont provoqué l'admiration du monde, je vois
apparaître quelques physionomies féminines qui ont aussi un
nimbe de gloire. Je me contente, pour ne pas remonter trop
haut, dans les annales de l'histoire, de nommer Madame de

Tercy et Sœur Marthe. La première a laissé un nom dans les lettres ; elle était femme d'un poète qui fut sous-préfet de Neufchâtel, pendant les Cents jours, et belle-sœur de Charles Nodier. La seconde, dont le vrai nom est Anne Biget, est née à Thoraise près de Besançon; elle fut longtemps tourière au couvent de la *Visitation* de cette ville. Après la suppression de son ordre en 1790, elle se consacra au soulagement des prisonniers. Les vieillards de Besançon se souviennent encore de la grande popularité dont elle jouissait. A la Restauration, elle fut présentée au Comte d'Artois de passage dans la cité, et les souverains alliés la comblèrent de décorations et de pensions.

La mère Thouret a été la contemporaine de ces deux femmes : son esprit lui donne une place à côté de Madame de Tercy et son cœur lui en donne une autre à côté de Sœur Marthe. L'histoire inscrira leur nom avec un égal respect, sur le triptyque de l'avenir et le dernier inscrit ne sera pas le moins populaire et le moins aimé; il est même appelé, si je ne m'abuse, à éclipser les deux autres.....

La muse qui a gravi le Parnasse pour conquérir le laurier littéraire, disparaîtra devant la sainte qui a gravi le Calvaire pour fonder une œuvre charitable, et la visiteuse des prisonniers s'effacera devant celle qui fut tout à la fois la Providence des prisonniers, des orphelins, des pauvres, des enfants, et des malades!!

CHAPITRE DEUXIÈME

Son Village.

L'amour de la patrie. - Sancey-le-long. - Ses grottes. - Ses ruisseaux. - Son patron. - Ses traditions chrétiennes. - Pouy et Sancey.

Si, comme l'a dit le poète, à tous les cœurs bien nés, la patrie est chère, il est, dans cette même patrie, un site privilégié, un lieu plus aimé qui met au cœur des souvenirs plus doux, et produit dans l'âme des émotions plus tendres. Ce site privilégié, c'est le village où l'on est né; ce lieu plus aimé, c'est le foyer où l'on à reçu le jour. C'est le nid où l'on a laissé, quand on l'a quitté, des parcelles de son cœur, comme l'oiseau laisse, quand il s'envole, des plumes de son aile dans les branches qui soutinrent son berceau. — « C'est la maison où l'âme s'est épanouie sous les regards attendris d'un père et qui reste longtemps embaumée pour elle des baisers maternels; c'est ce coin de terre où dort la cendre à peine refroidie de nos aïeux suivis et gardés dans la tombe par la piété des souvenirs [1]. »

C'est cet ensemble délicat composé par la Providence, de champs et de bois, de vallées et de montagnes, de manoirs et de tourelles, dont l'image fascinatrice nous poursuit sans cesse, et qu'on ne veut jamais oublier. C'est ce cadre fait

---

[1] Mgr. Darboy.

d'horizons riants, de perspectives fuyantes, et de remembrances heureuses dans lequel notre imagination enchantée revoit se dérouler notre enfance comme une immense toile sur laquelle le peintre aurait représenté un paysage orné d'arbres et animé par des personnages.

Quel est le cadre de l'enfance de Jeanne? Il est temps de le faire connaître. Quel est le lieu qui l'a vu naître? Nous l'avons dit: il se nomme Sancey-le-long. C'est un bourg qui n'a pas 400 habitants.

Les écrivains et les prédicateurs ont souvent appliqué aux villages devenus célèbres les paroles que le prophète Michée adressait à Bethléem, en vue de sa prédestination providentielle. On pourrait également les appliquer au village qui va nous occuper. A lui aussi, un prophète d'autrefois aurait pu dire, si Dieu l'avait permis:

« *Et tu nequaquam minima es, in principibus Juda; ex te enim exiet dux qui regat populum meum Israël.* Et toi Sancey, tu n'es pas la plus petite parmi les bourgades de la Franche-Comté, car de toi sortira une reine qui gouvernera un peuple de vierges consacrées au soulagement des misères humaines. » Ce que n'ont pas dit les prophètes du passé, les historiens de l'avenir le diront, je l'espère, pour la gloire de la mère Thouret. En attendant, plus de trois mille sœurs de charité, le répètent avec l'accent de la reconnaissance, au nom mille fois béni de leur vénérée fondatrice.

Sancey-le-long a toujours dépendu de Sancey-le-Grand, au point de vue spirituel. Autrefois, au temps de l'antique province de Franche-Comté, la paroisse de Saint-Martin de Sancey comprenait les trois villages de Sancey-le-Grand, de Sancey-l'Eglise, de Sancey-le-long, les trois bourgs de Rahon de Belvoir, de Surmont et une partie de la bourgade d'Orve. Aujourd'hui elle est moins vaste; elle ne comprend plus que les trois villages de Sancey et celui de Rahon. — Malgré cela, elle a une importance plus qu'ordinaire, puisqu'elle en-

globe trois communes qui, s'il faut en croire Malte-Brun,
comptent ensemble près de 1400 âmes.

Quand on parcourt la géographie sacrée de la France,
on rencontre parfois des paroisses qui n'ont pas même 100
âmes. J'en ai vu une au cœur des Hautes-Alpes située dans
une riante vallée, qui monte à peine à ce chiffre. Elle est
pauvre, mais bonne; le curé qui la gouverne n'a pas, on le
devine, un ministère bien chargé. Son église est petite mais
propre; son cimetière entouré de murs blancs n'est qu'un
modeste lopin de terre. Il n'a pas, en moyenne, un mort, un
baptême, un enterrement par an, et son casuel s'élève, chaque année, à la somme d'un franc cinquante centimes. Quelquefois cependant il monte jusqu'à trois francs; mais cela
n'empêche pas le pasteur d'être parfaitement heureux et d'attendre en paix, sous la neige pendant l'hiver, dans la verdure,
pendant l'été, son heure pour mourir. Le curé de Sancey, on
le comprend, est dans des conditions de vie, et d'agrément
tout autres. La paroisse est située au premier plan des montagnes du Doubs, dans un riche et beau vallon qui se développe sur l'étendue de plus d'une lieue, du levant au cou-
chant et du midi au nord.

Ce vallon est dominé, au nord, par la sombre silhouette
du Château-fort de Belvoir, et couronné, vers les autres points
cardinaux par des montagnes qui festonnent l'horizon comme
d'une riche et brillante dentelle.

Dans ces montagnes, on va voir des grottes qui de tout
temps ont joué un rôle dans l'imagination populaire et même
dans l'histoire locale. L'une d'elles, qui porte le nom de la
Baume et qui dépend de la commune de Sancey-le-long, est
assez spacieuse pour avoir, dit la chronique, servi de refuge
à la paroisse, dans l'invasion des Suédois en 1637.

Des masses rocailleuses qui couvrent ces grottes légen-
daires, s'échappent trois petits ruisseaux dont deux traversent
avec un sourd murmure, l'un le village de Sancey-le-Grand,
et l'autre le bourg de Sancey-le-long.

Qui ne sait que dans les contrées montagneuses les torrents et les gaves donnent en même temps une heureuse fécondité à la campagne et une douce poésie au paysage? Le voyageur qui a visité les Alpes, les Pyrénées, les Cévennes, a pu facilement s'en convaincre pour le plaisir de ses yeux et pour la joie de son âme. Il n'en est pas autrement dans le Doubs. Les montagnes *Jurassiques* ne sont pas déshéritées des spectacles gracieux que peuvent donner au touriste amateur de la belle nature, nos chaînes françaises plus grandioses et plus imposantes.

Il est raconté, à ce propos, que le cardinal de Rohan, archevêque de Besançon, faisant sa visite pastorale à Sancey, en 1832, déclara, après avoir admiré les ruisseaux dont je parle, et la plaine qu'ils arrosent, qu'il n'avait jamais vu dans ses voyages à travers la France, un site plus beau, plus riant et plus agréable. Hâtons-nous d'ajouter que ces ruisseaux n'ont pas seulement un aspect poétique qui leur donne du charme, mais qu'ils ont en outre un côté utilitaire qui leur donne du prix.

Nous sommes ici, ne l'oublions pas, dans un pays industriel; nous trouvons sur nos pas des papeteries, des tanneries, des distilleries, des faïenceries, et l'eau est appelée plus qu'ailleurs à rendre là d'éminents services. De fait, les deux ruisseaux que je célèbre alimentent huit usines dans les deux villages de Sancey.

Ils méritent donc, en passant, une mention honorable dans ce récit. Ils font d'ailleurs quelquefois parler d'eux, par leurs velléités d'inondation, à l'époque des grandes pluies; mais *celui qui met un frein à la fureur des flots*, sait arrêter leur colère ambitieuse, et conduit au fond du vallon, leurs eaux tumultueuses dans un entonnoir providentiel qui a reçu le nom de Puits-fond.

Nul doute que Jeanne Thouret n'ait aimé toute sa vie, et surtout dans son enfance, le site que je décris, ce site, qui, au point de vue pittoresque, ressemble assez, si je ne me trompe, à un coin de la Suisse qui aurait été transporté du voisinage par le Bon Dieu sous le ciel de la Franche-Comté.

Mais si elle sut apprécier les beautés naturelles du village qui lui donna le jour, elle dut encore mieux goûter les merveilles spirituelles dont le ciel l'avait doté.

D'après une tradition populaire Saint Martin se rendant en Italie, se serait arrêté à Sancey, et les archéologues pensent qu'il n'est pas trop téméraire de faire remonter la création de la paroisse à une époque assez rapprochée du temps où vécut le grand thaumaturge des Gaules.

C'est pour cela, disent-ils, que la paroisse de Sancey-le-Grand a Saint Martin pour patron et pour titulaire.

Que faut-il penser de cette opinion? Je n'en sais rien; mais je la crois du moins respectable. Quoiqu'il en soit, il est certain que la foi portée dans le pays au commencement du troisième siècle par deux disciples de Saint Irénée, Saints Ferréol et Ferjeux, fut connue et pratiquée à Sancey, dès les premiers temps de l'établissement du Christianisme dans la Gaule transalpine. Nous savons, en effet, par l'histoire que Saint Lin et Saint Germain et les autres successeurs des deux premiers martyrs qui furent mis à mort en 211, prêchèrent avec succès l'Evangile dans la Séquanaise, et qu'au temps de Dioclétien la contrée tout entière était chrétienne.

Dans tous les cas, l'église de la paroisse porte le manteau du temps et la patine des âges. Elle conserve encore dans sa partie supérieure des traces incontestables du quinzième siècle, et tout le monde s'accorde à dire que cette partie dont le style ne peut mentir, n'est que la reconstruction d'une église plus ancienne.

C'est dire que les pierres qui partout savent parler, pour raconter les merveilles de la Religion, parlent là aussi bien qu'ailleurs; mais ce qui parle encore mieux, c'est la lignée des saintes âmes que la paroisse a produites; c'est le *regale sacerdotium*, la race sacerdotale, la *gens sancta*, la phalange virginale dont elle est fière de s'enorgueillir.

Depuis 1660 jusqu'à nos jours, elle a donné à l'Eglise
plus de 60 prêtres et un nombre infini de religieuses. L'aïeule
du cardinal Foulon qui a occupé le siége de Besançon avant
d'occuper celui de Lyon, serait originaire de Sancey-le-Grand.
On n'a les noms des Religieuses que depuis la Révolution.
Excepté deux, elles appartiennent toutes aux sœurs de la
Charité. Dans cette particularité, il y a, à ne pas en douter,
une influence secrète qui trouve son origine dans la mémoire
laissée par la mère Thouret.

On compte actuellement plus de soixante-dix familles proches parentes de prêtres ou de religieuses.

D'après cette rapide esquisse, on comprend aisément que
l'héroïne de cette histoire dut, dès l'âge le plus tendre, respirer autour d'elle une atmosphère embaumée de vertu et
de piété. On comprend également déjà avec quelle tendre
dévotion elle devait, le Dimanche, se rendre à la messe avec
les siens! Il me semble la voir à huit, dix, douze ans, à l'âge
de l'Enfant Jésus allant au temple, prendre en compagnie de
ses parents le chemin de Sancey-le-Grand, et puis sa place
à l'église! Comme elle devait être belle avec son innocence!
Comme elle devait prier avec ferveur! Comme elle devait faire
l'orgueil de sa mère, avec sa taille déjà grande, ses yeux
limpides et son front pur! Comme elle devait édifier les fidèles
avec sa tenue pieuse et modeste!

Les grandes âmes se révèlent de bonne heure, et nous
pouvons sans témérité, dès à présent lire ce qui se passait
dans sa petite âme et deviner ce qui germait dans son jeune
cœur. Elle n'oublia jamais les souvenirs de son enfance, et,
quand sonna pour elle l'heure de faire ses œuvres charitables,
elle pensa tout d'abord à sa paroisse natale : la fondation dont
elle a doté Sancey-le-Grand en 1807, est une des premières
qu'elle ait faites. Depuis 1888 Sancey-le-Grand en possède une
autre établie en son nom, par le dernier curé de la paroisse [1].

[1] L'abbé Seydet nommé dans l'avant-propos de ce livre.

Mais n'anticipons pas sur les événements. Quand Dieu veut faire un saint et une sainte, il prépare le moule à l'avance, et nous voyons, par le tableau que je trace à grands coups de pinceau, que Jeanne se trouva de bonne heure dans un milieu favorable à ses aspirations religieuses.

Sancey a toujours conservé dans le diocèse sa vieille renommée catholique, et tout fait espérer qu'il la conservera longtemps encore. C'est un simple petit bourg comme celui qui vit naître près de deux siècles plus tôt Saint Vincent de Paul. Je me figure sans peine que lorsque les anges, du haut du ciel, regardent notre France, et en particulier la Gascogne et la Franche-Comté, ils doivent, avec une complaisance marquée, arrêter leurs regards sur Pouy et sur Sancey-le-long.

Pouy est dans les Landes, le berceau du grand héros de la Charité, et Sancey-le-long est dans le Doubs, le berceau de l'une de ses plus illustres filles!

CHAPITRE TROISIÈME

Sa Famille.

Les trois Thouret. - Naissance obscure. - Frères et Sœurs. -
Mort d'une mère. - Second mariage du père. - Joachim
Thouret. - Une bergère. - Un parallèle.

J'ai ouvert un dictionnaire historique et j'ai trouvé trois
Thouret dont le nom est enguirlandé par la gloire. L'un fut
jurisconsulte, l'autre médecin et le troisième publiciste; ils
ont été tous les trois contemporains plus au moins rappro-
chés par leur âge de la mère Thouret; mais aucun n'est
franc-comtois d'origine; aucun ne fut parent de Jeanne Antide. Ils n'ont eu et n'auront désormais d'autre parenté que
celle que peut donner la célébrité. Jacques, Michel et Vincent Thouret garderont peut-être leur nom dans le livre d'or
de la Politique, de la Médecine et de la Révolution; mais
celui de Jeanne Thouret ne s'effacera jamais dans le livre
d'or de la Charité?

Cela dit, arrivons à la famille de notre vénérée fondatrice.
Jeanne Antide est née le 27 Novembre 1765, 14 ans avant
Madame Barat. Celle-ci, on le sait, naquit à la fin de l'année 1779 dans une province voisine, en Bourgogne. Or, ces
deux femmes qui ont doté chacune leur siècle d'une congrégation riche de dévouement et de vertu, et qui ont ensemble
des points de ressemblance merveilleux, ont eu l'une et l'autre
une naissance obscure ou du moins modeste. Les parents de

Madeleine Sophie Barat fondatrice de la société du Sacré-Cœur de Jésus étaient vignerons et bourreliers et les parents de Jeanne Antide Thouret, fondatrice des sœurs de la Charité de Besançon, étaient laboureurs et tanneurs....

C'est le cas de répéter ici le mot bien connu de Saint Paul, lequel trouve si souvent son application dans l'histoire de l'Eglise: « *infirma mundi elegit Deus ut confundat fortia* » « Dieu a choisi ce qui est pauvre, infirme et petit dans ce monde pour confondre ce qui est riche, fort et superbe. » Mais examinons de près la parenté de Jeanne. Nous avons la bonne fortune de posséder des documents précis et précieux sur ce sujet; il peut être curieux de les passer un instant en revue. Dans l'histoire des grandes âmes qui ont été les bienfaitrices de l'humanité, tout est digne d'intérêt. Or, voici ce que nous apprennent ces documents qui ne sont autres que les registres de baptême, de mariage et de sépulture conservés dans la paroisse de Sancey-le-Grand.

Le père de Jeanne a nom Jean François Thouret; il est fils de Claude Thouret et de Marie Serdet. Il naît et reçoit le baptême le 17 Mars 1731. Il épouse à Sancey, Jeanne Claude Labbe originaire d'Auteuil, paroisse voisine de Cherval, le 28 Janvier 1755, et, dans l'acte religieux, il est qualifié de laboureur. Il a alors 24 ans. De son mariage, naissent sept enfants et, à chaque baptême excepté au quatrième, il est toujours désigné comme laboureur. Le premier enfant est une petite fille qui reçoit le nom d'Odile, mais qui ne vit que quelques mois: née le 27 Février 1756, elle meurt le 8 Novembre 1757.

Le deuxième enfant vient au monde, le 29 Octobre 1758, et se nomme Joachim.

Le troisième naît le 4 Mars 1761, et s'appelle Jean Jacques.

Le quatrième naît le 23 Mai 1763, et a nom Jacques Joseph.

Dans l'acte qui rappelle son baptême, le père est dit marchand tanneur.

Le cinquième enfant est celui qui nous intéresse; celui qui est destiné à illustrer la famille: c'est Jeanne. Elle naît, nous l'avons déjà dit, le 27 Novembre 1765, et elle est baptisée le même jour, suivant l'usage observé dans les famille très-chrétiennes. Son parrain est Modeste Biguenet et sa marraine Jeanne Antide Vestremer. Dans l'acte qui la concerne, son père reprend le nom de laboureur.

Le sixième enfant est Pierre Thouret née le 8 Août 1768, et le septième est Jeanne Barbe Thouret né le 18 Novembre 1770.

D'après ce tableau, il est facile de voir que la Providence se plaît à bénir l'union de Jean François Thouret. On peut aussi conclure, en voyant tous ces berceaux se presser si rapidement les uns contre les autres que la famille de Jeanne est une de ces familles patriarcales qui gardent scrupuleusement les augustes traditions du passé et qui, en revanche, reçoivent du ciel la douce réalité des bonheurs domestiques.

Mais où sont les tableaux sans ombres, les médailles sans revers, les mers sans tempêtes? Où donc est le ciel dont la sérénité n'est jamais troublée?

Les jours tristes devaient également venir pour la famille Thouret, et un jour les enfants que je viens de nommer ont le malheur de perdre leur mère. Jeanne Claude Labbe meurt le 4 Décembre 1781.

A cette date, Jeanne a 16 ans; elle commence déjà à comprendre les choses de la vie; elle est bonne, aimante et sensible. L'avenir nous l'apprendra. Qui pourrait dire les émotions poignantes de son âme en présence de la tombe inexorable qui lui ravit sans miséricorde et pour toujours, l'être qu'elle aime le plus au monde?

Nous devons tous, quand Dieu le veut, perdre notre mère, et nous incliner sous le sceptre de la mort - la cruelle - qui, après son sinistre passage, nous laisse pleurer, gémir et crier; mais, pour certaines natures plus vibrantes, cette perte est terriblement douloureuse. De ce nombre est Jeanne Antide.

Heureusement sa foi vive et sa piété tendre sont là pour lui apporter les seules consolations qu'une âme chrétienne puisse goûter en face de l'adieu suprême.

« Quand ma mère mourut, raconte Sainte Térèse, j'avais je m'en souviens, près de douze ans. J'entrevis la grandeur de la perte que je venais de faire. Dans ma douleur, je m'en allai au sanctuaire de Notre-Dame de la Charité, et me jetant au pied de son image, je la conjurai, avec beaucoup de larmes de me servir désormais de mère. Ce cri d'un cœur simple et naïf fut entendu : j'avais *une mère dans le Reine du Ciel.* »

Rien ne nous apprend que Jeanne Antide devenue orpheline ait fait à 16 ans ce que Térèse, également orpheline, a fait à 12; mais rien non plus ne s'oppose à ce que je croie qu'en présence d'une douleur pareille, la vierge de Sancey ait imité la vierge d'Avila. Elle a tant aimé Marie! Elle est allée si souvent la prier dans sa vie, pour lui confier ses peines et lui raconter ses tristesses! Il me semble la voir, au jour de son premier malheur, arroser de ses larmes le parvis de l'autel de la Sainte Vierge, dans l'église de Sancey, lui adresser la même prière que la future réformatrice du Carmel, et lui recommander son avenir! Qui ne sait que les saintes âmes appelées à une vocation semblable ont les mêmes nobles instincts, dans les épreuves de l'existence?

Dès ce jour, Notre Dame de la Charité adopta Jeanne pour sa fille et, jusqu'à la mort, l'abrita sous son manteau maternel.

En elle d'ailleurs, elle ne devait pas avoir une fille ingrate. Cette histoire nous le montrera.

En attendant, les événements se précipitent.

Après 7 ans de veuvage, son père se remarie, le 16 Septembre 1788; il épouse, à l'âge de 57 ans, Jacquette Chopard originaire de Chazot, petit village voisin de Sancey; il a deux enfants de cette nouvelle union : Sébastien Joseph et Marie-Claude et il meurt le 17 Avril 1791.

Remarquons en passant que dans les actes de mariage, de baptême et de décès, il est, ce coup-ci, enregistré partout sous le nom de tanneur.

Son fils Sébastien Joseph est devenu prêtre. Il fut d'abord vicaire à Saint Pierre de Besançon et puis curé dans la petite paroisse d'Abbans-dessous dans le canton de Boussières. Enfin après un ministère actif, il se retira à Saint Ferjeux près de Besançon et en 1845, il y mourut très-estimé et vénéré de tous ceux qui l'avaient connu.

Sa nièce Sœur Rosalie Thouret que nous retrouverons souvent dans cette histoire recueillit sa succession. Les vieillards de Besançon se souviennent encore d'avoir vu l'abbé Thouret dans sa retraite, et rendent à l'envi hommage à la dignité de son caractère et à la sainteté de sa vie. Il était, ajoutent ils, imposant par sa belle taille et sa noble figure.

« Un frère est un ami donné par la nature, » et ce jeune frère de Jeanne lui fut toujours une douce et grande consolation, quand pour elle vinrent les jours amers.

Son frère aîné, au contraire, celui qui porta le nom de Joachim, par une antithèse qui existe parfois dans les meilleures familles, devait lui causer de cuisants chagrins.

En 1789, il se lança à corps perdu dans le mouvement révolutionnaire. Mais c'était, croit-on, plutôt par entraînement que par conviction. Il avait, paraît-il, un caractère bouillant, emporté, mais au fond, il n'était ni méchant, ni vindicatif. « En secret, nous dit l'abbé Seydet, dans les papiers que j'ai sous les yeux, il respectait les prêtres, et il a permis qu'on baptisât dans sa cave, un enfant de François Xavier Girardet, au commencement de la Révolution. Enfin, il a fait une mort édifiante en 1817, et avant de recevoir les derniers sacrements, il a demandé pardon de tous ses écarts et de tous ses scandales de révolutionnaire, devant les assistants dont l'un est notre président de fabrique Claude Ignace Girardet. »

Il devait cette fin aux prières de sa sainte sœur!

Quels sont aujourd'hui les parents de Jeanne Antide? Il n'y en a plus aucun au village, ni dans la paroisse de Sancey. C'est le cas de répéter ici la plainte mélancolique du poète:

« La vie a dispersé comme l'épi sur l'aire
Loin du champ paternel les enfants et la mère;
Et ce foyer chéri ressemble aux nids déserts
D'où l'hirondelle a fui pendant de longs hivers!! »

Nous retrouvons cependant, grâce aux notes laissées par l'abbé Seydet, des parents éloignés de notre sainte: « En 1853, dit ce bon prêtre, j'ai marié sa petite nièce Colombe Thouret qui est mère d'une nombreuse famille à Ebée, dans la paroisse de Belleherbe [1] voisine de Sancey.

Elle a deux frères dont l'un habite Besançon.

Il ressort, par conséquent, de ce que je viens d'écrire - je résume ce chapitre -

1º Que le nom et la famille Thouret, n'ont pas complètement disparu dans le Doubs; l'un et l'autre méritent de vivre: Dieu leur donne gloire et prospérité!

2º Il ressort en outre que Jeanne Antide a eu cinq frères et trois sœurs. Sainte Térèse était plus riche encore; elle avait neuf frères et deux sœurs. Cela nous prouve que le Bon Dieu a toujours l'habitude - c'est une des douces lois de sa providence - de réserver des grâces de choix aux familles nombreuses.

3º Enfin il faut conclure que les Thouret de Sancey, vivaient modestement du travail de leurs mains, comme agriculteurs et comme tanneurs. - C'est, je l'ai déjà observé, dans une condition pareille que naquit Madame Barat: « Jacques Barat et Marie-Madeleine Foufé, époux chrétiens et craignant Dieu, nous dit l'historien de sa vie, vivaient honnêtement

---

[1] Cette paroisse est du canton de Maiche, dans l'arrondissement de Montbéliard.

de leur état de tonnelier et surtout de la culture d'un petit
patrimoine de vignes. »

Il faut savoir que le département du Doubs ne produit
pas la quantité de céréales nécessaires à sa consommation,
bien que plus du tiers de sa surface soit en terres laboura-
bles. L'usage des jachères y existe encore; il n'est donc pas
étonnant que les laboureurs ne se contentent pas de l'exploi-
tation de leurs champs et qu'au travail de la campagne, ils
joignent une industrie de leur choix. C'était le cas pour les
parents de Jeanne. Or, ceci m'amène à une nouvelle conclusion que je regarde au moins comme très-probable et la
voici : c'est que notre héroïne a, dans son enfance, été bergère à ses heures.

Dans tous les pays du monde, les laboureurs ont des
troupeaux. Nous ne saurions concevoir les riantes vallées de
la Franche-Comté si voisine de la Suisse, sans la présence
de quelques vaches broutant l'herbe verte des combes, sous
la garde d'un berger ou d'une bergère, et faisant entendre
de loin en loin, pour l'agrément du voyageur, le tintement
de la clochette suspendue à leur cou !

N'oublions pas que Jeanne Antide fille d'agriculteurs est
née et a grandi dans un des vallons les plus agréables de
son pays. Mais pourquoi se livrer à des inductions qui, à la
rigueur, ne sont pas absolument probantes, quand nous avons
à l'appui de mon assertion le témoignage authentique et formel des contemporains des Thouret ?

« Moi, dit l'abbé Seydet, curé de Sancey depuis 1845,
« qui écris ces notes en 1883, j'ai bien des fois entendu
« parler avec grande estime de Jeanne Antide Thouret à ses
« contemporains, notamment à Jeanne Agathe Girardet et
« à François Xavier Girardet, dans la première année de
« mon ministère. Ce dernier me disait sa simplicité, sa mo-
« destie, et surtout sa facilité à rendre service qu'il aimait
« à prouver par sa promptitude *à ramener* le bétail au pâ-
« turage, quand ils le gardaient ensemble. »

Peut-il y avoir un texte plus clair? Je ne le pense pas. Sœur Rosalie qui nous raconte l'enfance de sa tante, ne dit rien, il est vrai, qui favorise l'opinion que j'émets ici; mais elle ne dit rien non plus qui la contredise. Aussi, je crois, sans trop me hasarder, pouvoir le répéter: Oui, Jeanne, jeune fille, garda quelquefois dans la vallée de Sancey, les brebis de son père! Oui, elle fut bergère à ses heures!

A ce propos, il y aurait un charmant intérêt à faire ressortir ici, le rôle qu'ont toujours eu les bergères dans notre histoire de France, la place que la Providence leur a faite dans les annales de notre pays. Mais ce travail m'entraînerait trop loin en dehors de mon sujet. Qu'il me suffise de rappeler les noms qui sont chez nous, sur toutes les lèvres vraiment françaises et vraiment catholiques: Geneviève de Nanterre, Jeanne d'Arc, Germaine de Pibrac, et Bernardette de Lourdes!

Voilà quatre noms qui brillent comme des étoiles au firmament de notre gloire nationale!

Voilà quatre bergères qui ont bien mérité de la patrie! quatre bergères dont le souvenir restera immortel!

Ne craignons pas de leur donner pour sœur et pour compagne Jeanne de Sancey!

Elle a droit à une place distinguée parmi les astres bienfaisants de notre ciel français, et si elle ne monte pas sur nos autels comme Sainte Geneviève et Sainte Germaine, elle peut du moins donner la main à la vierge de Domrémy, à la petite paysanne de Lourdes, aux bergères simples et pures dont la France et l'Eglise ont le droit de s'enorgueillir!

CHAPITRE QUATRIÈME

Sa Maison.

Le Nid. - Maison de la Mère Thouret.
Un pèlerinage pour le cœur.

La maison! A ce mot, tout un monde d'impressions et d'images revient à la pensée! Le souvenir palpite et le cœur est ému! On revoit dans le miroir de l'imagination le lieu où l'on a reçu le jour, la demeure où l'on s'est endormi sur les genoux de sa mère, où l'on a sauté sur les genoux de son père. Rien n'est suave dans la vie comme cette vision rétrospective du foyer!

Le foyer, a dit quelqu'un, c'est le nid où il est si doux de naître et presque aussi doux de mourir! « *In nidulo meo moriar,* » s'écriait Job, dans ses méditations orientales! « *Je mourrai dans le nid où s'écoula mon enfance !* » Ce rêve, nous le faisons tous plus ou moins, mais peu nombreux sont ceux qui le voient se réaliser, parce que si le Bon Dieu ne nous donne jamais le pouvoir de choisir notre berceau, il ne nous donne que rarement la permission de choisir notre tombe.

Mais nous avons tous au moins, le droit et le loisir de bénir et de chanter la maison où la Providence plaça les débuts de notre existence. — Or, parmi nos poètes contemporains personne mieux que Lamartine n'a fait vibrer cette corde. — Ecoutons-le, dans le poème où il chante Milly sa terre natale !

> « Chaumière où du foyer étincelait la flamme,
> Toit que le pélerin aimait à voir fumer,
> Objets inanimés, avez-vous donc une âme
> Qui s'attache à notre âme et la force d'aimer ! ! »

Comme ce cri est juste ! comme il est vrai que les mille petits riens vus, caressés, admirés dans la maison paternelle, semblent avoir une âme qui plane sur notre vie ! !

> Chaque arbre a son histoire et chaque pierre un nom :
> Qu'importe que ce nom, comme Thèbe ou Palmyre,
> Ne nous rappelle pas les fastes d'un empire,
> Le sang humain versé pour le choix des tyrans,
> Ou ces fléaux de Dieu que l'homme appelle Grands ?
> Ce site où la pensée a rattaché sa trame,
> Ces lieux encor tout pleins des fastes de notre âme,
> Sont aussi grands pour nous que ces champs du destin
> Où naquit, ou tomba quelque empire incertain ;
> Rien n'est vil ! rien n'est grand ! l'âme en est la mesure ;
> Un cœur palpite au nom de quelque humble masure,
> Et sous les monuments des héros et des dieux,
> Le pasteur passe et siffle en détournant les yeux !

Voilà pourquoi, partout et toujours l'humanité s'est plu à honorer la maison, fut-elle une cabane, des héros, des artistes, des poètes, des saints qui ont laissé un nom dans l'histoire. Cette maison devient une relique pour tous ceux qui ont le culte du souvenir. Elle est quelquefois transformée en sanctuaire ! le plus souvent elle porte une pierre commémorative, une inscription lapidaire qui rappelle au passant qu'elle fut le berceau d'une grande âme. — D'autrefois, elle ne porte extérieurement aucun signe qui la distingue ; mais, on va la voir ; on laisse son nom sur le cahier des visiteurs comme un témoignage de respect ou d'admiration ; c'est comme un pélerinage que l'on fait dans un site béni ; ce sentiment on l'éprouve surtout dans la visite de la maison d'un saint ou d'une sainte ; car là, on respire en quelque sorte, une atmosphère qui embaume l'âme ; c'est là un des privilèges dont jouissent les élus après leur mort, et ce privilège devient également l'apanage de ceux qui, sans avoir été élevés sur nos autels, ont laissé après eux la bonne odeur de la sainteté.

Nous devions à ce titre nous arrêter devant la maison paternelle de la mère Thouret ; voilà pourquoi nous lui consacrons quelques pages.

Dans la vie des grandes âmes - je l'ai déjà observé - tout intéresse, tout captive, *rien n'est vil ;* il est par conséquent de notre devoir, après avoir étudié la patrie, la famille et le village de notre héroïne, de dire quelques mots de sa demeure.

Comment va se présenter à nous le berceau de la Mère Thouret ? Le voici. Sa maison paternelle que l'abbé Seydet est, après bien des recherches, parvenu à découvrir en 1883, est simple et modeste, comme l'est d'ordinaire celle d'un humble laboureur. Elle paraît cependant avoir appartenu jadis à une famille noble, s'il faut en croire la plaque du foyer sur laquelle on peut voir encore les armoiries de l'ancien propriétaire avec la date 1674. Tout y indique dans le corps de logis une certaine antiquité ; aucun changement considérable n'y a été fait, et, pour le moment, divisée en deux parties, elle comprend deux foyers.

Elle est située dans le haut du village. Au nord est la rue et le ruisseau ; au midi est le jardin et le verger. De ce côté on a vue sur la forêt.

C'est dire que notre sainte qui de bonne heure aima le recueillement et la solitude, a pu, dès le bas âge, se livrer à la contemplation de la nature, et vivre retirée, et loin de tout bruit. Son regard se reposait sur un horizon paisible, et quand elle le voulait, elle pouvait aisément mettre du ciel dans ses yeux.

Tel fut son berceau! Peu de touristes et de curieux sont venus jusqu'à présent le visiter. — Mais un jour, ils se présenteront aussi nombreux qu'ailleurs. On montre à Besançon la maison où Victor Hugo

« naquit d'un sang breton et lorrain à la fois. »

Les voyageurs de passage demandent à la voir, poussés par une curiosité que comprennent sans peine les écrivains et les artistes. Un jour viendra où, à quelques lieues de Besançon, la maison de Jeanne Antide aura plus de visiteurs que celle du grand homme. Comme le poète, notre héroïne n'a jamais fait ni bons ni mauvais vers; mais plus que lui, elle a fait de bonnes et saintes œuvres qui ne mourront jamais.

Nous sommes tous *auteurs;* mais ceux qui font des fondations durables au nom de la charité sont plus célèbres encore que ceux qui font des livres au nom de la vanité.

En tout cas, si rares doivent être ceux qui voudront payer à Jeanne Antide dans sa maison un tribut de vénération; je sais qu'il y a par le monde des milliers de *sœurs de la charité* qui seraient heureuses de baiser rien que le seuil de sa porte. Je sais en outre que toutes les filles de la mère Thouret feront par la pensée et par le cœur, le pèlerinage dont je parle. Cette maison est à jamais sacrée pour elles.

C'est là que leur vénérée fondatrice a passé les premières années de son enfance. C'est là qu'elle a aimé sa famille. C'est là qu'elle a entendu l'appel de Dieu. C'est là enfin qu'elle a répondu à sa généreuse vocation.

CHAPITRE CINQUIÈME

Son Enfance.

De bonne heure elle est vouée à la souffrance. – Elle fait vœu de virginité. – Son amour pour ses frères, pour le bien, pour les pauvres.

Dans tout enfant, il y a un homme commencé; dans toute jeune fille, il y a l'ébauche d'une femme.

Arrêtons-nous dans ce chapitre, à étudier l'enfance de Sœur Jeanne Antide. Nous avons pour nous guider dans cette étude le précieux manuscrit que nous a laissé sa nièce Sœur Rosalie Thouret. Cette religieuse qui a été, nous l'avons dit, la compagne et la confidente de notre héroïne, nous donne des détails précis sur ses jeunes ans.

Elle nous apprend qu'elle vint au monde avec une santé frêle et une complexion extrêmement délicate : « pendant plusieurs année, ajoute-t-elle, si on ne l'avait vu respirer, on aurait cru qu'elle était morte. »

La pauvre enfant sembla vouée dès sa naissance à la souffrance et à la tristesse. Un jour, alors qu'elle était encore toute petite, elle tomba à terre des genoux de la servante qui la tenait sur elle, et à la suite de cette chute qui pouvait être mortelle, elle garda derrière la tête une blessure grave qui ne laissa plus repousser les cheveux sur une assez large partie du crâne. Une autre fois, mal gardée qu'elle était, elle tomba dans le feu où elle aurait pu trouver la mort, et cet accident fit qu'elle porta sur son corps, tout le long de sa vie, des marques de brûlure qui ne disparurent jamais.

C'est dire que de bonne heure, elle fit l'apprentissage de la douleur. Dès l'âge le plus tendre, elle apprit à la supporter avec courage; elle sut aussi la soulager chez les autres, car elle fut un ange gardien et une petite sœur de charité pour sa mère dont la santé était minée par le travail et la maladie. Il semble que déjà le Bon Dieu la préparait à la belle mission qu'elle devait remplir plus tard.

Lorsqu'elle devint orpheline, elle garda son rôle providentiel dans la famille, en s'occupant, avec le dévouement qui la caractérisa toujours, de son père et de ses frères.

A 16 ans, après la mort de sa mère qu'elle pleura longtemps, elle courut - nous dit Sœur Rosalie - un grand péril pour son innocence.

Il y avait dans la maison une servante légère qui cachait une conduite désordonnée sous les dehors de la piété, et qui plusieurs fois, tenta de l'initier en secret aux vices honteux qu'elle pratiquait. Mais tout fut inutile; Jeanne résista courageusement aux propositions qui lui furent faites, et garda sa vertu intacte et immaculée. Son honneur lui était plus cher que la vie. D'un autre côté, elle avait au cœur une exubérante charité, et elle n'osa jamais, par un sentiment de commisération, dénoncer la servante coupable à son père. Celui-ci qui était un bon chrétien et un parfait honnête homme s'aperçut heureusement assez tôt de ce qui se passait, et, sans hésiter, il congédia sa domestique. Jeanne Antide approuva du fond du cœur la décision paternelle, remercia Dieu d'avoir préservé sa pureté et fit dès ce moment dans le secret de son âme, un vœu perpétuel de virginité.

Depuis lors elle ne songea plus qu'à se donner à Dieu, à pratiquer la vertu, à fréquenter les sacrements. « L'église était sa jouissance la plus douce et la plus agréable; elle n'avait aucune fréquentation avec personne [1]. »

[1] Sœur Rosalie.

Veiller sur sa maison, conduire quelquefois dans la prairie voisine le troupeau paternel, faire de longues prières: telles étaient ses occupations ordinaires.

Ses actions étaient surnaturalisées. Un jour elle vit deux de ses frères s'enrôler dans l'armée, et elle s'en désola devant Dieu: non pas, parce qu'ils étaient exposés dans la carrière des armes à perdre tôt ou tard la vie du corps, mais bien plutôt parceque dans l'atmosphère des casernes ils étaient exposés à perdre la vie de l'âme. Aussi, avant leur départ, elle leur fit des recommandations d'une délicatesse maternelle: elle leur inspira de se confesser pour mettre leurs campagnes sous la protection de Dieu et de demander sa bénédiction à leur vieux père pour emporter un bon souvenir du foyer. Puis, quand elle reçut leurs adieux, elle ne craignit pas, en les embrassant, de leur dire qu'ils devaient songer à être sans doute de vaillants soldats du roi, mais avant tout de vrais soldats de Jésus-Christ, qui était leur premier roi.

Quelque temps après la mort de sa mère, elle perdit le digne curé de sa paroisse, et elle sentit vivement cette perte, parceque ce prêtre avait toujours été bon pour elle. Mais Dieu ne permit pas qu'elle fut délaissée un seul instant, au point de vue spirituel; elle trouva dans le successeur un directeur éclairé et paternel.

Le nouveau pasteur avait un zèle dévorant; il se dépensait généreusement pour ses paroissiens; il s'occupait surtout de l'enfance pour l'instruire, et Jeanne Antide le voyant à l'œuvre, regrettait de ne plus être assez petite pour suivre ses catéchismes.

Dès son arrivée elle alla lui confier son âme, et pour mieux se faire connaître, elle voulut faire à ses pieds une confession générale. Elle lui raconta ses peines et ses aspirations; mais n'osa pas encore lui parler de son avenir; le moment n'était pas venu.

Le prêtre l'eut bientôt distinguée au milieu de ses meilleures paroissiennes; il lui témoigna une estime particulière et conseilla aux jeunes filles du village de la fréquenter le plus possible. Ce conseil fut ponctuellement suivi, et Jeanne Antide se vit aussitôt entourée de nombreuses compagnes qui toutes briguaient l'honneur de l'avoir pour amie. C'était là pour son cœur une peine secrète ; elle s'allarmait vite pour son humilité ; elle craignait que M^r le Curé ne la connût pas assez bien et la jugeât trop favorablement. Mais Dieu avait ses vues : celle qui devait un jour diriger tant d'âmes dans les voies de la perfection chrétienne, s'exerçait déjà dans son pays, au noble métier qu'elle devait si bien remplir plus tard, en France et en Italie.

Ses amies n'eurent qu'à se féliciter de vivre dans sa compagnie ; car elle ne leur donna que de bons exemples et de salutaires conseils. Aussi, il serait difficile de raconter le bien qu'elle leur fit, par sa douceur, sa bonté et sa modestie. Les anges seuls pourraient nous l'apprendre. Elle trouvait un grand charme à faire ainsi les affaires de Dieu pour le plaisir du pasteur.

Elle mettait aussi son bonheur à secourir les mendiants et les pauvres. Elle était pour eux pleine de compatissance et de charité. Elle choisissait toujours les moments où elle se trouvait seule à la maison pour leur porter secrètement du pain et du vin.

Elle s'imposait même des privations à table pour pouvoir leur faire une aumône plus grande.

Quand des villageois peu fortunés venaient chez elle acheter du blé, il lui arrivait souvent de leur donner aimablement plus que la mesure demandée. Un mendiant ne frappait jamais à sa porte qu'elle ne le renvoyât content.

Elle avait toujours quelque chose à lui offrir et ce qu'elle offrait était sans cesse accompagné d'un doux sourire ; n'est-ce pas là, la bonne manière de donner aux deshérités d'ici-bas ?

Elle était donc heureuse d'exercer largement autour d'elle le beau ministère de la charité, quoiqu'elle ne fut pas elle-même très favorisée des biens de la fortune. Aussi, parfois sa générosité lui suggérait-elle quelques légers scrupules. Son père savait et approuvait les aumônes qu'elle donnait à la porte; mais il n'avait pas connaissance de celles qu'elle portait en dehors de la maison; il ignorait qu'elle faisait souvent à ses repas la part des pauvres, et qu'elle se privait de certains aliments pour secourir ceux qui avaient faim, et c'est là ce qui donnait des inquiétudes à sa conscience. Comment ne pas admirer ici tout à la fois la richesse et la délicatesse de son cœur? Comment surtout ne pas voir dans cette générosité précoce le signe précurseur d'une vocation spéciale?

L'amour des pauvres dans l'âme d'un enfant et d'une jeune fille est pour leur avenir une révélation et une promesse.

Nous verrons bientôt que chez Jeanne Antide cette révélation et cette promesse ne devaient pas être menteuses.

CHAPITRE SIXIÈME

Sa Vocation (1782-1787).

L'étoile conductrice. - Histoire d'une vocation. - Récit de Marie Sourdon. - La Providence se montre. - Madame Duchesne. - Voyage à Besançon. - Une bonne nouvelle. - Départ pour Langres. - Arrivée à Paris.

La vocation! Ce mot est plein de parfums. Il rappelle à la jeune fille devenue l'épouse du Christ, les plus douces émotions. Rien pour elle n'est suave comme l'heure chère entre toutes, où elle a entendu l'appel de Dieu. Pourquoi? Un auteur mystique répond à cette question : « C'est que la vocation est l'étoile conductrice que Dieu fait luire sur nos têtes, la colonne de nuée et de lumière, qui, sur son ordre, marche incessamment devant nous [1]. »

Quand une âme virginale a vu, d'une façon certaine, briller cette étoile sur sa tête, cette colonne de nuée et de lumière passer dans son ciel, elle éprouve un bonheur intime auprès duquel les voluptés terrestres ne sont rien, et qui ne peut s'exprimer avec les mots empruntés aux vocabulaires humains.

Jeanne-Antide eut un jour ce bonheur. Quelle fut la genèse de se vocation? Nous allons l'examiner.

[1] Mgr. Gay.

Nous savons que cette jeune fille est née de parents chrétiens et pieux, et que, par conséquent, elle a, dès l'âge le plus
tendre, respiré dans sa famille, une atmosphère religieuse. -
« Or, le père et la mère, nous dit Mgr. Perraud, ne sont pas
seulement institués pour coopérer à l'œuvre créatrice qui ajoute
incessamment de nouveaux anneaux à la longue chaîne des
générations. Ils ont encore la très-haute et impérative mission
d'aller chercher en Dieu, pour les communiquer à ceux qu'ils
ont appelés à vivre, la sagesse, la justice, la piété, et tout
ce qui rend l'homme capable d'atteindre à ses immortelles
destinées. D'ailleurs ce nom de parents, si l'on comprend
bien la force de son sens étymologique « *parere* » n'expri-
me-t-il pas ce perpétuel enfantement des âmes qui s'exerce
par le ministère sacré de l'éducation? Sans doute, les parents ne donnent ni l'intelligence, ni le talent, ni moins encore le génie qui viennent de Dieu seul. Mais que ne peuvent
ils pas pour diriger, féconder, développer ces dons précieux
et leur faire porter tous les fruits que Dieu et les hommes
sont en droit d'attendre ? [1] ».

Cela dit, nous pouvons présumer que Jeanne vivant dans
un foyer qui conservait les traditions de la Religion, a dû
de bonne heure découvrir dans son âme pure et naïve, le
germe d'une vocation sainte.

En second lieu, nous connaissons son dévouement pour
ses parents et sa charité pour les pauvres. Quoi d'étonnant
qu'elle ait voulu se vouer au soulagement de ceux qui souffrent ? C'est vers 1782, l'année qui suivit la mort de sa mère
qu'elle dût commencer à songer sérieusement à l'appel de
Dieu et voici, d'après les notes de l'Abbé Seydet combinées
avec le manuscrit de Sœur Rosalie, comment, après diverses
péripéties qui mirent sa patience à l'épreuve, elle arriva enfin
au comble de ses vœux.

En 1883, l'Abbé Seydet a recueilli de la bouche de l'une de
ses paroissiennes, âgée de 62 ans, un charmant récit qui doit ici

[1] Discours pour le centenaire de Lamartine.

trouver sa place. Cette paroissienne avait nom Louise Monier.
Elle était fille de Marie Sourdon filleule de confirmation de
Jeanne Antide; or, ce qu'elle raconte, elle le tenait de sa
mère qui l'avait entendu dire bien souvent à sa tante Jeanne
Antide Vestremer marraine de notre petite sainte.

Ecoutons ce récit édifiant.

Marie Sourdon était arrivée à une vieillesse assez avancée,
et parfois, malgré sa piété reconnue, elle se laissait aller à
la tristesse. « La vieillesse, a dit Madame Swetchine, est le
samedi saint de la vie; c'est la veille de la grande résurrection; » mais c'est aussi l'ère des rêves déçus, et des espérances trompées, et le chagrin se glisse assez aisément sous
la neige des cheveux blanchis. Marie Sourdon était donc
triste quelquefois et quand sa fille Louise la voyait dans cet
état, elle lui disait, pour lui rendre la sérénité des anciens
jours : « Mère, racontez nous la jeunesse de Jeanne Antide. »
Et alors la vieille Marie, tout en faisant aller sa quenouille
et tourner son fuseau, commençait son histoire: « Jeanne
Antide, disait-elle, quoique toute jeune encore était très-sage
et très-pieuse. Elle venait souvent chez sa marraine qu'elle
aimait de tout son cœur, et à chacune de ses visites, elle
lui répétait: « Marraine, je voudrais aller au couvent; je désire me faire religieuse. » « Mais, mon enfant, répondait la
marraine, tu es encore trop jeune; il faut attendre; il faut surtout beaucoup prier. D'ailleurs, tu n'es pas riche, pour être
religieuse, il faut une dot..... Patiente donc, et si le Bon Dieu
te veut, il saura bien te prendre: car il n'abandonne jamais
ceux qui s'abandonnent à Lui. »

Cette réponse imposait silence pour quelques jours à la
jeune fille; mais, poussée par ses désirs, elle revenait bientôt
à la charge. Aussi ne sachant plus comment la satisfaire,
et voulant cependant seconder ses aspiration, sa marraine prit
un jour le parti de l'envoyer à Monsieur le Curé, à qui encore elle n'avait osé rien révéler, mais en qui elle avait la
plus grande confiance.

Ce dernier l'interrogea soigneusement comme le père de son âme, comme le directeur de sa conscience et lui dit : « Ma fille, vos sentiments sont beaux et louables, mais toute vocation religieuse a besoin d'être éprouvée ; puis sachez que votre famille n'est pas riche pour affronter les frais qu'entrainerait votre entrée dans un monastère. Aussi, pour le moment, priez le bon Dieu ; recommandez-vous tous les jours à sa providence, et nous verrons plus tard. Si vous êtes vraiment appelée d'en haut, je me ferai moi même un plaisir et un devoir de vous aider. Votre tante voudra certainement me prêter son concours et le ciel aidant, nous aboutirons, je l'espère. »

Monsieur le Curé donnait là la réponse qu'en pareil cas, doit donner tout directeur prudent. D'ailleurs, il avait en Jeanne Antide un auxiliaire puissant pour les œuvres de la paroisse, un modèle à montrer aux jeunes filles du village ; il avait tout intérêt à la garder longtemps encore parmi ses ouailles.

Puis enfin il fallait une dot à l'enfant pour entrer en religion, et d'après Marie Sourdon son père ne pouvait la lui fournir immédiatement. Rappelons-nous qu'il n'avait qu'une aisance modeste ; il vivait de son travail ; il était tour à tour tanneur et agriculteur, et c'est là ce qui lui permettait de vendre quelque peu de blé. Mais il était chargé de famille ; il devait bientôt se remarier, et dans ces conditions on comprend sans peine qu'il ne pût ni ne voulût faire de sacrifices pour seconder les vœux de sa fille.

Sur ces entrefaites, la Providence sembla vouloir se montrer d'une façon visible. La Supérieure de l'hôpital de Baume-les-Dames écrivit à Jeanne Antide pour lui dire qu'elle l'accepterait volontiers dans sa maison. Comment connaissait-elle ses désirs ? Sœur Rosalie ne le dit pas. Elle raconte simplement que François Thouret reçut et lut la lettre de la Supérieure sans la communiquer à sa fille. Mais le secret ne fut pas lontemps gardé. Un matin Jeanne Antide entra dans la chambre de son père, pour remplir sans doute ses fonctions de maîtresse de maison, et le hasard voulut qu'elle aperçut sur sa table, la missive en question.

Elle en prit aussitôt connaissance et la porta à Monsieur le Curé pour avoir son avis. Or, voici quelle fut la réponse de son confesseur d'après le manuscrit que nous suivons pas à pas dans ce récit: « Je ne veux pas, mon enfant, que vous alliez à Baume; votre santé est trop délicate pour que vous viviez dans un hôpital; de plus, votre conscience y courrait un grand danger; vous trouveriez en effet là des soldats et des médecins dont les mœurs laissent beaucoup à désirer; j'aimerais mieux pour vous, si vraiment le Bon Dieu veut que vous vous occupiez des malades, vous savoir à l'hôpital de Villersexel; là vous auriez un service moins pénible, et puis vous seriez moins exposée, parce que vous n'auriez pas de militaires à soigner. »

Cette réponse donna une demi-espérance à Jeanne Antide qui s'empressa, à son retour à la maison, de la transmettre à son père. Celui-ci ne voulut rien entendre, il aimait tendrement sa fille, il avait besoin d'elle, et voulait à tout prix la garder chez lui et dans le pays.

Un jour il la prit à part, et lui dit qu'un jeune homme riche l'avait demandée en mariage. Cette proposition la fit reculer d'horreur, et elle répondit avec une noble énergie qu'elle refuserait même la main d'un roi, si un roi venait la demander; qu'elle ne voulait d'autre époux que Jésus-Christ, et qu'elle n'avait qu'un rêve: se consacrer au service de Dieu et des pauvres.

Devant cette fière attitude, le père se tut et battit en retraite pour quelque temps; mais depuis ce moment là, il se montra moins bon pour son enfant; il lui fit parler par des amis de sa famille, et il essaya par tous les moyens possibles de la détourner de son projet.

En attendant, la jeune fille priait Dieu, la Sainte Vierge et les Saints, espérant qu'enfin viendrait le jour où elle serait exaucée.

N'est-ce pas là le secret de toutes les vocations? Madame Duchesne, la fondatrice des maisons de la société du Sacré Cœur de Jésus, en Amérique, la collaboratrice de Madame Barat, contemporaine, elle aussi, de la mère Thouret, raconte elle-même ceci: « Depuis l'âge de 12 ans, que Dieu me favorisa de la vocation, je ne crois pas avoir passé un seul jour sans prier Dieu de m'éclairer sur sa divine volonté, et de m'y rendre fidèle. Je la mis d'abord sous la protection de la Sainte Vierge et le *memorare* dit avec ferveur fut la prière que je ne cessai de lui adresser. »

Jeanne Antide employa la même diplomatie divine: la prière. Elle aussi mit sa vocation sous la protection de la Madone, et les séraphins pourraient seuls dire les *memorare* fervents qui s'envolèrent, de ses lèvres, vers le ciel, entre sa douzième et sa vingt-deuxième année pour obtenir la grâce ambitionnée.

Cette grâce ne devait plus beaucoup tarder. François Thouret allait souvent à Besançon pour ses affaires, et un jour il prit sa fille avec lui.

Il avait l'habitude de descendre chez un excellent prêtre de ses amis qui était le directeur des carmélites.

N'y avait-il pas là pour Jeanne Antide une bonne occasion de demander conseil? Elle en profita. Elle fit appeler l'homme de Dieu, au confessional, et lui ouvrit son âme.

Elle lui raconta son amour pour les pauvres et son désir de les servir, son horreur pour le monde et son goût pour la solitude, et après l'avoir écoutée avec attention, le saint prêtre ne lui cacha pas qu'il la croyait sérieusement appelée à la vie religieuse dans une congrégation de sœurs hospitalières. Alors elle le pria instamment de l'aider auprès de son père, et de lui obtenir, au nom de l'amitié qui les unissait, le consentement dont elle avait besoin pour suivre sa vocation.

Le prêtre fit ce qu'elle demandait: mais François Thouret laissa ignorer à sa fille cette intervention providentielle. Elle n'osa pas non plus en parler, mais, de retour à Sancey, elle alla retrouver son curé à qui elle fit part de la décision qu'elle apportait de Besançon.

Son confesseur voyant à ne plus en douter, que Dieu appelait décidément cette enfant, lui dit qu'il savait pour elle une communauté qui lui conviendrait très-bien; mais qu'il fallait aller bien loin, et par conséquent quitter son pays pour toujours : « n'importe, s'écria-t-elle, je suis prête à tout ; et s'il le faut, j'irai aux extrémités du monde. »

Quelques jours plus tard, dans une nouvelle conversation avec Monsieur le Curé, elle apprenait que la communauté en question était celle des Filles de la Charité à Paris, et qu'elle y serait reçue avec plaisir.

Cette nouvelle la mit au comble de la joie. Il ne manquait plus que d'obtenir le consentement paternel.

Au nom de Dieu et de la conscience, le pasteur le demanda à François Thouret qui, poussé dans ses derniers retranchements, n'osa plus le refuser. Après cela il fallut songer à régler le départ pour Paris. Le père, la famille, la marraine et le curé étaient seuls dans le secret et il fut convenu que pour éviter un émoi dans le village, on quitterait Sancey à la faveur des ténèbres.

Vers minuit, Jeanne Antide accompagnée d'une servante frappa à la porte du presbytère, où elle était attendue, et le matin avant l'aube, elle prit la route de Langres où elle devait s'arrêter dans un hôpital dirigé par les Filles de la Charité de Paris.

Son père vint bientôt l'y rejoindre pour lui apporter l'argent de la dot demandée par la communauté, et c'est là que se firent leurs suprêmes adieux.

La séparation, on le comprend, n'eut pas lieu sans larmes. Le plus ému était le père; Jeanne Antide le pria de vouloir bien lui pardonner les aumônes qu'elle avait faites aux pauvres, sans qu'il en eut connaissance; elle lui demanda également pardon pour les fautes qu'elle avait pu commettre contre lui, et ce devoir accompli elle l'embrassa pour ne plus jamais le revoir.

Il reprit, triste et morne, le chemin de Sancey et sa fille heureuse et ravie, se mit en route pour Paris. Elle faisait généreusement le sacrifice de la famille et du pays; elle partait sans espoir de retour; elle était à Dieu, et voulait lui appartenir sans arrière-pensée.

Elle arriva au terme de son voyage, à 8 heures du soir, le jour de la Toussaint.

C'était en 1787, près d'un an avant le second mariage de son père.

Nous allons bientôt la voir à l'œuvre; mais auparavant pour mieux apprécier les vues de la Providence sur elle, nous devons, en traits rapides, esquisser la physionomie de son époque.

Déjà ce chiffre de 1787 nous donne à penser; il nous fait frissonner comme un éclair lointain qui, à l'horizon noir et obscur, fait pressentir un terrible orage.

CHAPITRE SEPTIÈME

Son époque (1787-1826).

Le cyclone. - La constitution civile du clergé. - La Terreur. - Bonaparte. - Le concordat. - La Restauration. - Quelle heure est-il?

Les révolutions sont la grande école des saints. Elles éclairent, elles épurent, elles détachent de la terre et rattachent au ciel. Aussi est-ce d'ordinaire aux époques les plus troublées qu'éclatent les plus fortes vertus, que surgissent les plus nobles âmes [1].

Ces paroles écrites dans la vie de la mère Barat à propos de la Révolution de 1830 qu'elle a traversée, trouvent leur place naturelle dans la vie de la mère Thouret, à propos de la grande révolution de 1793 dont elle a vu et subi les horreurs. Voilà pourquoi je tiens à donner, dans ce chapitre, un aperçu de ces horreurs dans le domaine religieux.

Au moment où la jeune et fervente sœur commence son noviciat à Paris chez les *Filles de la Charité*, la Révolution est près d'éclater. Jusque-là, l'histoire à la main, nous voyons que bien des orages ont menacé l'Eglise; mais il n'y a eu, pour ainsi parler, dans ces orages qu'un caractère de violence passagère. Ce coup-ci, ce n'est plus une tourmente vite oubliée; c'est un cyclone qui emporte impitoyablement dans

[1] Mgr. Baunard.

un tourbillon vertigineux, les croyances, les institutions, les trônes et les autels. Aussi l'Eglise catholique n'a-t-elle pas à espérer que son histoire et sa constitution seront respectées.

Le 13 Février 1790 un décret de l'Assemblée Constituante supprime les ordres religieux et les vœux monastiques, et déclare que les biens du clergé seront mis à la disposition de la nation. — Puis le trop célèbre arrêté si connu sous le nom à jamais sinistre de *constitution civile du clergé*, ordonne qu'à l'avenir les évêques seront nommés par les électeurs et investis de leurs fonctions par les métropolitains choisis de la même manière: ils auront la permission d'écrire une lettre de politesse au souverain pontife pour lui notifier leur élection et se mettre en relation avec le Saint Siége.

Le même décret supprime les 135 évêchés existant en France et les remplace par 83 évêchés *civils* suivant le nombre des nouveaux départements créés par l'Assemblée et substitués aux anciennes provinces.

On veut faire ratifier ce décret tyrannique à Louis XVI; mais le roi très-chrétien s'y refuse énergiquement. Poussé par les députés, il en réfère au pape, et Pie VI qui s'apitoie sur le sort du malheureux monarque, le renvoie, pour la solution demandée, aux deux archevêques de Bordeaux et de Vienne. Ceux-ci ont la faiblesse de conseiller à Louis XVI l'acceptation pure et simple - ils devaient s'en repentir et en demander pardon plus tard - et le souverain doit bientôt apposer sa signature à la *constitution civile du clergé* et sanctionner ainsi un schisme dans le royaume qui a été honoré d'une primogéniture divine, au cœur même de la nation qui de tout temps fut appelée la *fille aînée de l'Eglise*.

Mais il ne tardera pas à voir qu'il s'est trompé, et de nouveau il écrira au pape pour le prier de confirmer au moins provisoirement, quelques uns des articles de la fameuse constitution. Le souverain pontife plein de bénignité pour notre

---

¹ Voir l'*Histoire générale de l'Eglise* par l'abbé Darras.

malheureux pays, consultera l'épiscopat français et le 30 Octobre 1790, trente évêques signeront une profession de foi qui sous le titre d'*Exposition des principes sur la constitution civile du clergé*, défendra les vrais principes de l'Eglise, sans amertume et sans récriminations, avec une modération et une solidité qui auraient dû ramener des hommes moins prévenus que ceux qui légiféraient à ce moment-là.

Mais ce sera peine perdue ; le 27 Novembre 1790, l'Assemblée Constituante décrète que les évêques et curés qui n'auront pas prêté, dans huit jours, le serment de fidélité à la constitution civile du clergé, seront censés avoir renoncé à leurs fonctions. Ce décret n'effraie pas les courageux; quelques défaillances se produisent; quelques scandales éclatent: il fallait s'y attendre; mais la presque totalité de l'épiscopat, et la très-grande majorité du clergé reste fidèle à l'honneur et au devoir.

Sur ces entrefaites d'ailleurs, Rome parle d'une façon catégorique: le pape fait savoir par deux brefs envoyés coup sur coup, l'un le 10 Mars et l'autre le 13 Avril 1791, qu'il déclare radicalement nulle la *constitution civile du clergé* et illégitime et sacrilège l'élection des nouveaux évêques [1]. Il ordonne en même temps à tous les ecclésiastiques qui ont prêté le serment, de le rétracter dans un délai de quarante jours, sous peine de suspense et d'irrégularité, et sauf un certain petit nombre qui sont déjà trop avancés pour oser reculer, la plupart dont la bonne foi du reste a été surprise dans le principe, donnent généreusement l'exemple de l'hu-

---

[1] Voir Mgr. de Salomon, *Mémoires inédits de l'internonce à Paris pendant la Révolution 1790-1801* par l'abbé Bradier. Un vol. Plon. 1890. L'abbé de Salomon remplaça le nonce Mgr. Dugnani, à Paris, dès la fin de 1790. C'est lui qui reçut et fit répandre en France les brefs du pape contre la constitution civile du Clergé. Après avoir subi toutes les horreurs des prisons jacobines, il n'échappa que par miracle à l'échafaud. Il mourut évêque de Saint Flour en 1829.

milité et de l'obéissance, au risque d'expier bientôt leur courage par le martyre.

En temps ordinaire - observons-le en passant - les violences
de l'Assemblée Nationale auraient fatalement amené un schisme;
mais à cette époque d'étrange bouleversement, ce ne fut pour
ainsi dire, qu'un incident qui allait être emporté lui-même
par un affreux cataclysme avec les lois, les mœurs, les droits.

Le 1re Octobre 1791, l'Assemblée Législative succède à
l'Assemblée Constituante; l'orage devient de plus en plus me-
naçant, et le désordre s'accentue de plus en plus.

Les Jacobins apparaissent sur la scène. C'est un vil ra-
mas d'homme perdus qui conspirent au grand jour contre
toute religion et contre toute police. Ils infestent Paris et la
province, les villes et les campagnes, proscrivant quiconque
possède un nom, un château, un titre, du talent ou de la
vertu. Gare à qui tombe entre leurs mains: car il y va de
sa tête!

L'heure est solennelle et lugubre; les principes disparais-
sent ou plutôt sont noyés dans le sang; le peuple se décore
de l'emblème de l'opprobre, c'est à dire du sinistre *bonnet
rouge* que portent les forçats. Le régime de la terreur commence, et après les sanglantes journées du 20 Juin et du
10 Août, l'Assemblée Législative fait place à la *Convention*.

Sous le règne de cette nouvelle assemblée, le Jacobinisme
triomphe et le soleil éclaire des scènes que les sauvages,
eux-mêmes, n'ont jamais vues, des spectacles que la plume
se refuse à décrire. Les *Septembriseurs* se livrent cynique-
ment à des cruautés inconnues chez les Cannibales; la royauté
condamnée monte sur l'échafaud, et un voile de deuil couvre
le ciel de notre pauvre France.

En apprenant le martyre de l'infortuné Louis XVI, le
pape fait célébrer à Rome un service solennel, pour le repos
de son âme, et dans un discours ému prononcé devant le
Sacré-Collège, il s'écrie, les larmes aux yeux: « O France!
appelée par nos prédécesseurs, le miroir de la chrétienté,

l'appui immobile de la foi; toi dont la ferveur chrétienne et la dévotion au Siége apostolique n'avaient pas d'égales parmi les autres nations, comment es-tu tombée dans cet excès de désordre, de licence et d'impiété! Tu n'as recueilli que le déshonneur, l'infâmie, l'indignation des peuples et des rois, des petits et des grands, du présent et de l'avenir!! »

Mais le Minotaure révolutionnaire réclame d'autres victimes et bientôt Marie-Antoniette qui n'avait porté sur le trône de France que des vertus indignement calomniées par ses ennemis, partage le sort de son époux. A sa suite, quatre millions de victimes de tout âge, de tout rang, de toute condition périssent pour l'ambition de l'infâme Robespierre. Les *sans-culottes terrorisent* le pays tout entier, et partout des ordres sont donnés pour le pillage des églises et la suppression du culte.

Les églises possédaient huit cents millions, tant en vases sacrés qu'en ornements précieux; il n'en revient pas deux cents au trésor public; le reste est la proie des spoliateurs. Un jour, au milieu d'une séance conventionnelle, on voit entrer des groupes de soldats revêtus d'habits pontificaux; ils sont suivis d'un ramassis d'hommes du peuple couverts de dalmatiques, de chasubles et de chapes; puis paraissent sur des brancards des ostensoirs, des ciboires et des calices d'or ou de vermeil. – Cette horrible saturnale défile au milieu de chansons patriotiques et d'airs avinés, et les acteurs de cette scène sacrilège proclament pour jamais le culte de la Liberté. – Ailleurs, les églises sont odieusement profanées; des femmes, le rebut de la société, et l'écume du peuple montent en chaire, pour y faire entendre des propos libertins; d'autres montent jusque sur l'autel pour inaugurer à côté du tabernacle le culte de la Raison, et la populace, ivre de vin et d'impiété, va jusqu'à adorer, à l'endroit même où nous encensons la divine Eucharistie, la chair palpitante d'une fille de joie!!

Des scènes pareilles se reproduisent dans toutes les provinces: on ne rencontre partout, même dans les villes les moins importantes que des bûchers en permanence où brûlent au chant des farandoles populaires les chaires, les confessionnaux, les reliques, les autels, les statues des saints. — On brise les tabernacles et les croix ; on fond les calices et les cloches, et on abat même les clochers sous prétexte qu'ils sont un outrage à l'esprit d'égalité qui doit désormais gouverner le monde.

Les tombeaux eux-mêmes ne sont pas respectés, et les cendres royales de Saint Denys sont jetés aux quatre vents, comme une poussière vulgaire.

Les monastères, les refuges de la charité et de la virginité sont envahis, violés, saccagés, et les vierges de Dieu qui n'ont pas pu fuir, restent exposées à des brutalités honteuses que nous ne pouvons raconter [1].

Les prêtres et les religieux sont traqués comme des bêtes fauves.

Les uns sont lâchement assassinés dans leur demeure, les autres guillotinés sans miséricorde. Ceux-ci sont noyés, ceux-là déportés, la plupart meurent martyrs de leur foi ; mais quelques uns apostasient et se marient. Ceux qui peuvent émigrer, passent en Angleterre, en Italie, en Suisse, en Espagne, et donnent partout où ils sont accueillis, le touchant exemple d'une édification chrétienne et d'une résignation héroïque qui plus tard portera ses fruits.

Enfin, le 9 thermidor arrive, et la mort de Robespierre, au cœur de l'année tragique et sanglante - le 28 Juillet 1794 - met un terme à tant d'horreurs et d'atrocités.

Le Directoire succède à la Convention, et un jeune Corse, élevé à l'école de Brienne, va se tailler bientôt un manteau impérial dans les débris des monarchies écroulées. — L'horizon

---

[1] Voir encore Mgr. de Salomon. On a publié, depuis quelques temps, toute une bibliothèque de *Mémoires* sur la Révolution : il y en a peu de plus curieux que les trois cahiers de l'internonce ; il n'y en a guère d'aussi instructifs pour la philosophie de l'histoire. (*Études religieuses, philosophiques, historiques, littéraires*. Février 1891).

politique se rassérène en France; mais la tempête gronde
encore sur l'Eglise. Pie VI, qui a toujours opposé à l'igno-
minieuse série des actes révolutionnaires un courage vraiment
apostolique, est odieusement arraché à son siège par les troupes françaises et vient, après d'horribles souffrance héroïque-
ment supportées, mourir à Valence où il s'éteint le 19 Août 1799,
en priant pour notre nation si cruellement éprouvée.

C'en était fait, ce semble, pour toujours de la Papauté. —
Mais qui ne sait qu'au milieu des tourmentes les plus me-
naçantes, Dieu, suivant sa promesse infaillible, veille sur la
barque de Saint Pierre! Le 14 Mars 1800, le cardinal Chia-
ramonti est élu pape, au conclave de Venise; il prend le nom
de Pie qu'à illustré son prédécesseur, et quelques mois plus
tard, au milieu d'indicibles transports de joie, il entre triomphalement dans la capitale de l'univers catholique, montrant
ainsi au monde que si les papes meurent, le pape ne meurt pas.

Dès ce moment, les événements se précipitent pour la consolation de l'Eglise.

« Napoléon déjà perçait sous Bonaparte. »

Le 16 Juillet 1801 un concordat entre la France et le
Saint Siége est signé à Paris par le premier consul, et ratifié
un mois après à Rome par le souverain pontife. Le premier
article de ce pacte célèbre stipule que la religion catholique,
apostolique, romaine sera librement exercée dans notre pays
et la France chrétienne respire; car une ère de paix s'est levée
sur elle; les ruines se relèvent, les prêtres rentrent de l'exil,
les églises se rouvrent, et le 2 Décembre 1804, à Notre Dame
de Paris, dans une cérémonie inoubliable, Pie VII sacre Napoléon empereur.

Mais ce n'est là qu'une accalmie passagère. Napoléon qui
avait, comme l'a dit le poète,

« foudroyé l'univers des splendeurs de sa gloire »

est grisé par sa puissance; il veut asservir l'Eglise et il se fait persécuteur. De nouveau, le pape revient en France; mais c'est pour y subir une dure captivité à Fontainebleau. — Heureusement la Providence qui brise, quand il lui plaît, les trônes comme un verre, est là pour dire au téméraire conquérant: « halte-là! » — Waterloo éclate comme un coup de foudre sur la France épuisée; l'empereur vaincu, trahi et abandonné va expier ses audaces et ses crimes sur le rocher de Sainte Hélène, et le pape porté sur le pavois par ses sujets, rentre triomphalement à Rome, où on le verra, oubliant les outrages pour ne se souvenir que des bienfaits, prier pour le prisonnier de l'Angleterre.

La Restauration se fait. Les Bourbons remontent sur le trône de France, et la fille aînée de l'Eglise, se repose, durant quelques années, des perturbations de tout genre qu'elle vient de subir. Je dis: *durant quelques années*, parce qu'il est écrit que la Religion aura toujours des orages à traverser.

L'Eglise n'est jamais au bout de ses épreuves; nous tous, ses enfants, nous sommes comme des mariniers assaillis par des tempêtes successives et entre deux éclairs, nous pouvons nous écrier à tout instant: « Où allons-nous? Quelle heure est-il? Où allons-nous, Seigneur, au milieu des révolutions qui passent? Et quelle heure est-il à l'horloge de l'Eternité? Quelle heure est-il pour la France la patrie de nos cœurs? Quelle heure est-il pour l'Eglise la patrie de nos âme? Nous ne le savons pas; mais si nous sommes chrétiens, nous pouvons répondre ainsi: Où allons nous? Nous allons au Ciel, et quelque soit le chemin qui nous y mène, pourvu qu'il nous y conduise, nous avons confiance en Dieu; que ce soit le train ordinaire des vertus chrétiennes ou le train rapide des persécutions, cela nous est égal, pourvu que nous y arrivions un jour!! Quelle heure est-il? C'est l'heure de faire son devoir, bien que notre cœur batte parfois, comme un tambour une marche funèbre vers un avenir douteux ou sombre. C'est l'heure de regarder le ciel, parce que c'est là qu'est l'étoile, là qu'est l'espérance, là qu'est le salut!!! »

Tels furent, à coup sûr, les sentiments qui palpitèrent dans le cœur de Sœur Jeanne Antide Thouret, à travers les secousses de son époque. — Cette époque, on le voit, fut singulièrement tourmentée; nous avions besoin d'en connaître la physionomie pour mieux comprendre les diverses peripéties de l'histoire qui va se dérouler sous nos yeux.

CHAPITRE HUITIÈME

Son Noviciat (1787-1790).

*La visite d'un prêtre. - La lingerie. - Sœur Thouret apprend
à écrire. - Elle a une éruption à la tête. - Elle prie Dieu
de la guérir; elle reçoit l'habit religieux; elle est envoyée
à Sainte-Reine, puis à Langres; elle revient à Paris et
passe quelque temps à Sceaux.*

Nous connaissons la piété de Jeanne Antide; il nous est
facile de comprendre à l'avance quelle dut être la conduite
de Sœur Thouret au Noviciat.

Le lendemain de son arrivée au séminaire de Paris, le
2 Novembre 1787, elle fut présentée par une des maîtresses
des novices à la Supérieure générale qui, nous dit Sœur Rosalie, ne lui posa que ces deux questions : « quel âge avez-vous,
et que savez-vous faire? » A la première elle répondit : « J'ai
vingt deux ans; » et à la seconde: « je ne sais rien faire. »
Nous retrouvons là son humilité que nous aurons occasion
de voir briller encore dans une foule de circonstances. Elle
savait lire; mais elle n'avait pas appris à écrire. Son père,
n'avait pas jugé à propos de lui faire donner des leçons d'écriture, disant que les jeunes filles n'ont pas besoin de cela pour
devenir de bonnes ménagères.

Dans les premiers jours de son postulat, elle reçut la
visite d'un prêtre de distinction qui avait été son compa-

gnon de route, de Langres à Paris, et qui lui avait promis
de venir la voir. Il tint en effet sa promesse, et, en quittant
la maîtresse des novices qui l'avait accompagnée au parloir,
il lui dit : « Je vous recommande Mademoiselle Thouret, c'est
une sainte jeune fille ; elle m'a bien édifié pendant notre voyage. » Ce témoignage nous prouve combien notre jeune
aspirante était abîmée en Dieu. Du reste elle devait édifier
ses compagnes et ses supérieures à Paris comme ailleurs,
partout où elle fut envoyée durant les années de son noviciat.

Il était d'usage, continue Sœur Rosalie, de donner un
emploi aux novices pour les accoutumer au travail : on les
occupait tour à tour à la cuisine, à la boulangerie, à la buan-
derie, au jardin, à la basse-cour ; elle devaient balayer les
corridors, les dortoirs, le réfectoire, la chapelle ; chacune avait
son rôle pour la journée, et devait alors, comme aujourd'hui
d'ailleurs, s'en acquitter avec zèle et ponctualité. Sœur Thouret
fut employée à la lingerie pour commencer. Or, il y avait
à la tête de cet emploi une ancienne sœur qui avait un caractère singulièrement sévère et rigide. Tout le monde le
savait, et quelquefois l'une des maîtresses des novices prenait
plaisir à demander à la nouvelle aspirante pour l'éprouver,
si la sœur lingère était bonne pour elle. La réponse fut
toujours invariablement la même : « Oui, elle est très-bonne
pour moi. »

Notre héroïne ne laissa jamais tomber de ses lèvres une
parole amère ; elle était contente de tout et ne se plaignait
de personne, ni de rien.

Son âme était en quelque sorte pétrie de patience et de
résignation, et pour l'amour de Dieu, elle était prête à tous
les sacrifices. Sa santé que nous savons déjà frêle et délicate,
vint lui donner bientôt des craintes pour l'avenir.

Tous les jeudis elle devait sous la direction de la sœur
lingère repasser le linge blanchi pendant la semaine. Or, elle
n'était pas habituée à respirer l'odeur du charbon, et de là,
pour elle, un pénible malaise qui se traduisit en violentes

douleurs de tête. Elle aurait pu demander un autre emploi, avec d'autant plus de raison qu'elle voyait ses compagnes ne pas garder longtemps le même. Mais elle n'en fit rien. L'obéissance la rivait au devoir, et malgré ses souffrances qui ne faisaient que s'aggraver, on la vit toujours fidèle à tous les exercices de la règle.

Elle trouva même le moyen d'apprendre à écrire dans les quelques moments de liberté que lui laissaient ses occupations de la journée; elle pria Dieu de la bénir dans ce travail nouveau dont elle n'avait pas la moindre idée, en entrant au séminaire, et elle fit en peu de jours des progrès si rapides que sa famille et sa marraine pour qui furent ses premières lettres, en furent tout émerveillés [1].

Cependant son mal dont elle ne parlait pas, grandissait toujours, et au septième mois de son noviciat elle eut à la tête une éruption d'humeurs qu'elle ne put cacher; car le front lui-même se trouva envahi. Force lui fut de monter à l'infirmerie, et là, Dieu qui de bonne heure l'avait marquée du signe de la Croix, permit qu'elle trouvât une sœur infirmière qui, au lieu de la consoler, lui donnait des frayeurs pour sa vocation, sous prétexte qu'elle avait une maladie incurable.

La pieuse novice n'avait, certes, pas peur de souffrir; mais la pensée qu'elle pourrait peut-être ne pas poursuivre la sainte carrière qu'elle avait si généreusement embrassée, mettait dans son cœur tourmenté, des alarmes et des angoisses qu'elle ne racontait qu'au Bon Dieu.

Pendant le dîner de la communauté, elle allait secrètement à la chapelle; elle se prosternait devant le tabernacle ou le crucifix, et dans l'attitude d'une humble suppliante, elle murmurait la prière suivante: « Seigneur Jésus, vous savez que je ne redoute pas la douleur; au contraire, je suis contente de souffrir, mais ayez pitié de moi: voyez la peine qui

---

[1] Documents.

4

ronge mon cœur. J'ai peur de perdre la sainte vocation que vous m'avez donnée et ma crainte vient de la maladie que vous m'avez envoyée. Je vous prie de me guérir et j'espère cette grâce de votre bonté infinie. » Puis, elle s'agenouillait devant l'autel de saint Vincent de Paul, et, avec une confiance et une simplicité touchantes, elle lui adressait la requête que voici : « Grand saint, dont je suis la fille, montrez-vous mon père; obtenez-moi ma guérison; et dans tous les cas, vous qui êtes le premier supérieur de cette communauté, priez Dieu de ne pas permettre à mes supérieurs qui sont vos successeurs de me renvoyer, et faites-moi la grâce de vivre et de mourir saintement dans la vocation qu'il a bien voulu me donner. »

Le ciel ne pouvait rester insensible à ces supplications. Une sœur employée à la pharmacie eut pitié de notre malade et se mit à la soigner avec un dévouement particulier. Elle lui coupa les cheveaux, lui lava la tête, lui donna des remèdes énergiques, et au bout de quelques jours, le mal disparut complètement.

Toute la communauté en fut étonnée, et Sœur Thouret rouvrit son cœur à l'espérance. Un matin elle eut à l'infirmerie, la visite de la supérieure générale et elle voulut lui montrer sa tête rasée. En effet, elle enleva sa coiffe devant elle, comme l'aurait fait une fille devant sa mère, et sembla lui dire dans l'irradiation de la sainte joie qui illuminait son front virginal : « je suis guérie. » - « Quelle belle tête de capucin ! » s'écria en riant la première maîtresse des novices qui accompagnait la supérieure : - « Oui, ajouta celle-ci, tout va bien, la voilà guérie ». - Désormais les alarmes de notre pauvre aspirante s'évanouirent, et elle put espérer qu'on lui donnerait bientôt l'habit religieux.

Elle le reçut durant le onzième mois de son noviciat. Elle se prépara à sa vêture avec des sentiments qui furent remarqués. Aussi la supérieure générale qui présida la cérémonie lui adressa au moment solennel, des paroles dont ne fut honorée aucune de ses compagnes. En lui remettant son crucifix, elle lui dit : « Voilà votre modèle ; quand vous aurez des peines, mettez-les à ses pieds. »

Etait-ce une prophétie ? Peut-être. Nous verrons que notre héroïne devait dans le cours de sa vie, traverser toute la gamme des souffrances humaines. Après sa prise d'habit, elle fut envoyée à *Sainte-Reine* en Bourgogne, où elle devait continuer son noviciat, et où elle pourrait mieux qu'à Paris, soigner sa pauvre santé. On sait que ce petit bourg possède une source alcaline et ferrugineuse et de plus un hôpital pour les maladies de la peau, fondé depuis le XVe siècle. On recommanda à notre novice de prendre là quelques bains, d'y vivre comme elle l'avait fait jusqu'alors dans l'obéissance et l'humilité, et d'y attendre les ordres de la supérieure générale.

Elle partit dans le courant d'Octobre 1788. Dès son arrivée à l'hôpital, elle se mit à l'œuvre pour soigner les malades qu'on lui confia. Mais ses forces n'étaient pas à la hauteur de son zèle ; elle tomba malade elle-même, dès les premières semaines de son séjour : une fièvre maligne et persistante s'empara d'elle et sur l'avis du confesseur et du médecin de la maison, après un an d'un malaise chrétiennement supporté, elle fut envoyée à Langres où elle avait commencé son postulat et où l'on espérait que l'air serait meilleur pour elle.

Elle fut affectée à l'hôpital Saint Laurent où elle put grâce aux soins qui lui furent prodigués, retrouver un peu de force et d'énergie. Elle n'y passa que trois mois ; mais elle y resta assez de temps pour conquérir l'estime et l'affection de ses compagnes.

Dans la salle des hommes malades où elle parut quelquefois pour prêter son concours aux sœurs qui les soignaient, elle fit la rencontre d'un jeune soldat de son pays qui la reconnut et qui la trouvant fort à son goût, chercha toutes les occasions de lui parler ; il finit même, parait-il, par lui avouer sa flamme et lui offrir sa main. « Je reviens de l'ar-

mée, lui dit-il, je rentre dans ma famille. Quittez votre cornette, et suivez-moi je vous rendrai heureux. » A ce langage
que notre sœur trouva singulièrement impertinent, elle répondit par ces simples mots: « Je suis à Dieu, et ne veux
être qu'à Lui seul. » Le soldat en fut pour ses frais de tendresse déplacée.

Sa payse avait d'autres vues. Quand elle se sentit à peu
près rétablie, elle pria son confesseur d'annoncer la chose à
la supérieure générale et de lui dire en outre qu'elle se tenait à sa disposition. Par le retour du courrier elle reçut
une lettre de Paris dans laquelle la supérieure lui disait aimablement: « Venez, ma chère fille, venez nous rejoindre
pour recevoir une nouvelle destination; je vous attends les
bras ouverts. » La Providence de la sorte, la prenait ouvertement sous sa protection. Quand elle quitta Langres, une
des principales sœurs de l'hôpital, s'approcha d'elle et lui
dit tout bas à l'oreille: « Je me recommande à vous, quand
vous serez supérieure générale » et la supérieure de la maison
lui dit à son tour: « Le Bon Dieu vous aime bien, il vous
comble de ses grâces, nous avons bien craint pour votre
vocation; mais à présent votre avenir est assuré. Adieu, soyez
toujours bénie! »

Sous ces heureux auspices elle prit la diligence de Paris,
et durant la route, elle fit l'édification de ses compagnons
de voyage; une dame qui était là ne pouvait se lasser de
dire à ceux qui l'entouraient: « Quelle charmante sœur! Comme
elle est bonne, pieuse et modeste! on dirait une sainte Vierge! »

Deux jours après son arrivée à la maison mère, où elle
fut gracieusement accueillie, elle reçut l'ordre de partir pour
Sceaux, où les Filles de la charité avaient un établissement
important. Là encore, elle donna des preuves de sa haute
vertu et de son attachement à la vocation dont elle était
si fière.

Un jeune seigneur de la cour l'ayant remarquée vint plusieurs fois la voir, sous prétexte de parler à la supérieure

de la maison, et osa lui faire la même proposition que le soldat qu'elle avait rencontré à l'hôpital de Langres. Mais ce fut en vain. A Sceaux comme à Langres, elle répondit courageusement : « Je suis à Dieu et pour toujours; je ne lui serai jamais infidèle, ni pour vous, ni pour d'autres. »

Cette fière réponse découragea le prétendant qui ne reparut plus. Au reste Sœur Thouret ne resta pas longtemps à Sceaux.

Les prêtres de cette ville étant tous devenus schismatiques par la prestation du serment à la constitution civile du clergé, elle ne voulut pas forfaire à l'honneur en s'adressant à eux pour la réception des sacrements, et elle demanda à retourner à Paris, où nous allons la retrouver au milieu des horreurs de la grande révolution. Là, de terribles épreuves l'attendaient, mais Dieu merci, elle sut en triompher, comme nous allons le voir dans le chapitre suivant, pour sa gloire et pour celle de la Religion.

CHAPITRE NEUVIÈME

Ses épreuves à Paris (1790-1793).

Pillage de la maison de Saint-Lazare, et de la chambre de Saint Vincent de Paul. - Philippe d'Orléans. - Scènes désolantes au couvent des filles de la charité. - Émotions de Jeanne Antide. - Elle est placée à l'hôpital des Incurables; est envoyée à Bray: elle y est blessée; retourne à Paris; sa maladie; sa justification. - Elle quitte Paris.

Le récit des épreuves de Sœur Jeanne Antide serait bien long à écrire si je pouvais toutes les raconter. - Il est facile de deviner ce qu'elle dut souffrir à Paris, dès le début de la Révolution. L'esquisse rapide mais large que j'ai faite des horreurs de ce temps calamiteux nous le donne assez à comprendre. Mais voici un tableau plus restreint qui nous permettra de préciser un peu mieux sur cette importante question.

Dans un livre qu'on trouve rarement aujourd'hui - *Les martyrs du clergé français pendant la Révolution de 1793* [1] - j'ai justement découvert la poignante histoire du pillage de la *maison de Saint-Lazare* empruntée à une relation de l'époque [2]. De la sorte, je puis décrire les spectacles navrants que notre jeune novice a eus sous les yeux, les scènes désolantes

---

[1] Par Monsieur Adolphe Huard.
[2] *Mémoire sur la Révolution* par l'abbé R.

dont elle fut le témoin attristé. De la sorte aussi nous aurons une idée complète de ses épreuves à Paris.

Voici cette histoire, voici ce tableau :

En 1789 Paris possédait un établissement connu sous le nom de *Saint-Lazare* et dont le héros de la charité, Saint Vincent de Paul, était lui-même le fondateur. C'était une école où un grand nombre de jeunes lévites se formaient à la science, à la vertu et à l'apostolat, pour aller ensuite dans les campagnes porter les lumières de l'Evangile. - De cet établissement dépendait la maison *des filles de la Charité* placée dans le voisinage, et c'est là qu'était entrée Jeanne Antide pour faire son noviciat. On y voyait en outre un pensionnat de jeunes étudiants et une maison de détention où l'art et la charité venaient au secours d'un grand nombre d'aliénés et où les familles faisaient quelquefois enfermer les jeunes gens dont elles voulaient arrêter les excès.

C'était le refuge d'une foule de misères. On sait que dans son immense dévouement Saint Vincent les avait toutes embrassées.

En outre, une partie de cet hospice était ouvert gratuitement chaque semaine, aux artisans pauvres qui voulaient se sanctifier par les exercices d'une retraite spirituelle. Il n'y avait pas en France - on le comprend aisément - un établissement public qui rendit plus de services à la Religion et à la patrie; c'était par conséquent sur lui que devaient se ruer tout d'abord les ennemis de l'ordre; c'était sur lui que devaient se porter, à l'aurore de la Révolution, les premiers coups de l'impiété.

Dans la nuit du 12 au 13 Juillet 1789, un rassemblement d'hommes armés de fusils, de piques et de haches accourut en tumulte devant la principale porte de Saint-Lazare. La plupart de ces forcenés ignoraient eux-mêmes la cause de leur concours en ce lieu - car, dans les émeutes populaires, les révoltés vont le plus souvent à la façon des montons de Panurge - et ils semblaient se demander entr'eux ce qu'ils allaient faire. Mais voilà que bientôt un ordre arrive, on ne sait trop d'où, et une décharge de mousquéterie se fait entendre. C'était le signal convenu et aussitôt, soutenus par les soldats des gardes françaises, cette cohorte de misérables s'élance à l'attaque d'une maison remplie d'enfants, de malades et d'aliénés, avec la fureur et la rage qui accompagnent la prise d'une forteresse.

Le bruit des haches se mêle à la détonation des fusils et aux vociférations des assaillants; les portes volent en éclats et les émeutiers se précipitent dans la maison; ils courent d'abord à un bâtiment situé dans une des arrières-cours où se trouvaient vingt pauvres fous et quatre enfants de famille détenus pour cause d'inconduite. Il fallut même renverser une barrière de fer pour arriver à ce bâtiment; mais cet obstacle ne fit qu'exaspérer davantage les soudards sans les arrêter. « Camarades, s'écrièrent-ils en pénétrant dans cette enceinte: vive la liberté! nous vous apportons la liberté!! »

A ce mot fascinateur toujours, alors surtout, les quatre jeunes gens s'échappèrent. Les aliénés ne comprirent d'abord rien à ce qui se passait sous leurs yeux; mais bientôt on leur ouvrit les portes de leurs cellules; ils en sortirent ébahis, et se répandirent dans le pandemonium de la capitale révolutionnée, sans qu'on ait pu jamais retrouver leur trace.

En attendant, les émeutiers étaient revenus au bâtiment de la communauté; ils se firent conduire au réfectoire et ordonnèrent qu'on leur servit aussitôt à boire et à manger et qu'on se préparât ensuite à leur livrer l'argent de la maison.

La Révolution a partout les mêmes instincts; elle veut se gorger d'abord et puis s'arrondir aux dépens de ses victimes.

Nos gens burent et mangèrent tant qu'ils purent; les avenues étant restés ouvertes, la populace entra, et aussitôt le pillage commença. On entendit bientôt de toutes parts le fracas d'une destruction générale : les vitres, les portes, les meubles furent impitoyablement brisés ; et les pillards s'emparant de tout ce qui tombait sous leurs mains, emportèrent avec avidité jusqu'aux objets de moindre valeur.

La grande bibliothèque de la communauté composée de près de cinquante milles volumes ; la blibliothèque particulière des clercs étudiants, celle des supérieurs et des professeurs, les deux bibliothèques affectées aux pensions établies dans la maison furent horriblement saccagées. Les livres furent ou déchirés séance tenante, ou jetés par les fenêtres, ou dispersés dans les cours.

On détruisit entièrement un cabinet de physique que la maison s'était composé pour l'instruction des élèves, et qui servait surtout à ceux qui se destinaient aux missions de la Chine. La pharmacie de la maison qui renfermait des objets de prix fut également dévastée; la procure perdit tous les fonds destinées aux maisons de la congregation établies dans les différents états catholiques; tout fut enlevé jusqu'aux dépôts confiés au supérieur général; on ne respecta pas même les modestes réserves des prêtres et des pensionnaires..... le lendemain la maison n'était plus qu'un amas de décombres; on aurait dit qu'elle avait été dévorée par un immense incendie. Mais ce qui dut surtout navrer le cœur des habitants de Saint-Lazare, ce fut le pillage sacrilège auquel la populace se livra dans la chambre de Saint Vincent de Paul. Dans cette chambre, on gardait avec un respect religieux, les obiets que ce saint ami des pauvres employait à son usage, dans les derniers jours de sa vie, et entr'autres, une natte sur laquelle il est mort, un chandelier de fer où l'on voyait encore un reste de suif qui avait éclairé son agonie, le bâton sur lequel il appuyait sa sa vieillesse, des bas de serge, un chapeau grossier, un chapelet, un bréviaire.....

Or, toutes ces précieuses reliques furent jetées au milieu des décombres entassés dans la cour; on venait depuis peu de temps d'élever dans un vestibule une statue à ce grand bienfaiteur de l'humanité; elle fut odieusement mutilée, et sa tête détachée du tronc fut portée au bout d'une pique dans les rues de Paris, et puis noyée dans le bassin du Palais-Royal.

Les ecclésiastiques de la maison furent reduits à prendre la fuite et à se disperser dans la campagne. Le supérieur général et deux de ses assistants s'échappèrent par-dessus les murs de l'enclos. Un assistant qui osa traverser la horde des pillards pour demander du secours fut couvert de coups et de blessures. Ce fut en se roulant le long des gouttières de l'église que les deux procureurs parvinrent à gagner les maisons voisines: et comme l'attaque avait commencé à deux heures après minuit, beaucoup avaient eu à peine le temps de prendre des vêtements.

Manquant de tout, ils furent réduits à demander l'hospitalité aux environs. Hâtons-nous de dire que les curés et les vicaires du voisinage et de la campagne donnèrent tous, en cette douloureuse circonstance, des marques touchantes de compatissance et de charité. Ces divers actes de vandalisme et de cruauté répandirent la terreur dans Paris et furent, comme on pouvait s'y attendre, condamnés par tous les honnêtes gens; mais que pouvait-on espérer de l'autorité impuissante à réprimer le crime?

Le grand chef du Palais-Royal, Philippe d'Orléans - ce monstre qui porte un nom désormais honni par l'histoire - craignit à juste titre un revirement de l'opinion publique en faveur des innocentes victimes d'une hideuse spoliation, et fit immédiatement répandre le bruit, dans la capitale, que les Lazaristes étaient des *accapareurs de blé, et qu'ils voulaient renouveler le pacte de la famine*. Or, il conste d'après des documents authentiques de l'époque que plus de 8000 pauvres avaient reçu chaque jour, à Saint-Lazare, du mois de Décembre 1788 au mois de Juillet 1789, une portion de pain, et une ration de soupe.

Mais les mensonges les plus stupides lancés contre le prêtre, ont toujours cours surtout dans les perturbations sociales. On crut la chose. Puis, comme il fallait un aliment à la
fureur populaire, on plaça un prêtre et un sous-diacre faits
prisonniers pendant le pillage de la maison, sur une charette
chargée de sacs de farine; le chef de la bande fit revêtir
ces deux ecclésiastiques d'habits sacerdotaux, et les conduisit,
à la lueur de torches allumées, à la place des Innocents où
ils auraient été indubitablement massacrés, sans l'intervention
providentielle d'un officier de la garde nationale qui facilita
leur fuite, en faisant mine de les livrer à la multitude.

On pense bien que si la maison des Lazaristes fut ainsi
traitée, celle *des filles de la Charité* située en face, dut aussi
avoir son assaut. A ce moment-là, elle comprenait cent cinquante sœurs dont cinquante infirmes : ces dernières étaient
là comme *reposantes;* après une existence consacrée au service des pauvres, elles attendaient dans le silence de la retraite leur heure pour mourir. Quant aux postulantes, elles
étaient au nombre de quatre-vingt-dix-huit; la plus âgée n'a-
vait que vingt-deux ans.

Or, les energumènes avaient là une trop bonne occasion
de faire les braves; ils envahirent la maison; ils pénétrèrent
d'abord dans la chambre du vénérable abbé Bourgeot, vieillard octogénaire et paralytique, qui, depuis plusieurs années,
était directeur de la communauté; l'un d'eux installa de force
le digne prêtre sur un fauteuil et fit signe de le porter aux
religieuses. En passant dans le réfectoire, le chef de la troupe,
qui appartenait à la corporation des cordonniers, dit aux
saintes filles sur un ton d'amère ironie: « Voilà votre père que
nous vous apportons; ayez-en bien soin; nous vous apportons en même temps sa bourse et son chapeau: mais n'ayez
aucune crainte, mes petites béguines; nous ne sommes pas
payés pour vous; nous ne sommes payés que pour Saint-Lazare. » On a remarqué, disons-le en passant, dans les différentes révolutions qui ont bouleversé la France, depuis le der-

nier siècle, que la populace malgré sa dépravation, ne pillait pas les maisons pour lesquelles on ne l'avait pas salariée. Les soldats du parti révolutionnaire, eux, ne respectent rien et font main basse sur tout, car tout leur est bon.

Après ces paroles sarcastiques, les émeutiers visitèrent l'établissement de fond en comble ; mais ne firent de mal à personne. Les sœurs, comme des colombes tremblantes s'étaient réfugiées dans la chapelle pour s'y recommander à Dieu, et y attendre dans la résignation le sort qu'il plairait à la Providence de leur faire ; mais elles furent respectées ; aucun attentat, au moins ce jour-là, ne fut commis chez elles ; l'heure de la persécution violente n'avait pas encore sonné pour leur communauté. Cette visite domiciliaire qui sema parmi elles, l'épouvante et la terreur, n'était qu'un coup de tonerre annonçant pour bientôt un orage terrible. Mais elle suffit pour nous faire comprendre les émotions cruelles et poignantes qu'elles durent ressentir en ces tristes circonstances. Or, la plupart de ces scènes désolantes que je viens de raconter Sœur Thouret les a vues de ses yeux ou les a entendu raconter par ses compagnes. Ce vandalisme honteux elle en a été témoin ; ces cris sauvages sont parvenus à son oreille. Qu'on juge donc des tortures de son âme au milieu des saturnales de la rue. Elle était simple et naïve ; elle n'avait qu'un seul rêve : se consacrer à Dieu ; qu'un seul désir : se dévouer aux pauvres, et voilà qu'elle voyait des hommes cruels comme des bêtes fauves, faire la guerre à l'innocence, à la vertu, à la sainteté, et prendre plaisir à chasser les prêtres du Seigneur et à persécuter les vierges de Dieu !

Mais il était écrit qu'elle verrait des spectacles plus affligeants et qu'elle traverserait une crise plus redoutable. Reprenons le récit de Sœur Rosalie.

A son retour de Sceaux, notre sainte novice fut placée à l'hôpital des Incurables où elle trouva 44 religieuses de son Institut. A quelle époque précise était-ce ? Nous ne pouvons le savoir ; car le manuscrit qui nous guide ne donne pas la date.

Dans cet hôpital, Sœur Thouret fut employée au soin des malades, et quand elle avait fini son ouvrage, elle se retirait dans une salle solitaire, pour s'entretenir avec ses compagnes, des persécutions auxquelles elles étaient en butte, prier ensemble, et se préparer aux événements tragiques qui devaient bientôt se passer.

Les aumôniers de la maison étaient restés fidèles au devoir. Aussi furent-ils remplacés par des prêtres assermentés. Mais ceux-ci n'eurent aucun crédit auprès des religieuses. Sœur Thouret, pour son compte, refusa toujours d'assister à leur messe; quand elle avait fait la tournée de ses malades, elle se réfugiait dans un charbonnier, et c'est là qu'elle faisait les prières demandées par sa règle.

Un jour on ouvrit brusquement sa porte pour lui demander compte de sa conduite; elle prit aussitôt la fuite par un escalier dérobé; mais en descendant précipitamment, elle fit une chute et faillit se casser la jambe.

Bientôt la position ne fut plus tenable; on venait tous les jours réclamer des Sœurs le serment schismatique. Elles refusèrent obstinément de le prêter, et, à la grande desolation des malades on les mit à la porte.

Elles allèrent chercher un refuge dans la maison-mère. Sœur Thouret était, bien entendu, du nombre des courageuses qui ne surent, ni ne voulurent forligner.

Combien de temps resta-t-elle dans la communauté?

Quelques mois seulement, nous dit Sœur Rosalie. Elle quitta Paris pour Bray-sur-Somme.

A quelle date?

Nous ne pouvons le dire; car ici, nous n'avons non plus rien de précis. Nous savons seulement qu'à Bray, elle tomba de nouveau malade, à la suite d'une visite domiciliaire faite par les révolutionnaires dans l'hôpital.

Un jour, ils vinrent armés jusqu'aux dents pour arracher de force aux religieuses le serment constitutionnel. Celles-ci protestèrent pour la plupart, et Sœur Thouret fut au nombre des plus énergiques. Poursuivie par les forcenés elle voulut escalader un mur, afin de leur échapper; mais au moment où elle espérait les esquiver, elle reçut dans le côté un coup de crosse de fusil qui lui démit une côte.

Elle ne se plaignit pas; mais on comprit bientôt qu'elle souffrait. On l'envoya alors à Péronne pour consulter un médecin. L'homme de l'art fut appelé, mais ne connut rien à son mal. Force lui fut de rester là quelque temps. En attendant ses sœurs de Bray la réclamaient. Son état ne lui permit pas tout de suite de se mettre en route, et ce n'est que lorsqu'elle se trouva mieux qu'elle céda aux nouvelles instances qui lui furent faites. Elle revint donc à Bray; mais elle n'y séjourna que peu de jours, parce que ses compagnes avaient fini par prêter le serment qu'elle abhorrait et qu'elle ne voulait pax vivre avec des religieuses schismatiques.

On voit qu'elle était inébranlable dans sa foi. Elle aurait préféré la mort à l'apostasie. Espérant trouver plus de courage chez ses sœurs de Paris, elle reprit le chemin de la capitale. Elle ne fut pas d'abord, parait-il, très-bien accueillie par la supérieure générale qui ne lui avait pas envoyé l'ordre de partir; mais il lui fallut peu de temps pour se justifier à sex yeux, et Dieu lui-même sembla prendre sa cause en mains.

Dès son arrivée, elle dut s'aliter. Le médecin qui la visita, déclara qu'elle avait les côtes disloquées et que son état était des plus graves, vu que l'on ne l'avait pas soignée à temps. Dès ce moment les soins ne lui manquèrent plus; mais sa maladie ne fit qu'empirer, et elle resta plusieurs mois entre la vie et la mort.

Sentant que son heure était venue, elle demanda à se confesser; mais où trouver un prêtre non assermenté?

La chose était presqu'impossible, car les bons prêtres avaient été pour la plupart déportés. Ceux qui étaient restés à Paris étaient à peu près introuvables. De plus, à supposer

qu'on put en découvrir un, comment le faire arriver jusqu'à
la sœur malade, puisque la maison des religieuses était occupée militairement par les révolutionnaires? Ils avaient les
clés de la porte, et ils ouvraient et fermaient à leur gré.

Cependant on trouva le moyen de faire entrer un prêtre
catholique. Il se déguisa en soldat, et put confesser au moins
une fois la malade. C'était au commencement de l'année 1793.
Quelques jours après, Louis XVI monta sur l'échafaud, et à
ce propos, Sœur Rosalie nous raconte que sa tante fut si
navrée d'apprendre sa condamnation que volontiers elle aurait donné sa vie pour sauver celle du roi-martyr.

Mais Dieu ne voulait pas l'appeler encore à lui; elle devait revenir des portes du tombeau, et vivre encore longtemps pour travailler au bien des âmes. Elle devait aussi
reconquérir l'estime de ses supérieures.

Durant sa convalescence, elle eut un jour à l'infirmerie
la visite de la Sœur assistante qui lui parla ainsi: « Le Bon
Dieu afflige les âmes qu'il aime sur la terre, non seulement
par la maladie, mais encore par la calomnie. Vient cependant
le jour où l'innocence triomphe; vous êtes dans ce cas, ma
chère fille; nous n'attendions plus que votre mort, et nous
regardons maintenant votre guérison comme un véritable miracle. Vous avez été calomniée auprès de la supérieure, et
voilà qu'elle vient de recevoir une lettre de Bray, dans laquelle Sœur Joséphine lui déclare que vous êtes parfaitement
innocente des fautes qui vous ont été reprochées; et elle
ajoute qu'elle désire marcher sur vos traces, et que c'est
pour cela qu'elle vient, de concert avec ses sœurs de rétracter le serment qu'elles avaient fait ensemble dans un
moment de frayeur. Vous voilà donc, ma fille, amplement
justifiée devant nous. Le Bon Dieu a pris soin lui-même de
vous défendre contre vos ennemis. »

Cette déclaration, on le comprend, dut apporter une bien
douce consolation à notre malade. Elle dut aussi contribuer
pour beaucoup à sa guérison complète.

Quoiqu'il en soit, la Sœur assistante conçut dès ce moment une estime profonde pour elle, et lui accorda une confiance particulière.

Elle fit même partager ses sentiments aux sœurs de son entourage. Ce qui le preuve, c'est ce que je lis dans le manuscrit de Sœur Rosalie: « Quand Sœur Thouret, dit-elle, eut la force de sortir, une maîtresse des novices l'habillait souvent des ornements de la messe, pour les lui faire porter à des prêtres catholiques qui étaient cachés dans des maisons de Paris. « Etant grande et mince, elle mettait une robe légère par dessus les vêtements sacerdotaux, et marchait ainsi toute seule pleine de confiance en Dieu qui la protégea toujours visiblement et ne permit jamais qu'on la découvrit. »

Comme ces lignes grandissent notre héroïne à nos yeux! Comme elle nous font pressentir en elle un cœur noble, une âme généreuse, une femme forte!!

Les chapitres qui suivent ne démentiront pas ce pressentiment. La jeune fille de Sancey va s'élever à la hauteur des caractères les plus mâles et les plus fortement trempés.

Au point où nous sommes de son histoire, la terreur règne sur la France. Marie Antoinette a suivi son royal époux sur l'échafaud, et les scènes les plus horribles ont porté la désolation et la mort dans les monastères de Paris. Les portes de ces saintes maisons de la prière ont été plusieurs fois enfoncées, et les religieuses ont été battues jusqu'au sang, accablées d'outrages et meurtries de coups. Les filles de Saint Vincent si populaires à cause des services qu'elle rendent aux pauvres et aux infirmes se voient fustigées par ceux-là même dont elles ont secouru les misères. Plusieurs sont mortes des suites de leurs blessures, et la vie de Paris n'est plus tenable pour ces saintes filles consacrées au Seigneur.

D'ailleurs la Convention a décrété la dissolution de toutes les communautés : il n'y a plus qu'à s'en aller. Sœur Thouret, lisons-nous dans le manuscrit de sa nièce, partit de Paris dans le courant de Novembre 1793. Nous allons la suivre dans sa fuite, et dans ses nouvelles épreuves.

CHAPITRE DIXIÈME

Ses épreuves en province (1793-1796).

*Son retour en Franche-Comté. - Ses aspirations. - Ses priva-
tions. - Sa marraine. - Son frère. - Scènes navrantes à
Lyon. - Littérature obscène. - L'abbé Receveur. - Sœur
Thouret ouvre une école gratuite. - Son dévouement. -
Elle convertit un prêtre schismatique.*

Le manuscrit de Sœur Rosalie qui nous a été si précieux
jusqu'à présent, se tait sur le voyage de Sœur Thouret, de
Paris à Besançon. Heureusement le récit de Marie Sourdon
va nous aider à combler cette regrettable lacune.

Nous savons que dans le courant de Novembre 1793, et
par conséquent au cœur de la Terreur notre héroïne a quitté
Paris.

La voilà donc aux approches de l'hiver sur la route de
la Franche-Comté.

Si j'étais peintre et que je dusse la représenter au point
où nous sommes de sa vie si bien remplie et si méritante,
je me plairais à la montrer à l'admiration publique dans un
tableau ainsi conçu :

Au premier plan, on verrait une religieuse fuyant dans
la campagne, pour échapper aux poursuites d'ennemis à moitié
cachés dans des ruines fumantes. Puis, dans la partie supé-

rieure du tableau, on apercevrait un ange qui l'arrêterait au passage, pour l'interpeller et lui dire : « Jeune sœur, où vas-tu ? » Elle répondrait : « Je vais où la Providence m'envoie, où la fraternité me réclame, où la charité m'attend. » Et l'ange ajouterait d'après une légende écrite au bas du tableau : « Sois bénie, jeune sœur, sois sept fois bénie ! ! »

C'est ainsi que je peindrais Jeanne Antide chassée de Paris par la Révolution.

Elle a vingt-six ans ! Elle court les chemins de sa patrie bouleversée, révolutionnées, ensanglantée ! Elle porte encore la cornette blanche des filles de Saint Vincent, ce drapeau blanc de la charité qui a toujours flotté au champ de l'honneur, du dévouement et du patriotisme ! Elle marche devant elle, ardente, courageuse et résignée ! Elle revient au pays de son enfance et de sa première communion ! Elle va revoir le clocher de son village et la maison de sa mère ! Elle est ici bien reçue, là maltraitée ! Elle demande l'aumône sur sa route ! Mais elle porte au fond de son âme un idéal sublime, un rêve admirable. Elle aurait pu faire comme tant d'autres, abandonner sa règle, suspendre sa robe aux arbres du chemin, rêver un foyer animé par une charmante famille, car elle est jeune encore ; puis elle est belle : les propositions qu'on lui a faites à Langres et à Sceaux le prouvent assez ; mais elle a d'autres pensées, d'autres aspirations ! Elle veut à tout prix, malgré la fatigue, la maladie et la persécution, se consacrer au Dieu des pauvres et aux pauvres de Dieu !

Elle mérite que l'ange qui l'accompagne lui dise et lui répète : « Que ton idéal et ton rêve soient bénis, sept fois bénis, jeune fille ! ! »

Elle fit à pied et sans ressources, un long et pénible voyage. C'était un voyage de quatre-vingt lieues à travers des populations hostiles à la Religion et fanatisées par la Révolution. Elle s'en alla mendiant de village en village, de manoir en manoir ; mais elle ne demandait son pain que pressée par le besoin, et souvent il lui fut impitoyablement refusé !

Le soir venu, elle ne trouvait pas toujours l'hospitalité pour la nuit; alors sans jamais se plaindre des rigueurs de son sort, elle dormait où elle pouvait, sous l'auvent des métairies, dans les cabanes abandonnées et de préférence, si l'occasion se présentait, sur le seuil ou à la porte des églises. On juge par là des privations qu'elle eut à supporter, et de la tristesse qui dut parfois l'envahir.

Mais rien n'ébranlait sa confiance en Dieu; elle avait déjà beaucoup l'esprit de Saint Vincent de Paul, et elle n'oubliait pas que le pieux fondateur de sa congrégation avait soin de recommander toujours à ses filles, l'abandon le plus complet à la Providence divine et la conformité la plus absolue à la volonté suprême, au milieu des épreuves inévitables de cette triste vie.

Elle arriva à Besançon, mal vêtue, mal chaussée, pauvre et fatiguée; et dès son arrivée, elle alla frapper à la porte de Madame de Vannes. C'était la sœur d'une fille de la Charité qui était restée longtemps malade à Paris, à qui Jeanne Antide avait fait de fréquentes visites à l'infirmerie, et dont elle avait, par son dévouement, mérité l'estime et l'affection.

Sous ses auspices, notre jeune sœur se présenta chez cette dame et y fut très bien reçue. Elle profita de sa gracieuse hospitalité pour se reposer quelques jours – et certes, elle en avait besoin – et puis, elle écrivit à sa marraine pour lui exposer sa détresse. Elle n'attendit pas longtemps la réponse; sa marraine s'empressa de lui envoyer avec la plus grande cordialité, ce qui lui était nécessaire pour le voyage de Sancey. Ce voyage n'était guère long à côté de celui qu'elle venait de faire; mais il lui fut néanmoins très-pénible à cause de sa blessure au côté qui n'était pas encore absolument guérie, et des meurtrissures qu'elle avait aux pieds, à la suite de ses marches prolongées.

Elle fut accueillie avec tendresse par sa marraine: « Nous lui donnâmes, disait celle-ci, en contant cette histoire à Marie Sourdon, nous lui donnâmes la chambre au-dessus du poêle;

là, elle pouvait soigner sa maladie et ses blessures, se reposer de ses fatigues, et vaquer, en liberté, à ses exercices
de piété. »

Ce fut pour elle, on le comprend, une bien douce consolation et elle en remercia le Bon Dieu, avec toute l'effusion
de son cœur ; mais elle était loin de toucher au terme de
ses épreuves. Au bout de quelques jours, sa marraine vit
passer dans la rue, son frère Joachim, lui annonça l'arrivée
de Jeanne Antide et lui demanda s'il ne désirait pas la
voir. Joachim ne répondit que par des grossièretés et des
injures. Il avait donné dans les idées du jour, il fréquen-
tait les démagogues du pays et il n'aimait pas les béguines.

Malgré tout, remué et vaincu par les bons sentiments de
famille qu'il n'avait pas complètement perdus, il revint bientôt
à resipiscence et il demanda a voir sa sœur. On la fit descendre, et à sa vue, il se mit à pleurer : il la pressa d'aller
loger chez lui, mais sa marraine s'y opposa, parce qu'elle
n'était pas encore assez remise.

Un peu plus tard, elle accepta l'invitation et l'hospitalité
de son frère ; elle voulait par là, lui montrer son amitié que
rien n'avait pu altérer, et puis elle espérait lui faire du bien,
le ramener peut-être à des idées plus saines. Mais en cela,
elle se trompait étrangement : elle vit bientôt qu'elle avait
été victime d'une généreuse illusion.

Joachim réunissait chez lui les Jacobins de l'endroit et
elle était condamnée à entendre tous les jours des propos
outrageants, des blasphèmes horribles lancés par les clubistes
contre la Religion et la Royauté. Elle allait se consoler chez
sa marraine ; mais il lui était affreusement pénible de penser
qu'un membre de sa famille était à Sancey le porte-drapeau
des doctrines anti-religieuses et anti-sociales du moment.

D'ailleurs la tourmente révolutionnaire était loin de s'apaiser ; il se passait à Paris et dans tous les départements des
scènes qu'on ne pourrait raconter qu'à mots voilés.

A Lyon, notamment, pour ne nommer que cette ville la plus importante après la capitale, éclatèrent, à l'occasion de la Pâque de l'année 1792 des désordres dont le récit fait frémir d'épouvante.

Le directoire du département, dit un écrivain témoin oculaire [1], n'ayant rien statué pour cette fête, les fidèles se réunirent en grand nombre dans la paroisse Sainte Claire. Pendant que l'on célébrait les saints mystères, la populace s'assembla sur la place de l'église et fit entendre des menaces contre les *calotins et les cagots*. « Alors, ajoute le narrateur indigné, j'ai vu à la porte de nos temples, l'innocence insultée par le crime, la faiblesse opprimée par la force et la pudeur violée par la brutalité. J'ai vu des citoyens paisibles tout à coup assaillis par une horde de brigands; le sexe le plus faible devenu l'objet d'une persécution féroce, nos femmes et nos filles traînées dans la boue de nos rues, publiquement frappées et horriblement outragées. »

De pareils faits se passent de commentaires; or, partout en France, il s'en produisait de pareils. C'était la conséquence fatale des doctrines prêchées par les apôtres du *Grand-Etre*, de la *Religion naturelle*, des *Autels civiques*, et du *culte de la déesse Raison*. Ajoutons que ces apôtres qui passionnaient les multitudes par leurs discours et qui voulaient, comme le disait l'un deux « écraser ainsi qu'une chenille toute la prêtraille de France [2], » étaient puissamment secondés dans leur œuvre impie et cynique, par certains littérateurs de l'époque. Des brochures infâmes et des pièces de vers obscènes parurent dans tous les formats et furent répandues par milliers dans toutes les régions.... il n'y eut pas un seul point du territoire français qui ne fut plus ou moins contaminé par ces productions ordurières.

Le mot d'ordre était donné. On voulait à tout prix la destruction radicale du Christianisme au profit de l'idée phi-

[1] M. Morin, auteur d'une histoire de Lyon.

[2] Legendre.

losophique du 18ᵉ siècle. La *Religion de la Providence* dont Robespierre devait naturellement être le grand-prêtre, était destinée à remplacer pour jamais les vieilles croyances de la fille aînée de l'Eglise.

Sœur Thouret avait dans son village un écho de toutes les horreurs qui se commettaient sous le ciel de France, et son frère, au besoin était là pour lui rappeller qu'il y avait des révolutionnaires au petit pied, même dans les centres les moins populeux.

Elle comprit que même au cœur de son pays natal, elle serait bientôt menacée, et elle songea à émigrer. D'ailleurs elle ne voulait abandonner ni sa règle, ni son costume, ni ses habitudes, et c'est pour cela sans doute qu'elle demanda à entrer dans la communauté que venait de fonder le pieux abbé Receveur, aux Fontenelles à six lieues de Sancey. Elle y fut admise, en effet, mais elle ne put y rester longtemps, parce que les religieuses de cet ordre nouveau furent expulsées et passèrent la frontière, avec leur père fondateur, pour se rendre en Suisse.

Elle voulut les suivre, pensant que sur la terre étrangère, elle pourrait, comme elle l'a écrit dans son mémoire, vivre librement dans la religion.... Mais voilà qu'au moment où elle préparait son départ une épidémie éclate dans son pays et aux alentours. Puis elle apprend qu'on va ouvrir un peu partout des *écoles constitutionnelles* où seront enseignées les doctrines révolutionnaires.... On la réclame pour les malades et les enfants, pour la charité et l'enseignement. Elle voit dans les événements le langage de la Providence, et par dévouement à sa patrie, elle renonce à son projet.

Ecoutons-la raconter elle-même sa vaillante existence. — Ici je lui cède la plume. Voici son récit simple comme son âme, mais palpitant et dramatique comme une scène de la primitive Eglise, à l'époque des catacombes :

« J'ouvris une école gratuite où je reçus les filles et les garçons en grand nombre. Je leur apprenais à lire, et les instruisais de leurs devoirs de religion et de leurs fins dernières.

Après l'école du matin, j'allais visiter les malades de la paroisse, et après celle de l'après-midi, je me rendais à deux ou trois lieues, là où se trouvaient les malades qui réclamaient mes soins et mes secours.

J'arrivais chez eux à la fin du jour et parfois même le soir avancé, je les assistais dans leurs besoins; ensuite je prenais deux ou trois heures de repos, et me remettais en route, afin de rentrer chez moi à la pointe du jour et d'y recevoir de bonne heure mes élèves.

Je marchais seule, en hiver comme en été; je traversais des bois, des vallée et mêmes des montagnes par la chaleur, la pluie, le froid ou la glace, et je marchais ainsi pour l'amour de Dieu et du prochain; jamais il ne m'est arrivé d'accident fâcheux.

Je recevais chez moi les prêtres catholiques, afin de les dérober aux poursuites des révolutionnaires; quelquefois, je les conduisais pendant la nuit, auprès de mes malades, pour leur faire administrer les derniers sacrements; il m'est arrivé de passer trois jours et trois nuits de suite sans pouvoir me donner le moindre repos.

N'ayant aucun loisir de préparer le plus petit repas pour moi, je mangeais un morceau de pain, chemin faisant, et lorsqu'on me donnait un peu de vin ou de liqueur, je le gardais pour les pauvres qui se réfugiaient chez moi, et pour les personnes qui les accompagnaient.

Lorsque j'avais amassé cinq ou six francs, je les donnais à l'un de ces bons prêtres, lui disant, pour ne pas le gêner, qu'il eût la bonté de célébrer une fois la sainte messe, à mon intention. »

Quelle page sublime! N'est-il pas vrai que l'on croirait lire un extrait des *Actes des martyrs?* Comme on voit que Sœur Thouret était taillée pour le sacrifice, le dévouement et la charité!!

Mais continuons; je ne voudrais pas priver mes lecteurs d'un monosyllabe de ce récit pathétique:

« Tous les jours de dimanche et de fêtes de précepte, je rassemblais chez moi, les bons catholiques, afin de sanctifier avec eux, ces saints jours et quelquefois, de concert avec un ou plusieurs prêtres non-assermentés, ces bonnes gens se rendaient chez moi la nuit pour entendre avec plus de sûreté la messe, et pour s'approcher des sacrements de la Pénitence et de l'Eucharistie. Dieu aidant et bénissant nos sacrifices et nos industries pour le bien, il n'arriva jamais aucun mal à ces ecclésiastiques; c'était moi qui soutenais tous les frais pour leur entretien et pour les cérémonies de notre culte caché. »

Encore une fois qui ne voit que nous avons en présence, une vraie femme forte, comme la réclame le sage? Qui ne sent que cette femme porte dans sa poitrine un cœur véritablement viril comme cette mère biblique dont l'histoire sacrée fait l'éloge « *femineae cogitationi masculinum animum inserens?* »

Mais le fait suivant que j'emprunte au récit de Sœur Rosalie, va nous révéler d'autres profondeurs dans cette âme si vibrante et si généreuse. Un prêtre schismatique qui avait été chassé de la paroisse où il exerçait son ministère d'intrus, tomba gravement malade à Sancey. Se voyant condamné par le médecin et près de paraître devant Dieu, il fit appeler Sœur Thouret qui accourut aussitôt à son chevet. En la voyant entrer il s'écria les mains jointes et les larmes aux yeux: « O ma très-chère Sœur, ayez pitié de moi, je vous en prie; ne m'abandonnez pas; j'ai confiance en vous, car depuis votre enfance vous avez toujours été sage et parfaite. »

La Sœur lui répondit: « Confiez-vous en Dieu seul qui peut tout; sans lui, je ne puis absolument rien; mais, aidée de sa sainte grâce que j'implore, je ferai tout mon possible pour vous soulager et vous être utile. » — Alors elle lui prépara une boisson qui lui fit du bien; il se sentit beaucoup mieux et la pria de rester auprès de lui nuit et jour : ce qu'elle ne put certainement pas faire. Pendant son absence, il vint un médecin qui dit aux parents du malade que celui-ci allait mourir. Lorsque Sœur Thouret revint, elle s'aperçut qu'on voulait faire venir un prêtre schismatique pour administrer le mourant ; et comme la mère et la sœur de ce dernier étaient toujours, à tour de rôle auprès de lui, Sœur Thouret lui dit à voix basse qu'elle désirait lui parler seule et le pria de faire sortir sa mère pour quelques instants, hors de la chambre : ce qui fut fait. Alors Sœur Thouret lui dit : « Monsieur, je m'aperçois que vos parents veulent appeler un prêtre assermenté pour vous administrer les derniers sacrements ; vous n'ignorez pas qu'il est schismatique aussi bien que vous.... eh ! quoi, voudriez-vous donc persévérer dans votre erreur, et vous exposer à y mourir ? Pourquoi au contraire ne pas mettre votre conscience en règle, et céder à la grâce de Dieu qui vous attend dans cette maladie pour vous éclairer sur vos défaillances, pour vous remettre dans l'esprit de la Sainte Eglise Catholique, Apostolique et Romaine, hors de laquelle il n'y a point de salut, et pour vous réconcilier avec elle, par le ministère d'un prêtre catholique ?

— En quoi sommes-nous schismatiques, demanda le malade ?

— Vous êtes schismatiques parce que vous n'êtes plus unis, ni soumis à l'Eglise ; parce que vous avez fait serment de fidélité à un gouvernement révolutionnaire qui persécute l'Eglise et ses enfants : qui tente d'abolir la religion, ses lois, ses pratiques ; qui brise les autels, les croix et les foule aux pieds, qui dresse des autels à des athées et à des impies. Les échafauds et la terre sont arrosés du sang des martyrs.... pouvez-vous, Monsieur, persévérer dans votre erreur à la vue de tant de sacrilèges ? Vous avez fait serment pour ne rien souffrir, pour avoir les places arrachées aux curés fidèles et aux Evêques chassés de leurs siéges. C'est à l'Eglise Catholique seule qu'il appartient de sauver les âmes....

— L'Eglise n'a rien dit cependant, elle a laissé faire.

— L'Eglise a parlé par les brefs du pape; elle a clairement proclamé qu'elle condamnait le serment à la constitution civile du clergé.

— Vous avez raison, reprit le malade en pleurant; je vous
promets que je profiterai de tout ce que vous venez de
me dire.

— Voulez-vous vous confesser à un prêtre catholique ?

— Oui, mais je ne sais où en trouver un.

— Il est en effet bien difficile d'en trouver; néanmoins
soyez tranquille, le bon Dieu saura y pourvoir....

— Comment, ce prêtre, si vous le découvrez pourra-t-il
arriver jusqu'à moi?

— Ne craignez pas; je vous veillerai seule une nuit, et
je le ferai entrer en secret.

— Mes parents entendront ouvrir la porte et alors....

— Je le ferai entrer par la fenêtre de votre chambre;
ne vous préoccupez de rien.

— Quand le trouverez-vous, ce prêtre ?

— Le plus tôt possible.

— Croyez-vous que je sois en danger de mort ?

— Vous ne l'êtes pas en ce moment, mais le péril peut
se représenter.

— Eh bien; attendez encore; et nous verrons plus tard. »
On attendit en effet, et le Bon Dieu permit que le malade
guérît parfaitement, de sorte qu'il n'abjura point alors son
erreur, et Sœur Thouret n'alla plus le voir. Quelque temps
après, elle le rencontra dans une rue et elle eut l'inspiration
de s'arrêter pour le saluer; c'était un soir, où elle revenait
de sa visite aux malades. Elle lui demanda d'abord de ses
nouvelles; ce à quoi il répondit, puis il ajouta: « Je viens
maintenant d'administrer un malade. — Monsieur, reprit Sœur
Thouret, quand vous étiez gravement malade et que vous
aviez peur de mourir, vous me donniez de bonnes espérances
pour votre rétractaction, et vous n'avez encore rien fait; voilà,

comment vous avez résisté à la grâce et aux reproches de votre conscience, en restant dans l'erreur et le schisme. Pensez-y, Monsieur, et bonsoir. »

Cette entrevue inattendue produisit son effet; quelque temps après, une demoiselle vint dire à Sœur Thouret que le prêtre en question la priait très-sincèrement de lui envoyer, à un endroit par lui indiqué, un prêtre catholique; car il voulait à tout prix abjurer son erreur et retrouver la paix de sa conscience. Sœur Thouret se mit de suite en quête d'un prêtre; elle finit par en découvrir un, et celui-ci s'empressa de se rendre au lieu désigné pour remplir la mission qui lui était confiée. Il reçut la rétractation du rénégat, et dès ce moment, il se l'adjoignit pour l'administration des sacrements. C'est ainsi que notre fervente religieuse montrait son zèle pour la cause de Dieu.

Elle avait l'ardeur d'un apôtre. Elle avait aussi, à ses heures, le courage des martyrs.

Le chapitre suivant va nous l'apprendre.

CHAPITRE ONZIÈME

Ses épreuves dans l'exil (1796-1797).

Un interrogatoire. - Conduite des femmes pendant la Révolution. - Les médecins dénoncent la Sœur Thouret. - Elle continue ses classes et ses visites aux malades. - Elle émigre. - Elle est de nouveau persécutée. - Passe en Allemagne. - Fait vœu d'aller en Palestine. - Perd sa Sœur Jeanne Barbe. - Prie pour elle.

Les mérites et les vertus de Sœur Thouret ne pouvaient tarder à être découverts. Elle aussi devint suspecte, comme quiconque, à cette époque, portait la livrée du Christ et remplissait modestement son devoir.

De nouveau, je la laisse parler : « Un jour, je fus dénoncée aux autorités publiques. Des informations furent prises à mon sujet ; de bons et de mauvais témoins furent interrogés ; je le fus à mon tour, et voici un aperçu des interrogatoires que je dus subir :

« — Citoyenne, réponds ; tu tiens des assemblées secrètes ?

— Oui, c'est vrai.

— Qu'est ce que tu dis dans ces assemblées ? Qu'est ce que tu lis à ton monde ?

— Je dis des prières, et je lis le Saint Evangile..... Le connaissez-vous ?

— Que vas-tu nous conter là ? Qu'est ce que c'est le Saint Evangile ?

— L'évangile, c'est l'histoire de notre foi ; c'est le code de nos devoirs chrétiens.

— Mais tu fais aussi la classe aux petits enfants. - Tu instruis également la jeunesse. Quelle est la doctrine que tu leur apprends ? Quel est le catéchisme que tu leur fais suivre ?

— La doctrine qu'on m'a enseignée à moi-même ; le catéchisme de la sainte Eglise de Jésus-Christ.

— Eh bien, nous t'ordonnons d'enseigner désormais la doctrine voulue par les lois constitutionnelles.

— Et moi je vous déclare que je ne le ferai jamais ; j'aimerais mieux mourir plutôt, et je veux continuer à enseigner la doctrine voulue par les lois chrétiennes....

Devant ces réponses mes juges restèrent confondus.... »

Je le crois sans peine, car il est difficile de se montrer plus ferme et plus courageux devant la persécution et la tyrannie.

Que d'exemples d'héroïsme les religieuses ont donné pendant la période révolutionnaire ! On ferait, pour le dire en passant, un magnifique ouvrage si on voulait tous les raconter.

Le vicomte de Ségur, dans son beau livre sur les *femmes,* leur *condition* et leur *influence* dans *l'ordre social, chez les différents peuples anciens et modernes,* consacre un chapitre à la conduite des femmes au commencement de la Révolution et écrit ceci à leur louange : « émeutes effrayantes, prisons, échafauds, massacres, incendies, symptômes horribles de la Terreur, vous nous offrez partout des femmes occupées à diminuer vos désastres.

Ici, ce sont des larmes qu'elles essuient ; là, des blessures qu'elles cherchent à fermer ; plus loin, c'est une victime qu'elles exhortent au courage. - Enfin, de toutes parts, les hommes causent des malheurs, de toutes parts, les femmes les réparent et les adoucissent. »

Que n'aurait pas dit cet écrivain à l'honneur des religieuses de tout ordre, s'il avait pris la peine d'étudier leur conduite, dans les mêmes circonstances et au milieu de périls encore plus grands! Sœur Thouret aurait eu un large droit à la louange pour son dévouement et sa magnanimité. Elle n'eut pas seulement à tenir tête aux Jacobins de son pays; elle trouva encore sur sa route les médecins de sa région qui lui firent la guerre, sous prétexte qu'elle exerçait illégalement la médecine et qu'elle leur ravissait leur clientèle. Ils allèrent, poussés par une sotte jalousie, jusqu'à la menacer de la poursuivre devant la justice, de la dénoncer aux tribunaux, et de la faire arrêter par la force publique.

Heureusement il fut prouvé que ses remèdes étaient bons et efficaces.

Des médecins désintéressés furent chargés de faire une enquête; ils allèrent visiter les malades qu'elle avait soignés, et ils durent reconnaître que sa thérapeutique était irréprochable; eux-mêmes n'auraient pas fait des ordonnances meilleures que les siennes. Aussi, elle ne fut plus tracassée; au contraire, on la pria, paraît-il, de continuer ses visites secourables. Elle était la providence des pauvres; on s'inclinait devant sa charité.

Sur ces entrefaites, le curé de sa paroisse, qui avait émigré dès les premiers jours de la crise sociale, revint à son poste, trompé par un semblant d'accalmie qui ne devait pas durer. Il félicita chaleureusement Sœur Thouret sur sa belle conduite: « Madame Antide, lui dit-il, d'après son mémoire que nous suivons pas à pas, je vous ai de très-grandes obligations; vous avez bien soutenu mes paroissiens pendant mon absence forcée; je vous remercie; en faisant votre ouvrage, vous avez rempli tout à la fois les fonctions de curé et de vicaire! Que Dieu vous bénisse et vous récompense!! »

Ces félicitations étaient faites pour l'engager à continuer, dans la mesure de ses forces, ses œuvres pies dans la paroisse. Mais notre héroïque et sainte jeune fille avait toujours au cœur, son désir de vivre en communauté, de se consa-

crer à Dieu d'une façon complète et définitive et de suivre
sa vocation sous le triple joug de l'obéissance, de la pauvreté et de la chasteté.

De temps en temps, elle recevait des lettres de l'abbé
Receveur qui la sollicitait de se joindre à sa compagnie et
qui lui promettait dans son institut la vie religieuse, telle
qu'elle la désirait; il ajoutait toujours, pour rendre son invitation plus pressante, que rien ne la détournerait de sa vocation primitive puisqu'il avait un grand nombre de malades à visiter et à soigner.

Elle finit par se rendre à ses instances, et elle partit pour
la Suisse au mois d'Août 1796. – « Je me rendis, dit elle, dans
la seule vue de ma sanctification, dans le canton de Fribourg [1] où était une maison de la congrégation que j'avais
en vue. » Quelle était cette maison? Elle ne la nomme pas;
quelle était cette congrégation? Elle ne la nomme pas davantage. C'était probablement celle de la *Retraite chrétienne*
qui naguère avait fui les Fontenelles, sous la direction de
l'abbé Receveur et qui devait y revenir plus tard comme
l'hirondelle revient à son nid. Sœur Thouret y arriva le
jour de l'Assomption: « J'y fus très-bien accueillie, conti-
nue-t-elle, et j'y travaillai à mon salut, n'ayant d'autre désir
que celui de répondre aux desseins du Bon Dieu, et d'accomplir sa sainte volonté. »

Mais quelles sont les œuvres providentielles qui ne vont
pas, ici-bas, se heurter à des obstacles et à des difficultés?
Qui ne sait que dans tout ce qu'il fait, Dieu met sa signature et que cette signature c'est la croix? Même sur la terre
étrangère, même dans le pays classique de la liberté, Sœur
Thouret eut d'amères épreuves à subir.

---

[1] Le canton de Fribourg reçut plus de 4000 prêtres. Le canton
de Genève si longtemps l'épouvante des prêtres catholiques fit céder
son fanatisme aux exigences de l'humanité.... l'Allemagne imita la
Suisse. — *Histoire générale de l'Eglise* (Darras).

Elle était depuis quelque temps dans sa chère nouvelle communauté; elle y goûtait, avec délices, la paix de l'âme; elle y avait retrouvé l'image de sa *règle* qu'elle aimait par-dessus tout; elle pouvait y dépenser auprès des malades sa charité débordante, lorsque la persécution vint la chercher même dans cette retraite. Le supérieur de la communauté fut, un beau jour, arrêté et incarcéré, parce qu'il avait converti au catholicisme, enrôlé dans sa congrégation et envoyé en Allemagne dix-huit jeunes filles du pays. Il fut bientôt relaxé; mais on lui signifia de quitter la Suisse et d'emmener avec lui toutes ses sœurs.

Ici encore, je laisse la plume à notre sainte narratrice. — Je me contenterai de commenter les passages qui peuvent demander des notes explicatives.

« Il nous fallut donc tous partir; j'étais chargée de la surveillance et du soin de deux grandes voitures remplies de malades; l'une de prêtres et de frères convers, l'autre de Sœurs et d'enfants que le Supérieur, par charité, avait reçus dans sa maison.

Après plusieurs jours de marche, nous arrivâmes en Allemagne, et un seigneur de l'endroit nous céda une de ses maisons, hors de la ville.

Quels étaient ce seigneur, cet endroit, cette ville? Qui pourrait le dire? La bonne sœur ne se doutait pas, quand elle écrivait son mémoire qu'elle mettrait plus d'une fois son historien dans l'embarras, avec les lacunes qui émaillent son récit. Mais ne nous en plaignons pas trop. Grâce à ces lacunes, l'histoire de Sœur Thouret prend de nouveau, les couleurs de la légende, et ces couleurs ne peuvent que la rendre plus intéressante. - Que de fois, pareille chose est arrivée dans la vie des Saints, des Vierges et des Martyrs! Leur gloire n'en a pas souffert pour cela.

Notre héroïne continue: « Dans cette maison, nous vivions très-pauvrement du fruit de notre travail et des aumônes que nous recevions.

6

Parmi les sœurs, celles-ci filaient; celles-là cousaient; d'autres tricotaient; toutes travaillaient pour gagner la vie. Mais *dans ce temps-là les troupes françaises entrèrent* en Allemagne et le seigneur qui nous logeait, craignant la confiscation de ses biens, vint dire à notre supérieur de s'en aller, avec toute sa communauté. »

Par ce mot, *dans ce temps-là*, il faut entendre ici l'époque du *Directoire* qui régit la République française du 27 Octobre 1795 au 11 novembre 1799. Les puissances coalisées de l'Europe avaient déclaré la guerre à la *Convention* qui avait précédé ce régime, et la France qui n'avait conservé de ses traditions antiques que la bravoure guerrière, dut envoyer des soldats à toutes ses frontières. C'est alors que se formèrent les généraux qui devaient plus tard illustrer le règne de Napoléon Ier. Une armée passa le Rhin, et c'est d'elle que veut parler Sœur Thouret, quand elle dit que les *troupes françaises entrèrent en Allemagne.* Je n'ai pas à raconter ici cette campagne dans laquelle se déployèrent pour la gloire de notre pays, de beaux talents et de mâles courages; je constate seulement en passant qu'elle eut pour résultat la nouvelle expulsion de notre pauvre et sainte religieuse.

Expulsée de Paris, expulsée de Besançon, expulsée de Suisse, elle l'était encore d'Allemagne! Il était donc écrit qu'elle goûterait partout le pain de l'exil, ce *pain amer et salé* dont parle si bien le Dante, et qu'elle serait condamnée comme lui, à monter sous des cieux différents, l'escalier de l'étranger!! Mais depuis longtemps, elle était faite à la douleur; depuis longtemps, elle était aguerrie contre les coups de l'infortune, et disciplinée pour la résignation: elle se soumit de nouveau sans se plaindre à la volonté d'en haut.

« Nous partîmes donc, écrit-elle, avec sa noble simplicité, nous confiant à la divine providence; nous cheminâmes longtemps le long du Danube sans trouver aucun asile, et exposés à être massacrés par l'armée française. Un jour, le Supérieur ne sachant plus que faire, nous assembla sur la rive du fleuve, et prononça devant nous, à haute voix les paroles suivantes : « Nous voici entre ciel et terre, sans habitation et sans ressources, et par suite, exposés à de grands périls; il faut que toutes celles d'entre vous qui ont dépassé l'âge de douze ans, fassent vœu d'aller en pèlerinage à Jérusalem; que toutes lèvent la main, et jurent de me suivre! Nous fîmes le vœu et nous nous mîmes en route! »

Comment ne pas admirer cette scène au passage? On dirait une scène empruntée aux récits de l'antiquité! C'est beau! c'est grand! c'est biblique! — La pieuse caravane était pauvre, fatiguée, persécutée, et voilà cependant, qu'au milieu de souffrances sans nom et de privations sans nombre, elle décide tranquillement de partir pour la terre sainte! Il y a là un tableau dans lequel la foi chrétienne se mêle à l'enthousiasme chevaleresque et qui dut faire plaisir aux anges.

Sous leur égide, on partit : « J'étais toujours - poursuit Sœur Thouret, qui devait être la plus courageuse de la sainte phalange de ces vierges vaillantes, - chargée du soin des malades dont plusieurs étaient poitrinaires et moururent en route. Nous allâmes fort loin, demandant l'aumône, chemin faisant; mais le bruit s'était répandu que nous avions la peste; un soir que nous arrivâmes dans une ville, les autorités civiles ne voulurent pas viser nos passeports; elles envoyèrent des médecins pour visiter nos malades; après quoi, le Supérieur reçut ordre de retourner sus ses pas avec toute sa compagnie. Il nous fallut donc rebrousser chemin; nous passâmes en plusieurs endroits de l'Autriche, où nous faisions de petites haltes. »

Ici, le tableau devient grandiose, et le récit épique; avec les pages que je transcris, on pourrait composer un beau poème, sans faire même de grands efforts d'imagination. Le sujet est simple et le cadre merveilleux; les situations sont pathétiques et les personnages héroïques. Avec un peu d'invention, nous aurions une véritable épopée religieuse. Nous y trouverions même la note émue ; l'élégie aurait sa place dans la trame de la narration poétique.

Qu'on en juge par ce qui suit : « J'avais une sœur qui faisait partie de cette même compagnie ; (c'était Jeanne Barbe plus jeune que Jeanne Antide, qui elle aussi, nous le lisons dans le récit de Marie Sourdon, avait été admise aux Fontenelles dans la communauté de l'abbé Receveur), elle vint à mourir dans la petite ville de Neustad, à une petite journée de distance de Vienne. Je l'assistai en ses derniers jours, je lui fis administrer les derniers sacrements et lorsqu'elle eut rendu son âme à Dieu, le seigneur de la ville, lui fit faire des funérailles très-solennelles auxquelles je fus présente. »

Mais Sœur Rosalie nous a conservé le récit de cette mort. Ne nous privons pas du plaisir de le connaître. Le voici dans sa touchante simplicité.

« Voyant que sa sœur Jeanne Barbe allait bientôt quitter l'exil, Sœur Thouret lui dit : « Ma sœur, le Bon Dieu veut vous appeler à Lui de bonne heure ; remettez-vous en tout à sa sainte volonté ; vous savez bien que la vie présente est un passage à une vie à jamais bienheureuse dans le Ciel.

— Je m'attends bien à mourir de cette maladie, répondit Sœur Barbe, et j'en suis bien contente, car je suis venue dans ce saint état pour me préparer à la mort et pour assurer mon bonheur éternel ; mais j'ai de terribles frayeurs aux approches de la mort.

— Confiez-vous en Dieu qui vous donnera sa sainte grâce, j'espère de sa bonté que vous n'aurez aucune tentation ; tenez, je vous laisse ces deux prières très-efficaces ; elles sont enrichies d'indulgences par le Souverain Pontife ; l'une est en l'honneur des souffrances de N. S. Jésus-Christ, l'autre en l'honneur de la très-sainte Immaculée Conception de Marie Mère de Dieu ; récitez-les de temps en temps suivant vos forces, et vous en retirerez de douces consolations.

— Oui, de tout mon cœur, reprit la malade. Sœur Thouret n'ayant pas la permission de rester auprès de sa sœur la quitta, se proposant de lui faire quelques visites de temps en temps, ce qu'elle fit en effet. Un jour, elle lui dit : « récitez-vous les deux petites prières que je vous ai données ?

— Oui, mais pas autant que je le voudrais, parce que je vais bien plus mal.

C'était la veille de Noël, elle fut administrée et elle dit à sa Sœur Antide qu'elle espérait encore recevoir le Divin Jésus le jour de la fête. Sœur Thouret retourna auprès de ses religieuses, et le lendemain dans le cours de la matinée elle entendit une voix qui disait : « *la Sœur Jeanne Barbe meurt.* » Personne qu'elle n'entendit cette voix; elle alla frapper à la porte du confesseur de la Sœur Jeanne Barbe et lui dit : - Je viens d'entendre que la Sœur Jeanne Barbe meurt. - Le prêtre partit aussitôt pour aller voir la malade, et Sœur Thouret y arriva quelques instants après lui ; elle le trouva à genoux auprès du lit de sa sœur qui paraissait plutôt endormie que morte. L'infirmière dit qu'elle l'avait entendu chanter pendant la nuit : Venez, venez, divin Jésus. Sa fin avait été des plus douces. Elle avait, au dernier moment, demandé de l'eau bénite et fait un grand signe de croix. Puis rayonnante de joie, elle s'était écriée : Oh! que je suis bien! oh! que je suis contente! et elle avait rendu sa belle âme à Dieu.

Le lendemain l'hôtesse qui apprêtait les mets pour les solitaires malades vint dire ceci à une religieuse :

Cette nuit, j'ai vu Sœur Jeanne Barbe debout à la place même où elle est morte, elle était resplendissante de beauté, et vêtue d'une robe blanche; je lui ai demandé : « dites moi, ma sœur, avez-vous besoin de messes? » et elle m'a répondu : « non, madame, je n'ai plus besoin que de deux petites prières pour aller au ciel. »

La religieuse vint raconter cela à Sœur Thouret qui comprit qu'il s'agissait des deux petites prières qu'elle avait données à sa sœur pendant les derniers jours de sa vie, et que celle-ci voulait qu'elle les récitât pour elle. »

Inutile d'ajouter que notre exilée pria et pria beaucoup pour le repos de l'âme de la chère défunte. Elle le fit avec sa foi et sa résignation ordinaires. Dieu qui avait des vues sur elle, ne lui épargnait, on le voit, aucune souffrance.

Or, sa coupe n'était pas encore pleine. Son épopée va prendre les proportions d'un drame, et nous allons la retrouver encore bien des fois sur la route royale de la croix, que sont appelées à suivre ici-bas toutes les âmes grandes et fortes.

CHAPITRE DOUZIÈME

Son retour de l'exil (1797).

Sa force est la prière. - Elle quitte la congrégation de l'abbé Receveur. - Visite Einsiedeln. - Se rend au Landeron. - Se fait institutrice. - Rencontre des prêtres compatriotes : Mr. de Chaffoy et Mr. Bacoffe. - Écrit à sa marraine pour demander des secours. - Les trois ducats de Sainte Térèse. - Mot de Saint François Xavier. - Sœur Thouret revient par obéissance dans son pays.

Au milieu de ses épreuves multiples, qu'est-ce qui soutenait notre pauvre exilée? La prière. « Qui ne sait que la prière rend l'affliction moins douloureuse et la joie plus pure? Elle mêle à l'âme un je ne sais quoi de fortifiant et de doux et lui donne un parfum céleste. Vous êtes un voyageur qui cherche sa patrie; ne marchez pas la tête baissée: il faut lever les yeux pour reconnaître sa route. Votre patrie, c'est le ciel! et quand vous regardez le ciel, est ce qu'en vous, il ne se remue rien? Est-ce que nul désir ne vous presse, ou ce désir est-il muet? [1] »

Sœur Thouret savait cela; aussi, dans son exil, à travers les contrées inhospitalières qu'elle dut traverser, sa grande force fut elle la prière: « Je ne cessais, dit-elle, d'adresser de

---

[1] Lammenais.

ferventes prières à Dieu pour lui demander l'accomplissement
de ses desseins sur moi et sur ma sanctification. » Puis, immédiatement après, elle ajoute : « ayant été fortement inspirée
de quitter la compagnie, je le fis et m'en vins en Suisse. »

Ce passage demande à être expliqué. Il est éclairé par
le récit de Marie Sourdon. Parmi les compagnes de Jeanne
Antide, plusieurs, paraît-il, étaient assez souffrantes, et, émue
de compatissance pour elles, notre bonne sœur de charité
accoutumée a soigner les malades, aurait voulu leur donner
quelque soulagement ; mais l'austère fondateur ne le permit
pas ; il préférait pour ses religieuses qu'il initiait par ses
exemples à la vie de victimes, la pénitence avec ses expiations.

Or, on sait que les sœurs de la charité ajoutent à leurs
trois vœux ordinaires, celui de se consacrer aux soins des
malades. Sœur Thouret voyant qu'elle ne trouvait pas tout
à fait dans la communauté qui l'avait accueillie, l'idéal qu'elle
avait cherché, fut, comme elle le raconte, *fortement inspirée*
de quitter la compagnie.

Cependant elle ne prit aucune décision avant d'avoir consulté un confesseur. Elle avait des scrupules qui honorent la
délicatesse de sa conscience, et elle les exposa simplement
à un prêtre. Celui-ci lui dit qu'elle était complètement libre,
puisqu'elle n'avait pas encore fait de vœux, et, rassérénée par
cette réponse, elle alla prendre congé de l'abbé Receveur
dont la congrégation avait dû sans doute, être déjà singulièrement décimée par l'exil, la persécution et la mort. Elle
quitta l'habit religieux qu'elle portait, pour ne pas être de
nouveau tracassée en Suisse, et pauvrement vêtue, mise comme
une mendiante, elle se mit en route. Elle n'avait pour couvrir
ses épaules qu'un simple linge, et pour couvrir sa tête qu'une
misérable coiffure [1]. Depuis longtemps, elle avait mis à la
loterie de la Providence, pour me servir de l'expression d'un
poète qui ne fut pas toujours heureux [2], et sa confiance en

[1] Récit de Marie Sourdon.
[2] Lamartine.

Dieu, n'avait jamais été ébranlée. De nouveau, elle se fit mendiante - ce métier ne l'effrayait pas, c'est le métier de ceux qu'elle a le plus aimés ici-bas, après Dieu: les pauvres - et c'est en demandant son pain, le long des chemins qu'elle prit la route de la France. — Je trouve dans les notes qui font suite au manuscrit de Sœur Rosalie, une prière qu'elle faisait en ce temps-là. La voici: « Mon Dieu, disait elle, gardez-moi, la terre est inondée de crimes; ne me laissez pas périr. Vous savez que je ne cherche que vous; je ne suis connue que de vous; je me suis vêtue de manière à être méprisée et à n'être pas exposée aux insultes et à la malice du démon. Je ne sais pas où je vais, ni ce que vous voulez de moi; inspirez-moi, conduisez-moi!... »

Un jour qu'elle avait récité cette prière avec plus de ferveur, elle entendit une voix intérieure qui lui parla ainsi: « Courage, ma fille, sois-moi toujours fidèle, et je ne t'abandonnerai pas; va toujours et je te ferai connaître ce que je veux que tu fasses; car je veux me servir de toi pour de grandes choses. »

Encouragée par ces paroles, dit le document que je viens de citer, elle se dirigea vers Constance.

Ayant formé le dessein de se rendre à Einsiedeln, pour visiter le sanctuaire de N. D. des Ermites, elle demanda à un voyageur de noble apparence qu'elle rencontra, quelle direction il fallait prendre pour y parvenir. Le voyageur lui indiqua le chemin et lui dit en lui offrant quelques pièces de monnaie: « Que Dieu vous garde! » Sœur Thouret accepta l'argent par respect, espérant bien le donner au premier pauvre qui se présenterait, et elle continua sa route vers Einsiedeln, où elle arriva enfin après bien des fatigues. Quand elle aperçut le sanctuaire de la Sainte Vierge, elle se prosterna à terre en pleurant pour remercier la Madone qui l'avait protégée visiblement pendant son long voyage. Elle resta quatre jours à Notre Dame des Ermites; elle aurait voulu y passer le reste de sa vie dans la sainte pauvreté, inconnue de tout le monde. Mais après avoir beaucoup prié, elle reconnut que la volonté de Dieu était qu'elle retournât en France; elle se remit donc en route pleine de confiance en Marie à qui elle se recommandait sans cesse.

Il faut savoir qu'elle aima toujours beaucoup la Sainte Vierge.

Elle ne quitta jamais son chapelet, même dans les temps les plus difficiles, et c'est peut-être pour la récompenser de sa dévotion à la Madone que le Bon Dieu lui donna plus tard, comme nous le verrons, le beau monastère de *Regina Coeli* à Naples.

Arrivée au Landeron le 24 Juin 1797, elle alla frapper à la première porte venue pour demander la charité. On ouvrit, et elle fût reçue par une maîtresse d'école qui, en la voyant, ne put s'empêcher de lui dire, tant son impression fut bonne: « Madame, vous ne ressemblez pas aux mendiants ordinaires. Qui êtes-vous? »

En quelques mots, Sœur Thouret répondit à cette question bienveillante et la maîtresse reprit aussitôt: « La Providence vous conduit; vous êtes justement la personne dont j'ai besoin pour le moment; entrez, Madame; restez avec moi; nous allons dîner ensemble, – car vous devez avoir faim; vous paraissez exténuée – et puis nous causerons de votre situation et de la mienne. »

Une invitation si aimable ne pouvait être refusée; elle fut acceptée avec empressement et reconnaissance. Une conversation cordiale s'engagea pendant le repas, entre l'hôtesse et la visiteuse, et séance tenante, il fut convenu que celle-ci remplirait les fonctions de suppléante dans l'école, durant une absence que devait faire la maîtresse pour une affaire urgente.

Elle se fit donc institutrice pour quelque temps, et dès ce jour, par la grâce de Dieu qui est avant tout, le père des petits et des humbles, elle eut au moins le gîte, le vivre et le couvert. Elle ne tarda pas à se faire connaître dans le village; on l'eut bientôt remarquée dans la paroisse, à cause de sa tenue, de sa piété et de son assistance aux cérémonies de l'église, et le curé - on le devine - fut un des premiers à apprécier ses rares mérites et ses vertus éprouvées.

Or, c'est là justement que la Providence l'attendait pour lui montrer enfin, après tant d'épreuves, les délicatesses de sa miséricorde. Elle le raconte elle-même dans sa naïve auto-biographie: « Là, dit-elle, le Bon Dieu me manifesta ouver-tement sa volonté, quoique j'en fusse très-indigne. Voici com-ment les choses se passèrent: Des prêtres de Besançon exilés comme moi, vinrent à passer chez Mr le curé du Landeron qui leur dit: « J'ai ici une bonne religieuse de votre dio-cèse. - Où est-elle? répondirent-ils, nous désirerions beaucoup la voir. - Cela est bien facile; allez chez Mr de Forchaud, vous l'y trouverez avec une compagne. » - Ceci fait supposer qu'après avoir rendu service à la maîtresse d'école, elle avait dû recevoir l'hospitalité dans une des honorables familles du village.

« Ces messieurs étant venus à ma demeure, et m'ayant demandée, on me fit descendre dans une grande salle, où ils m'attendaient; ils me firent asseoir.

« Je ne les connaissais nullement; eux non plus ne m'avaient jamais vue; ils me firent plusieurs questions auxquelles je répondis en toute simplicité. Ensuite, ils me dirent: « Nous allons rentrer en France parce que le calme commence un peu à s'y rétablir.

— Retournez-y vous aussi; associez-vous avec des jeunes filles que vous formerez à la vie de dévouement et d'abné-gation à laquelle vous êtes formée vous-même, et vous fon-derez à Besançon un établissement pour l'instruction de la jeunesse et le soin des malades. Aidée du secours d'en haut qui ne vous manquera certainement pas, vous ferez un grand bien pour la gloire de Dieu et le salut des âmes. » Je me levai alors profondément émue de ces paroles, et je me pris à dire: « Je ne suis pas capable de faire le bien, et de former des jeunes filles à la vie religieuse, car moi-même, j'ai grandement besoin d'être formée à cette vie et d'être dirigée par d'autres. » - Ils me répondirent: « C'est bon ; vous ferez très-bien ; il suffit d'avoir du courage, de la vertu et de la confiance en Dieu. Vous paraissez posséder tout cela ; venez donc avec nous. Autrefois nous avions des fonds ; la Révolution nous a tout pris, mais Dieu y pourvoira ! - »

Comment ne pas admirer ici les desseins d'en haut sur une âme privilégiée ! Comme il est vrai de dire avec le Père Lacordaire que la *Providence gouverne le monde et que son premier ministre est la vertu ?*

Voilà une pauvre fille qui n'a reçu qu'une instruction sommaire, qui ne possède aucun des biens de ce monde, qui n'a qu'une seule ambition : celle de vivre ignorée ; qui ne poursuit qu'un seul rêve : celui de soulager les pauvres, et c'est elle que le ciel va prendre pour en faire une fondatrice ! C'est à elle que des prêtres graves et austères de Besançon vont dire, au cœur d'une persécution qui paraît mourir mais qui peut renaître : *vous fonderez à Besançon un établissement pour l'instruction de la jeunesse et le soin des malades !*

N'est-ce pas le cas de commenter le *laudate* du prophète et de répéter avec lui : « Qui est semblable à notre Dieu qui regarde ce qu'il y a de plus humble dans le ciel et sur la terre, qui tire de la poussière celui qui est dans l'indigence, et qui élève le pauvre de dessus le fumier pour le placer avec les princes de son peuple ?? »

N'est-ce pas surtout le cas de reconnaître que Dieu entre pour ainsi dire lui-même en scène dans le drame que je raconte ? Ne semble-t-il pas qu'il va désormais prendre par la main cette jeune fille abandonnée, pour la conduire, sans qu'elle s'en doute, à créer une œuvre immortelle ?

Car quels sont ces prêtres graves et austères qui lui ont parlé ? Ce sont M^r l'abbé de Chaffoy, vicaire-général de Besançon, et M^r l'abbé Bacoffe curé de Saint Jean-Baptiste dans cette même ville. — Le premier est le représentant de l'autorité diocésaine, et le second est un des pasteurs importants de la cité bizontine. Que faut-il de plus, surtout dans un temps de Révolution, alors que tout est bouleversé, pour indiquer l'intervention divine?

D'ailleurs, Dieu va se montrer d'une manière plus tangible encore. Son rôle se dessine à merveille dans la page que voici. Je cite le mémoire de notre admirable héroïne: « Une religieuse que j'avais avec moi me dit à l'oreille: - Un de ces messieurs est le grand-vicaire de Besançon. Voulez-vous lui parler en particulier? - Oui, lui répondis-je; dites-lui que je désire le voir en secret, et priez-le de vouloir bien m'entendre. - Effectivement il m'appela dans une salle à part, et quand je fus en sa présence, je lui déclarai que j'avais fait vœu de ne plus retourner en France, attendu qu'il n'y avait plus de communautés religieuses et que je désirais vivre pauvre, inconnue et retirée à l'étranger. - Il me répondit: Tout cela est bon et beau; mais l'obéissance est préférable à tout autre sacrifice. Dieu parle par les supérieurs, et, en cette qualité, je vous commande de rentrer en France, d'ici à quinze jours, pour nous aider à rétablir dans notre diocèse la foi chrétienne et les bonnes mœurs qu'y portèrent jadis Saint Ferréol et Saint Ferjeux. Vous m'objecterez que vous n'êtes pas prêtre, que vous ne pouvez ni prêcher, ni confesser; cela est vrai; mais vous pouvez faire beaucoup de bien par votre vocation et par les moyens que le Bon Dieu vous a donnés et vous donnera encore. Obéissez donc et retournez en France, et la première fois que vous vous y confesserez, vous direz de ma part à votre confesseur que je lui permets de commuer votre vœu. »

Comment hésiter devant un ordre si formel? Comment ne pas reconnaître la voix de Dieu dans une parole si autorisée? Sœur Thouret était trop religieuse pour ne pas obéir. Elle s'inclina donc par pure obéissance devant le commandement du vicaire-général de son diocèse et répondit malgré les répugnances qu'elle éprouvait à sortir de son obscurité:

« Je partirai. » Elle aurait pu dire à son supérieur ecclésiastique le mot de Saint Pierre à son maître : « *In verbo tuo laxabo rete* [1]. » Mais elle ne savait guère du latin que quelques bribes de nos chants liturgiques. Elle demanda quelques jours pour préparer son départ, et elle écrivit à sa marraine pour obtenir d'elle un petit secours. En recevant sa lettre, la marraine s'écria : « C'est donc toujours la même mendiante ! mais je ne puis pas l'abandonner. » Elle alla trouver Joachim, et celui-ci touché de la détresse de sa sœur ne refusa pas de contribuer aux frais de son voyage. Il offrit un écu de trois francs. La marraine en ajouta un autre, prépara un paquet d'habits convenables, et fit porter le tout au Landeron, par une femme de Sancey-le-long.

Deux écus pour affronter un voyage pénible à travers les montagnes et pour secourir en route des misères inévitables, n'étaient pas grand'chose assurément. Mais n'oublions pas qu'à une grande humilité Jeanne Antide unissait une foi admirable. Sainte Térèse disait un jour à quelqu'un qui la blâmait pour une entreprise hardie : « Trois ducats et Térèse, ce n'est rien ; mais Dieu, Térèse et trois ducats, c'est tout !! »

Sœur Thouret aurait pu dire : « Deux écus et Jeanne, ce n'est rien ; mais Dieu, Jeanne et deux écus, c'est tout !! »

Elle fit donc ses préparatifs et pour que son voyage fut béni, elle voulut l'entreprendre sous les auspices de la Sainte Vierge. Elle nous l'apprend elle-même : « Je m'acheminai vers la France, par obéissance, et je partis du Landeron dans l'après-midi de l'Assomption, le 15 Août 1797. » - Remarquons qu'ici, elle met une date - « J'étais en la compagnie de trois prêtres » - elle dut bien certainement les aider de ses deux écus - et « d'une fille française qui nous guidait par les lieux et les chemins que nous devions suivre » - c'était probablement cette femme de Sancey que sa marraine avait envoyée comme commissionnaire.

---

[1] Saint Luc, 5, 5 : Sur votre ordre je jetterai mon filet.

La voilà donc, après plusieurs années d'émigration, après des tribulations de tout genre, sur la route de sa patrie! Elle avait un grand cœur - nous l'avons vu et nous le verrons encore; - elle dut par conséquent, en franchissant la frontière éprouver de douces émotions, à la pensée qu'elle allait revoir le berceau de son enfance et retrouver des visages amis! Mais son mémoire ne laisse à cet égard, aucune trace de sensibilité!

Elle n'était pas de ces femmes qui racontent complaisamment dans un journal leurs joies et leurs peines, s'y regardent comme dans un miroir, pour s'admirer en secret, et se persuadent vaniteusement *in petto*, qu'un jour peut être d'autres âmes, qu'elles croient ou disent sœurs de la leur, voudront les admirer aussi. En elle, il n'y avait rien de mignard, aucune sensiblerie, aucune miévrerie; elle était de la race de ces saints qui quoiqu'impressionnables et aimants, abîment leur cœur en Dieu. Elle me fait songer ici à cette parole de Saint François Xavier partant pour les Indes. Il traversait l'Espagne pour se rendre à Lisbonne où il devait trouver le navire qui le porterait à sa destination. Quelqu'un lui dit: « Puisque vous passez près du château de vos pères, vous irez saluer votre famille. » - « Non, répondit-il, nous nous reverrons au ciel, et là nous ne connaîtrons ni larmes ni séparation. » Le Saint n'avait en vue à ce moment là, que son devoir apostolique et la volonté divine. Telle était à coup sûr, la pensée de notre sœur apôtre, quand elle remit le pied sur la terre française. Une seule chose dominait son âme: le devoir! Une seule ambition faisait battre son cœur: le désir de répondre aux ordres d'en haut!!

Dans les documents mis à ma disposition, je lis que Sœur Thouret aurait également rencontré Mgr. de Durfort archevêque de Besançon, émigré comme elle, et que ce prélat lui aurait aussi donné l'ordre d'aller établir des Sœurs de charité dans la ville épiscopale, vu que depuis longues années, il y désirait un établissement de ce genre. Mais elle n'en dit rien dans son mémoire; elle n'y parle nullement de l'archevêque. Elle n'y mentionne que le vicaire-général. Or, il faut croire que si elle avait trouvé son métropolitain, dans les épreuves douloureuses de l'exil, elle se serait plu à le raconter. — Il doit y avoir là une confusion, Mgr. de Durfort étant mort en 1792. Dans la note à laquelle je fais allusion ici, le grand vicaire Mr de Chaffoy a été pris probablement pour l'ordinaire du diocèse, et la chose a pu se faire d'autant plus facilement que Mr de Chaffoy est devenu plus tard évêque lui-même [1], ou bien encore le prélat rencontré serait Mgr. de Lentzbourg évêque de Lausanne qui après la mort de Mgr. de Durfort, administra le diocèse de Besançon.

Quoiqu'il en soit, cette note vient à l'appui de la pensée que j'exprimais tout à l'heure. Elle se termine par ces mots : « docile à la voix de son évêque, elle revint dans son diocèse, » et prouve une fois de plus que Sœur Thouret ne quitta la Suisse que par obéissance à ses chefs hiérarchiques et par conformité à leur volonté clairement exprimée. Elle était bien loin de penser, dans sa profonde humilité, que sa destinée l'appellait à faire une création charitable dans son pays. Elle ne soupçonnait guère que bientôt elle allait devenir la fondatrice d'un institut nouveau.

Maintenant nous allons la voir à l'œuvre!

[1] Mgr. de Chaffoy est né à Besançon le 7 Février 1752 et il est décédé à Nîmes, le 29 Septembre 1837. Nommé à l'évêché de Nîmes en 1817, préconisé en Juillet 1821, il fut sacré à Paris dans l'église Saint Sulpice le 21 Octobre 1821 (Voir sa vie, par Mr Félix Adrien Couderc de Latour Lisside, chanoine théologal de l'église de Nîmes, imprimée à Nîmes en 1856), vol. Pag. 88, il est dit : « Par la mort de Mgr. de Durfort, décédé à Soleure le 19 Mars 1792, l'évêque de Lausanne, Mgr. de Lentzbourg devint légitime administrateur du diocèse de Besançon. Il nomma Mr. de Chaffoy vicaire général, il lui donna surtout pour le diocèse de Besançon, une entière liberté de conduite et d'action; celui-ci pour être plus à même de rendre des services au diocèse qui lui est confié, se hâte de quitter Soleure et de se retirer à Cressier, dans la principauté de Neufchâtel sur les frontières du diocèse. »

CHAPITRE TREIZIÈME

Son installation à Sancey et à Besançon
(1797-1799).

*Elle ouvre une école d'abord à Sancey, puis à Besançon. -
Seconde Terreur. - Nouvelles persécutions. - Elle refuse
de nouveau de prêter serment. - Sa belle conduite. - Elle
se cache dans la campagne. - Elle est appelée à Besançon. - Elle obéit à la Providence.*

Vers la fin d'Août 1797 nous retrouvons Sœur Thouret
à Sancey. Elle est installée chez sa marraine qui l'a accueillie
avec sa bonté ordinaire. Mais, avec le zèle qui la dévore,
elle désire au plus tôt s'occuper de quelque œuvre de charité, jusqu'au moment où elle sera réclamée à Besançon. Elle
rencontre tous les jours sur ses pas des enfants abandonnés
qui grandissent sans instruction ni civique, ni religieuse, et
cette situation l'émeut et l'attriste profondément. Elle com-
munique alors la pensée qu'elle a conçue, de louer une chambre pour y réunir les petits enfants qu'elle veut instruire, à
sa bonne marraine qui seconde ses vues. Celle-ci confie le
projet à son mari Pierre François Prévot qui l'approuve de
grand cœur, et le trouve réalisable malgré les difficultés du
temps, et il est décidé en famille, qu'on louera pour cette
pieuse destination, une chambre dans le village.

Une honorable famille de l'endroit, qui parmi ses membres compte plusieurs prêtres dont l'un se cache comme mis-

7

sionnaire dans les demeures hospitalières du pays, consent volentiers à se prêter à la bonne œuvre, et cède avec plaisir, une chambre dans sa maison. Cette maison existe encore, bien qu'en 1820 elle ait beaucoup souffert des ravages d'un incendie.

C'est dans cette chambre que notre héroïque institutrice fait la classe pour commencer ; c'est dans cette chambre qu'elle va attendre l'heure de Dieu, pour fonder à Besançon l'œuvre que lui a demandée l'autorité ecclésiastique. Cette chambre qui pourrait, comme sa maison paternelle, devenir l'objet d'un pieux pèlerinage pour les Sœurs de la charité, est en quelque sorte le cénacle de son prochain apostolat. Elle a déjà, dès son arrivée, fait commuer le vœu qui lui donnait des scrupules en Suisse et ce vœu, elle le raconte elle-même, a été remplacé par celui de se consacrer au soin des enfants et des malades pauvres; et sitôt qu'elle le pourra, elle se rendra à la ville pour sonder le terrain. Ainsi, elle suivra scrupuleusement le programme que lui a tracé le vicaire général.

En effet, elle part sans tarder pour Besançon, et se présente tout d'abord chez madame de Vannes qu'elle lui sait toujours dévouée. Elle confère avec elle, et lui demande son concours pour la création qu'elle médite. Elle repart pour son village, et quelques jours après, son amie lui écrit que le moment est venu [1]. Elle s'empresse de retourner à Besançon, s'y prépare une installation sommaire, et revient à Sancey pour y prendre ses effets et y chercher trois jeunes filles qui ont demandé à la suivre. Ces trois premières compagnes méritent d'être connues, signalées et nommées au passage : Ce sont Térèse Arbey et Célestine Guinard de Sancey. La troisième est de Belvoir; mais son nom ne nous est pas connu [2]. Ce n'est encore que le grain de sénevé; mais, avec

[1] Récit de Marie Sourdon.
[2] Ibidem.

les bénédictions du ciel, ce petit grain va bientôt prospérer;
ce n'est que le *pusillus grex* de l'Evangile; mais sous la
protection d'en haut, ce timide troupeau va facilement s'accroître.

Nous sommes au mois d'Octobre 1797, et déjà Sœur
Thouret a ouvert une école pour les petites filles, visite plusieurs malades, et nourrit un grand nombre de pauvres. On
voit par là, que depuis son départ, elle n'a perdu ni un jour,
ni une heure. On pourrait même se demander si elle ne
s'est pas trop pressée, car la Révolution qui a calmé ses
fureurs est loin cependant d'avoir désarmé. Elle montre de
nouveau sa rage satanique dans cette période de déportation
et de noyades qu'on a appelée la *seconde Terreur* ou la Terreur du *Directoire*, celle qui a pour but d'arrêter tout à la
fois le Jacobinisme et le Royalisme. Elle tue moins, elle n'a
pas la guillottine en permanence comme la *première Terreur;*
mais elle est parfois aussi tyrannique pour l'observation de
la fameuse *constitution civile du clergé*. Or, notre charitable
Sœur doit être une des premières à le savoir, à propos de
la prestation du serment pour lequel nous l'avons vu déjà
plus haut faire des réponses si fermes et si catégoriques.

Il faut rappeler ici que jusqu'à la période où nous voilà arrivés, le pape Pie VI n'a pas cessé d'opposer un courage vraiment apostolique à la série des actes révolutionnaires. Il a énergiquement protexté contre la confiscation des biens du clergé,
l'émancipation scandaleuse des ordres religieux, la loi du di-
vorce, le mariage des prêtres, le massacre ou la déportation
du sacerdoce fidèle. Malgré cela, après l'invasion des Etats-
pontificaux par l'armée du vainqueur d'Arcole, Talleyrand,
l'indigne évêque d'Autun, devenu ministre des relations extérieures de la République, a l'audace de déclarer que pour
article préliminaire de la paix, le Directoire exige du souverain pontife, la rétractation des brefs par lesquels il a condamné la fameuse *Constitution*. Les cardinaux convoqués par
le pape, répondent qu'on ne peut accéder à une pareille de-

mande, parce qu'elle renverserait toute la doctrine de l'Eglise ;
et le Saint Père, trouvant cette décision en parfaite harmonie
avec ses sentiments, dit à son tour : « Nous trouvons la couronne du martyre plus brillante que celle que nous portons
sur notre tête. »

Or, Sœur Thouret, qui ne possède pas une grande science,
mais qui sait par sa foi, ce qu'elle doit à l'Eglise enseignante,
va faire à son tour, dans sa petite sphère, des réponses qui
peuvent trouver leur place à côté de celle que nous venons
de lire.

Ecoutons-la nous raconter ses nouvelles tribulations : « Au
mois de Novembre suivant, des autorités vinrent chez moi
pour me faire prononcer le serment en question. J'étais absente en ce moment-là ; car, à la fin de l'école de l'après-midi,
je sortais pour visiter mes malades ; il y avait pourtant dans
ma chambre une religieuse enfermée. J'avais recommandé à
cette religieuse de ne laisser entrer personne et de se tenir
bien cachée pendant mon absence surtout ; mais les autorités
ayant vu par le trou de la serrure qu'il y avait quelqu'un
dans l'appartement, voulurent entrer de force, et la Sœur
dut ouvrir.

« Elle fut emmenée par les autorités mêmes, et en revenant
chez moi, je la rencontrai dans la rue, au milieu de ces
hommes. J'en fus toute saisie ; je voulus la suivre, mais on
s'y opposa ; car ces gens la voyant simple et timide voulaient
l'interroger seule. C'est ce qu'ils firent, en effet ; après quoi,
ils la gardèrent prisonnière.

« Heureusement, la pieuse femme du juge de paix la fit
évader pendant la nuit ; elle revint aussitôt chez moi, et je
m'empressai de la conduire en lieu sûr. »

Mais les amis de la Constitution ne se tiennent pas pour
battus, et le lendemain, ils reviennent au domicile de Sœur
Thouret pour l'inviter de nouveau à prêter le serment exigé. —
Ils veulent à tout prix, avoir raison de cette femme, et voici
la scène qui se passe entre elle, et les mandataires civils.

Encore ici, notre héroïne montre une force d'âme qui rappelle le courage des vierges chrétiennes de la primitive église. Encore ici son histoire prend les proportions grandioses d'une épopée dramatique.

On lui demande le serment, et elle répond fièrement : « - Pourquoi le prêterais-je? - Parce que vous enseignez.

— Mais, me donnez-vous un salaire pour mon enseignement? Je ne reçois rien au nom de la loi; par conséquent vous ne pouvez rien me réclamer au nom de la loi. D'ailleurs, sachez que je ne ferai jamais le serment imposé; j'aime mieux mourir.

— Mais vous avez émigré; la commission militaire doit vous fusiller, telle est la consigne; faites votre soumission et vous serez épargnée.

— Ma conscience me le défend, et je ne veux obéir qu'à ma conscience.

— Mais vous serez homicide de vous-même !

— C'est vous qui serez homicides de mon corps ; quant à moi, je ne veux pas l'être de mon âme. »

Quel admirable langage! Quelle noble attitude! N'est-il pas vrai que dans les annales du martyre on ne trouve rien de plus beau? N'est-il pas vrai que plus nous avançons dans notre récit, plus l'âme que je montre dans ces pages émouvantes grandit à nos yeux ?

Sur ces entrefaites, un prêtre vient conseiller à Sœur Thouret de se cacher, pour éviter un crime à ses ennemis; car ils sont décidés à la fusiller, et il ajoute que si après s'être cachée de son mieux, elle est cependant découverte et mise à mort, personne ne pourra l'accuser d'imprudence et de présomption, et qu'alors elle sera une véritable martyre. Elle se rend aux observations de ce prêtre, avec cette humilité qui fait toujours la grande trame de ses vertus, et elle se met en quête d'une cachette où elle puisse attendre l'apaisement de ce nouvel orage qui gronde sur sa tête.

Reprenons son mémoire toujours si palpitant d'intérêt : « Je me cachai donc chez une pauvre femme ; mais le jour

suivant, les soldats me poursuivaient encore, sabre au poing.
La femme eut peur, et je dus sortir de chez elle pour trouver
au loin un plus sûr abri. Je partis donc seule vers le soir,
par le froid et la neige, (ceci nous indique que nous sommes
au cœur de l'hiver, au mois de Décembre, sans doute), mais
je ne savais où me rendre. Après m'être recommandée à la
divine Providence, et avoir marché plusieurs heures, j'arrivai
dans un village et je frappai à une porte ; c'était celle d'une
pauvre veuve ; je la priai de me donner l'hospitalité ; elle
me reçut et me garda volontiers chez elle. J'y restai un an,
comme une prisonnière vivant dans la pauvreté et la prière,
et attendant des jours meilleurs. »

Comme cet an dut paraître long à la pauvre recluse ?
Et qui sait si dans sa retraite forcée, elle ne vint pas quelquefois à se repentir d'avoir écouté les prêtres qui l'avaient
dirigée en Suisse et à Besançon ? Si elle était restée en Suisse,
elle y aurait vécu, suivant ses désirs, dans l'obscurité et le
silence en servant Dieu et les pauvres. Si elle était restée
à Besançon elle aurait déjà reçu la couronne du martyre, et
elle jouirait dans l'Eternité de la récompense de ses travaux !

Mais elle ne connaît pas ces sentiments ; ces regrets ne
vont pas même jusqu'à effleurer son âme. Elle sait que le
chemin du Ciel est semé de ronces et d'épines, et que rien
de grand ne se fait dans l'église du Christ, sans qu'on y
laisse, comme lui, quelque chose de sa chair et de son sang, et
calme et tranquille, elle se résigne à sa cruelle destinée....

Elle croyait déjà toucher au port et voilà qu'elle est encore ballottée d'une façon tragique. N'importe, elle ne se
plaint pas ; il n'y a dans son cœur ni aigreur ni tristesse ; elle
se soumet, se tait, prie et attend des *jours meilleurs.*

Ces jours viennent, en effet, et voilà qu'un an après, ceux-
là même qui l'ont persécutée, pris de repentir, lui font savoir
qu'elle peut, en toute sécurité, rentrer à Besançon, pour s'y
établir de nouveau, et qu'on ne lui fera aucun mal. Elle aura
une parfaite liberté pour se livrer aux œuvres qui lui seront

chères. Avertie de ces bonnes dispositions, elle revient à la ville, et là elle reçoit une lettre des deux ecclésiastiques qu'elle a rencontrés au Landeron et qui la prient de se rendre à neuf heures du soir, dans une maison qu'ils lui indiquent, parce qu'ils désirent l'entretenir.

Elle est au rendez-vous à l'heure dite, et là, elle se trouve en présence de Messieurs de Chaffoy et Bacoffe qui lui disent que l'heure est venue de faire la fondation dont ils lui ont parlé en Suisse. — Le calme paraît sérieux ; l'espérance renaît ; l'horizon se rassérène ; c'est le moment de mettre la main à l'œuvre. Eux ne peuvent pas se montrer encore ; mais pour elle qui est réclamée par ses ennemis eux-mêmes, il n'y a aucun péril. Tel est le langage que lui tiennent le vicaire-général et le curé de Saint Jean Baptiste. Elle s'incline devant la volonté de ses supérieurs ; elle voit, dans leur intervention providentielle, l'arc-en-ciel qui lui annonce le retour des jours meilleurs attendus, et elle se prépare à rentrer en campagne.

« Je louai, donc, dit-elle, un petit appartement ; j'y transportai mes modestes effets, après avoir rangé mes affaires et je vins m'y installer. Tel fut le principe de notre institution. » Encore une fois, comment ne pas admirer ici l'*Esprit de Dieu* planant sur les événements comme sur un chaos pour en faire sortir une création nouvelle ?

Saint Vincent de Paul parlant de sa congrégation, la plus grande de ses œuvres, avait l'habitude de dire que « c'était Dieu seul qui avait appelé en sa compagnie ceux qui y avaient été reçus et qu'il n'avait jamais ouvert la bouche pour en attirer aucun ; que lui-même ne s'était pas fait missionnaire par son choix, mais qu'il y avait été engagé sans presque le connaître, par la conduite de la volonté de Dieu ; que c'était Dieu seul qui était l'auteur de tout ce qui se faisait de bien dans la mission, de toutes les fonctions et pratiques des missionnaires et généralement de toutes les bonnes œuvres dans lesquelles ils étaient employés, toutes ces choses ayant été

commencées sans qu'il y pensât et sans qu'il sût ce que
Dieu prétendait faire [1]. » Cette pensée du saint fondateur,
Sœur Thouret peut la faire sienne à peu près mot pour mot.
En toutes choses, elle aussi agit sans savoir ce que Dieu
prétend faire.

Fermant les yeux à toutes les considérations humaines,
Mr Vincent, dit son historien, s'abandonnait aux volontés de
son divin maître, lui disant en son cœur comme le grand
apôtre : « Seigneur, que voulez-vous que je fasse ? Dans cette
dépendance, il n'entreprenait jamais rien par lui même, et
il a fallu que la divine providence l'ait engagé aux œuvres
qu'il a faites, ou par l'autorité de ceux qu'il regardait comme
ses supérieurs, ou par les conseils et persuasions des personnes dont il respectait la vertu, ou enfin par la nécessité
des occasions qui lui faisaient connaître la volonté de Dieu,
laquelle il faisait toujours profession de suivre, et qu'il ne
voulait jamais prévenir [2]. »

Ce portrait du patriarche français de la charité, convient
également à sa fille dont je suis l'historien. Ce que j'ai raconté d'elle jusqu'à présent le prouve ; ce que j'ai à dire
encore le montrera davantage. Elle possède éminemment l'e-
sprit de Saint Vincent, - nous le verrons plus loin, - et elle
le fait passer dans ses pensées, ses paroles et ses actes.

---

[1] *Vie de Saint Vincent de Paul* par Abelly. Nouvelle édition revue par un prêtre de la mission 1881.

[2] Ibidem.

LIVRE SECOND

L'ÈRE DES SUCCÈS

(1799-1810)

CHAPITRE PREMIER.

Ses premières fondations (1799-1800).

Le fleuve. - Une première école. - Elisabeth Bouvard. Sympathie et respect. - Leçons de la Mère Thouret. - Désintéressement admirable. - Madame de Vannes. - Marthe et Marie. - Anne-Marie Javouhey. - Un nouvel établissement. - La première retraite. - L'abbé de Chaffoy.

Un institut religieux est comme un grand fleuve. A sa source, le fleuve n'est d'ordinaire qu'un filet d'eau modeste qui descend du flanc déchiré de la montagne; il coule silencieusement dans la vallée, s'élargit dans sa course, et s'enrichit de loin en loin de torrents tributaires. — S'il rencontre une montagne qui veut l'arrêter dans sa route, il ne revient jamais en arrière, il contourne la montagne et continue sa marche à travers les campagnes qu'il féconde; il va toujours en avant; il devient superbe, majestueux, navigable, il porte royalement des barques et des paquebots, et il va enfin mêler ses flots célébrés par l'histoire aux vagues de l'océan.

C'est là, en quelques mots, l'histoire de la congrégation des Filles de la charité sous la protection de Saint Vincent de Paul.

Pouvait-il naître plus modeste? A sa naissance, il est comme le ruisseau qui passe à Sancey. Il est sorti du cœur d'une humble femme, déchiré par mille tribulations; il a recueilli sur sa route trois petites âmes qui lui ont porté le .

tribut de leur dévouement; et maintenant nous allons le voir poursuivre sa marche conquérante à travers le monde. Il doit rencontrer des difficultés, mais il les tournera; il ne reviendra jamais en arrière; il portera ses bienfaits en Suisse, en Savoie, en Italie, à Turin, à Bologne, à Naples, à Rome; et sa grande ambition sera de conduire par la charité des enfants, des pauvres, des malades jusqu'à l'océan de l'amour divin, jusqu'au Ciel!! En peu de mots, voilà son histoire, et cette histoire, notre livre est destiné à la faire connaître.

Dans les premiers mois de 1799, favorisée par l'opinion publique, et encouragée, par l'autorité ecclésiastique, obéissant même aux ordres de Mgr. Franchet de Raus, évêque de Rhosy *in partibus* [1] mais administrateur du diocèse, après la mort de Mgr. de Durfort, Sœur Thouret prépare activement sa première fondation.

Le 11 Avril, à peu près au moment où Pie VI va passer les Alpes pour aller mourir à Valence, elle ouvre une école gratuite pour les petites filles dans la rue des Martelots, et 20 ans plus tard, en 1819, le successeur du pontife captif et persécuté doit approuver solennellement sa règle.

C'est-a-dire qu'elle va marcher à grands pas, après bien des épreuves vers le succès et la prospérité; mais n'anticipons pas.

Elle nous apprend elle-même ses beaux commencements:

« En peu de jours, mon école fut très-nombreuse; j'étais seule pour donner l'instruction; - ce qui fait supposer que ses compagnes ne l'avaient pas encore rejointe - mais le Bon Dieu daigna bénir mes efforts et mes désirs pour le bien. Tout le monde fut très-content, de sorte que l'on m'engagea

---

[1] Mgr. Franchet de Raus tenait ses pouvoirs de Mgr. de Lentzbourg, évêque de Lausanne qui avait pris, nous l'avons déjà dit, les rênes de l'administration du diocèse de Besançon, après la mort de Mgr. de Durfort en 1792. Il était orthodoxe et l'ami du clergé; il avait vu passer sur le siège de Besançon les évêques constitutionnels Seguin et Demandre.

à louer un appartement plus vaste dans la même rue. Pendant qu'on y faisait les réparations nécessaires, je reçus deux aspirantes, ensuite une troisième et une quatrième. Je leur appris la manière d'enseigner les élèves, en leur faisant observer comment je faisais moi-même, et je leur apprenais en même temps à sanctifier leurs actions, et à bénir la vocation qu'elles désiraient embrasser pour servir le Bon Dieu [1]. »

Quelles étaient ces aspirantes ? Ce sont sans doute les trois que j'ai déjà nommées. La quatrième était Elisabeth Bouvard de Clerval.

Clerval est une petite ville de 1200 âmes à 14 k. de Baume-les-Dames ; c'est aujourd'hui le chef-lieu du canton duquel dépend Sancey ; or c'est là que notre fondatrice alla *chercher* elle-même, je pourrais dire *conquérir*, cette nouvelle recrue.

Elle se présenta un jour, à la façon des apôtres chez M[r] le curé et le pria de lui procurer de vocations religieuses. Ce dernier, connaissant les pieux désirs des Mademoiselle Elisabeth qui avait eu naguère la pensée d'entrer chez les Sœurs de N. D. des Ermites à Einsiedeln, l'envoya chercher elle et sa mère ; et au presbytère, il se passa une scène touchante qu'il fait bon raconter, pour la gloire de Dieu, et des âmes vaillantes, et qui pourrait tenter un poète chrétien ou un peintre religieux.

M[r] le curé présenta ses deux paroissiennes à la mère Thouret, et après avoir causé un instant de la fondation qu'elle avait entreprise à Besançon, et des espérances qu'elle concevait déjà pour l'avenir, il dit à Madame Bouvard : « Voulez-vous, Madame, donner pour trois mois, Elisabeth, à Madame Thouret ? » — « Pour trois mois ! répondit cette excellente mère chrétienne, mais je la lui donne pour trois ans, si elle veut, pour toujours, pour la vie ! Dieu me l'a donnée ; je la lui rends. »

[1] Mémoire.

A ce moment là, quatre cœurs émus palpitèrent dans un même sentiment d'allégresse et de dévouement : celui de Madame Bouvard qui avait le bonheur de consacrer sa fille au Bon Dieu, celui de Madame Thouret qui allait en faire une des colonnes de sa congrégation naissante, celui de la jeune fille qui voyait son rêve réalisé, et enfin, celui du curé, qui dans sa paroisse pourrait compter une sœur de charité.

Le voyage de la fondatrice avait été béni, et le 30 Août suivant, Mademoiselle Elisabeth partait pour Besançon.

Voilà donc la Mère à l'œuvre, avec quatre aides dévouées : « Nous entrâmes, dit-elle, dans le nouvel appartement, aux derniers jours d'Octobre de la même année 1799 ; nous y établîmes l'école, une pharmacie et une marmite pour le bouillon des malades pauvres : ils venaient le chercher ainsi qu'un morceau de viande, aux heures et aux jours indiqués. »

En cela, Mère Thouret reproduit la charitable coutume des couvents de Paris et de Rome où la pauvreté a toujours secouru la pauvreté. Non-seulement elle donne à sa porte du pain, du bouillon et de la viande, mais encore elle va, avec ses compagnes, porter des aumônes à domicile. Elle n'a pas encore le costume religieux pour ne pas éveiller de soupçons ; mais le peuple la connaît, et déjà lui donne partout des marques de sympathie et de respect. Devant les postes militaires, la sentinelle va même jusqu'à lui présenter les armes [1]. Ce qui prouve, pour le dire en passant, d'une part, qu'en tout temps, le dévouement se fait une place respectée dans les masses populaires, et de l'autre, que lorsque les révolutions meurent de lassitude, les hommes qui se sont montrés les ennemis les plus acharnés du sentiment religieux sont parfois les premiers à rendre hommage à la vertu persécutée.

N'avons-nous pas vu à Paris, au moment où la Commune était vaincue, des fédérés qui, la veille encore, avaient

[1] Documents.

lâchement assassiné des otages, se rouler, couverts de poussière et de sang, aux pieds des prêtres délivrés, pour leur demander pardon avant de mourir?

A Besançon, nous voyons la mère Thouret, qui quelques mois auparavant avait failli être fusillée, recevoir maintenant les honneurs militaires dans la rue. Tout cela ne peut que la rendre populaire. Mais ce qui contribue le plus à lui attirer l'estime et la bienveillance, c'est la manière intelligente et pratique avec laquelle, on la voit gouverner ses novices : « Je leur appris, raconte-t-elle dans son mémoire que nous consultons toujours, à connaître les différentes drogues médicales et puis à les préparer. J'allais visiter les malades chez eux, menant avec moi, tour à tour l'une ou l'autre de mes filles ; nous pansions les plaies et nous mettions des vésicatoires ; je faisais devant elles, des saignées aux bras et aux pieds, pour leur apprendre à le faire elles-mêmes. Je leur appris également à tâter le pouls, à en distinguer les divers mouvements, à connaître les maladies et leurs divers caractères ainsi que la manière de les guérir. »

Comment, avec de pareils procédés ne pas forcer en quelque sorte l'admiration publique ?

Mais si Mère Thouret s'occupe avec tant de sollicitude des corps, c'est pour arriver aux âmes ; elle nous l'apprend : « J'avais aussi grand soin d'exhorter les malades à sanctifier leurs souffrances ; je leur parlais du Bon Dieu ; je les instruisais de toutes les choses nécessaires au salut de leur âme. Je les préparais aux derniers sacrements. Nous disposions la chambre dans laquelle le prêtre devait entrer pour porter le Saint Viatique, la table sur laquelle il devait le reposer.....

« Ensuite nous faisions venir le prêtre ; je l'aidais pendant la cérémonie, je répondais aux prières liturgiques qu'il récitait ; après son départ, j'encourageais, je consolais les malades de mon mieux ; parfois je leur faisais de petites lectures spirituelles, et si l'un d'eux venait à mourir, nous assistions à sa sépulture, autant que nos occupations nous le permettaient. »

Qui pourrait dire qu'il n'y a pas là un programme de vie fait pour apaiser même des bêtes féroces, au milieu des perturbations d'une crise sociale ? Comment ne pas s'incliner dans un sentiment de profonde vénération, devant ces anges de la charité, qui avec un sourire pudique et un front virginal, s'en vont porter aux moribonds un passe-port pour l'éternité ?

Mais ce n'est pas tout. Au printemps, de l'an 1800, nous voyons notre zélée fondatrice courir les campagnes pour herboriser. Elle prend avec elle quelques-unes de ses filles, leur fait connaître les plantes médicinales, leurs vertus curatives, et au retour à la maison s'empresse de leur montrer comment, par la distillation, on peut obtenir des remèdes efficaces. — Où a-t-elle appris elle-même tout cela ? La réponse est facile. Il n'y a pas ici-bas de plus grande inspiratrice que la charité, et quand elle entre dans le cœur d'une femme, elle fait des merveilles devant lesquelles le génie échoue et doit s'avouer vaincu.

Puis, qui ne sait qu'il y a parfois des natures d'élite qui trouvent en elles un instinct médical, qui ne demande qu'à être développé par l'étude et l'observation ? Jeanne Antide appartient à une famille nombreuse ; jeune encore elle a vu les médecins venir souvent à la maison pour y visiter des malades ; elle a soigné sa mère, ses frères et ses sœurs ; elle tient quelques recettes de sa chère marraine dans l'intimité de laquelle, nous l'avons vu, elle a vécu longtemps. — En outre elle a appris - Sœur Rosalie nous le raconte - à soigner les plaies, à panser les blessures, à faire la saignée dans les hôpitaux de Langres, de Paris et de Bray durant son noviciat.

Enfin, elle a, depuis longues années, pour amie Madame de Vannes qui tient une pharmacie ; et justement, c'est chez cette dame, qu'elle est allée passer la nuit, quand elle s'est trouvée seule, sans compagne, durant sa première fondation ; c'est cette même dame qui lui a donné pour rien les remèdes qui sont entrés, comme premiers éléments dans la pharmacie qu'elle a montée. On comprend d'après cela qu'elle ait pu acquérir peu à peu une vraie science thérapeutique qui lui permette d'être la providence des pauvres malades, et d'initier ses filles aux secrets de la médecine pratique.

A propos de Madame de Vannes, il est bon de rapporter ici, tel que je le trouve dans des documents déjà consultés, un exemple du désintéressement de Sœur Thouret, et de sa fidélité à sa vocation.

« Quand elle séjourna à Besançon, après la dissolution de la Communauté de Paris en 1793, l'occasion lui fut présentée d'aller pour affaires chez Monsieur et Madame de Vannes, gens très-riches, distingués et bons chrétiens. Ils étaient plutôt âgés, et n'avaient point d'enfants. Sœur Thouret ne cherchait point à les courtiser, elle se rendit trois fois chez eux, mais toujours pour affaires, sans la moindre vue d'intérêt. Or, nous connaissons ce qu'il en a été d'elle pendant les six années qui se sont écoulées depuis son premier séjour à Besançon, jusqu'au moment où nous sommes parvenus de sa vie.

Lorsqu'elle eut donc ouvert sa première école en 1799, Madame de Vannes, sans rien savoir de son entreprise, l'invita instamment à venir passer quelque temps avec elle. Sœur Thouret s'y rendit après qu'elle eut reçu sa première fille, et qu'elle lui eut bien appris la manière de tenir et d'instruire les enfants de son école. Le seul motif qui la fit aquiescer aux instances de Madame de Vannes, fut celui de se perfectionner dans la connaissance des remèdes, et de se rendre ainsi plus utile aux malades pauvres. Pendant son séjour chez la dame en question, celle-ci soupçonna ses projets. « – Madame Antide, lui dit-elle un jour, vous ne m'avez pas dit pour quel motif vous êtes venue à Besançon, mais je le sais bien, vous êtes venue fonder un Institut.

— Oh! Madame, fonder un Institut!!... je n'en suis pas capable!

— Vous êtes bien humble, mais vous êtes aussi discrète, dites-moi tout le mystère, je n'en veux point abuser...

— Madame, j'ai commencé une école, bien modestement, vous voyez que c'est peu de chose, mais le Bon Dieu peut, si cela lui plait, bénir cette œuvre.

— Dites-moi bien la vérité, Madame Antide, parlez-moi franchement, car j'ai des desseins sur vous. Vous savez que j'ai perdu Monsieur de Vannes, mon mari; avant de mourir il me dit en confidence: « J'estime beaucoup Madame Antide, c'est une très-bonne religieuse qui m'a toujours plu; c'est mon désir qu'après ma mort vous lui demandiez´ de venir rester avec vous, et que vous la considériez comme votre enfant et l'héritière de nos biens. » Voyez donc, Madame, les intentions de mon mari, et les miennes; voulez-vous les agréer?

— Je suis sensiblement reconnaissante envers vous, Madame, et envers Monsieur de Vannes qui était si bon et si respectable, mais ma conscience ne me permet pas d'accepter de si grands avantages; elle me dit de poursuivre la sainte vocation que le Bon Dieu m'a donnée.

— Mais la communauté où vous étiez est supprimée, et il n'y a encore aucune apparence de rétablissement, vous ne feriez donc aucun mal de répondre à mon désir.

— Madame, le Bon Dieu est tout-puissant, et quoique selon le monde, tout nous paraisse contraire, il peut, s'il le veut, mener facilement à bien ses desseins secrets.

— Ma chère Antide, veuillez m'éclairer sur vos projets.

— Mes projets consistent à me maintenir dans ma vocation pour l'accomplissement de la volonté de Dieu.

C'est cette divine volonté qui m'a ramenée ici, où l'on me sollicite de former des filles selon ma vocation, pour l'instruction de la jeunesse et le secours des malades pauvres. Je suis donc en devoir d'y correspondre, voilà pourquoi j'ai commencé par une école, et si c'est la volonté de Dieu, il daignera bénir l'entreprise et la faire prospérer.

— Oh! que vous aurez à souffrir! je vous en prie, madame Antide, ne vous exposez pas trop à la persécution, restez avec moi, je vous donnerai toutes les clefs de ma maison, toute ma confiance ainsi que mon héritage, je vous en supplie mon Antide, restez avec moi.

— Je vous remercie de tout cœur de la bonté que vous me témoignez; j'apprécie votre générosité, mais pardonnez-moi, et permettez que je vous redise toute ma pensée. Ma confiance est en Dieu et non dans les hommes; je m'attends à beaucoup souffrir, mais j'attends aussi de Dieu ma force, mes succès, ma consolation et ma récompense. Si je cédais à quelque intérêt où à la peur de souffrir, ma foi et ma confiance en Dieu ne seraient pas véritables. Je ne suis rien, je ne puis rien, mais je puis tout avec Dieu. »

Depuis ce dernier entretien la pieuse dame ne lui fit plus d'instances; elle lui conserva toujours son amitié et son estime. Elle allait la visiter de temps à autre, et la trouvant occupée à une multitude d'affaires à la fois, elle lui disait: « Mais vous n'êtes pas embarrassée ni troublée au milieu de tant de tracas? comment faites-vous?

— C'est la bonté de Dieu qui m'aide et me soutient.

— Mais ce qui m'étonne le plus, et ce qui étonne tous les habitants de la ville, c'est que les jeunes filles que vous recevez, puissent au bout de huit à dix jours paraître si bien formées à la vie religieuse; on les voit sortir pour visiter les malades, pour aller dans les écoles, on ne les reconnait plus, on dirait d'anciennes professes. Comment faites-vous donc?

— Le Bon Dieu bénit mes efforts. Je fais tout ce que je puis pour façonner mes sœurs à la vie intérieure et extérieure à la fois, et leur enseigner la manière de se rendre utiles aux pauvres, et en même temps d'édifier le public, pour la gloire de Dieu et le salut des âmes.

— On dit dans la ville que vous ne recevez que de belles filles.

— Madame, je les reçois comme le Bon Dieu me les envoie, si elles sont belles, elles ne peuvent que mieux contribuer à sa gloire. »

On le comprend sans peine, avec de pareils sentiments de générosité et de désintéressement, Mère Thouret ne pouvait qu'avoir la bénédiction du Ciel. On comprend également qu'un jour les administrateurs du bureau de bienfaisance de Besançon connaissant son dévouement à la cause des petits et des humbles, soient venus la prier de distribuer gratuitement les remèdes aux malades pauvres de la ville et des environs, moyennant une rente annuelle de 1600 livres; inutile d'ajouter qu'elle accepte la proposition, heureuse qu'elle est d'élargir le cercle de ses bonnes œuvres.

Mais au milieu des soins de la vie active, elle n'oublie pas les aspirations de la vie contemplative. Elle sait et veut être à la fois Marthe et Marie. Elle ne se laisse pas absorber par les exercices extérieurs et matériels, elle entend que dans la pratique de sa communauté, il y ait place également pour les exercices intérieurs et spirituels.

Elle rédige donc pour ses compagnes un petit règlement qu'elle fait approuver par ses supérieurs ecclésiastiques, et ce règlement qui n'est encore que le prélude de la grande règle qu'elle doit écrire plus tard, prévoit et prescrit d'une manière harmonieuse, suivant les heures et les jours, la prière, la méditation, la messe, la communion, l'étude, la lecture spirituelle et le travail manuel. Encore en ceci, elle se montre une femme supérieure; encore en ceci, Dieu la bénit, car les vocations naissent en quelque sorte sous ses pas, et de nouvelles jeunes filles se présentent pour entrer dans sa maison. C'est ainsi que nous voyons arriver successivement Mademoiselle Anne Bon, Mademoiselle Marguerite Pailloz et Mademoiselle Anne-Marie Javouhey.

La première vient de Pusy, petit village de la Haute-Saône aux environs de Vesoul; la seconde est une humble et pieuse paroissienne de Fontaine, non loin de Clerval. Depuis long-temps elle désire se consacrer à Dieu, et comme elle est d'un âge un peu avancé, elle a peur de n'être pas admise dans la communauté des Sœurs de la charité; mais un jour, à la grande joie de son âme. elle apprend que la Mère Thou-ret consent à la recevoir, et elle part avec enthousiasme pour Besançon. La troisième enfin est de Chamblanc en Bour-gogne. Nous aurons à en reparler, car elle est devenue cé-lèbre; tout le monde connaît aujourd'hui la Mère Javouhey, fondatrice de la congrégation de Saint Joseph de Cluny [1].

C'est avec ces éléments nouveaux que va se fonder dans la rue du *Grand Battant* un second établissement pareil au premier, et qui comportera une école gratuite pour les pe-tites filles, une marmite pour la soupe des pauvres et une pharmacie pour la médecine populaire. Pour cette fondation, le bureau de bienfaisance assignera une somme annuelle de 1400 livres et le loyer de la maison sera payé par une souscription ouverte dans les familles chrétiennes qui re-mettront leur offrande aux dames séculières appelées *dames de charité* [2].

Le loyer de la maison de la rue des Martelots était payé, paraît-il, par le curé d'une paroisse de la ville qui venait de recevoir des fonds secrets pour rebâtir une église démolie par la Révolution, mais à la reconstruction de laquelle il ne pouvait pas encore songer, à cause de l'opposition for-midable qu'il rencontrait autour de lui.

C'est dire que la fondatrice est victorieuse sur toute la ligne et qu'elle marche de triomphe en triomphe. C'est si vrai que dans le courant de l'année où nous sommes encore

---

[1] Sa vie a été publiée par le P. Delaplace de la cong. du Saint Esprit, 2 vol. in 8. Paris. Lecoffre 1886.

[2] Mémoire.

- 1800 - le bureau de bienfaisance lui propose la création de trois nouvelles écoles dans trois paroisses de la ville deshéritées d'enseignement. Il promet de prendre à sa charge le loyer des salles d'école et les sœurs maîtresses s'y rendront de la communauté deux fois par jour, le matin et le soir pour faire la classe, aux heures réglementaires. Ce pacte est accepté et les choses se passent dès ce jour comme c'est convenu [1].

La Mère en est si contente qu'elle veut en remercier Dieu et puis, cela fait, elle désire faire une retraite avec ses filles. Les généraux romains victorieux montaient au Capitole; elle montera dans l'amour et le sacrifice. A cet effet, elle avertit toutes les Sœurs pour les premiers jours d'Octobre. C'est la première fois qu'elles vont avoir les exercices spirituels; il est important que personne n'y manque. Or, l'une des Religieuses est justement absente; elle est allée soigner sa mère malade du chagrin que lui a causé son départ pour la vie religieuse; c'est Elisabeth Bouvard; elle tarde à rentrer, retenue qu'elle est sans doute par les soins que réclame la malade, et aussi peut être par son affection peu surnaturalisée, et voici ce que lui écrit sa supérieure :

« 19 Septembre 1800.

« Ma très-chère Sœur en Jésus-Christ,

« J'ai reçu votre lettre avec plaisir ; mais après en avoir fait la lecture, j'ai été bien peinée d'apprendre que votre chère mère était dangeureusement malade ; mais depuis, j'ai appris par Jeanne Claude et par d'autres personnes qu'elle était hors de danger, grâce à Dieu. — Ayez-en bien soin, et dites-lui mille choses gracieuses ainsi qu'à M^r votre frère et à votre sœur.

[1] Mémoire.

« Nous entrons dans la nouvelle maison le jour de Saint Mathieu apôtre. Je ne sais si vous savez combien il fut prompt à répondre à la grâce de sa vocation.

« Notre Seigneur passant devant sa porte lui dit : « Suis-moi » et Mathieu obéissant à l'instant quitta sa boutique, ses parents et ses amis et devint le fidèle apôtre de Jésus-Christ. Or, sachez qu'il n'exige pas moins de vous ; car la sainte vocation à laquelle le Seigneur vous appelle a beaucoup de rapport avec celle de ce grand saint, et vous feriez bien de faire un peu de méditation sur son détachement. Vous m'avez dit que vous désiriez beaucoup faire la retraite avec nous ; si vous voulez être du nombre des retraitantes, il faut vous rendre chez nous pour le 27 de ce mois.

« Je suis avec amitié pour la vie, votre sœur dévouée en N. S.

« Antide Thouret.

« Mes compagnes vous embrassent et vous attendent à bras ouverts, ainsi que moi [1] ».

L'amour des mères, on le sait, est l'amour par excellence ; c'est l'amour que nul n'oublie ; c'est le seul sur lequel on puisse absolument compter ; les religieuses qui ont tout quitté pour l'amour de Dieu, ne peuvent pas et ne veulent pas d'ordinaire être sevrées des douceurs qu'il apporte à tout cœur vraiment filial ; mais il faut reconnaître aussi qu'il a gâté bien des vocations ; mal compris ou exagéré, il a souvent arraché de jeunes sœurs à leur couvent ; et voilà pourquoi sans doute Mère Thouret écrit à Sœur Elisabeth la lettre qu'on vient de lire.

Cette lettre, on le voit, est un vrai chef-d'œuvre de direction spirituelle ; on la dirait rédigée par un confesseur consommé dans le gouvernement des âmes. Elle est en même temps pleine de bonté et de sagesse. Elle parle tout à la fois au

[1] Documents.

cœur et à la conscience. On comprend déjà, en la lisant, que celle qui l'a écrite, aura toutes les qualités d'une parfaite supérieure générale.

Après l'avoir lue et méditée, la destinataire n'hésite plus à quitter le foyer maternel, et elle revient à la communauté pour la retraite. Les Sœurs qui en suivent les exercices sont au nombre de douze : elle commence le 3 Octobre et se termine le 11; pendant ces jours bénis de silence et de recueillement, c'est Elisabeth qui fait la cuisine, et pour la clôture, elle prépare à ses compagnes un petit repas auquel sont invités le prédicateur et Madame de Vannes. — Voilà des détails qui ne sont pas d'une grande importance mais qui cependant ont leur intérêt. Dans la vie d'un enfant, les événements qui entourent son berceau sont d'ordinaire ceux qui donnent le plus de charme à son histoire. Il en est de même de la vie d'un Institut. Les choses qui passeraient inaperçues au cours de son existence, sont remarquées dans ses commencements. Voilà pourquoi je m'arrête avec complaisance à ce modeste festin qui marque la clôture de la retraite. Il me rappelle ces agapes fraternelles des premiers chrétiens au lendemain des catacombes. Le 15 Octobre, en l'honneur de Sainte Térèse, Mʳ l'abbé de Chaffoy vient bénir la maison et la communauté; il célèbre la messe dans le réfectoire; le comptoir [1] lui sert d'autel; au cours du saint sacrifice, il adresse une touchante allocution aux sœurs qui font, toutes, la communion de ses mains; il bénit les crucifix qu'elles ont reçus à la fin de leur retraite, écoute l'acte de consécration qu'elles lisent à ses pieds pour se vouer à Dieu et aux pauvres, et termine la cérémonie par la bénédiction du Saint Sacrement.

Ainsi encouragée par Dieu et les hommes, la Mère Thouret s'achemine, sous les meilleurs auspices, vers la fin de l'année 1800, pour marcher encore l'année suivante, vers de nouveaux succès.

[1] Documents.

CHAPITRE DEUXIÈME

Ses Constitutions (1801-1802).

Le Concordat de 1801. - Un scrupule. - Reponse des vicaires-généraux. - Deux reproches. - Mère Thouret se met à écrire ses Constitutions. - Pour cela, elle va à Dôle. - Mr. Bacoffe. - Mgr. Lecoz. - Le Supérieur de l'Institut.

Nous voici au cœur de l'année 1801. La cour qui commence à se former autour du premier consul, vient d'assister, le 20 Juin, à une parade militaire, lorsqu'elle voit tout-à-coup Mr de Talleyrand, ministre des affaires étrangères, introduire un cardinal auprès du vainqueur de Marengo. Dans cette France ensanglantée où le Catholicisme vient d'être jugulé, où les prêtres, les religieux et les évêques ont été dépouillés, décimés et proscrits, où les églises ont été brûlées, démolies ou livrées à des destinations sacrilèges, l'apparition solennelle d'un représentant du Saint Siége n'est pas un spectacle sans surprise.

Ce cardinal est Consalvi secrétaire d'Etat de Pie VI – la sirène de Rome – venu inopinément à Paris pour traiter avec notre gouvernement du rétablissement de la publicité du culte catholique, et pour stipuler un contrat solennel entre le Saint Siége et la France. Le 16 Juillet 1801, le concordat est signé par le premier consul, et un mois après, il est ratifié par le souverain pontife. En voici les principaux articles :

« La Religion catholique, apostolique, romaine sera librement exercée en France. — Il sera fait par le Saint Siége, de concert avec le gouvernement, une nouvelle circonscription des diocèses français. — Sa Sainteté déclare aux titulaires des anciens évêchés qu'Elle attend d'eux, avec une ferme confiance, pour le bien de la paix et de l'unité, toute espèce de sacrifices, même la résignation de leur siége. S'ils s'y refusent, il sera pourvu, par de nouveaux titulaires du gouvernement, à la circonscription nouvelle. — Les nominations aux évêchés vacants seront faites par le premier Consul, et l'institution canonique sera donnée par le Pape. — Les évêques nommeront aux cures; mais leur choix ne pourra tomber que sur des personnes agréées par le gouvernement. — Sa Sainteté, pour le bien de la paix et l'heureux rétablissement de la Religion catholique, déclare que ni Elle ni ses successeurs ne troubleront, en aucune manière, les acquéreurs des biens ecclésiastiques aliénés, et qu'en conséquence, la propriété de ces mêmes biens, les droits et revenus qui y sont attachés, demeureront entre les mains des acquéreurs actuels ou celles de leur ayant-cause. — Le gouvernement assurera un traitement convenable aux évêques et aux curés. — Sa Sainteté reconnaît dans le premier Consul, les mêmes droits et prérogatives dont jouissait auprès d'Elle l'ancien gouvernement. »

Après la signature de ce traité qui va lier la fille aînée de l'Eglise et la cour romaine, une ère nouvelle s'ouvre pour la France : les églises profanées sont rendues au culte; les prêtres expulsés reviennent à leur poste, les religieux persécutés reparaissent au milieu des populations et les religieuses chassées reprennent le chemin de leurs monastères.

L'heure est venue pour notre fondatrice de songer à écrire définitivement la règle de son institut. Ses supérieurs du reste lui en font un devoir. Mais voilà qu'avant de se mettre à l'œuvre, elle éprouve un poignant scrupule qui l'arrête. Elle apprend, ou elle soupçonne du moins que les filles de la charité à la congrégation desquelles elle n'a pas cessé d'appartenir par le souvenir et par le cœur, vont bientôt se reformer à Paris, et dans le fond de son âme devant Dieu qui scrute les consciences, elle se demande avec anxiété si elle ne doit pas les rejoindre pour reprendre au milieu d'elles une place qu'elle n'a quittée que par force [1].

Dans sa perplexité, elle va trouver les vicaires généraux et leur expose simplement son scrupule. Or, ceux-ci, après l'avoir entendue lui répondent de la manière suivante : « Vous n'avez pas fait de vœux chez les filles de la charité. - C'est la Révolution qui vous a violemment arrachée à leur congrégation; par conséquent vous n'avez contracté aucune obligation envers elles. Vous êtes parfaitement libre. D'ailleurs, nous ne *vous permettons* pas de retourner dans leur maison qui n'est pas encore bien rétablie, alors que la vôtre fonctionne parfaitement. - Restez ici; nous avons besoin de vos services, nous sommes contents de vous ; continuez donc à propager votre institut indépendamment de celui de Paris [2]. »

En présence d'une réponse si catégorique de l'autorité ecclésiastique que pouvait, que devait faire une religieuse humble et soumise? - Ce que Mère Thouret a fait.

Elle s'incline devant cette décision souveraine, et pleine de résignation et de courage, elle revient à ses travaux.

« Je ne fus pas rappelée de Paris, nous dit-elle, dans son mémoire, et je continuai mon œuvre, uniquement pour me conformer à la volonté de Dieu en qui je mettais toute mon espérance.»

Comme ici encore, elle montre qu'elle est animée en toutes choses de l'esprit de Saint Vincent ! C'est de lui qu'est la

---

[1] La compagnie des filles de la charité fut rétablie par un arrêté du gouvernement consulaire le 1 Décembre 1800, et placée sous la conduite de la Sœur Deleau, l'ancienne supérieure générale. Elle fixa le siége de sa maison-mère d'abord dans la rue du Vieux-Colombier, et en 1813, dans la rue du Bac, où elle se trouve encore. Un décret impérial, du 8 Novembre 1809, assure à la communauté des filles de la charité l'existence légale (*Vie de Saint Vincent de Paul*).

[2] Mémoire.

maxime suivante : « Le premier pas que doit faire celui qui veut suivre Jésus-Christ selon sa propre parole, est de renoncer à lui-même, c'est-à-dire, à ses sentiments, à ses passions, à sa volonté, à son jugement, et à tous les mouvements de sa nature, en faisant à Dieu le sacrifice de tout cela. »

Ne semble-t-il pas que Mère Thouret s'applique à traduire cette maxime dans tous les actes de sa vie ? Et cependant, il s'est trouvé des esprits prévenus contre elle qui l'ont blâmée d'abord de ne pas être rentrée à l'époque du Concordat, dans sa communauté de Paris, et puis d'avoir fondé à Besançon une congrégation indépendante. – Que faut-il penser de ce double reproche ?

La réponse est facile ; nous l'avons sans ambages dans les lignes qui précédent. D'ailleurs, pour ce qui touche au second reproche, qui ne sait qu'à toutes les époques de l'histoire ecclésiastique, nous voyons dans les ordres religieux, soit d'hommes, soit de femmes, des sujets appelés de Dieu à une vocation spéciale, fonder pour la gloire de l'Eglise, des congrégations indépendantes ? Est-ce que madame Javouhey – pour m'en tenir à l'époque contemporaine – n'a pas quitté les Sœurs de la charité de Besançon, pour établir en quelque sorte sous les yeux de madame Thouret sa belle œuvre de Saint Joseph de Cluny ?

A-t-on songé jamais à lui en faire un crime ? N'a-t-elle pas eu au contraire ses admirateurs qui ont chanté sa gloire, son historien qui a raconté ses vertus ?

Par conséquent notre vénérée fondatrice ne peut ni ne doit être incriminée. – En ne rentrant pas à Paris, et en se rendant indépendante à Besançon, elle a bien fait. En agissant autrement, elle aurait été coupable ; car elle aurait désobéi à ceux qui pour elle, alors, représentaient l'autorité ecclésiastique, pontificale et divine. De plus, quel mal y a-t-il à ce que les grands ordres, comme les arbres séculaires de nos vieilles forêts, voient pousser à côté d'eux des rejetons vivaces qui deviennent beaux comme leur père? Est-ce que le grand ordre des Franciscains, enfants du patriarche d'Assise, n'a pas vu naître et prospérer à son ombre les frères mineurs de l'Observance, les Capucins, et les Conventuels? Est-ce que parmi les enfants d'Elie et les filles de Sainte Térèse, il n'y a pas eu diverses observances, possédant chacune sa règle, son autonomie, son indépendance, et travaillant toutes sous l'égide des mêmes fondateurs, à la gloire de Dieu et au salut des âmes?

Par conséquent, on serait mal venu à blâmer la conduite de la Mère Thouret. Aux yeux de tout homme impartial, cette conduite est absolument irréprochable. Elle a droit non pas à des reproches mais à des éloges! Car, en toutes choses, elle a bien mérité de l'histoire, de l'Eglise et de l'humanité!

Cela dit - et il fallait le dire en passant, - laissons-la nous raconter elle-même comment elle a composé son admirable règle. Son récit est toujours simple et touchant. « Après le Concordat, les grands-vicaires de Besançon me dirent: On assure que notre archevêque est nommé, mais nous ne savons pas encore qui il est; quel qu'il soit, il faut, quand il viendra, que vous ayez une règle à lui présenter. Il convient donc que vous en fassiez une. Nous avons fait tout notre possible pour avoir celle de Saint Vincent de Paul, et nous ne l'avons trouvée nulle part. Personne ne la connaît; on nous répond de tout côté qu'on ne sait de ce grand saint que ce qui est écrit dans sa vie; les Sœurs de Paris ont bien quelques manuscrits; mais elles ne les montrent à personne; en conséquence, ne mettez pas plus de délai à la rédaction d'une règle.

« Au nom du Bon Dieu, j'obéis à des hommes savants qui auraient pu bien mieux que moi, et avec moins de peine composer une règle. La chose était faite pour m'épouvanter; elle m'aurait même paru présomptueuse, si j'avais été réduite à mes seules forces, mais je mis toute ma confiance en la bonté toute puissante de Dieu qui se sert des instruments les plus faibles et les plus abjects pour faire les plus grandes choses [1]. »

Comment dans ces lignes et surtout dans la dernière, ne pas voir une âme qui, à ses propres yeux, n'est qu'un outil de la Providence? Mère Thouret va confectionner une loi magistrale qui doit un jour gouverner des milliers de religieuses et elle proclame, avant de prendre la plume pour l'écrire, qu'elle n'est pour rien dans ce code merveilleux? Comme il est vrai que l'humilité, dans les âmes grandes et pures, donne toujours la main aux autres vertus chrétiennes!

« J'entrepris donc, poursuit-elle, l'ouvrage qui m'avait été imposé. Je m'enfermai, à cet effet, dans une chambre de l'une de nos maisons. Mais à tout moment, on venait me déranger pour une foule de détails regardant les emplois de mes Sœurs. Je compris qu'il était nécessaire de quitter Besançon et de chercher ailleurs un lieu de retraite et de recueillement. Je chargeai donc une Sœur de prendre provisoirement la direction de nos établissements et de me remplacer en toute occurence, et je m'en allai à Dôle, dans le couvent supprimé de la Visitation. J'y pris une cellule pour demeure, et là, seule avec le Bon Dieu, j'invoquai ardemment les lumières de son Esprit, et je recherchai dans ma mémoire le souvenir des usages que j'avais suivis chez les Sœurs de la charité de Paris. J'écrivis tout ce qui était à ma connaissance pour le gouvernement de l'Institut, tant au point de vue spirituel qu'au point de vue temporel.

« Je divisai la règle en trois parties et par chapitres: le Saint Esprit m'inspirait ce que je devais ajouter dans les divers passages; de sorte que je composai, aidée du secours d'en haut une règle complète qui mettait clairement au grand jour les devoirs de mes sœurs. — Quand j'eus fini la première partie, je la remis à un bon prêtre catholique qui demeurait comme moi dans le couvent de la Visitation, où il

[1] Mémoire.

dirigeait un petit pensionnat d'enfants, et je le priai de la
recopier, et de m'aider à en ranger en bon ordre les articles. — Il me rendit le même service pour la seconde
partie.

« Lorsque j'en fus à la troisième qui exposait le gouvernement de l'Institut, comme j'avais entendu dire que l'archevêque nommé pour Besançon avait *donné* dans la Révolution,
je pensai que je ferai mieux de ne pas lui donner le titre
de Supérieur, et je choisis de préférence, pour cette qualité
et cette fonction, le curé qui payait le loyer de notre première maison. C'était Monsieur Bacoffe. »

Ici nous apparaissent dans tout leur jour deux grandes
qualités maîtresses de Mère Thouret. Je veux parler de son
culte pour la reconnaissance et de son amour pour l'orthodoxie. — Monsieur Bacoffe est depuis longtemps son défen-
seur ; c'est lui qui, de concert avec Monsieur de Chaffoy l'a
poussée, durant son séjour en Suisse, à établir à Besançon
les Sœurs de la charité ; c'est lui qui depuis son retour de
l'exil l'a le plus soutenue et encouragée ; il lui procure des secours de toute nature, il est le confesseur de la communauté
naissante ; il est par suite le protecteur-né de l'Institut ; c'est
à lui que doit revenir de droit, le titre de Supérieur. — La
Mère le comprend ; son cœur le lui a dit avant sa raison, et,
quand elle arrive au chapitre du gouvernement de sa congrégation, c'est à lui qu'elle pense. Ceci montre la délicatesse de ses sentiments. Elle a également songé au nouvel
archevêque nommé ; mais il arrive avec une réputation com-
promise, et cela l'effraie pour l'avenir de sa règle. Ce prélat
est Mgr. Claude Lecoz. Il a été évêque constitutionnel d'Ile-
et-Vilaine en 1791 ; il a présidé le concile national des évêques constitutionnels en 1797, et tout récemment encore. Il
a, il est vrai, donné sa démission, après le Concordat, et
c'est après cela qu'il a été nommé archevêque de Besançon ;
mais ce n'est que plus tard, en 1804, qu'il doit faire sa
soumission complète au pape.

Dans tous les cas, il a non-seulement *donné* dans la Révolution, selon *l'euphémisme* que nous avons lu plus haut, mais il y a largement trempé. Par conséquent la Mère Thouret est bien excusable de ne pas le voir tout à fait d'un bon œil.

De nos jours, nous voyons avec quelle antipathie mal dissimulée sont accueillis dans la sphère religieuse, les évêques auxquels à tort ou à raison, on a fait une réputation de libéraux pour leurs opinions politiques. Ils ne sont pas toujours et partout entourés des hommages de respect et de sympathie auxquels ils ont droit et parfois, tout en s'inclinant devant leur caractère sacré, certains catholiques fervents se permettent de leur faire expier les petits griefs qu'ils leur reprochent au point de vue de leurs idées.

Peut-on trouver étonnant qu'une religieuse qui a failli être martyre de la Révolution et qui plusieurs fois a refusé, dans une sainte obstination, de prêter le serment civique, n'éprouve pas tout d'abord une profonde vénération pour un prélat qui quoique converti maintenant, s'est cependant laissé entraîner par les errements de la Révolution et a souscrit à la constitution civile du clergé? On comprend donc aisément qu'elle ne désire pas l'avoir pour supérieur de son Institut. Le scrupule qu'elle manifeste est un scrupule qui l'honore.

Cependant, elle finit par sacrifier ses répugnances sur les observations qui lui sont faites par le prêtre de la Visitation et par des missionnaires appartenant au bon clergé. On lui dit qu'un curé a toujours moins de prestige qu'un évêque, que si le curé supérieur vient à mourir, il peut y avoir des cabales pour la nomination du successeur, que les différentes maisons de la congrégation peuvent avoir chacune leur candidat, et que cela amènera fatalement des conflits regrettables, des rivalités jalouses. Puis enfin, on ajoute que quelle que soit l'opinion que l'on ait sur le nouvel archevêque, il ne faut pas oublier qu'il est l'élu de Dieu, qu'il a été nommé en vertu du Concordat et qu'il a, malgré son passé, droit au respect et à l'obéissance.

La fondatrice se rend à ces observations pleines de sagesse et consent enfin, après de longs jours d'hésitation mo-
tivée par son grand amour pour l'orthodoxie, à donner au
prélat le titre de Supérieur de son Institut. Plus tard - nous
le verrons, quand le moment sera venu - nous constaterons
que sa soumission sera récompensée. Aujourd'hui je me borne
à faire l'historique de sa règle; quand j'en étudierai les beautés
ou l'esprit, il me sera facile de montrer que cette disposition
a porté bonheur à la congrégation des Sœurs de la charité.

La règle finie, Mère Thouret s'empresse de retourner à Besançon. Je me figure aisément qu'à ce moment-là elle doit rayonner d'une sainte joie et que sur sa physionomie se reflètent ses
douces émotions qui lui donnent en quelque sorte un nimbe de
bienheureuse. N'est-elle pas, en effet, alors, un peu comme un Moïse nouveau qui descend de la montagne où Dieu lui a parlé, et qui
porte les tables de la loi à sa famille l'attendant dans la plaine?

Quoiqu'il en soit, ses filles qui sont dans l'impatience de la
revoir, la reçoivent avec enthousiasme, et demandent à genoux
la lecture de la règle. La chose se fait, comme elles l'ont désirée, et c'est au milieu d'un recueillement parfait, entrecoupé de
larmes qu'elles écoutent la constitution qui désormais doit régler
leurs pensées et leurs aspirations, leurs actes et leurs vœux.

Encore là, il y a un tableau plein d'une grâce touchante
qui pourrait tenter un peintre aimant les spectacles religieux.
Encore là, nous trouvons une de ces scènes devant lesquelles
l'histoire s'arrête émue d'admiration.

Pourquoi faut-il que cette règle qui a tant coûté à celle
qui vient de la composer, doive lui être un jour une source
de nouvelles épreuves? C'est le secret d'en haut. Mais la
croix est le grand levier qui lui servira à tout soulever vers
le ciel; il y a déjà longtemps qu'elle sait cela. Dieu lui a
dit, comme autrefois à son apôtre: « Je lui montrerai combien
elle devra souffrir pour la gloire de mon nom. » Aussi elle
se console avec cette pensée de Saint Paul: « C'est dans l'infirmité que ma puissance réside. »

9

CHAPITRE TROISIÈME

Ses premières peines (1800-1802).

*Départ de Sœur Javouhey. - Un grand homme. - Deux
lettres. - Froissement de Monsieur Bacoffe. - Une infirmité humaine. - Le cœur. - Conduite irréprochable de
la Mère Thouret. - La femme forte.*

« Le temps n'épargne pas ce que l'on fait sans lui, » a
dit le poëte. On pourrait dire aussi qu'il ne respecte pas davantage ce que l'on fait sans la souffrance. Depuis le Christ
surtout, rien ne se fonde ici-bas de grand, de beau, ou de
divin, si d'abord ce n'est pétri avec des larmes ou du sang.
La Mère Thouret a déjà payé, nous le savons, un large tribut
à la douleur. Mais la destinée n'a pas encore rempli sa coupe
d'amertume. Elle n'a guère souffert jusqu'à présent que de
ses ennemis; c'est maintenant de ses amis que lui viendront
les peines, et qui ne sait que ce sont là les plus poignantes
pour le cœur?

La première que je signalerai, est celle que lui causa le
départ de la Sœur Anne-Marie Javouhey, le 28 Novembre 1800.
Je me hâte de déclarer que cette séparation se fit sans
aigreur: cette jeune fille sentait déjà dans son âme le germe
d'une vocation particulière qui devait faire d'elle, comme l'a
dit Louis Veuillot « une femme apostolique dont le cœur a répandu sa charité sur les deux mondes; » elle était destinée à
fonder une œuvre merveilleuse qui devait bientôt porter le flam-

beau de l'Evangile et de la civilisation au milieu des races nègres de l'Afrique et de l'Amérique. — Par conséquent sa supérieure ne pouvait que bénir ses rêves d'apôtre. Mais comme elle perdait en elle une compagne intelligente, zélée et pieuse elle ne put qu'éprouver une grande tristesse à la voir partir pour prendre une autre direction.

Analysons sa vie en quelques mots. Déjà pendant la Révolution, Anne-Marie, avait travaillé à Chamblanc à des œuvres de prosélytisme chrétien. On l'avait vu protéger la retraite des prêtres proscrits, catéchiser la jeunesse et préparer les cérémonies de la première communion dans quelque grange solitaire. — Désireuse d'embrasser la vie de communauté, elle s'était rendue chez Madame Thouret, à Besançon, dès les premiers jours de sa congrégation naissante. — Là, le ciel lui parla de nouveau; elle vit se ranger autour d'elle des enfants et des gens de toute couleur. Le Seigneur l'appelait à une vocation nouvelle, et après être allée à Einsiedeln pour demander aide à N. D. des Ermites, et lumière au célèbre Don Augustin de l'Estrange, elle reçut l'habit religieux à Châlons sur Saône, dans l'église Saint Pierre, des mains de Mgr. de Fontanges, évêque d'Autun. Sa congrégation était fondée. Elle la consacra à Saint Joseph, et compléta son titre en s'établissant à Cluny si célèbre par son ancienne abbaye bénédictine.

Un enchaînement de circonstances providentielles, après qu'elle eut implantée son œuvre à Paris, l'amena à quitter l'Europe. Plusieurs fois, elle traversa l'Océan, et avec le zèle ardent qui la caractérisait, elle parvint à doter nos possessions les plus lointaines, nos colonies les plus reculées de précieuses institutions pour l'éducation de toutes les classes. - Un jour le roi Louis-Philippe, l'entendant développer devant lui, aux Tuileries, ses plans de colonisation pour la Guyane, s'écriait en présence de sa cour: « Madame Javouhey, mais c'est un grand homme! »

Or, le secret de sa grandeur était dans la sainteté de son âme et pas ailleurs. « La charité d'un Vincent de Paul, le zèle d'un François Xavier se font remarquer à toutes les pages de son histoire. Jamais, ce semble, religieuse ne mérita mieux le titre de Mère des pauvres et des orphelins ; elle mérita même, à certains égards le grand titre d'apôtre [1]. »

Qu'on juge d'après cela des impressions pénibles que dut éprouver la Mère Thouret quand elle vit Anne-Marie quitter sa maison. Son chagrin fut d'autant plus grand qu'elle avait pour elle une tendresse toute maternelle, et qu'à son tour, cette jeune sœur était ravie de vivre dans la communauté qui venait de s'ouvrir à Besançon. Nous avons la preuve de ce double sentiment dans deux lettres que je me plais à citer. Elles font tout à la fois l'éloge de la Supérieure et de la postulante. Elles sont adressées par Anne-Marie à son père, l'une le 27 Septembre 1800, et l'autre dans le courant du mois d'Octobre suivant.

Dans la première, nous lisons ceci : « Je ne puis vous exprimer combien je suis heureuse d'être ici où tout respire la vertu, où je ne suis environnée que de bons exemples. Je suis sous la direction d'une mère qui parait si bonne que je ne puis douter que j'y serai bien. »

Voici ce que nous apprend la seconde : « Vous ignorez la position dans laquelle je me trouve ; mais elle est si heureuse que je ne puis croire qu'il y en ait de semblable à la mienne. Dans ce séjour de paix, je ne vois autour de moi que de bons exemples ; la vertu y est connue et pratiquée dans toute sa pureté ; les maximes du monde en sont bannies. – Que vous dirai-je ? C'est un paradis sur la terre. Chaque jour l'on y prend à tâche de s'étudier à mourir à soi-même, à déraciner ses défauts, à faire vivre la vertu à leur place. Voilà, mon cher père, notre étude ; voilà ce à quoi je m'occupe chaque jour. Ah ! si vous connaissiez comme moi la vanité des choses de la terre !

« Mon cher père, j'attends votre consentement pour me remettre entièrement entre les mains de mes supérieurs, afin

---

[1] *Histoire générale de l'Eglise* par l'abbé Darras.

qu'ils fassent de moi ce qu'ils voudront. Je crois connaître la volonté de Dieu mieux que jamais. »

Ces lettres, on le voit, prouvent plusieurs choses, d'abord le bonheur que Mademoiselle Javouhey éprouvait à vivre dans la maison de Madame Thouret, puis l'attachement qu'elle avait pour elle et enfin, la pensée bien arrêtée de faire la volonté de Dieu dans la voie que lui indiqueraient ses supérieurs.

Cette voie, elle ne tarda pas à la trouver, puisque le mois suivant, elle disait adieu à la bonne Mère, et retournait dans sa famille, pour embrasser la carrière que nous savons. Cet adieu, j'en suis convaincu, ne se fit pas sans larmes. Il y eut des regrets de part et d'autre. Les deux âmes de Marie-Anne et de Jeanne Antide étaient si bien faites pour s'aimer et se comprendre !

Cependant, notre sainte fondatrice ne fait dans son mémoire aucune allusion aux douleurs de cette séparation. Il est des peines qu'on ne raconte qu'à Dieu seul, et celle-là était du nombre pour le cœur si tendre de la Mère Thouret. Elle en dit quelques mots à son crucifix et ce fut tout ; elle se consola, dans l'espérance que sa compagne ferait honneur à l'Eglise, partout où il plairait à la Providence de l'envoyer.

Si elle nous a caché ce chagrin, il y en a d'autres qu'elle nous a révélés, et en voici un qui dut lui être assez cuisant, car elle a pris la peine de nous le raconter tout au long. - Il a trait à ce titre de *Supérieur* qu'elle donna par convenance à Mgr. l'archevêque, d'après les conseils qu'elle avait reçus et que par suite, mais à contre-cœur, elle refusa à Monsieur Bacoffe qui - elle était la première à le proclamer - le méritait pourtant si bien.

Je lui laisse le soin de nous ouvrir elle-même son âme, et je le fais avec d'autant plus de plaisir que bientôt, nous allons être, pour l'histoire de sa belle vie, privés de son précieux mémoire, car son autobiographie est malheureusement interrompue après la page qui va suivre : « Lorsque j'eus, nous dit-elle, achevé la règle, je revins à Besançon, et je la soumis aux anciens vicaires-généraux qui en furent très-contents. Ils me conseillèrent de ne pas la soumettre à Monseigneur l'archevêque, parce qu'il en serait trop flatté. »

Par ces lignes, nous apprenons que Mgr. Lecoz n'avait pas gardé dans son administration les grands vicaires de son prédécesseur et que ceux-ci partageaient sans doute dans une certaine mesure, les idées courantes sur le nouveau prélat. Du reste, qui ne sait – c'est une histoire vieille non pas comme le monde, mais bien comme nos diocèses – que les auxiliaires d'un évêque disparu restent rarement les collaborateurs de de son successeur?

La Mère Thouret continue ainsi son récit:

« Je suivis leur conseil, et je portai la règle à Monsieur Bacoffe qui n'y trouva, lui non plus, rien à redire; seulement il se *montra froid* et je compris que c'était parce que la Règle ne lui donnait pas le titre de Supérieur. C'était bien malgré moi; mais j'eus la prudence, afin de ne compromettre personne, de ne pas lui révéler les difficultés que j'avais rencontrées lorsque je voulais lui décerner ce titre; j'eus à souffrir, à la suite de cela, de bien pénibles conséquences, des *procédés piquants*, mais je supportai tout en silence, pour l'amour de Notre-Seigneur qui ne laissait pas, lui, de me soutenir et de me conforter intérieurement. »

Nous voilà donc en face d'un amour-propre froissé! Monsieur Bacoffe était incontestablement un homme de Dieu, et tout le monde voyait en lui ce qu'on est convenu d'appeler un saint prêtre. Du reste, il avait fait ses preuves; il n'avait pas, lui, donné dans la Révolution. Il était resté fidèle aux principes de sa foi. De plus, il avait été l'inspirateur de la Mère Thouret; il l'avait secourue de ses deniers. Il était en quelque sorte, avec elle, co-fondateur de la congrégation naissante; c'est donc à lui que revenait de droit le titre de Supérieur. Et voilà cependant, qu'au mépris d'un si noble passé de sollicitude et de dévouement, ce titre était donné à un

prélat non pas inconnu - mais hélas! trop connu pour sa
conduite plus qu'équivoque pendant la tourmente qui venait
de s'apaiser! Il y avait là, on le comprend aisément, de quoi
froisser ce bon prêtre dans l'intime de son âme. De prime
abord, il dut se croire outragé, et de là, à ces *procédés piquants* dont parle la bonne Mère, il n'y a pas bien loin.

Quels furent ces procédés? Nous ne les connaissons pas.
Mais pour qui a scruté tant soit peu le cœur humain, il est
facile de les deviner.

Quelles furent les *conséquences fâcheuses* qui les suivirent?
Nous ne le savons pas davantage. Mais il y eut au moins
pour le moment, celle de mettre un certain froid dans les
relations jusque-là si cordiales des deux principaux organisa-
teurs de l'Institut nouveau. Monsieur Bacoffe se montra moins
sympathique et moins dévoué aux œuvres de Mère Thouret.
Il fit, en un mot, ce que l'on fait quand on est blessé au
vif. Au point de vue humain, c'était peut-être son droit; mais
s'il s'était placé au point de vue divin, il aurait, à coup sûr,
agi autrement. Il n'aurait dû ne voir que l'intérêt général,
oublier le sien propre, et compâtir à cette malheureuse fondatrice qui en toutes choses s'était comportée avec une délicatesse irréprochable. Mais où sont, même parmi les hommes de zèle et de charité, ceux qui veulent consentir à s'effacer complètement devant leurs semblables, à s'annihiler tout
à fait devant Dieu!

Hélas! il y a là une infirmité de la pauvre nature humaine et l'intérêt personnel - c'est reconnu par les mora-
listes, - entre parfois pour beaucoup dans certaines vertus que
le peuple bénit et que le monde admire! Que d'actes qui
paraissent aux yeux de la société émerveillée, pétris de courage, de sacrifice et de dévouement et qui, si on voulait les
décomposer donneraient à l'analyse des psychologues, une
assez forte dose de vanité et d'ambition!! L'âme humaine
est ainsi faite, et l'âme chrétienne la plus parfaite ne peut
parvenir à se dépouiller des scories de la nature peccable

qu'après des efforts persévérants et des combats héroïques. Or, où sont les âmes capables de ces efforts, à la hauteur de ces combats? Elles sont bien rares, même parmi les plus fortes et les plus vaillantes.

D'où cela vient-il? Du cœur. En nous tous, le cœur est l'instrument de la liberté; c'est l'outil sublime qui nous sert à conquérir l'honneur et l'héroïsme, mais il peut aussi, s'il est mal porté, nous donner l'ignominie et la lâcheté. Chez les meilleurs, il arrive parfois à produire des sentiments vils ou mesquins, comme la jalousie ou l'égoïsme.

C'est la lyre qui devrait ne chanter que le dévouement ou le sacrifice devant Dieu, mais trop souvent, elle chante la déception ou le pessimisme, et alors, il se passe des choses qui étonnent ceux qui n'ont pas étudié cette puissance étrange et bizarre. Le cœur! ont dit les Anciens, c'est ce qui naît le premier en nous et meurt le dernier: *primum saliens, ultimum moriens*. Cet aphorisme de la philosophie antique peut expliquer bien des phénomènes.

Les grands Saints ont travaillé toute leur vie à manier cet outil dans le sens du bien, à faire rendre à cette lyre des accents angéliques, à briser cette puissance dans l'austérité; et ils n'y sont arrivés qu'après des expériences multiples qui n'ont pas été toujours triomphantes. Comment donc ne pas comprendre que même des hommes de Dieu peuvent quelquefois et presque sans s'en douter, laisser dans leur cœur une porte ouverte à des sentiments qui ne semblent faits que pour les natures vulgaires?

C'est dire que Mr. Bacoffe, malgré sa vertu reconnue, malgré sa charité incontestable, dut trop écouter la voix de son amour-propre froissé, et faire expier à Madame Thouret, par des paroles amères ou des actes désobligeants, le tort immense qu'il lui prêtait. C'est dire aussi que cette sainte femme dut cruellement souffrir de ses procédés, alors qu'elle se savait parfaitement innocente, et qu'elle gardait le silence pour ne compromettre personne.

Malgré tout - et voici pour nous une occasion solennelle d'admirer sa douceur et son humilité - elle fit comme si rien n'était. — Ecoutons sa confession : « Je continuai à traiter Mr Bacoffe comme mon supérieur ; je lui étais soumise en tout comme une petite enfant. Je lui rendais compte de tout ce qui avait lieu dans la maison ; je lui communiquais les visites et les entretiens que j'avais eus avec les personnes venues du dehors ; je lui remettais tout l'argent que je recevais à n'importe quel titre. Un jour, je lui dis naïvement pour la tranquillité de ma conscience que s'il voulait être notre Supérieur, il ne pouvait continuer à confesser les sœurs, parce que je trouvais en elles des répugnances invincibles que je lui exposai, en toute confidence. Il comprit mes raisons, s'en convainquit et nous donna un autre confesseur. Avant de lui déclarer la chose, j'avais consulté les vicaires généraux qui étaient liés d'amitié sincère avec Mr Bacoffe, et ils me dirent qu'en effet, il n'était pas prudent, pour la liberté des consciences, qu'un Supérieur de communauté fut en même temps confesseur, que je devais en conséquence arranger cette affaire, et me borner à considérer Mr Bacoffe comme notre Supérieur pendant toute sa vie. Je m'en tins effectivement à ces conseils, me comportant toujours avec la plus grande sincérité envers Mr Bacoffe. »

En transcrivant ces lignes, où l'âme de notre vénérée fondatrice apparaît comme dans un miroir, je me demande si dans la vie des Saints, on en trouve beaucoup de plus belles, respirant plus que celles là, la prudence, la bonté, la résignation, les vertus qui font les grandes âmes. En vérité, il faut le proclamer et le redire : nous avons ici la *femme forte*. Car on peut à juste titre appliquer à la mère Thouret ces paroles de Salomon dans le portrait qu'il nous a laissé de la femme par excellence : « Elle a ouvert sa bouche à la sagesse, et la loi de la clémence est sur sa langue [1] ».

---

[1] *Proverbes*, chap. 31.

Néanmoins, Mr Bacoffe ne devait pas sacrifier ses rancunes. Au contraire, voulant à tout prix satisfaire sa petite ambition, il devait sournoisement caresser l'animosité que le froissement connu avait produite, et c'est lui - nous pouvons déjà le prévoir - qui sera la première cause de la dissidence regrettable qui éclatera un jour chez les Sœurs de la charité de Besançon.

En attendant, nous pouvons comprendre la peine amère que ressentait la Mère Thouret, à la pensée surtout qu'elle pouvait être persécutée par celui qu'elle avait jusqu'alors regardé et traité comme un père!

CHAPITRE QUATRIÈME.

Sa vie à Besancon (1802-1806).

Une règle vivante. - Visite de Mgr. Lecoz. - L'hôpital Bel-
leveaux. - Le costume des Sœurs. - Les hirondelles. -
Une réponse de Saint Vincent de Faul. - Bénédiction du
costume. - Prise de possession de l'hôpital Belleveaux. -
Organisation de cette maison. - Portrait de Mgr. Lecoz. -
Respect de la Mère Thouret pour l'archevêque. - Com-
*plot de M*ʳ *Bacoffe. - Le grand homme du moment.*

Pour bien savoir quelle était la vie de la Mère Thouret
à Besançon, il faudrait le demander aux anges. Eux seuls
pourraient nous conter comment s'écoulait cette existence faite
de charité, de courage et de sacrifice. Nous avons vu tout
à l'heure qu'on pouvait la comparer à la *femme forte ;* si je
voulais poursuivre la comparaison, je trouverais en elle de
nouveaux traits de ressemblance avec le type biblique. La
femme des Proverbes « a ouvert sa main à l'indigent et a
étendu ses bras vers le pauvre [1] ». Qui ne voit que ces deux
mots donneraient un texte merveilleux à un panégyriste qui
voudrait faire l'éloge de notre héroïne? Qui plus qu'elle, à
l'époque où elle a vécu, s'est occupé des indigents et des pauvres, des humbles et des petits, des orphelins et des malades?
Qui plus qu'elle a travaillé pour les déshérités du monde?

---

[1] *Proverbes*, chap. 31.

Sa règle une fois finie et communiquée à ses sœurs, elle fut la première à l'observer, et l'on peut dire qu'elle fut à toute heure et en tout temps, dans sa communauté, une *règle vivante*. Elle était pour ses sœurs un exemple *marchant;* je dis: *marchant*, car elle avait une activité dévorante pour le bien. On la voyait partout, aller, venir, se prodiguer, se dépenser pour les œuvres, ou plutôt se donner à toutes les misères, à toutes les infortunes qu'elle rencontrait sur ses pas.

Elle vit bientôt que son *commerce était bon* [1], comme celui du modèle scriptural qu'elle reproduisait sans le savoir, et qu'il donnait des résultats tangibles pour le salut des âmes, pour l'édification du peuple et pour la gloire de Dieu, et bien des fois, sa *lampe ne s'éteignit pas durant la nuit* [2].

Dans tous les cas, quand le devoir l'obligeait à éteindre sa lampe, son cœur restait toujours éveillé sur tout ce qui provoquait sa tendre sollicitude.

Aussi Dieu se plut à bénir visiblement son initiative et son zèle. Quand Mgr. Lecoz fut installé à Besançon, il s'empressa d'aller la voir pour lui porter ses premières bénédictions, mais il la trouva absente. Elle n'était pas encore revenue de Dôle; ses filles furent présentées par Mr Bacoffe, au prélat et avant de se retirer, Sa Grandeur laissa quelques louis d'or pour le bouillon des pauvres entre les mains de la supérieure provisoire.

Le règne des assignats était fini. Cette odieuse monnaie de papier dont le souvenir resta longtemps dans les esprits comme synonyme de ruine, de désastre et de banqueroute était rentrée dans l'ombre, et le peuple voyait avec plaisir reparaître dans la circulation l'or des anciens jours. L'archevêque voulut donner à la maison des Sœurs de la Charité quelques pièces aux brillants millésimes et montra par là, qu'il était sympathique et favorable à l'œuvre de Madame Thouret.

---

[1] *Proverbes*, chap. 31.
[2] Ibidem.

Quelque temps après cette visite, - en 1803 - le préfet de Besançon désira confier la direction de l'hospice de Belleveaux aux sœurs nouvelles dont on disait partout du bien, et sitôt que la fondatrice fut de retour de Dôle, il alla la prier d'accéder à sa demande. C'était une preuve que l'autorité civile, comme l'autorité religieuse, voyait d'un bon œil la communauté naissante. Il faut savoir que cet hospice était à la fois un refuge, une prison et un hôpital, et qu'on y trouvait dans un pêle-mêle peu fait pour favoriser la morale, des hommes, des femmes, des enfants, des vieillards, des fous, des prisonniers, des infirmes. C'était comme un *pandémonium* sans ordre et sans discipline : c'est à peine si la police elle-même parvenait à s'y faire respecter.

Au milieu de ce ramassis d'êtres déséquilibrés, malades, misérables, il fallait des anges de charité. — Eux seuls étaient capables de les gouverner. Mais nos sœurs n'avaient pas encore de costume, et le préfet demanda à la Supérieure de leur en donner un, avant leur prise de possession. Il pensait, avec raison, qu'elles seraient mieux respectées. Nous connaissons tous, le prestige de l'uniforme. Il annonce la dignité et il impose le respect ; voilà pourquoi l'Eglise a toujours voulu que les prêtres, les moines et les religieux qui forment sa milice eussent un costume qui les distinguât de la masse populaire.

De là, parmi les religieuses - pour ne parler que d'elles - cette variété infinie - peut-être trop grande - de cornettes, de voiles et de robes.

La cornette des *filles de la charité* est devenue légendaire. Elle ressemble à une oriflamme ; et les peintres qui veulent nous représenter l'héroïsme au milieu de la mêlée d'un champ de bataille, ou des horreurs d'une épidémie, ne manquent jamais de faire briller cette blanche cornette aux ailes flottantes sur une tête de jeune fille, dans la poudre du combat, ou parmi les blessés ou les mourants. C'est là la coiffure religieuse, non pas la plus commode peut-être, mais la plus populaire à coup sûr ; car dans le monde nous trouvons à tous les pas des hommes incroyants ou sceptiques qui, à l'occasion, se donnent le plaisir facile de dénigrer les nonnes, en proclamant solennellement leur inutilité, et qui cependant s'inclinent respectueusement devant une fille de la charité qui passe.

Les voiles ordinairement noirs, ne varient guère que pour la forme. Quant aux robes, c'est tout le contraire ; la forme est à peu près la même, mais la couleur change. On ferait plusieurs gros volumes avec la seule étude historique du costume dans les ordres de femmes et, dans ce travail, il serait facile de constater que plus d'une fois peut-être une certaine recherche a présidé à la confection de l'habillement chez les Religieuses.

Or, je me hâte de dire que le costume que la Mère Thouret donna à ses filles est d'une simplicité remarquable. Elle adopta la robe grise que portaient les filles de la charité, et une espèce de bonnet qu'on appelait capète, mais qu'elle devait remplacer plus tard par la coiffure actuelle, et qui est maintenant réservée aux postulantes. Cette coiffure, elle prit la peine de la composer elle-même, en s'aidant des inspirations de Mademoiselle Elisabeth Bouvard, et pour cela, elle prit pour modèle, le voile des Sœurs hospitalières de l'hôpital Saint Jacques de Besançon ; seulement elle voulut que le dessus de ce voile fut noir et non blanc. Ainsi elle distinguait ses religieuses de celles-là, et obtenait une coiffure moins salissante. — Pour le collet, elle reproduisit celui d'une fille de *la charité* de Paris qui passait pour retourner dans sa communauté primitive, mais elle se garda de le reproduire d'une façon servile ; pour qu'on ne l'accusât pas de l'avoir copié, elle fit le sien plus large [1]. Elle compléta ce costume par une guimpe blanche, un tablier noir, et un grand chapelet chargé d'un crucifix et pendu à la ceinture.

[1] Documents.

Ainsi vêtues, ses sœurs furent équipées pour les batailles de la vie. Ainsi vêtues, elles devaient se montrer désormais à leurs amis et à leurs ennemis. Elles avaient l'air d'une phalange d'hirondelles annonçant un nouveau printemps: n'annonçaient-elle pas en effet à Besançon que ses enfants seraient instruits, ses pauvres secourus, et ses malades soignés? N'apportaient elles pas à tous les malheureux une ère de consolation qui pour eux était même meilleure qu'un printemps?

D'ailleurs, en dehors de l'image que nous rappelle cette comparaison, elles ressemblaient assez bien à nos messagères de la saison des fleurs: leur costume dans lequel se mêlent harmonieusement le noir, le gris et le blanc fait penser à ces oiseaux sympathiques. Il y avait autrefois en France des sœurs de Saint Claire qu'on appelait *hirondelles de Carême* parce qu'elles allaient quêter pour leur couvent, durant la sainte quarantaine. Je me demande si elles pouvaient mieux que les sœurs de Mère Thouret, mériter cette gracieuse appellation.

Lorsque notre fondatrice vit ses filles revêtues du costume qu'elle venait de leur donner et qu'elles ne devaient plus quitter, elle éprouva, on le comprend, une bien douce joie. Mais elle avait trop l'esprit de Saint Vincent, pour s'enorgueillir de ce nouveau succès. Elle voyait en toutes choses la gloire de Dieu, et c'est à lui qu'elle rapportait l'honneur de tout ce qui lui arrivait d'heureux.

Losqu'en 1633, Saint Vincent de Paul transforma en communauté la confrérie des *Servantes des pauvres*, venue à Paris de Châtillon-les-Dombes, Madame Le Gras, qui en était la fondatrice, voyant les bénédictions que Dieu répandait sur son œuvre naissante, voulut savoir du bienheureux si elle devait se dédier entièrement à cette sainte entreprise. Ce dernier s'inspirant de sa maxime ordinaire de ne s'employer aux œuvres nouvelles que par manière d'essai lui répondit ceci: « Quant à cet emploi, je vous prie une fois pour toutes de n'y point penser jusqu'à ce que Notre-Seigneur fasse paraître ce qu'il veut, car on désire souvent plusieurs bonnes choses d'un désir qui semble être selon Dieu, et néanmoins il ne l'est pas toujours ; mais Dieu permet ce désir pour la préparation de l'esprit à être selon ce que sa providence même désire. Saül cherchait des ânesse et il trouva un royaume. Saint Louis prétendait à la conquête de la Terre-Sainte et il obtint la conquête de soi-même et la couronne du ciel. Vous cherchez à devenir la servante de ces pauvres filles et Dieu veut que vous soyez la sienne [1] ».

Ces paroles, on aurait pu les appliquer en partie à Madame Thouret. Elle a joué dans la création des Sœurs de la charité le rôle providentiel qu'a joué Madame Le Gras dans la fondation des filles de la charité et son nouveau supérieur l'archevêque aurait pu lui dire à l'heure où nous sommes de son histoire : « En Suisse, vous étiez comme Saül cherchant des ânesses ou comme Saint Louis prétendant à la conquête de la Terre-Sainte, et puis trouvant autre chose que ce qu'ils avaient rêvé. Vous cherchiez la retraite, la solitude, l'obscurité, et voilà que vous avez trouvé l'activité et la sollicitude ; l'activité d'une servante des pauvres et la sollicitude d'une fondatrice. Laissez faire le Bon Dieu, et continuez en toute confiance, une œuvre que vous n'aviez pas rêvée. »

Cette pensée, Mère Thouret l'aurait goûtée, à coup sûr, et si personne ne la lui a suggérée à ce moment-là, elle a pu, en repassant les événements de sa vie, la glisser dans la trame des siennes, et la méditer à ses heures de recueillement ; car cette pensée était en parfaite harmonie avec ses idées et ses aspirations. *La fille de la charité* qu'elle vit à cette époque, retournant à Paris, et qu'elle consulta pour la confection de son costume, la pressa beaucoup de la suivre. Mais elle refusa. L'occasion était bonne cependant, car elle n'avait guère à se louer de Mr Bacoffe qui lui créait des dif-

[1] *Vie de Saint Vincent*, par Abelly.

ficultés. Elle répondit qu'en tout, elle n'avait qu'un seul guide, une seule étoile : le devoir ; qu'elle ne restait que par *obéissance* à un poste qu'elle n'avait accepté que par *obéissance* et que d'ailleurs la Providence lui ayant déjà donné plusieurs maisons qui marchaient bien depuis trois ans, elle ne pouvait revenir dans une communauté qui n'était pas encore parfaitement reconstituée. Sur ces entrefaites, elle fit bénir son costume, non par l'archevêque, mais bien par Mᵣ Bacoffe, afin de ménager sa susceptibilité, l'endossa pieusement avec ses compagnes, et fière et heureuse de le porter, prit possession de l'hospice de Belleveaux. Le prélat assista à la cérémonie d'inauguration. Elle-même nous l'apprend : « Mgr. l'Archevêque vint à l'installation avec Mᵣ le Préfet ; nous eûmes même des gendarmes qu'on avait fait venir pour mieux nous soumettre les prisonniers mutinés et leur imposer obéissance et respect [1]. »

Sœur Elisabeth Bouvard fut nommée supérieure et le choix était bon, car elle devait remplir ses fonctions pendant dix-huit ans, rétablir dans la maison l'ordre et les bonnes mœurs, et y faire régner tout à la fois la simplicité, la piété et l'économie [2].

Il est vrai de dire que tout le monde travailla du moins dans le principe à lui rendre la charge facile. Quand le Préfet présenta les Sœurs aux prisonniers réunis, il leur parla ainsi : « Voici des dames charitables que j'établis ici pour vous diriger et vous soigner en santé et en maladie ; vous les respecterez en tout point, et en montrant Sœur Elisabeth, il ajouta : Voici votre Supérieure ; vous lui obéirez, et vous vous montrerez envers elle, soumis et reconnaissants, entendez-vous ? » Tous répondirent affirmativement [3].

[1] *Mémoire.*
[2] Quand elle partit, on fit l'inventaire, et l'on trouva 30.000 francs de bénéfice. (Documents).
[3] Documents.

Le maire de la ville fit compter le jour même, mille francs à Sœur Thouret pour payer les dépenses les plus urgentes, et celle-ci resta quelque temps dans la maison pour initier ses compagnes à leur besogne respective [1]. Elle commença d'abord par faire régner partout la plus grande propreté. Elle trouva un professeur pour donner des leçons aux fils des prisonniers, et fit pareillement instruire les petites filles par une dame et les sœurs. « Elle établit aussi, disent les documents que j'ai sous les yeux, la prière commune, matin et soir, chez les hommes et chez les femmes. Il n'y avait dans la prison ni chapelle ni prêtre ; elle fit réparer une salle au milieu de laquelle on plaça un autel, afin que les hommes et les femmes y fussent séparés ; elle fit bénir la chapelle et chaque jour un prêtre vint célébrer la sainte Messe. Puis elle procura un sermon et le catéchisme pour les dimanches et les fêtes, et parvint à introduire l'usage des sacrements parmi ces malheureux détenus, soit qu'ils fussent en santé, soit qu'ils fussent malades. Elle leur faisait faire par ses filles, des lectures spirituelles et des exhortations particulières, afin de leur apprendre à utiliser leurs souffrances pour le ciel.

Elle eut bientôt la consolation de voir ses efforts récompensés. Les vices diminuèrent peu à peu, au profit de l'ordre et du bien-être. La maison comptait parfois, jusqu'à cinq cents prisonniers, condamnés les uns pour vingt cinq ans, d'autres pour vingt, dix-huit, douze, dix, six, trois, un an, et d'autres pour des mois ; ils étaient tous au pain et à l'eau. Elle leur procura du travail, leur chercha des commandes suivant le métier qu'ils exerçaient, et pour adoucir leur position, leur réserva toujours le tiers de la valeur de leur journée. Les deux autres tiers furent employés à améliorer leur régime alimentaire. » Mais qui ne sait que le bien est peut-être plus difficile à faire dans une prison que partout ailleurs ? Il y a là des natures perverties, des cœurs rebelles, des esprits

---

[1] Documents.

dévoyés, et dans un pareil milieu, il n'est pas aisé de voir rayonner autour de soi la sympathie et l'affection. Voici ce que je trouve à ce propos dans les documents que je viens de citer. « De méchantes personnes du dehors, jalouses du bien que les sœurs faisaient, et poussées par le démon de l'envie suscitèrent en secret la rébellion parmi les hommes et les femmes; on se souleva à plusieurs reprises, et de jour et de nuit, contre les Sœurs: c'était chose affreuse.... Mais le Bon Dieu, tout en éprouvant ainsi les âmes qui lui étaient consacrées, veillait sur elles, et les couvrait de sa protection d'une manière visible. Et, lorsque découragées par les abominables insultes qu'on leur lançait, elles manifestaient à Sœur Thouret, qui venait souvent les voir, leur désir de quitter cette maison, cette dernière les ranimait et les consolait en leur disant: « Ne vous laissez point abattre, mes filles, par le découragement, vous souffrez pour le saint nom du Bon Dieu, pour son amour; vous empêchez les crimes horribles qui se commettaient dans cette maison; vous travaillez au salut de ces pauvres malheureux. Le démon est jaloux de vos succès; il vous suscite des ennemis, mais le Bon Dieu est plus fort que lui, il voit tout et sait tout, il saura bien vous assister, vous aider et vous récompenser; cela doit vous suffire: confions-nous en celui qui a les moyens de vous faire triompher.

« En effet le calme succéda à la tempête, le bien s'introduisit et s'affermit de telle sorte que cette maison, naguère le foyer de tous les vices, fut considérée avec étonnement par le public comme une sainte retraite. »

Mais avant d'aller plus loin, il importe ici d'esquisser rapidement la physionomie de Mgr. Lecoz que nous n'avons fait qu'entrevoir jusqu'à présent et que nous devons encore retrouver sur nos pas.

Il était né en 1740 dans le diocèse de Quimper; il avait été d'abord professeur au collège Louis-le-Grand à Paris et était devenu plus tard principal dans celui de Quimper.

Lorsque la Révolution éclata, il en adopta les principes, et mérita en 1791 d'être élu, nous l'avons déjà dit, évêque constitutionnel du département d'Ille-et-Vilaine.

Après le Concordat il donna sa démission et fut nommé archevêque de Besançon. Dans ce nouveau diocèse il donna les preuves d'une bonne et habile administration. Il avait un grand cœur; il faisait beaucoup d'aumônes; il s'occupa particulièrement des malheureux, et il mérita d'être appelé le père des pauvres [1]. La Mère Thouret pour sa part, dès qu'elle put le connaître et le voir de près, n'eut que de bons rapports avec lui. Elle fut toujours pour Sa Grandeur, pleine de déférence et de respect. Nous en avons la preuve dans son mémoire.

« Un an après l'arrivée de l'archevêque, nous dit-elle, - c'était le premier jour de l'an, - je demandai à Mr Bacoffe s'il permettait que nous fissions une visite de bienséance à Monseigneur, et il dit que non; nous ne la fîmes pas. L'année suivante, à la même époque, je renouvelai ma demande à notre supérieur effectif en ajoutant que je craignais fort que Mgr. l'Archevêque nous devint contraire, d'autant plus qu'il avait visité lui-même notre première maison, en arrivant à Besançon, et qu'il nous avait donné de l'argent pour les pauvres. Cette fois-ci Mr Bacoffe répondit affirmativement. Il y avait deux ans que Mgr. était à Besançon.

« Je me fis accompagner dans ma visite par deux sœurs; nous ne rendîmes compte de rien à l'archevêque, et il nous donna de l'argent que je remis à Mr Bacoffe. »

Par cette citation, nous voyons que la conduite de la Mère Thouret vis-à-vis de l'autorité diocésaine fut toujours parfaite et irréprochable. Celle de Mr Bacoffe, au contraire, nous paraît assez bizarre. Pourquoi, au 1er Janvier 1803 ne permit-il pas à notre fondatrice de remplir son devoir auprès

---

[1] Il fut un zélé propagateur de la vaccine. Voir pour de plus amples renseignements les dictionnaires de Feller et de Guérin.

de Monseigneur? Pourquoi le permit-il au 1er Janvier 1804?
Mystère! Il faut penser que ce prêtre voulait malgré tout
être le maître de la situation, et affirmer une autorité dont
il était jaloux. Ce qui prouve encore mieux ses prétentions,
c'est ce qu'il fit en ce temps là : il prêcha sourdement la
révolte aux sœurs qui dirigeaient les maisons secondaires ; il
leur proposa de les faire supérieures indépendantes de la
maison-mère, et quelques unes entraînées par son complot
et fascinées par une riante espérance, semblèrent mordre à
l'hameçon qu'il leur montrait [1].

C'est là sans doute ce à quoi font allusion les lignes suivantes que je trouve dans les notes adjointes au manuscrit
de Sœur Rosalie.

« Pour n'offenser la mémoire de personne, nous dirons simplement que quelques uns de ceux et celles avec qui Sœur
Thouret devait avoir des relations particulières, pour ce qui
concernait les établissements qu'elle avait formés, se laissant
influencer par le démon de l'orgueil, de l'ambition, de la
jalousie et de la susceptibilité, se tournèrent contre elle d'une
manière affreuse. La Mère Thouret mise au courant de ces
menées mystérieuses patienta quelque temps, mais finit par
porter plainte à l'archevêque, et celui-ci indigné de ce qu'il
apprenait, ne dissimula pas sa colère contre l'auteur de la
conspiration : « Ce n'est pas moi, s'écria-t-il, qui ai nommé
Mr Bacoffe supérieur. Désormais, je lui retire ses pouvoirs,
et c'est moi qui me charge seul de la supériorité. »

Cette parole devait-elle arrêter le conflit? Hélas! non.
Elle ne devait que l'envenimer. Le prétendant ne désarma
pas, et nous verrons plus loin qu'il ne se tint jamais pour
battu ; il fut d'ailleurs secondé par les événements. La mort
de Mgr. Lecoz devait, surtout plus tard, favoriser les rêves
de son parti, si bien que si l'archevêque avait vécu plus
long-temps, peut-être la division qui se consomma sous le

[1] Documents.

règne de son successeur n'aurait pas eu lieu. — Au milieu
de ces tribulations causées par l'ambition et la jalousie, quelle
fut l'attitude de notre sainte Supérieure? Toujours la même:
à la persécution latente, elle répondait par la patience, la
résignation et la prière. C'est dire la vie qu'elle mena à Besançon, dans la période que je raconte. C'est dire en même
temps ce qu'il lui fallut alors de vaillance et de magnanimité
pour affronter l'avenir! Aussi, je suis tenté, en rappelant le
mot dit par Louis Philippe de la Mère Javouhey, de m'écrier
ici: il y avait un grand homme à Besançon, à cette époque,
et ce grand homme, c'était la Mère Thouret!

CHAPITRE CINQUIÈME

Ses nouvelles tribulations (1805-1807).

Accusations portées contre la Mère Thouret. - Elle comparaît devant l'Archevêque et le préfet. - Réclame une rente due. - Reçoit des secours inattendus. - Est de nouveau accusée. - Triomphe de tous les complots. - Fait approuver sa règle par Mgr. Lecoz.

Les grands caractères se mesurent aux grandes difficultés; les âmes supérieures se révèlent en face des persécutions odieuses. Ce chapitre va nous montrer la mère Thouret en présence de nouvelles tribulations qui nous donneront la mesure de son caractère.

Je l'emprunte presque tout entier aux notes qui font suite au manuscrit de Sœur Rosalie et qui jusqu'ici m'ont été si précieuses.

Cependant, disent ces notes, si le calme se rétablit au dedans de la maison de Belleveaux, grâce aux secours d'en haut, à la sagesse et à la vertu de Sœur Thouret, très-bien secondée par ses sœurs, et particulièrement par Sœur Elisabeth, il n'en était pas ainsi en dehors de l'Institut que la zélée fondatrice travaillait par tous les moyens possibles, spirituels et temporels, à asseoir sur des bases solides. Comme toute œuvre destinée à produire un grand bien dans le monde, est dès son début marquée du sceau de la croix, et de la persécution des hommes, l'œuvre de Sœur Thouret ne devait pas en être exempte. Qui dira ce qu'elle eut à souffrir d'humiliations, de calomnies, d'adversités !.. Les ennemis allèrent jusqu'à la faire passer pour une voleuse, disant qu'elle dévalisait quelques unes de ses maisons pour en monter d'autres à sa fantaisie, et à ce propos, un jour le concierge de Belleveaux reçut l'ordre de la fouiller lorsqu'elle sortirait de l'hôpital. — Ce dernier, ému de compassion et saisi d'horreur à une telle intimation, s'en expliqua naïvement et en confidence avec Sœur Thouret, qui pour toute vengeance répondit : « N'ayez point d'inquiétude; ceux qui vous ont donné un tel ordre ont été trompés à mon sujet: le Bon Dieu fera triompher la vérité et la justice quand il lui plaira. » Alors on l'accusa devant l'Archevêque, le Maire de la ville et le Préfet. Monseigneur écrivit une lettre à Sœur Thouret l'invitant à se rendre à son palais; ce qu'elle fit immédiatement, en compagnie de Sœur Elisabeth. Le prélat lui dit : « Madame, on est venu me faire des plaintes à votre sujet; on m'a dit que vous faites de fortes et inutiles dépenses dans l'hospice et que l'on veut vous en chasser. Cela m'a fort étonné, dites-moi, Madame, de quoi il est question. » Sœur Thouret répondit avec un calme qui annonçait son innocence : « Monseigneur, les dépenses que nous faisons ont toujours été justes et nécessaires; d'ailleurs nous n'administrons que d'après les décisions de l'administration à laquelle nous remettons chaque mois le compte de la dépense avec les pièces justificatives. » L'Archevêque comprenant que les rapports qu'on lui avait faits étaient de pures calomnies, congédia les sœurs en leur disant: « Retournez tranquillement à votre hospice, le Bon Dieu est là, il saura bien arrêter les complots formés contre vous. »

Le jour suivant, Sœur Thouret reçut l'ordre de se rendre à la préfecture, parce que Mr le Préfet voulait l'entendre. Elle s'y rendit avec Sœur Elisabeth à l'heure indiquée et, en même temps qu'elles, arrivèrent aussi Mr le Maire de la ville et son adjoint. Mr le Préfet les fit tous asseoir et, adressant la parole à Sœur Thouret il lui dit : « J'ai appris qu'on a bien mal agi envers vous, et je désire savoir tout ce qui se passe. » Sœur Thouret aurait bien pu alors dévoiler toutes les trames de la persécution ourdie contre elle; car elle en connaissait les auteurs, et elle avait les meilleures raisons du monde pour se venger des calomnies auxquelles elle se trouvait depuis longtemps en butte; mais, heureuse de faire un sacrifice agréable au Bon Dieu, elle se contenta de répondre ceci sans nommer personne: « J'ai reçu un ordre de sortir de la maison de Belleveaux; mais comme cet ordre ne venait pas de vous, Mᵣ le Préfet, qui m'avez installée dans l'hospice, j'ai cru que je répondrais mal à la confiance dont vous m'honorez, si je quittais l'hospice sans votre permission, et je suis restée à mon poste. » Le Préfet reprit : « Vous avez très-bien fait, et je vous réinstalle de nouveau dans la maison, où vous avez fait un très-grand bien sous tous les rapports: je suis parfaitement satisfait de votre administration. » Sœur Thouret remercia humblement et retourna à Belleveaux, où l'attendaient de nouvelles vexations. Ses ennemis, voyant leurs premiers projets déjoués, ne s'en tinrent pas là; ils gagnèrent d'autres esprits faibles à leur parti, et ensemble ils jurèrent d'anéantir son Institut.

A cet effet ils employèrent tous les moyens que la malice peut suggérer, mais ils usèrent pourtant d'adresse et de diplomatie parcequ'ils craignaient l'Archevêque et le Préfet. La Supérieure percevait, entr'autres offrandes pour le bouillon des pauvres de la maison des Martelots, mille francs par an, qui représentaient une partie des intérêts d'une somme destinée par un bienfaiteur défunt, aux malheureux de la ville. Or, ses ennemis parvinrent à la priver de ce revenu. Elle patienta quelque temps, mais voyant qu'on ne parlait nullement de lui remettre l'argent qui lui était dû, elle alla un jour toute seule chez la personne qui le retenait, pour la prier de vouloir bien faire honneur à sa dette, attendu qu'elle se trouvait dans la nécessité. On lui répondit de mauvaise grâce: « Allez, allez demander de l'argent à l'Archevêque. »

« Mgr. l'Archevêque ne me doit rien, reprit-elle, et je viens auprès de vous, parce que vous vous êtes engagé à me payer la somme que je réclame pour mes pauvres, et non pour moi. » Ce fut en vain qu'elle protesta; elle n'obtint rien. Elle aurait pu évidemment recourir à la justice; mais, pour éviter les ennuis d'un procès, et d'autres inconvénients qu'elle redoutait, elle souffrit en silence, s'abandonnant avec confiance à la providence d'en haut.

D'autres personnes charitables, trompées également au sujet de Sœur Thouret et tournées contre elles, lui retirèrent aussi leurs aumônes accoutumées, de sorte qu'elle se vit soumise à une bien rude épreuve pendant deux ans, ne sachant comment acquitter les dépenses faites pour la viande, le bois, le bouillon des pauvres et l'entretien des écoles. Elle vint une fois se jeter aux genoux d'un membre du bureau de bienfaisance, le suppliant au nom de J. C. et des malheureux, de lui donner quelques secours. Ce dernier, prévenu aussi contre elle, lui parla rudement, et ne lui promit rien. Notre vénérée supérieure en eut le cœur brisé de douleur, mais elle ne montra aucun ressentiment pour personne, et, redoublant de confiance en Dieu, elle se prosterna devant lui aussitôt qu'elle fut seule pour lui dire : « Mon Dieu, vous voyez tout, vous savez tout ; j'espère en votre bonté et en votre puissance, je pardonne à mes ennemis pour l'amour de vous. » Son espérance ne fut pas trompée ; elle se sentit bientôt animée d'un nouveau courage, et elle continua son œuvre soutenant pendant plus de deux ans toutes les dépenses signalées plus haut, sans contracter la moindre dette. Il lui arriva plusieurs fois, à sa grande surprise, de trouver de l'argent dans sa poche, sans savoir d'où il venait, mais une voix intérieure lui disait que la sainte Providence veillait sur elle. Un jour une pieuse dame, avec laquelle elle n'avait aucun rapport, vint à elle et lui dit : « Madame Thouret, je vous apporte 200 francs en or. » « Quel usage voulez-vous que j'en fasse, ma bonne dame ?

— Faites en l'usage que vous voudrez, il est en bonnes mains.

— Voulez-vous me permettre de vous demander quelle est la personne charitable qui m'envoie cette somme ?

— Pardonnez-moi, madame, je ne puis vous le dire, c'est un secret. »

Sœur Thouret remercia la donatrice avec la plus vive reconnaissance et employa l'argent reçu pour le bouillon des malades pauvres.

Enfin quelques jours après, un des membres du bureau de bienfaisance vint la trouver et lui dit qu'il connaissait la triste situation qui lui était faite, mais que Mgr. l'Archevêque allant être bientôt nommé président du bureau, il traiterait avec lui pour obtenir les sommes nécessaires à l'entretien des établissements de Besançon.

En effet, l'administration nouvelle voulut bien assigner des rentes annuelles à la supérieure qui reconnut une fois de plus, que ceux qui espèrent en Dieu ne sont jamais confondus.

Ses ennemis cependant ne se tinrent pas encore pour battus; ils allèrent de temps en temps trouver l'Archevêque pour essayer de l'indisposer contre elle ; mais n'y pouvant réussir ils se tournèrent vers le Pouvoir et agirent auprès du gouvernement, pour obliger Sœur Thouret et ses filles à se réunir à la Communauté de Paris. L'avis en fut donné au Préfet qui envoya son secrétaire auprès de Sœur Thouret pour savoir ce qu'elle voulait répondre. Elle fit part de cette affaire à ses filles et leur demanda leur avis à cet égard. Toutes lui répondirent unanimement : « Ma mère, lorsque nous vous avons demandé la grâce de nous recevoir dans votre Institut, vous nous y avez acceptées, et, maintenant comme alors, notre avis est que nous ne voulons dépendre que de vous.

« En quittant nos familles, nous sommes parties pour Besançon, non pour Paris, et si l'on veut nous forcer à nous réunir à Paris, nous sommes bien décidées à nous en retourner chacune chez nous. Voilà, ma mère, la réponse que nous vous prions d'envoyer, et nous la signerons. »

La réponse se fit, et toutes la signèrent. Après cela Mère Thouret dit à ses filles de ne pas se mettre en peine, d'être tranquilles et de se confier à la providence de Dieu. Elle même, chaque soir, après que ses filles étaient couchées, prenait une image de la sainte Vierge, la plaçait devant le Crucifix qu'elle tenait dans sa chambre, et là prosternée, elle récitait pendant une heure, avec la plus grande ferveur des prières à J. C. Crucifié et à sa très-sainte Mère, les suppliant de ne pas permettre que ses ennemis anéantissent son Institut.

Il y avait cinq ou six mois qu'elle priait ainsi dans une paix et une tranquillité parfaites, et il ne venait encore de Paris aucune réponse; mais elle avait une telle confiance en la bonté divine qu'elle ne s'informait auprès de personne du sort qui pouvait être réservé à sa Communauté. Le Bon Dieu la soutenait intérieurement par des grâces et des inspirations que ses paroles trahissaient parfois, malgré le soin qu'elle prenait de garder son secret pour elle.

Elle eut enfin l'assurance que le nouveau complot de ses ennemis avait échoué, mais ces derniers en tramèrent un autre. Ils écrivirent à la Supérieure de Paris que Sœur Thouret se donnait le nom de Supérieure générale de la Communauté de Paris; on le crut et l'on fit à ce sujet un rapport au Ministère des Cultes. On prit aussitôt des mesures pour éclaircir la chose.

Un jour Mgr. l'Archevêque de Besançon, accompagné d'un chanoine, vint visiter Sœur Thouret qui les reçut avec tout le respect et la déférence qui leur étaient dus; après avoir parlé de la marche des établissements et d'autres affaires, Monseigneur se leva pour s'en aller, et en partant, il posa sur la table une longue lettre scellée et dit: « Madame la Supérieure, voilà un pli que vous lirez à votre loisir, et nous en parlerons. » Elle l'accompagna jusqu'au seuil de la maison et revint lire la lettre. Le pli venait du Ministre des Cultes qui lui écrivait en ces termes : « Madame, je suis in- « formé que vous vous signez : *Supérieure Générale de la* « *Communauté des Sœurs de la Charité de Paris;* je vous « ferai surveiller, et si l'on trouve une seule signature ainsi « conçue, je vous ferai poursuivre par la justice. »

Sœur Thouret reconnut en cela une nouvelle conspiration de ses adversaires, et répondit au Ministre : « J'ai l'honneur d'assurer V. E. qu'elle à été informée faussement à mon sujet, et de lui répondre que je ne me suis jamais dite, ni signée, *Supérieure générale des Sœurs de Paris;* il faudrait que j'eusse perdu le bon sens pour cela faire, puisque les Sœurs de Paris ne sont pas de notre Institut, et que nous ne sommes pas du leur ; mais j'ose me dire et me signer *Supérieure générale* de toutes les filles que le Bon Dieu m'a envoyées, que j'ai reçues, que j'ai formées et placées dans les maisons par moi établies, pour l'utilité spirituelle et temporelle des pauvres ; aussi me reconnaissent-elles pour leur Mère, leur Supérieure générale ; en conséquence elles m'appartiennent comme associées, comme sœurs et filles en Jésus-Christ. Daigne V. E. agréer etc.

Besançon 1806. »

Cette réponse fut soumise à l'Archevêque et au Préfet ; elle fut envoyée aussitôt, et de ce côté la tempête s'apaisa.

Notre fondatrice profita du calme qui lui était donné pour faire approuver ses constitutions par l'Archevêque. La chose est racontée tout au long dans les notes que je suis pas à pas, et voici comment : - je cite textuellement. -

Notre sainte Fondatrice implorait sans cesse par les vœux les plus ardents l'abondance des bénédictions du Ciel sur son Institut, et sur ses filles, et souvent elle consultait Dieu pour savoir ce qui pourrait le mieux affermir son œuvre.

Un jour elle se sentit inspirée de faire approuver sa Règle par Mgr. l'Archevêque. Il y avait huit ans qu'elle en faisait l'expérience pratique, et pendant ce laps de temps, le saint Esprit lui prodiguait ses lumières, et elle avait retranché ou ajouté aux règlements primitifs; puis elle avait écrit, pour l'édification de ses Sœurs, un discours préliminaire sur ses constitutions, et elle désirait que Mgr. l'Archevêque approuvât le tout. Elle fit donc recopier en entier les Constitutions, y insérant au fur et à mesure quelques modifications, et lorsque l'ouvrage fut fini, elle le fit présenter à Mgr. Lecoz avec la lettre suivante:

« Monseigneur

« Expose très-humblement, Jeanne Antide Thouret, première Sœur de la Congrégation des filles de Saint Vincent de Paul de Besançon:

« Qu'ayant cru entendre la voix de la Providence, dans la proposition qui lui fut faite, il y a plusieurs années, de venir former à Besançon une société religieuse de filles toutes dévouées au soulagement et à l'instruction des pauvres; elle commença à en jeter les premiers fondements le onze Avril mil sept-cent quatre-vingt-dix-neuf, du consentement et avec l'approbation de M. M. les administrateurs du diocèse ;

« Que les succès qui ont accompagné et suivi cette entreprise, ont été si heureux et si multipliés, qu'il semble qu'on ne saurait y méconnaître le doigt de Dieu et une protection spéciale du Ciel :

« Que pour organiser d'une manière sage et solide un établissement si intéressant, et pour faire connaître aux personnes qui le composeront, leurs devoirs, comme religieuses, et comme servantes des pauvres, elle a rédigé des constitutions et des règlements, dans lesquels elle s'est proposé de fixer tous les rapports qui doivent exister entre les membres de ladite congrégation; de diriger leur conduite particulière dans tous les emplois, et de faire régner dans toute la communauté un ordre propre à la soutenir, à procurer son agrandissement et à la conduire constamment à ses fins ;

« Ce considéré, il vous plaise,

« Mgr. l'Archevêque, vouloir bien examiner lesdites constitutions et lesdits règlements, afin que revêtus des formalités prescrites par les S. S. Canons, ils jouissent de toute l'autorité nécessaire, et qu'ils puissent être exécutés dans toute l'étendue de votre diocèse. Veuillez aussi approuver et prendre sous votre protection spéciale ladite congrégation des filles de saint Vincent de Paul, qui vous reconnaît pour son supérieur général.

« L'exposante et ses compagnes adresseront au ciel des vœux pour votre précieuse conservation.

« Sœur Jeanne Antide Thouret. »

Mgr. l'Archevêque donna avec l'approbation qui suit, la permission de faire imprimer les Constitutions.

« Nous avons lu les règlements ci-dessus, destinés pour les pieuses et charitables filles de saint Vincent de Paul établies dans notre diocèse; nous les croyons inspirés par un véritable esprit de sagesse, rédigés dans des vues saintes, propres à étendre cette institution précieuse et capables de ramener dans les paroisses où ses membres seront établis, le goût des mœurs pures, des connaissances utiles, et des vertus qui font l'ornement et le bonheur des familles.

« Besançon, 26 Septembre 1807.

« L'Archevêque de Besançon,
officier de la Légion d'Honneur
« † Cl. Lecoz. »

Voilà comment la Providence récompensait notre vaillante fondatrice. Voilà comment étaient couronnés ses généreux efforts.

Avant la fin de l'année 1807 sortait à Besançon, de l'imprimerie *Chalandre*, avec l'approbation de Mgr. l'Archevêque un petit volume de 180 pages intitulé: *Institut ou règles et constitutions générales de la Congrégation des filles de Saint Vincent de Paul* [1].

C'était la réponse du Ciel aux attaques perfides dont la Mère Thouret était l'objet.

Un penseur observe que nos ennemis ne savent pas ce qu'ils font, quand ils nous persécutent. Sans le vouloir, ils travaillent à notre gloire et à notre apothéose. Cette pensée se vérifie noblement dans l'histoire que je raconte.

[1] Cet ouvrage a eu une 2e édition à Besançon en 1863, à l'imprimerie Jacquin. Il a paru avec l'approbation du Cardinal Mathieu, et quelques modifications introduites par les Sœurs de Besançon.

CHAPITRE SIXIÈME

Son voyage à Paris (1807).

Grandeur du premier empire. - Le nouveau César. - Un Chapitre général. - Le Cardinal Fesch. - Madame Létitia - L'abbé de Boulogne. - Une prière. - Un mémoire. - Titre de la congrégation des Sœurs de la Charité. - Paroles du grand-aumônier. - Bienveillance de Mgr. Lecoz. - Une entrevue cordiale. - Bonnes dispositions de Napoléon.

Avec la date mise en vedette, en tête de ce chapitre, nous sommes au cœur du premier empire. Les événements se sont pressés autour de Bonaparte. Plus grande que sous le grand roi, la France de 1802 allait de l'Océan au Rhin et aux Alpes; l'Italie lui était inféodée, et ce remaniement prodigieux de la carte géographique de l'Europe était l'œuvre de celui que le poëte a appelé: *le Corse aux cheveux plats*. Or, le conquérant se voyant au faîte de la puissance voulut être empereur et il le fut. Il voulut également être sacré comme Charlemagne, et il le fut aussi.

A cet effet Pie VII se rendit à Paris et la cérémonie eut lieu à Notre Dame le 2 Décembre 1804. Dès ce moment Napoléon vit grandir son prestige; il empruntait à celui de qui dépendent tous les empires le principe de sa force et et de sa splendeur.

11

C'est pour rester en harmonie avec le sentiment religieux, qu'après avoir distribué à ses généraux, à ses ministres et ses courtisans des couronnes, des principautés et des rentes, il voulut montrer à la France qu'il n'oubliait pas les prêtres. Sur la proposition du prince Cambacerès, il établit que le nombre des succursales serait porté de 24 à 30 mille afin, dit Thiers, d'étendre le bienfait du culte à toutes les communes de l'Empire.

S'apercevant en outre que la carrière du sacerdoce était moins recherchée qu'autrefois - avouons, en passant, que la Révolution qu'il avait bridée n'était pas un alléchement; - il accorda 2400 bourses pour les petits séminaires. Il voulait faire savoir à l'Eglise, continue son histoire, que s'il avait avec son chef quelques différends de nature purement temporelle, il était sous le rapport spirituel toujours aussi disposé à la *servir* et à la protéger [1].

C'est en vertu de la même idée que le 30 Septembre 1807, il signa un décret relatif aux Sœurs de la Charité et aux congrégations de filles vouées à l'instruction et au service des malades et déjà autorisées par des décrets partiels. Par ce décret, il ordonnait qu'elles se réuniraient en chapitre général pour exposer leurs besoins [2]. C'était là le but avoué de sa décision; il voulait, en apparence, secourir les congrégations hospitalières ou éducatrices, au lendemain d'une révolution spoliatrice; mais au fond, l'inspiration qui le faisait agir, partait des profondeurs de son intérêt personnel. D'ailleurs, il y avait, de fait, utilité urgente à s'occuper des congrégations renaissantes, surtout de celles qui étaient plus populaires. La Constituante en 1790, avait décrété la suppression de tous les ordres monastiques où se prononçaient les vœux perpétuels. La Législative en 1792, avait supprimé

[1] Thiers.
[2] Rhorbacher.

tous les ordres sans distinction, et le Concordat n'avait rien stipulé de spécial en leur faveur [1].

Le chapitre se tint donc pour les Religieuses citées plus haut et fut présidé par le cardinal Fesch. - Madame Lætitia y assista et l'abbé de Boulogne remplit les fonctions de secrétaire. La Mère Thouret s'y rendit avec la Sœur Elisabeth Bouvard. - Nous allons voir le rôle qu'elle y joua. - Mais avant de le raconter, faisons en quelques mots le portrait des trois personnages que je viens de nommer.

Le cardinal Fesch était l'oncle de l'Empereur.

Tour à tour archevêque de Lyon, cardinal et ambassadeur à Rome, il fit son entrée dans la Ville Eternelle, en cette dernière qualité, ayant pour secrétaire de légation, Mr. de Chateaubriand. Il accompagna Pie VII, quand il vint couronner Napoléon, et il fut successivement nommé grand aumônier, sénateur, supérieur des missions françaises et primicier de Saint Denis. Plus tard, il devait refuser de s'associer aux persécutions de son neveu contre le pape, mais montrer en même temps beaucoup de mollesse dans la défense des droits de l'Eglise. Madame Lætitia était la mère du conquérant; douée d'une grande beauté, sérieuse et grave, elle se distinguait par la pénétration et la justesse de son esprit, ainsi que par la dignité et l'élévation du caractère. Elle a reçu de son plus célèbre fils, l'hommage que voici: « C'est à ma mère, à ses bons principes que je dois ma fortune et tout ce que j'ai fait de bien ». Sous le titre de *Madame Mère*, elle devait rester simple et même parcimonieuse dans ses dépenses, tant par habitude et souvenir du passé, que par pressentiment et inquiétude de l'avenir: « Qui sait, disait-elle un jour, si je ne serai pas obligée de donner du pain à tous ces rois! » Napoléon l'avait nommée protectrice générale des établissements de charité, et elle répan-

[1] A. Rambaud.

dait généreusement ses aumônes par l'entremise des curés de Paris.

Après Waterloo, sa vie ne devait être qu'une longue série de douleurs, de deuils et de sacrifices.

L'abbé de Boulogne s'était fait remarquer comme écrivain et comme orateur ; à l'époque où nous sommes, il était chapelain de l'Empereur. L'année suivante - 1808 - il devait être nommé évêque de Troyes, mais il ne devait jamais devenir un courtisan. Sa fermeté et son indépendance surtout au concile de 1811, devait lui faire perdre peu après les faveurs impériales. Nous le verrons un jour arrêté, emprisonné à Vincennes et puis exilé à Falaise. En 1813, il sera incarcéré de nouveau, et ne recouvrera sa liberté qu'à la chute de Napoléon.

Or, tels étaient les membres du comité impérial qui devait diriger les travaux du chapître des Religieuses. Tous les trois, on le voit, touchaient de près à la personne du souverain. Tous les trois, avaient, à plusieurs titres, qualité pour s'occuper des intérêts des classes pauvres.

La Mère Thouret accompagnée de Sœur Elisabeth partit de Besançon le jour de la Toussaint, après avoir assisté à la Messe et fait la sainte Communion.

Dès son arrivée à Paris elle fit les démarches que lui inspira son zèle pour trouver des appuis sérieux au chapitre général. Ce n'était pas inutile ; car ses ennemis s'étaient réveillés, et avaient travaillé dans l'ombre pour que son Institut fut supprimé et confondu avec la Congrégation de Paris.

Mais, comme toujours, elle veille ; comme toujours elle prie ; je trouve dans les notes annexées au manuscrit de Sœur Rosalie, la prière qu'elle faisait à Paris, pour le succès de son œuvre, et la voici : « Mon Dieu, je n'ai confiance qu'en vous, je n'espère qu'en vous ; mettez-vous entre moi et mes ennemis ; daignez faire éclater votre bonté et votre puissance pour votre gloire et pour le salut des âmes. Veuillez considérer ces jeunes filles que vous m'avez confiées pour vous être entièrement consacrées, pour répandre par leur conduite édifiante et leurs bonnes œuvres votre lumière dans le monde, pour vous servir dans la personne des pauvres en les consolant, et les ramenant à vous, en instruisant les ignorants et leur apprenant à vous aimer, à fuir le péché, à faire le bien et à mériter ainsi la vie éternelle. Il est vrai, Seigneur, que vous n'avez pas besoin de moi pour cela ; mais cependant, toute indigne que j'en suis, vous avez voulu vous servir de moi pour commencer votre œuvre. Si j'étais quelque chose selon le monde, la gloire de tout ce que j'ai fait et de ce que vous me ferez opérer encore, ne remonterait pas jusqu'à vous, parce que le monde ne considère et ne juge les choses que selon les apparences humaines ; mais n'étant rien comme je le suis, le monde sera forcé de reconnaître votre ouvrage, et les effets de votre puissance et de votre miséricorde, et elles seront chantées, louées, et exaltées à votre honneur et à votre gloire ; je le désire de tout mon cœur ; rien ne m'appartient que le péché, l'ignorance et l'héritage de vos souffrances et de votre croix, à la suite et au pied de laquelle vous m'avez placée dès le moment de ma naissance. Je veux y vivre et y mourir dans la confiance que vous me donnerez toujours l'assistance de vos grâces, et une portion de l'héritage que vous m'avez conquis dans le ciel. »

Une si belle prière ne pouvait rester sans réponse.

D'ailleurs la Mère Thouret, conseillée en cela par des amis dévoués à sa cause, ne négligeait rien pour arriver au succès. Un mémoire sur leur congrégation et leurs œuvres ayant été demandé par le ministère à toutes les supérieures générales, elle s'empressa d'écrire le sien. Il est signé du 21 Novembre 1807.

Trois copies en furent faites : la première était destinée, comme je le lis dans la suscription, à son Eminence Mgr. le cardinal archevêque de Lyon - c'était ne l'oublions pas -

le cardinal Fesch; l'autre à son altesse impériale Madame Mère, et le troisième à son Excellence M^r le Ministre des cultes.

Ce mémoire qui expose simplement les commencements et les progrès de l'œuvre de Besançon se termine ainsi: « Lorsque nous nous sommes réunies en communauté, nous avions plus d'un motif pour prendre le nom de *Sœurs de St. Vincent de Paul.* Nos occupations sont celles que ce grand saint aimait à propager. Sa règle que je connaissais assez pour l'avoir entièrement écrite de mémoire, était la seule qui nous convînt. Et d'ailleurs il semblait que le diocèse de Besançon où aucun établissement n'avait encore été formé d'après le sien, réclamait de lui ce souvenir. Ce titre n'était d'aucune autre communauté. Nous supplions Votre Eminence, de nous continuer la faveur de sa protection, en nous obtenant de sa Majesté l'Empereur et roi, d'être confirmées dans l'état où nous sommes déjà établies.

«Nous avons suivi ponctuellement jusqu'à ce jour les intentions que Sa Majesté a manifestées, et nous les suivrons plus que jamais, jalouses de lui témoigner par là notre reconnaissance ». Le Chapitre se tint du 27 Novembre au 2 Décembre 1807: il était composé de 80 supérieures générales d'ordre, portant chacune leur costume. Notre fondatrice y exposa l'origine, la nature, le but, les moyens et les succès de sa congrégation. Elle y fit en même temps connaître sa règle, et cette constitution eut l'approbation de tout le monde, excepté peut-être des religieuses déléguées par les filles de la Charité de Paris; car au cours des délibérations eut lieu un petit incident qui trouve ici sa place, et qui nous prouve ce que j'insinue.

Dans l'une des réunions capitulaires, le cardinal demanda à notre fondatrice le nom qu'elle voulait donner à sa congrégation. Elle répondit: « nous nous appellerons les Sœurs de la Charité de Saint Vincent de Paul; » - mais, voilà qu'à ce mot, la Supérieure des filles de la charité de Paris se

leva pour protester et pour dire que ce titre leur appartenait de droit, vu qu'elles avaient été fondées par Saint Vincent lui-même. Le cardinal avait dans l'assemblée, un rôle
de modérateur, de conciliateur, et se tournant vers la Mère
Thouret et sa compagne, il leur dit: « Désormais, Mes-
dames, vous vous nommerez *Sœurs de la charité de Besançon* [1]. »

Dans une autre séance, une conversation intéressante pour
les filles de mon héroïne, eut lieu entre elles et le président
du chapître. Il est bon de la rapporter également. - La
voici :

« Madame Thouret, combien avez-vous de Sœurs, dans
votre Institut ? »

« Monsieur le cardinal, je n'en ai encore que quinze. -
Nos ressources ne nous permettent pas d'être plus nombreuses. »

« Votre pays donne-t-il beaucoup de vocations ? »

- « Oui, Eminence, beaucoup ; malheureusement les bonnes
familles ont été ruinées par la Révolution, et par suite elles ne
peuvent pas donner de dot à leurs filles qui désirent se faire
religieuses. »

- « Mais si nous vous fournissions des ressources pour
créer des dots, trouveriez-vous des sujets ? »

- « Il n'y a aucun doute. »

- « Dans ce cas, si le gouvernement vous demandait des
Sœurs pour les hôpitaux ou les armées, vous lui en don-
neriez ? »

- « Oui, Eminence, avec plaisir. »

- « Eh bien ! je vous remercie. Nous en prenons acte. -
Abbé de Boulogne, écrivez ce qui vient d'être dit ; et vous,
Madame Thouret, présentez-vous demain au ministère de
l'intérieur et demandez les ressources qui vous sont nécessaires. »

[1] Documents.

Le lendemain, pleine de confiance, notre Supérieure se présentait au Ministère sur la parole du grand-aumônier. Seulement elle ne savait pas la somme qu'elle pouvait décemment demander. - Quelqu'un lui suggéra de demander 12000 francs. - « C'est beaucoup, dit-elle; » - N'importe, demandez quand même, lui fut-il répondu; on saura bien vous rogner les ailes, et abaisser vos prétentions. »

Séance tenante, on lui remit une médaille portant sur l'envers l'effigie de l'Empereur Napoléon I[r], et sur le revers le nom de l'Institut, une somme d'argent pour son voyage, et un arrêté qui lui accordait une rente annuelle de 8000 frs. et une nouvelle maison à Besançon.

Pendant son séjour à Paris, où elle n'avait pas de relations, elle avait logé avec Sœur Elisabeth dans une modeste chambre d'hôtel, rue du Luxembourg, et y avait vécu, paraît-il, très-pauvrement. Elle n'oubliait pas, qu'elle était née d'une famille modeste, qu'elle était la mère des pauvres, et qu'elle devait partout et toujours donner l'exemple de l'humilité.

Mgr. Lecoz qui se trouvait, à ce moment-là, à Paris, ayant appris sa situation la fit conduire chez Madame Aupinat, - une dame opulente et charitable - et là, elle eut, sans l'avoir demandé, toutes les attentions délicates d'une hospitalité généreuse et sympathique.

Cela prouve une fois de plus, que, si Mr Bacoffe et ses autres ennemis intriguaient secrètement contre elle, l'archevêque lui donnait ouvertement des preuves non équivoques de sa paternelle bienveillance. - Avant de repartir pour Besançon elle eut une entrevue des plus cordiales avec la Supérieure générale de Paris; et les deux religieuses se quittèrent en bonnes sœurs et en excellentes amies.

Quelque temps après son retour dans sa chère communauté, le 3 février 1808, paraissait un décret qui accordait à la plupart des religieuses représentées au Chapitre des maisons et des secours, tant pour un premier établissement que pour chaque année [1].

Napoléon n'était pas trop mal disposé à favoriser des associations maintenues et propagées par le zéle et la charité; mais il voulait que les corporations religieuses eussent pour objet l'instruction des enfants, ou le soin des malades. Il n'autorisa les Ursulines, les Visitandines, les Carmélites, qu'*à condition qu'elles s'appliqueraient à l'instruction - ce qui même ne fut pas rigoureusement observé. - Aussi, dans toutes les villes, les anciennes religieuses purent se réunir en Communauté, et même recevoir des novices* [2].

C'était le moment pour notre fondatrice de se livrer à tous les élans de son zèle dévorant; dans l'espace de moins de trois ans après son retour de Paris, encouragée qu'elle était par l'Etat, par l'opinion, par la ville et par l'archevêque, elle fit autour d'elle de véritables merveilles d'apostolat. Le chapitre suivant va nous le montrer par l'éloquence des faits qui, à défaut de documents précis et datés, parleront pour elle.

[1] Rohrbacher.
[2] Rohrbacher.

CHAPITRE SEPTIÈME

Ses nouvelles fondations (1807-1810).

Nouveaux succès. - Fondation à Sancey, à Thonon dans les départements voisins. - Génération spontanée, d'œuvres de miséricorde. - Avènement de Murat. - Lettre de Mr. Guieu. - Réponse de la Supérieure. - Autre lettre de Mr. Guieu. - Lettre de Mr. Fulcran Dumas. - Une joie. - Approbation des statuts.

Les merveilles que je viens d'annoncer se produisirent d'une manière aussi rapide que consolante. On se demande même, en voyant les résultats acquis de 1807 à 1810 comment put faire la Mère Thouret pour marcher si vite dans la voie du succès; car vers la fin de 1807, au chapître de Paris, elle n'avait encore que quinze sœurs et trois ou quatre établissements à Besançon et au cœur de 1810, avant de partir pour Naples, elles comptait déjà plus de cent religieuses, et possédait trente six maisons disséminées dans les diocèses de Besançon, de Lyon, de Belley, d'Autun, de Strasbourg, d'Annecy et de Lausanne. Evidemment le Bon Dieu l'avait bénie au-delà même de ses espérances, C'était l'époque où Napoléon allait de victoire en victoire, l'époque sans pareille dans l'histoire où les rois alliés ou vaincus faisaient antichambre à la porte de sa tente ou de son palais. Charles-Quint occupé à ses prières répondait à l'arrivée d'un ambassadeur qui voulait lui parler : « Qu'il attende ! » Et Napoléon répondait à l'arrivée des souverains qui désiraient conférer avec lui : « Qu'ils attendent ! » Il le pouvait : c'est lui qui avait fait tous ces rois. — Il distribuait les sceptres qu'il avait brisés à ses frères et à ses généraux aussi facilement qu'un marguilier distribue, à la grand' messe, le pain bénit qu'il vient de couper en morceaux.

C'était l'heure solennelle de ses grandeurs et de ses conquêtes. Ce fut aussi l'heure des principales conquêtes de notre courageuse fondatrice. Tandis que Napoléon gagnait des batailles, elle gagnait des âmes ; tandis qu'il fondait des royaumes, elle fondait des hôpitaux, et dans son humble sphère, elle faisait une œuvre plus sérieuse et plus durable que le terrible conquérant, car ce remueur d'idées et d'hommes, de principautés et de couronnes devait dans un avenir assez rapproché, voir, malgré ses bravades, tomber *les armes des mains de ses soldats,* et la modeste religieuse qui faisait marcher pour Dieu des enfants, des pauvres et des malades, ne devait jamais voir tomber de la ceinture de ses filles, le crucifix qu'elle leur donnait. Mais aussi, elle agissait en toutes choses avec tact, pondération et sagesse. On aurait pu lui appliquer à plus d'un titre ces paroles dites jadis de Judith dans le livre sacré : « vous vous êtes *comportée virilement ; et voilà pourquoi la main du Seigneur vous a réconfortée; voilà pourquoi aussi vous serez bénie à jamais* [1].

Dès qu'elle fut de retour à Besançon, un de ses premiers projets de création nouvelle fut pour son village natal. Elle était déjà la gloire de Sancey. Son cœur la porta à doter sa patrie d'un hospice de charité.

Quand un jeune lévite devient prêtre, quand un prêtre devient évêque, leurs premières bénédictions sont pour leur famille et leur pays. Sœur Thouret étant devenue supérieure

---

[1] *Fecisti viriliter* (JUDITH, 15, 11).

générale d'une congrégation nouvelle, voulut, elle aussi, donner ses premières bénédictions au lieu qui l'avait vu naître. Elle avait conservé d'excellentes relations avec sa marraine qui - nous l'avons vu - avait été sa providence à l'heure des épreuves, et c'est à elle qu'elle adressa les sœurs qui devaient fonder l'établissement de Sancey. Elle avait du reste de nombreux amis dans son village. Louise Monnier qui nous a donné, grâce au récit de sa mère, de si précieux renseignements sur les commencements de Sœur Jeanne-Antide, qui de plus - ne l'oublions pas - était sa filleule de confirmation, nous raconte qu'elle ne manquait jamais, lorsqu'elle allait à Besançon de rendre visite à sa marraine [1].

La Mère Thouret fut donc heureuse de montrer que dans sa sollicitude pour les pauvres, elle n'oubliait pas ceux qu'elle avait le plus à cœur, ceux qui peut-être avaient été les compagnons de son enfance, et, elle mit à les secourir, le plus grand empressement, car la fondation de Sancey porte la date de 1807. C'est dire que la première œuvre qu'elle fit en arrivant de Paris, fut pour ses compatriotes.

La dernière qui l'occupa avant son départ pour Naples est celles de Thonon dans le diocèse d'Annecy [2].

Une lettre qu'elle écrivit en Mai 1810, aux administrateurs de l'hôpital de cette ville nous apprend qu'elle leur envoie quatre sœurs destinées à la direction d'un hospice et d'une école [3].

[1] Documents.

[2] Thonon appartient à la Haute-Savoie. C'est une charmante ville de 5447 habitants gracieusement assise sur le lac de Genève. Les Sœurs de la Charité y ont aujourd'hui un hôpital, un orphelinat, un pensionnat, un externat, une salle d'asile et une école libre.

[3] C'étaient sœur Basile Prince qui devait être supérieure et pharmacienne; sœur Joséphine Chomotton qui devait diriger l'école et sœurs Angélique Hugon et Eulalie Jambelet qui devaient soigner les pauvres à l'hospice et à domicile. Une cinquième religieuse: Sœur Christine Ménégay les accompagnait pour les installer au nom de

C'est entre ces deux créations, l'une qui remonte à la fin de 1807 et l'autre qui date du milieu de 1810, qu'il faut placer celles que j'ai annoncées plus haut, excepté cependant celles qui avaient vu le jour dans la capitale de la Franche-Comté dès 1800 et qui encore n'étaient pas très-nombreuses. A ces dernières s'ajoutèrent tour à tour dans la ville archiépiscopale les hôpitaux militaires de Saint Louis et de la Visitation; dont le préfet de Besançon confia la direction à la Mère Thouret, dès le commencement de 1808; deux écoles gratuites pour la paroisse de Saint Jean; deux écoles pour la paroisse de Sainte Madeleine et puis trois autres écoles; l'une pour la paroisse de Saint Pierre, l'autre pour la paroisse de Saint François Xavier et la troisième pour la paroisse de Saint Maurice.

Ensuite vinrent successivement dans le diocèse de Besançon – je ne nomme que les plus importantes, - la fondation de Beaume-les-Dames, de Vercel, de Maiche, de Pierrefontaine, du Russey, de Gy etc.; dans le diocèse de Saint Claude, les hôpitaux de Saint Claude, de Lons-le-Saunier, d'Arinthod, de Chaussin etc..... et dans les diocèces environnants, les maisons de Bourg-en-Bresse, de Saint Trivier, de Chintrey, de Mandeure etc. [1].

Il semble, en lisant cette nomenclature qui n'est pas complète que rien n'arrêtait la Mère Thouret dans l'ardeur de son zèle. Elle rayonnait dès le principe, non-seulement dans les départements limitrophes du sien, mais encore au-delà; elle jeta les yeux même pardessus la frontière.

Mère Thouret que ses nombreuses occupations retenaient à Besançon.

[1] Il existe actuellement 20 établissements fondés par la Mère Thouret: Ce sont à Besançon: la Maison-mère, Battant, Belleveaux: dans le Doubs, Flangebouche, Maiche, Gousans, Pouilley, Le Russey, Baume, Sancey; dans la Haute-Saône: Vitrey; Gy, Vougicourt, Jouvelle, Gray; dans le Rhone, Saint Jean d'ardières; dans le Jura, Saint Claude; en Suisse, le Landeron.

Elle pensa à la Suisse : pouvait-elle oublier le village qui pendant son exil lui avait donné une hospitalité secourable? Le Landeron fut doté à son tour d'un hospice et d'une école.

C'est ainsi qu'autour d'elle se faisait une *génération spontanée* d'œuvres de miséricorde. C'était comme une germination mystérieuse de maisons saintes qui s'édifiaient partout, grâce à son activité dévorante pour le bien. Un poète qui alors, aurait voulu célébrer sa gloire, aurait pu dire qu'elle renouvelait les merveilles d'Amphion, car il semblait qu'à sa parole les écoles et les hôpitaux s'élevaient par enchantement, comme autrefois les murs de Thèbes aux accents de la lyre de ce légendaire artiste-roi. — Or, au milieu de tous ces succès, elle aimait toujours à se dire un indigne instrument de la Providence ; dans son humilité, elle rapportait tout au Seigneur et elle répétait volontiers à ses auxiliatrices le mot si beau et si chrétien de la Bienheureuse Françoise d'Amboise : « *Faites en toutes choses que Dieu soit le plus aymé.* »

C'est au milieu de ces saintes dispositions et de ces nobles travaux que vient la trouver inopinément ou plutôt providentiellement l'invitation la plus flatteuse et la plus encourageante qu'elle put recevoir. A la date du 28 Mai 1810, Madame Mère lui fit écrire par *Mr Guieu secrétaire de ses commandements*, qu'elle l'avait désignée pour fonder à Naples un établissement de charité désiré par son gendre, le nouveau roi des Deux-Siciles. Murat était de ceux qui dans la distribution des couronnes données par l'Empereur, avait été des plus favorisés. Il avait épousé Caroline l'une des sœurs du César et avait reçu en apanage quelques années après son mariage, le royaume de Naples.

C'était-là un superbe cadeau de noces, un cadeau vraiment impérial. Appelé au trône vers la fin de 1808, il prit possession de ses états au mois de Septembre de la même année sous le nom de *Joachim Napoléon*. Il succédait à Joseph Bonaparte qui n'avait laissé que de faibles souvenirs à Naples et qui avait troqué sa couronne contre celle d'Espagne: Alors Napoléon semblait s'amuser avec les sceptres, comme un enfant s'amuse avec des osselets. La vie était pour lui, comme un jeu d'échecs où un bon joueur escamote à plaisir les cavaliers et les tours, les reines et les rois.

Le peuple napolitain accueillit son nouveau souverain avec ces vives démonstrations de joie et d'enthousiasme si communes mais si peu durables hélas! chez les peuples méridionaux. De son côté, dès son avènement, Joachim qui avait un cœur loyal et chevaleresque, voulut se montrer bon roi et profita des bonnes dispositions de ses sujets pour rétablir l'ordre dans les finances, l'administration et l'armée; il releva également la marine, donna aux équipages une organisation meilleure et ordonna la formation d'une garde nationale dans tout le royaume; il songea aussi aux malheureux et aux pauvres de sa ville - et l'on sait qu'à Naples ils s'appellent légion - et c'est pour eux, qu'il demanda à Mme Lætitia des sœurs hospitalières de Saint Vincent de Paul. — Celle-ci promit de lui en envoyer et c'est alors, à la date du 10 Février 1810 qu'il fit paraître un décret leur assurant sa protection spéciale [1].

---

[1] Voici ce décret:

Naples le 26 Février 1810.

« Joachim Napoléon
roi des Deux-Siciles.

Sur le rapport de notre Ministre de l'Intérieur, Nous avons décrété et décrétons ce qui suit:

Art. Ier

Est admis dans nos Etats l'institut des sœurs hospitalières de la Charité de Saint Vincent de Paul. Nous accordons notre spéciale pro-protection à cette pieuse et bienfaisante institution.

Ce décret ne désigne d'aucune façon nos sœurs de Besançon.

Comment se fait-il que Madame Mère ait jeté les yeux sur Madame Thouret pour répondre aux désirs de Joachim? Il n'est pas défendu de penser qu'elle avait gardé, depuis le chapitre général un souvenir particulier de notre fondatrice qui, du reste, partout où elle passait, faisait impression par sa haute stature, sa beauté de matrone et surtout par l'ensemble harmonieux de ses qualités morales et de ses vertus religieuses.

Voici d'ailleurs la lettre qu'elle lui fit adresser pour lui annoncer ses résolutions et celles du roi son gendre. Elle est trop belle et trop précieuse pour que nous ne cédions pas au plaisir de la reproduire tout entière. Elle équivaut à un titre de noblesse pour l'institut que Mère Thouret gouvernait avec tant de sagesse et d'éclat. Elle fait honneur en même temps à l'auteur et à la destinataire.

Art. 2me

Les règlements et statuts de cette congrégation seront dictés d'après ceux reçus dans l'Empire Français et les Modifications faites par divers décrets impériaux et spécialement par le décret du 18 Février 1809. Nos Ministres du Culte et de l'Intérieur les rédigeront de concert et les soumettront à notre souveraine approbation.

Art. 3me

Notre Ministre de l'Intérieur nous proposera dans le plus bref délai les ordres à donner pour que cet établissement soit mis d'accord avec les autres parties de l'administration des hospices et des lieux de bienfaisance, la personne à destiner pour l'exécution, les mesures à prendre pour le local qui le doit recevoir et pour tous les articles nécessaires à leur Etablissement.

Art. 4me

Notre susdit Ministre est spécialement chargé de l'éxécution du présent décret qui sera publié et inséré au bulletin des lois.

Signé : Joachim Murat.

Protectorat des Sœurs
de la Charité hospitalières etc.

Paris, le 28 Mai 1810.

Le Secrétaire des Commandements de S. A. Impériale et
Royale Madame Mère de Sa Majesté l'Empereur et roi, membre de la Cour de Cassation, Maîtres des Requêtes etc.

A Madame Thouret Supérieure des Sœurs de la Charité
de Besançon.

Madame,

Son Altesse Impériale et Royale a recommandé d'une
manière particulière, le 12 de ce mois à S. E. le Ministre
des Cultes, votre demande en concession de la maison dite
des Bénédictines. Elle espère que ses justes réclamations seront
bientôt accueillies.

Son Altesse Impériale et Royale me charge de vous
entretenir aujourd'hui d'une affaire encore plus importante
pour l'agrandissement et l'utilité de votre congrégation. Voici
ce dont il est question.

Sa Majesté le roi de Naples a résolu de fonder l'institution
des sœurs de la charité dans ses Etats, en y appelant des
sœurs françaises qui établiraient un noviciat et parviendraient
peu à peu à créer des maisons de leur institut dans les diverses provinces du Royaume. Les Sœurs doivent être au
nombre de six.

En conséquence, le Roi a rendu plusieurs décrets.

Par le premier, sous la date du 26 Février, il a déclaré
adopter l'Institution des Sœurs de Saint Vincent de Paul,
dans ses Etats, ainsi que leurs Règlements et Statuts, tels
qu'ils ont été arrêtés par S. M. l'Empereur, le 18 Février 1809.

Par le second, le Ministre de l'Intérieur du Royaume de Naples a été autorisé à destiner une très-belle maison qui sera consacrée au Chef-lieu et au Noviciat.

Par le troisième, le même Ministre a été autorisé à fixer une somme pour l'entretien et la nourriture de six sœurs de la Charité qui seront envoyées de France et qui formeront le noyau de l'Ordre dans le Royaume de Naples. Cette somme a été fixée d'une manière très-convenable et le Ministre y a ajouté une somme de 227 francs pour chaque sœur, pour son vestiaire annuel.

Enfin par le quatrième décret le même Ministre a été autorisé à fournir aux frais du voyage de six sœurs et j'ai reçu, en effet, de la part du Roi de Naples, une somme très-suffisante pour pourvoir à cet objet.

Quoique la demande du Roi de Naples ait porté sur les Sœurs de la Charité de Saint Vincent de Paul, Son Altesse Impériale a néanmoins pensé que Votre Congrégation pourrait remplir le but qu'elle se propose. Vous avez en effet les mêmes Statuts, vous vivez sous le même régime; vos fonctions sont semblables, soit pour le service des hôpitaux et celui des pauvres à domicile, soit pour l'instruction des enfants pauvres dans les petites écoles. Ainsi sous ces rapports vous pourrez vous consacrer à la destination projetée par S. M. le Roi de Naples.

En conséquence, Son Altesse Impériale et Royale m'a chargé de vous proposer cet Établissement.

Les détails dans lesquels je viens d'entrer vous prouvent que vous n'aurez aucune espèce de soucis dans cette pieuse entreprise. En arrivant à Naples vos sœurs y trouveront une belle maison toute préparée pour les recevoir, une dotation convenable pour leur assurer leur subsistance et leur entretien. Elles y trouveront aussi la protection du Gouvernement qui ne les appelle que pour favoriser cette Institution. D'ailleurs je ne dois pas vous laisser ignorer que le roi de Naples veut que les Établissements de charité qui seront faits dans son royaume soient comme ceux de France, sous la protection de Madame; ainsi malgré leur éloignement, vos sœurs françaises fixeront toujours les regards maternels de Son Altesse Impériale.

Quant aux frais de voyage, je vous ai déjà dit que j'avais des fonds pour y pourvoir, et il suffira que vous m'envoyiez la note de ce que vous jugerez convenable de remettre pour chaque sœur.

J'ajoute même que si vos sœurs désiraient se faire accompagner par un prêtre qui serait leur directeur, qui les protégerait dans leur voyage et qui pourrait leur servir d'interprète dans les premiers temps à Naples, S. E. Mgr. le cardinal Fesch leur désignerait à Rome un prêtre français qui se chargerait de ce soin et qui pourrait être pour elles tout à la fois un père temporel et un père spirituel. Dans ce cas, je fournirai encore les fonds nécessaires pour le voyage de ce bon prêtre, à qui il sera assuré un sort par le gouvernement, tant qu'il restera à Naples.

Telle est la proposition que je suis chargé de vous faire Veuillez y réfléchir et adresser votre réponse le plus tôt que vous pourrez à Son Altesse Impériale et Royale qui a cru vous donner, en cette occasion, une preuve signalée de sa confiance et de son estime.

Veuillez agréer, Madame, mes hommages respectueux.

Guieu.

Cette lettre n'a pas besoin de commentaires. On voit, en la lisant que Madame Laetitia méritait bien son titre de protectrice des établissements de charité, et qu'elle s'acquittait avec une sollicitude quasi-maternelle des fonctions que ce titre lui attribuait. On voit aussi qu'elle professait pour la Mère Thouret les meilleurs sentiments de bienveillance, de sympathie et d'estime.

Celle-ci fut émue et reconnaissante de la proposition qui lui était faite, et après avoir consulté la Providence, l'arche-

vêque et ses Sœurs, elle répondit immédiatement la lettre
suivante qui nous montre son admirable conformité aux volontés d'en haut et son grand amour pour les déshérités
d'ici-bas.

Besançon le 11 Juin 1810.

A Son Altesse Impériale et Royale, Madame Mère de
Sa Majesté l'Empereur et roi, Napoléon Ier.

Madame notre auguste protectrice,

Par votre lettre du 28 Mai dernier, vous avez eu la bonté
de me faire participante de la pieuse résolution qu'a formée
Sa Majesté le roi de Naples, votre auguste fils, de fonder
l'Institution des Sœurs de la charité dans ses Etats, en y
appelant des Sœurs de la Charité qui y fonderont un noviciat
et parviendront peu à peu à établir des maisons de leur
institut dans les diverses provinces de son royaume.

Selon les ordres de Sa Majesté, les Sœurs doivent être
au nombre de six. En conséquence votre Altesse Impériale
et Royale veut bien nous proposer cet établissement. C'est
un devoir bien cher à nos cœurs de répondre avec le plus
grand empressement et la plus vive reconnaissance à l'honneur
de votre confiance. Mgr. l'archevêque de Besançon notre supérieur général, et nous, vous offrons avec grande satisfaction
six sœurs de notre congrégation, pour être consacrées à cette
noble destination. Nous les préparerons à partir dans le temps
que votre Altesse Impériale et Royale nous l'ordonnera, le
plus tôt qu'il nous sera possible. Votre Altesse Impériale et
Royale a la bonté de nous proposer si nos sœurs le désirent,
de se faire accompagner par un prêtre pour leur servir d'interprète dans les premiers temps à Naples : Hélas ! nous n'en
connaissons aucun qui ait ce courage. D'ailleurs, le plus
qu'il leur serait utile, ce serait pour les confesser ; il est
possible qu'il y ait à Naples quelques prêtres qui sachent
le français.

J'ai l'honneur d'exposer à votre Altesse Impériale et Royale que nos sœurs désirent ardemment que je les accompagne moi-même et que je leur aide pendant les premiers temps à la formation de ces établissements. Quoiqu'elles possèdent talents et bonne volonté, elles ne peuvent se dissimuler les conséquences d'une telle entreprise; elles croient avoir besoin d'un appui particulier qui soit expérimenté dans une affaire aussi importante. L'intérêt spécial qui m'anime pour la réussite du grand dessein de sa Majesté le roi de Naples, ainsi que la gloire de Dieu qui le lui a inspiré me donne la force d'entreprendre ce grand voyage, ainsi que de partager avec mes chères Sœurs tous les sacrifices que la divine Providence demande d'elles dans cette circonstance: ce serait une consolation pour moi et pour elles. Ainsi le fardeau leur deviendrait plus léger. Quand même je ne resterais avec elles que trois à quatre mois, elles s'accoutumeraient peu à peu beaucoup plus facilement. — Si votre Altesse Impériale et Royale daigne autoriser cette démarche, j'ose la prier de me permettre de mener avec nous une huitième Sœur pour m'accompagner, lors de mon retour de Naples à Besançon. — Votre Altesse Impériale et Royale a bien voulu me dire de fixer pour chaque Sœur une somme pour les frais de voyage: veuillez me permettre de vous prier d'arrêter la somme que vous jugerez convenir. Je suis bien reconnaissante de la bienveillance de son Eminence Mgr. le cardinal Fesch, de ce qu'il veut bien avoir la bonté de désigner à Rome, un prêtre pour être directeur spirituel de nos chères Sœurs destinées à l'établissement de Naples. Je pense que votre Altesse Impériale et Royale sera bien aise de savoir que quelques unes de nos Sœurs savent déjà un peu la langue italienne et qu'elles s'exercent de plus en plus à l'apprendre. Votre Altesse Imp. et R. a daigné recommander d'une manière particulière le 12 Mai dernier à son Ex. le Ministre des Cultes, notre demande en concession de la maison dite des Bénédictines qui nous fait le plus grand besoin pour loger notre Noviciat très-

nombreux. Nous prions votre tendre cœur maternel d'agréer
les justes sentiments de notre parfaite reconnaissance.

J'ai l'honneur d'être avec un profond respect, Madame,

De Votre Altesse Impériale et Royale

La très-humble, très-obéissante servante
Sœur Jeanne Antide Thouret Supérieure générale
de la Congrégation des Sœurs de la Charité de Besançon,
sous la règle de Saint Vincent de Paul.

Cette lettre pas plus que celle qui la provoqua ne demande d'explications. Elle valut à la Mère Thouret une autre
missive du protectorat des Sœurs de la Charité que je me
plais également à reproduire, parce qu'elle nous est une
nouvelle preuve de la protection visible que Dieu lui accordait
malgré les peines secrètes qu'il lui envoyait parfois, et peut-être
même à cause de ces peines.

Paris, le 2 Juillet 1810.

Madame,

Son Altesse Impériale et Royale a reçu votre lettre du
11 Juin. Elle est très-satisfaite du zèle que vous lui témoignez
pour la pieuse entreprise qu'Elle vous a proposée; non-seulement elle consent à ce que vous accompagniez les six sœurs
que vous destinez à la colonie de Naples, mais elle pense
que cette mesure ne peut-être que très-avantageuse au succès
de l'Etablissement, connaissant votre zèle et votre expérience.
Vous pourrez donc partir avec les sœurs et en emmener une
huitième qui vous accompagnerait au retour. On fournira
également aux frais de votre voyage.

Quant au prêtre que vous pourriez prendre pour Directeur
vous verrez s'il vous convient de le prendre à Rome, en
passant par cette ville, où s'il vaut mieux le chercher à
Naples quand vous y serez arrivée. S. E. Mgr. le Cardinal
Fesch vous donnera sur ce point toutes les facilités que vous
pourrez désirer.

Relativement à l'époque de votre départ, Son Altesse pense qu'il convient de le renvoyer à la mi-Septembre, parce qu'il serait trop pénible pour vos sœurs de voyager dans cette saison sous un climat brûlant auquel elles ne sont pas habituées. Vous pouvez faire toutes vos dispositions pour être prêtes à partir à cette époque. J'aurai soin de demander à S. E. le Ministre des Cultes d'écrire au Préfet de votre département pour qu'il vous délivre les passe-ports qui vous sont nécessaires. Je vous ferai parvenir en même temps des lettres pour le Ministre de l'Intérieur à Naples à qui je viens de faire connaître votre détermination, afin que tout soit prêt pour le moment de votre arrivée.

Veuillez, dans le courant de ce mois, calculer tout ce qui vous sera nécessaire pour les frais de votre voyage, comme aussi pour les petites emplettes ordinaires que vous aurez à faire pour l'équipement de vos sœurs. Prenez de bonnes informations à ce sujet auprès du Directeur des Messageries de votre ville et des personnes qui ont pu faire le voyage de Naples.

Comprenez dans votre calcul ce qu'il vous faudra d'argent pour votre retour et celui de la Sœur qui vous accompagnera. D'après l'avis que vous m'en donnerez, je vous ferai passer les fonds nécessaires, à moins que vous ne m'indiquiez une personne à qui je puisse les compter pour vous les faire passer.

Vous donnez, Madame, en cette circonstance une preuve de dévouement et de charité chrétienne dont Son Altesse Impériale vous sait bon gré, et qui ajoute infiniment à la bienveillance qu'elle vous porte.

Agréez, Madame, mes hommages respectueux.

Guieu.

On le voit, tout marchait à souhait. La fondation napolitaine, la plus importante entreprise jusqu'à présent par notre supérieure générale, se préparait sous les meilleurs auspices.

Le gouvernement de Paris la voyait d'un très-bon œil, et celui de Naples l'attendait avec impatience. Nous avons la preuve palpable de cette dernière assertion dans deux lettres adressées de Naples à Madame Thouret par Mr Fulcran Jérôme Dumas, rapporteur au conseil d'Etat, le 25 Juillet et le 9 Août 1810.

La première se termine ainsi :

« Il me reste à vous prier, Madame, de vouloir bien me prévenir de votre départ, de m'envoyer votre itinéraire et le nom des Sœurs qui seront du voyage, afin que ma pensée vous suive et vous prévienne partout où je pourrai me procurer des correspondants. Croyez que j'attache le plus grand prix à votre bonheur. »

La seconde écrite comme la première de la manière la plus gracieuse a pour but de communiquer à la fondatrice les intentions du ministre de l'Intérieur qui se trouvait en voyage alors, et qui s'exprimait ainsi :

« Reggio 30 Juillet 1810.

« Quant aux Sœurs de la Charité, c'est demain que je proposerai l'affaire à sa Majesté, et je vous ferai remettre mille ducats. Vous pourrez compter sur cette somme. A l'égard du logement, j'aimerais que ces Religieuses fussent placées à Regina Cæli. Mon désir est que la Supérieure et ses compagnes soient traitées avec toute toute la distinction qui leur est due ; vous n'épargnerez, pour cela, ni attentions, ni frais, ni soins.

« Sa Majesté vous fournira par avance toutes les sommes que vous croirez nécessaires, et je vous autorise à faire, à cet égard tout ce qui vous paraîtra convenable à l'honneur du Gouvernement et aux égards qui sont dûs à ces bonnes Religieuses. A cet effet, vous n'avez pas besoin de demander d'autres ordres ni facultés. Demandez seulement la somme qu'il faudra. »

Après cela la Mère Thouret n'avait plus qu'à faire ses préparatifs de voyage, et à choisir les sept religieuses qui devaient l'accompagner dans sa nouvelle conquête sous un ciel étranger et lointain.

Ces préparatifs l'occupèrent durant les deux mois d'Août et de Septembre. Mais avant de partir, elle devait avoir une consolation qu'elle désirait depuis longtemps et qui allait donner une espèce de consécration à ses œuvres diverses : je veux parler de l'approbation de ses statuts par Napoléon. Elle attachait un grand prix à cette approbation impériale pour l'avenir de son institut, et elle l'obtint le 28 Août 1810. — Elle vit là une délicatesse de la Providence à qui elle confiait ses douleurs et ses espérances, et elle l'en remercia avec toute l'effusion de son âme.

Elle était alors au second versant de sa vie - elle avait 45 ans - elle devait encore passer seize années sur la terre, et marquer ces seize années par des fondations magistrales ; elle avait déjà bien mérité de la France. Elle devait encore bien mériter de l'Italie ! !

Mais avant tout, elle désirait bien mériter de Dieu et de l'Eglise ! !

CHAPITRE HUITIÈME

Sa direction spirituelle (1800-1810).

Son activité. - Ses circulaires. - Son expérience de la vie. - Ses recommandations maternelles. - Son nécrologe. - Les prix de vertu.

Je viens de dire que la Mère Thouret désirait avant tout, bien mériter de Dieu et de l'Eglise. Or, elle montra cette disposition de son âme dans la direction spirituelle qu'elle donna à ses compagnes dès les premières années de son gouvernement. Cette direction fut tout simplement admirable, et l'on se demande comment une femme absorbée comme elle par les soucis de l'administration extérieure de sa communauté pouvait d'une manière si parfaite, s'occuper encore des mille détails pratiques de la vie intérieure dans ses diverses maisons. Elle atteignait à tout, rien ne lui échappait. Elle pourvoyait en même temps aux besoins corporels des pauvres, des malades et des orphelins et aux besoins spirituels des religieuses. De bonne heure, elle prit l'habitude d'envoyer à ces dernières, soit à la fin de l'année, soit au commencement du carême des circulaires dans lesquelles elle leur donnait les conseils les plus sages pour la pratique des vertus chrétiennes. Ces circulaires ressemblent assez bien à des lettres *pastorales*. Quand nous étudierons son *esprit* et son *cœur*, nous pourrons les examiner d'une manière plus approfondie ; mais dès aujourd'hui, je tiens à dire quelque

chose de celles qu'elle écrivit dans la première période de
sa vie de supérieure, c'est-à-dire de 1800 à 1810. Nous y
verrons qu'elle était consommée dans l'art si difficile et si
délicat de conduire les âmes et qu'elle excellait dans les
instructions qu'il faut adresser aux jeunes sœurs encore peu
initiées aux aspérités de la vie religieuse.

Dans sa circulaire de 23 Décembre 1806, après avoir
parlé de la rapidité du temps, comme aurait pu en parler
un évêque ou un prédicateur, elle recommande à ses filles
une grande fidélité à la règle :

« Ah! mes très-chères filles, s'écrie-t-elle, je ne puis trop
vous recommander cette sainte fidélité, de laquelle dépendent le bonheur de notre communauté et votre avancement
particulier vers la perfection, à laquelle nous devons toutes
nous efforcer de tendre efficacement. Ressouvenez-vous donc
toujours, que la volonté de Dieu vous est marquée, notifiée
même par notre règle; qu'en vous conformant constamment
à celle-ci vous amassez des trésors immenses pour le ciel;
vous remportez de glorieuses victoires sur vos passions; vous
affaiblissez de plus en plus les ennemis de votre salut et
ceux de notre communauté; car, quel triomphe ne préparez-
vous pas, par-là même, à notre Saint-Institut, contre les ef
forts que Satan et ses créatures s'efforcent de faire depuis
son commencement pour l'anéantir, ou pour en entraver du
moins les heureux succès? Mais aussi, quelle paix durant
votre vie, quel calme à votre dernière heure vous assurera
cette pieuse fidélité à la règle! Armez-vous donc de courage,
M. T. C. S.! armez-vous de constance! le démon, le monde
et vos passions feront de violents efforts pour vous détourner
de cette sainte fidélité; pour vous engager à adoucir un peu
le joug; à vous dispenser de le porter exactement en certains points qui vous paraîtront légers et peu importants;
résistez à la tentation, par de plus grands efforts encore,
par un redoublement d'ardeur et de courage. Triomphez pour
vous-mêmes, triomphez pour votre Règle et pour votre In-

stitut. Vous êtes les premiers membres de notre société; elle a commencé par vous; ce sera donc de vous que prendront exemple les sujets qui vous suivront. Ah! ne leur en laissez que de bons, que de saints, que de solidement vertueux; et si jamais la tiédeur, ce vice ennemi de la perfection chrétienne et religieuse, vient à s'insinuer dans votre cœur, hâtez-vous de l'en chasser par la considération des biens immenses que Dieu a préparés aux âmes ferventes et généreuses. »

Quel beau et noble langage! il me semble, en lisant ces lignes avoir sous les yeux, l'une de ces conférences mystiques que les moines des premiers siècles faisaient à leurs disciples!

Dans sa circulaire du 30 Décembre 1808, notre vénérée supérieure toujours pénétrée des mêmes sentiments revient sur le même sujet. Elle savait suivant l'aphorisme des anciens maîtres de la vie spirituelle, que celui qui vit pour la règle, vit pour Dieu: *qui regulæ vivit, Deo vivit.*

« Mais ce ne serait pas assez, dit-elle, non, ce ne serait pas assez, ce serait trop peu d'observer nos saintes règles, dans les pratiques extérieures, et de nous en tenir, si l'on peut parler ainsi, à l'écorce: nous devons tendre sans cesse à la perfection, non-seulement en réprimant les défauts qui sont en nous, mais encore en faisant, d'une manière sainte et fructueuse pour le Ciel, tout le bien qui nous est prescrit. Il nous faut donc tâcher de vivre aussi selon l'esprit de nos saintes règles. Nous ne nous étendrons pas ici sur ce point. Vous savez assez, N. T. C. S., l'esprit que nos règles veulent nous inspirer; c'est un esprit d'humilité, d'abnégation, de détachement, de charité, d'obéissance, de ferveur et de prudence. Méditons sur ces vertus; efforçons-nous d'en acquérir la salutaire pratique; et l'observation de tous nos devoirs, la fidélité à nos saintes règles, la soumission que nous devons à nos supérieurs, nous deviendront de plus en plus faciles, chères et utiles pour le Ciel. Hélas! s'il nous en coûte encore quand il faut nous soumettre, n'est ce pas parce que nous n'avons pas assez renoncé à notre propre volonté? Si quelquefois notre cœur voudrait se soulever, quand on nous reprend ou qu'on nous avertit, n'est-ce pas parce que l'amour propre exerce encore sur nous quelque empire, et que nous tenons à nos lumières, à nos idées, à notre manière de voir et de juger? Si nous aimons à être considérées, élevées à des fonctions, qui semblent nous placer au-dessus de nos compagnes, et nous attirer un certain respect, n'est-ce pas parce que le vieil homme, cet homme d'orgueil et de vanité, n'est pas encore entièrement mort en nous? Si nous éprouvons quelques moments de lâcheté, d'indolence, d'inexactitude et de paresse, ne faut-il pas en attribuer les effets à ce peu de ferveur que nous avons, et à cet attachement qui nous reste encore pour notre bien-être, pour ce qui nous flatte? Enfin, si les choses de la terre ont encore quelque appât sur notre cœur, si nous avons quelquefois la tentation de regarder en arrière, et si nous tenons encore au monde par quelques nœuds qui nous soient chers, ne faut-il pas en conclure que notre sacrifice manque de quelque chose qui le rende entier et parfait? Renouvelons-nous donc dans notre première ferveur et dans l'esprit de notre vocation, et, à l'exemple de Saint Bernard, disons-nous souvent à nous-mêmes: « Pourquoi suis-je ici? » Quels progrès ai-je déjà faits dans la vertu depuis que je suis entrée dans cette sainte communauté? Ressouvenons-nous aussi de ce qu'enseignent les pères de la vie spirituelle, que de ne pas avancer dans la perfection, c'est reculer. »

Encore une fois, il me semble, quand je lis ces recommandations si touchantes, si maternelles, lire un de ces colloques religieux que nous ont laissés dans leurs ouvrages les pères du désert. On voit que notre fondatrice était nourrie de la moëlle des Saints. Elle avait beaucoup appris par la lecture et la méditation; elle avait appris surtout par l'expérience. Qui ne sait qu'ici-bas le plus beau comme le meilleur livre sur la perfection chrétienne, c'est la souffrance? Il faut souffrir dans toutes les sphères pour arriver à un résultat satisfaisant, surtout dans la sphère de la sanctification. On ne devient jamais ni artiste, ni héros, ni saint si on n'a pas reçu le baptême de la douleur.

> « L'homme est un apprenti, la douleur est son maître
> Et nul ne se connaît, tant qu'il n'a pas souffert. »

Cette pensée est d'une poète qui certes, était loin de s'occuper de mysticisme, mais elle s'applique à merveille à la question que j'effleure pour le moment. La Mère Thouret avait en quelque sorte été *baptisée* et même *confirmée* dans la souffrance, et voilà d'où lui venait cette science si complète des choses de Dieu, des mystères de la grâce, et de la direction des consciences.

Dans sa circulaire du 5 Janvier 1810, elle sort des généralités pour entrer dans certains détails qui prouvent qu'elle avait l'œil à toutes choses, aussi bien aux exercices de piété qu'aux emplois de la charité. Après avoir donné un avis important, à propos d'un petit abus qu'elle désire réprimer, parmi les Sœurs non-professes, elle ajoute :

« Nous vous avertissons encore, N. T. C. S., que vous négligez de vous faire dans les conférences des vendredis, la charité fraternelle, peut-être par crainte de vous d'plaire; renouvelez-vous donc, N. T. C. S. dans cette sainte pratique, et faites-le dans les sentiments d'une vraie Charité; et que celles qui seront averties reçoivent ces avertissements dans de vrais sentiments de reconnaissance, d'humilité et de volonté de se corriger; qu'elles ne laissent jamais apercevoir du mécontentement, qu'elles ne se permettent jamais de censurer et de discuter dans ce saint Exercice. Les Sœurs qui nous représentent, ne doivent point user de reproches, mais d'avis conformes au besoin et selon l'esprit de notre Institut.

Vous négligez aussi, N. T. C. S., la répétition de l'oraison et il semble aux plus anciennes qu'elle ne doit être répétée que par les plus jeunes; vous vous trompez; ce point est pour toutes; quand on répète l'oraison, il le faut faire selon la pure vérité. L'orgueil fondé sur la crainte de ne pas rendre vos pensées avec le lustre que vous voudriez, ne vous doit point faire garder le silence; dites avec simplicité, sans prétention, ce que la mémoire vous fournira de vos réflexions, et celles des Sœurs, à qui la mémoire ne fournira pas le souvenir de leurs réflexions doivent au moins répondre : « Pardonnez-moi, je veux m'exercer à remplir mon devoir à cet égard, à l'avenir. »

Il est facile de voir d'après ces citations que notre Supérieure était vraiment *supérieure* en toutes choses. Elle possédait à un degré éminent, les qualités requises pour former des novices, et donner à son institut, des religieuses accomplies suivant les vues de Dieu et l'esprit de Saint Vincent. Elle ne négligeait rien pour cela, et dans sa sollicitude maternelle, elle voulait que ses sœurs ou plutôt ses chères enfants, comme elle les appelait souvent, prissent toutes les précautions voulues aux époques de pénitence canonique, pour conserver soigneusement leurs frêles santés.

Voici ce qu'elle leur écrit à la date du 10 Février 1810, pour le carême qui va bientôt s'ouvrir.

Nos très-chères Sœurs,
Que la paix et la charité, si recommandées par N. S. J. C.
soient avec nous toutes.

Préparons-nous toutes nos T. C. S. à passer saintement le temps du Carême, non-seulement par la privation des aliments, mais encore par la mortification de nos sens toujours avides à se satisfaire en tout point: notre continuelle attention à les réprimer deviendra encore plus agréable à notre Divin Maître, que notre jeûne corporel. Dieu nous ayant chargée du soin de veiller au salut de vos âmes, il nous a aussi chargée de veiller à la conservation de vos santés.

C'est pourquoi nous croyons devoir permettre aux Sœurs qui ont de faibles santés, et à celles qui sont chargées de remplir des travaux fatigants, de prendre quelque peu d'aliments le matin; dans ces cas, nous ne nous éloignons pas des règles de notre tendre Mère la Sainte Eglise, qui le permet à tous ceux et celles qui se trouvent dans cette nécessité. Nous croyons aussi pouvoir vous permettre de manger de la soupe le soir et d'y mettre du beurre, non point pour vous satisfaire, vous relâcher et vous flatter, mais ayant égard à la faiblesse de notre sexe, et à la rareté des aliments usités à la collation; les Sœurs à qui il semblerait qu'elles pourraient se passer de manger de la soupe ou d'autres potages, feront bien d'en manger par charité pour leurs compagnes qui pourraient en avoir besoin, et n'oseraient pas en manger, voyant que quelques unes n'en mangent pas : la simplicité et l'humilité seront très-méritoires, mais l'entêtement à ne pas se soumettre, à vouloir se distinguer, arrangerait bien l'amour-propre, et ferait peut-être perdre tout le mérite de cette prétendue mortification affichée. »

Comme à travers ces lignes, on voit apparaître le cœur d'une vraie Mère, d'une Mère attentive à tout ce qui peut être utile à la prospérité et au salut de sa famille ! Comme la bonté, la tendresse et le dévouement transpirent à chaque mot de ces extraits !

Ces sentiments, nous allons les retrouver encore, dans son *nécrologe*. De bonne heure, elle prit aussi l'habitude de dresser la liste des Sœurs qu'elle perdait, et d'accompagner chaque nom d'une petite notice nécrologique. Elle suivait en cela la touchante tradition des ordres monastiques, qui jadis envoyaient à toutes leurs maisons par un frère chargé de cette mission spéciale, le catalogue des religieux morts dans l'année, pour recommander aux prières des vivants, l'âme des pauvres défunts. Une congrégation est une famille dont les membres sont dispersés sous tous les cieux, et quand la mort vient frapper un membre même obscur, c'est un deuil pour tous. La charité fraternelle fait que tous s'unissent dans la douleur, comme à des heures meilleures, ils se sont unis dans la joie. Aussi la Mère Thouret eut-elle soin d'accompagner de loin en loin ses circulaires d'un nécrologe qui avait pour but de faire connaître à toutes ses communautés les religieuses mortes depuis quelques années et de recommander aux suffrages de toutes les sœurs les chères disparues.

J'ai justement sous les yeux la première liste mortuaire qu'elle ait écrite, et je veux la reproduire intégralement parce qu'elle nous montre, non-seulement son tendre amour pour ses filles, mais aussi son habileté à tirer parti de tout pour les édifier et leur prêcher les vertus qui devaient faire d'elles les héroïnes de la charité; car si elle faisait suivre le nom de la défunte de quelques éloges, c'était autant pour inculquer à ses compagnes vivantes le désir de l'imiter que pour rappeler son souvenir à leur mémoire. Voici cette première liste qui suit et couronne la circulaire du 30 Décembre 1808.

CATALOGUE

de nos chères Sœurs, qui sont mortes dans notre Communauté, depuis qu'elle a pris naissance à Besançon, le 11 Avril 1799.

Sœur Parin, Marie Joseph, décédée à Besançon, le 16 Novembre 1805, âgée de 18 ans, et de 6 mois de vocation.

Elle montrait d'heureuses dispositions pour notre saint état, qu'elle aimait et respectait beaucoup. Elle était douce, sage, pieuse: aussi a-t-elle été agréable au Seigneur, qui s'est contenté de ses premiers sacrifices.

Sœur Menegay, Marie Joseph, décédée à Besançon, le 11 Février 1806, âgée de 19 ans, et de 15 mois de vocation.

Elle appréciait infiniment le bonheur qu'elle avait d'être dans notre saint état: aussi estimait-elle cet état plus que

tous les biens du monde. Sa vie s'était écoulée dans l'innocence; Dieu l'a purifiée de ses légères imperfections par une
maladie de langueur, dont elle supporta les incommodités
avec une patience et une résignation qui édifièrent toutes les
personnes qui en furent témoins. Elle invoqua le saint Nom
de Jésus jusqu'à son dernier soupir.

Sœur Champonois Anne, décédée à Besançon, le 29 Mars,
1806, âgée de 25 ans, et de 3 ans et 6 mois de vocation.

Nous possédions dans cette fervente sœur un vrai modèle de charité: elle aimait Dieu de tout son cœur; elle lui
était constamment unie; elle mettait toutes ses délices à le
prier: aussi l'avait-il douée du don d'oraison. Elle paraissait
simple dans son extérieur; mais elle avait la science des
saints: humble, mortifiée, dégagée de tout ce qui attache à
la terre, elle était toujours contente; jamais on ne l'a entendu se plaindre, ni s'impatienter. La paix, cette douce paix
que le monde ne saurait donner, était dans son cœur, comme
dans son centre. Elle était infirme quand elle vint se présenter à notre communauté: c'était un obstacle à sa réception;
mais elle nous fit de si vives instances, elle nous montra tant
d'attraits pour notre saint état, et un si ardent désir de
vivre et de mourir au milieu de nous, que nous crûmes devoir user de condescendance, et la dispenser de la règle,
dans l'espérance qu'elle dédommagerait notre communauté
de quelque autre manière, que par son travail et ses services temporels: notre attente ne fut pas trompée: les exemples de vertu dont nous fûmes bientôt témoins, la firent
regarder comme une bénédiction du Ciel.

Enfin, nous avons cette confiance que réunie, dans le Paradis, à celui qui fut toujours le maître absolu de son cœur,
elle le prie pour nous et pour notre communauté, envers
laquelle elle mourut pénétrée des sentiments de la plus vive
reconnaissance.

Sœur Druet Marguerite, décédée à Besançon, le 15 Mai 1806, âgée de 20 ans, et de 2 ans de vocation.

Cette sœur se distinguait par son humilité, sa douceur, sa docilité, sa modestie, par une piété sincère et son grand attachement à sa vocation. Elle endura avec patience une fièvre ardente, et rendit à Dieu sa belle âme dans les sentiments d'une grande résignation.

Sœur Levert Marie Barbe, décédée à Pouilley-les-Vignes, le 16 Mai 1806, âgée de 28 ans, et 14 mois de vocation.

Le Seigneur éprouva sa solide vertu dans le creuset de la tribulation: fidèle imitatrice de notre divin maître, elle porta la croix toute sa vie avec une constance et une résignation particulières, comptant pour peu de chose tout ce qu'elle endurait. Cette grande servante du Seigneur éprouva une joie si vive, quand elle entra dans notre communauté, qu'elle en tomba sérieusement malade, et son séjour parmi nous, fut une suite continuelle de souffrances, comme aussi le modèle de la patience dans l'épreuve.

Sœur Radda Marie Thérèse, décédée à Besançon, le 10 Juin 1807, âgée de 28 ans et 18 mois de vocation.

Sa ferveur dans le service de Dieu, et son amour pour notre état, la firent triompher des grandes difficultés qui s'opposaient à sa vocation: tout paraissait mettre obstacle à son pieux dessein, même des infirmités qu'elle endurait dans le silence, craignant d'être privée de vivre et de mourir dans notre communauté. Des dispositions si heureuses nous ont touchée sensiblement: nous avons cru devoir ne pas lui ôter ce qui faisait l'objet de tous ses vœux. Cependant sa vie s'est écoulée dans la souffrance; mais la joie qu'elle éprouvait de se voir membre de notre congrégation, son amour pour Dieu, et l'ardent désir qu'elle avait de se sanctifier, lui adoucissaient la rigueur de ses douleurs. Elle nous a édifiée aussi par son humilité sincère, par la paix, la joie même qui brillait sur son front aux approches du trépas, et par la confiance inaltérable avec laquelle elle est allée paraître devant le souverain Juge.

Sœur Morin Anne, décédée à Besançon le 15 Août 1807, âgée de 35 ans et de 6 ans de vocation.

Son zèle pour son salut et pour le salut de prochain était infatigable. Douée d'un don particulier pour l'enseignement, elle obtenait de très-heureux succès auprès de la jeunesse. Profondément humble, elle se méprisait elle même, et respectait les autres. Timorée à un grand degré, elle tremblait pour son salut, et se reprochait amèrement ses fautes les plus légères. Elle était toujours prête à tout; aimait son état; témoignait une grande confiance en ses supérieurs, et leur portait un respect dont la foi seule lui inspirait les témoignages. La mort nous l'a enlevée, après peu de jours de maladie, et nous avons considéré cet événement comme une grande affliction pour notre communauté; nous croyons devoir ajouter qu'ayant été mandée par nous de Baume, où elle était, à Besançon, pour y faire la retraite, elle se hâta de se mettre en route; se trouvant déja incommodée le jour de son départ, on voulut la retenir jusqu'à ce qu'elle fût mieux; mais elle remercia disant qu'elle avait toujours demandé à Dieu la grâce de mourir auprès de nous.

Le long de sa route, elle disait encore: « Dieu soit béni; je suis contente d'aller mourir auprès de notre Mère. » Il semblait qu'elle annonçait le coup fatal qui devait nous l'enlever de ce monde, pour nous la rendre plus utile encore en l'autre, où nous espérons qu'elle prie le Dieu des miséricordes pour nous. Il est intéressant de rapporter ici, ses dernières paroles un moment avant son trépas. Elle dit d'un ton respectueux: « Nos sœurs, vive, vive notre saint état! qu'il fait bon y vivre et y mourir! »

Sœur Chaillay Jeanne Ursule, décédée à Goussant le 28 Décembre 1807, âgée de 24 ans et de 3 ans de vocation.

On ne voyait en elle, aucune singularité. Elle aimait Dieu, le craignait, et le servait en même temps avec une sainte joie et une grande confiance. Elle chérissait sa vocation, dont elle remplissait avec fidélité les devoirs. Le Seigneur a purifié son âme dans le creuset des afflictions et de la maladie; mais toujours contente de faire la volonté suprême, elle a vu arriver avec joie le terme de son exil.

Sœur Lambert Rose Célestine, décédée à Besançon le 4 Juillet 1808, à l'âge de 21 ans de 2 ans et 6 mois de vocation.

Elle avait un grand zèle pour son salut, tremblait à la moindre apparence de péché, remplissait avec ferveur les devoirs de notre saint état. Elle était petite à ses propres yeux, et n'avait d'autre ambition que de plaire à son Dieu. Elle a enduré pendant un an une maladie de langueur qui n'a point altéré sa patience. Enfin elle a vu venir sa dernière heure avec une grande résignation et une parfaite sécurité. Ses dernières paroles ont été: Jésus! Jésus!

Que le Seigneur nous fasse la grâce de nous réunir toutes un jour avec elles dans le séjour immortel de la gloire!
Ainsi-soit-il.

Tel est le premier nécrologe rédigé par la Mère Thouret. Le second ne paraîtra qu'en 1812, et comprendra onze sœurs, dont deux: Catherine Large et Ursule Demontras moururent vers la fin de la période que nous étudions, c'est-à-dire, l'une en 1809, et l'autre en 1810. – Mais, comme le premier, il portera l'empreinte d'une âme sainte qui partout et toujours avait les yeux tournés vers le ciel pour y conduire le troupeau dont Dieu lui avait confié la garde. Comme dans le premier, notre éminente supérieure aura pour but la perfection de sa famille religieuse. La notice nécrologique qui accompagnera le nom de la Sœur regrettée sera toujours écrite avec simplicité, mais non sans charme; elle rappellera même quelquefois, bien qu'elle soit dénuée de toute prétention littéraire, le rapport que fait chaque année, à l'Académie française, un des quarante immortels sur *les prix de vertu*.

Montyon n'aurait sans doute rien à voir dans ce récit, parce que les Sœurs de la Charité n'ont jamais rêvé des récompenses académiques; mais leur Institut y trouvera un baume pour son édification, et un encouragement pour sa régularité.

La Mère Thouret s'en fera une arme pour la direction spirituelle de sa maison. Cette direction - on le voit - fut tout simplement admirable; je l'ai dit plus haut, et je me plais à le redire encore. Elle le fut à Besançon; elle va l'être à Naples; elle le sera partout; la suite de cette histoire est destinée à nous le montrer.

LIVRE TROISIÈME

L'ÈRE DES BÉNÉDICTIONS

(1810-1821)

CHAPITRE PREMIER.

Son voyage en Italie (Octobre e Novembre 1810).

Courage et dévouement de la Mère Thouret. - Une lettre du protectorat des Sœurs de la Charité. - Noms des sept compagnes de la Supérieure. - La séparation. - Le départ. - Une prophétie. - Une lettre de Lodi. — Une circulaire de Rome. - Lettre à Mgr. Lecoz. - Le chanoine de Josio.

Un voyage en Italie! Ce simple mot a de tout temps fait rêver bon nombre de jeunes et même de vieilles imaginations. Voir Milan, Florence, Rome et Naples, traverser la péninsule, la terre classique de l'Art, visiter le Vatican, le Colisée, les catacombes dans la Ville Eternelle; puis Chiaia, Santa Lucia, le Pausilippe dans la capitale des Deux-Siciles, voilà une perspective qui est bien faite pour séduire une nature enthousiaste et vibrante. Aussi les poètes, les écrivains et les artistes, à toutes, les époques de l'histoire, se sont, quand ils l'ont pu, donné, le plaisir et l'honneur d'entreprendre ce voyage. Au temps où nous sommes, il n'est pas encore démodé, bien que nos chemins de fer l'aient singulièrement dépoétisé. En 1810, il fallait encore le faire en voiture. C'est dire que s'il était plus pittoresque que de nos jours, il était aussi plus long, plus pénible et plus coûteux. Il était même quelquefois dangereux, à cause des bri-

gands qui arrêtaient les voyageurs et détroussaient les dili-
gences sur les grandes routes.

Il fallait donc du courage pour l'entreprendre. Mais le
courage c'est ce qui manquait le moins à la Mère Thouret.
Elle ne partait pas, d'ailleurs, en artiste ; elle partait en apôtre.
Elle avait une mission à remplir sous le ciel napolitain ; cela
lui suffisait. Il lui importait peu d'admirer les merveilles
qui attirent les touristes. Une seule chose la faisait rêver :
le soulagement des pauvres.

On lui avait écrit de Paris : « Voulez-vous avec six sœurs
aller fonder une œuvre de charité à Naples, où le roi Joachim
vous demande ? » Elle avait répondu : « Oui. » D'autres religieuses interpellées de la même façon avaient répondu : « Nous
ne le pouvons pas. » Elle, avait dit : « Je le puis. » Elle
avait reçu du ministre des Cultes le Comte Bigot de Préa-
meneu, une lettre de félicitation sur son dévouement, datée
du 15 Septembre 1810, et elle n'attendait plus que le signal
pour partir.

Le moment ne semblait cependant guère choisi. - Car
Napoléon qui avait usurpé le patrimoine de Saint Pierre retenait dans les fers le pape Pie VII ignominieusement arraché
à son palais, à ses cardinaux et à ses sujets ; mais notre
sainte supérieure tout en gémissant sur les tribulations du
vicaire de Dieu ne reculait devant rien, quand il s'agissait
de servir l'Eglise. — Elle était du reste depuis longtemps
habituée aux tourmentes politiques, et elle savait bien que le
nouvel orage qui grondait sur la papauté ne serait pas de
longue durée. Quand une tempête éclate sur la barque de
Saint Pierre, l'arc-en-ciel ne tarde jamais beaucoup à rayonner
dans un coin du ciel, pour annoncer bientôt le retour de la
sérénité.

Le 17 Septembre 1810, la lettre que voici partait de
Paris pour Besançon:

Protectorat
des Sœurs de la Charité
hospitalières.

Paris le 17 Septembre 1810.

Le Secrétaire des Commandements de son A. Impériale
et Rle Madame Mère de S. M. l'Empereur et Roi, Membre
de la Cour de Cassation, Maître des Requêtes, etc.

A Madame Thouret, Supérieure Générale
des Sœurs de la Charité.

Madame,

J'ai reçu votre lettre du 10 Septembre par laquelle
vous m'annoncez que vous avez reçu le mandat de 8121 francs.
70 centimes sur le Receveur du département du Jura, et
que cette somme vous a été comptée le 8 de Septembre ;
voilà l'article de l'argent bien réglé.

Je me suis occupé du soin de vous procurer des passeports. Son E. le ministre des Cultes a fait autoriser votre
départ par Sa Majesté et a adressé des passeports à Mr le
Préfet de votre département ; vous n'aurez par conséquent
qu'à vous adresser à ce Magistrat pour les obtenir.

Vous avez bien fait de traiter avec un voiturier, puisque
ce moyen vous est plus commode et plus économique. Je
présume que vous aurez traité avec un homme connu et qui
vous présente une certaine responsabilité.

C'est dans cet objet que j'avais pensé que la voie de
la diligence était la meilleure ; mais vous êtes prudente et
sage et vous aurez sans doute pris toutes vos précautions.

Voyant cependant que votre voiturier ne doit vous conduire qu'à Rome, je vous envoie ci-incluse une lettre pour
un Français, qui réside à Rome et qui est très-connu de
Mgr. le cardinal Fesch. C'est un brave homme qui vous

rendra tous les services qui dépendront de lui. Allez le trouver à votre arrivée à Rome et il vous procurera des moyens de transport jusqu'à Naples. Je vous envoie aussi deux autres lettres : l'une pour le Ministre de l'Intérieur de Naples, l'autre pour Monsieur Dumas, rapporteur au Conseil d'Etat du Roi, qui a été chargé de tout ce qui concerne votre établissement. Vous lui remettrez cette lettre en mains propres. Ce sera lui qui vous présentera au Ministre de l'Intérieur.

Quand vous serez arrivées à Rome, où sans doute vous vous reposerez un ou deux jours, ne fut-ce que pour aller faire vos prières à l'église de Saint Pierre, vous aurez soin d'écrire à Monsieur Dumas pour le prévenir du jour où vous arriverez à Naples, afin qu'il envoie à votre rencontre pour vous faire conduire au lieu où vous devez loger.

S. E. le Ministre des Cultes vous a écrit au nom de Sa Majesté pour vous témoigner la satisfaction de l'Empereur sur votre généreuse entreprise. Cette lettre que vous porterez avec vous, vous servirait de recommandation auprès des Autorités, si vous aviez besoin de recourir à elles dans le cours du voyage. Je vous observe qu'il serait peut-être convenable de ne pas voyager avec votre costume religieux, afin de ne pas trop attirer les regards. Vous ferez là-dessus ce que votre prudence vous suggérera.

Son Altesse Impériale et Royale me charge de vous assurer de toute sa bienveillance. Elle est extrêmement contente de vous et vous le prouvera dans toutes les circonstances.

Vous voudrez bien écrire de la route pour donner de vos nouvelles, savoir de Milan, de Florence, de Rome et de Naples. Ayez soin d'adresser toujours vos lettres sous le couvert de Son Altesse Impériale et Royale, Madame, afin qu'elles arrivent plus sûrement et sans frais.

Je vais écrire à Naples pour annoncer votre départ pour le 2 Octobre.

Recevez, Madame, les vœux que je fais pour votre bon voyage et votre heureux retour. Je m'applaudirai toujours d'avoir concouru à la sainte entreprise que vous allez faire. Je ne doute pas qu'elle ne prospère par vos soins et que bientôt votre congrégation ne compte de nombreuses maisons dans toute l'Italie.

Recevez, Madame, mes hommages respectueux.

Guieu.

Munie de cette lettre si flatteuse pour elle, et des passeports que le Préfet de Besançon lui envoya très aimablement, tout aussitôt, la Mère Thouret se prépara à partir. Elle emmenait avec elle sept sœurs, dont voici les noms. Il est bon de faire connaître ces jeunes héroïnes qui ne craignaient pas de s'expatrier pour la suivre. Puisqu'elles ont partagé son courage, elles méritent de partager sa gloire. C'étaient :   Sœur Marianne Barbe Bataillard ;

            Sœur Marie Joseph Thouret [1] ;

            Sœur Séraphine Alexandrine Gumard ;

            Sœur Thérèse Pauline Arbay ;

            Sœur Claudine Sophie Garcin ;

            Sœur Jeanne Françoise Généreuse Caillet ;

et Sœur Marie-Hélène Mélanie Robilier [2].

Toutes avaient dans l'âme la même flamme apostolique ; toutes étaient désireuses de servir Dieu et les pauvres sous les ordres de leur bonne Mère, et en partant, elles laissaient derrière elles des compagnes jalouses de leur sacrifice. Beaucoup auraient voulu les accompagner pour s'associer à leurs travaux et à leurs fatigues ; mais au nom de l'obéissance, elles se contentaient de les accompagner de leurs vœux et

---

[1] Celle-ci est Sœur Rosalie dont le nom revient souvent dans cette histoire.

[2] A ces sept sœurs il faut joindre une jeune nièce qui n'avait pas quinze ans et qui devait mourir à Naples en 1814, sous le nom de Sœur Colombe.

de leurs prières. Il faut savoir d'ailleurs que leur Supérieure avait quelque chose de fascinateur dans le regard, le sourire et les manières; la plupart de ses filles l'auraient suivie avec la plus grande sérénité au bout du monde, jusqu'au martyre, jusqu'à la mort. C'est dire qu'à l'heure solennelle du départ, il y eut des explosions de larmes. On pleura de joie et de douleur, d'espérance et de regret. On se quittait pour long-temps, peut-être pour toujours; on devait bien s'écrire, rester en communauté d'idées et de sentiments; mais les adieux sont si tristes! les séparations sont si amères!! Il y a dans les ombres de l'avenir, des lendemains cachés qui doivent être si sombres, que lorsqu'on se quitte surtout pour un pays inconnu, on sent germer en soi des pressentiments qui ser-rent le cœur.

Un poète a dit gracieusement: *Si j'étais Dieu, j'abolirais l'adieu!!* mais tout Dieu qu'il fut, il ne le voudrait-même pas; car c'est Dieu lui-même qui a *enseigné* l'adieu. N'a-t-il pas le premier quitté le Ciel pour nous prêcher le sacri-fice? N'a-t-il pas une fois fait homme, quitté sa mère pour enseigner le dévouement? N'a-t-il pas à la fin de sa car-rière évangélique, quitté ses frères pour nous apprendre le détachement?

La Mère Thouret savait tout cela par cœur: elle avait une âme de grande taille faite depuis longtemps aux sé-parations les plus cruelles; elle prêcha par la parole et l'exemple, la résignation à ses filles; elle leur promit d'ail-leurs de revenir, le plus-tôt possible; et après avoir reçu en compagnie de ses sept auxiliatrices les bénédictions de Mgr. Lecoz, elle se mit en route dans les premiers jours d'Octobre.

C'était le moment où les grandes Alpes recommencent à se coiffer sur leurs cimes moins élevées de leur panache blanc - les plus hautes étant presque toujours couronnées de neige ou de glaciers. — Si lorsque Madame Thouret les tra-versait avec ses compagnes, un prophète lui eût apparu, au

cœur des montagnes pour l'interpeller sur ses projets, je me
figure aisément qu'entr'eux la conversation suivante aurait
pu avoir lieu : « Mère hardie, où allez-vous ainsi ? » aurait
dit le voyant.

— « Je vais, aurait-elle pu répondre où le roi m'appelle
de par Dieu, où Dieu m'envoie de par le Roi. »

— « Mais arrêtez-vous et rebroussez chemin, vous vous
repentirez un jour de votre audacieuse entreprise. »

— « Pourquoi donc ? Se repent-on jamais de faire son
devoir, de se dévouer pour les pauvres, de se livrer à la
Providence ? »

— « Je vous le répète, n'allez pas plus loin, car lorsque
vous reviendrez parmi les vôtres, elles ne vous reconnaîtront
pas ; vous aurez le sort du Christ qui vint chez les siens
et que les siens ne voulurent pas recevoir ; vos propres sœurs,
par ordre, vous fermeront leur porte. »

— « Eh bien, puis-je me plaindre d'avoir un trait de plus
de ressemblance avec mon maître ? »

— « Je vous en conjure, revenez sur vos pas, et retournez dans votre famille religieuse, si vous ne voulez pas vous
préparer d'amères déceptions. »

— « Mais est-ce que le Christ connaissant d'avance la
trahison de l'un de ses apôtres, se détourna d'un seul pas
du chemin de sa Rédemption. »

« Prophète, laissez-moi suivre, à son exemple, le chemin
de ma destinée, et si, comme lui, je dois boire un calice
d'amertume, le Dieu qui me conduit me donnera la force de
le boire comme lui. »

Le voyant, désarmé par ces mots et émerveillé de ce
courage aurait disparu en disant : « Voilà une femme magnanime !! » Ce que personne ne dit alors, nous qui savons
le sort qui attend cette femme, nous pouvons le dire déjà
et nous aurons à le répéter encore : « Mère Thouret *était
une âme !* une âme grande, vaillante et forte. » Il est à croire
que de loin en loin, sur sa route, elle dut écrire à Madame

Lætitia qui le lui demandait si gracieusement. — Mais nous n'avons entre les mains aucune de ses lettres pour sa bienfaitrice. Sans quoi, nous aurions pu admirer de nouveau les richesses de son grand cœur. — En revanche nous possédons une missive et une circulaire adressées par elle à ses filles de Besançon et deux lettres envoyées à Mgr. l'Archevêque. La missive partit de Lodi, et la circulaire de Rome; les lettres pour le prélat sont toutes deux datées de la Ville Eternelle.

Il nous est doux, à défaut d'autres documents, de nous arrêter un instant sur ceux-là, car ils vont nous permettre de pénétrer plus avant dans cette âme qui devient de plus en plus belle à mesure que nous entrons dans l'intime de sa vie.

Voici la lettre de Lodi. Cette ville lombarde, à 34 k. de Milan, sur la route de Milan à Plaisance, rappelait à notre colonie voyageuse, un souvenir français. Napoléon avait remporté là une victoire sur les Autrichiens le 10 Mai 1796.

Dieu seul!

A Lodi, ce 15 Octobre 1810.

Mes très-chères filles, Elisabeth, Françoise, Barbe, Madeleine, Agathe, Dorothée, Eugénie, Thérèse, Joseph, Rose, Marie, Baptiste, Agnès, Hélène et la toute grande.

Je m'empresse de satisfaire au vif désir que vous avez de recevoir de mes nouvelles. Je me porte bien ainsi que toutes nos sœurs grandes et petites. Nous n'avons, grâce à Dieu, éprouvé jusqu'ici aucun désagrément. Nous sommes la curiosité des pays où nous passons, mais l'on nous respecte beaucoup. D'après vos bonnes prières, j'ai fait tout mon possible pour toutes vous voir encore une fois en particulier avant mon départ, et j'en ai été privée: mais espérons que le bon Dieu me conservera et que je vous reverrai à Besançon. Ce que je vous demande, mes chères enfants, c'est d'être toujours de véritablement bonnes religieuses, de travailler constamment à votre avancement dans la vertu et au bien des âmes.

Je prie sans cesse le Bon Dieu à cette fin ; qu'il vous bénisse largement. Je vous embrasse bien sincèrement toutes mes chères filles, croyez que je suis et serai toujours bien à vous.

Ma bonne Elisabeth, présentez à Messieurs Muiron, Bideau et Durand mes respects ; faites de même à leurs Dames ainsi qu'aux personnes qui demanderont de moi.

Sœur Rosalie, Sœur Colombe et les autres Sœurs vous embrassent de tout cœur.

Courage, mon enfant, tenez bon les cornes de la charrue ; ne laissez pas briser le soc contre quelque grosse pierre.

Le Bon Dieu a des trésors éternels pour nous récompenser.

Je suis toute à vous ma chère Sœur. . . . . . »

La Sœur Elisabeth qui est nommée en tête de cette lettre, n'est autre que celle qui avait accompagné la Mère Thouret au chapitre général, et qui était supérieure à l'hospice de Bellevaux. Dans ces mots : « Tenez bien les cornes de la charrue » ne faut-il pas voir une allusion au germe de la dissension semé par l'abbé Bacoffe ?

Peut-être bien. Quoiqu'il en soit, nous verrons plus tard que Sœur Elisabeth Bouvard resta toujours fidèle aux vrais principes de l'obéissance et de la discipline, malgré l'attitude équivoque de quelques unes de ses sœurs.

La circulaire est datée du 4 Novembre. La Mère Thouret était arrivée à Rome le 30 Octobre : la lettre adressée à Mgr. l'Archevêque va nous apprendre tout à l'heure dans quelles conditions. Or, sa première pensée, dès qu'elle eut mis le pied dans la ville sainte, fut pour son supérieur ecclésiastique et sa famille religieuse.

Voici ce qu'elle dit à ses sœurs :

« A Rome, le 4 Novembre 1810.

Mes très-chères Sœurs,

La grâce de N. S. soit avec nous toutes à jamais.

Voilà encore une année qui vient de s'écouler. Oh! que de justes et salutaires réflexions, elle nous présente : réflexions trop humiliantes de n'avoir pas assez mis à profit ce temps et les grâces immenses dont le Bon Dieu nous a comblées comme chrétiennes et comme religieuses. O temps précieux! il est passé, il ne reviendra plus. Vous en demanderez compte, ô mon Dieu, et de vos grâces; nous sommes si téméraires et présomptueuses que nous comptons toujours sur l'avenir, pour commencer tout de bon, non-seulement à nous perfectionner, mais à nous corriger de tant de défauts qui nous rendent coupables à vos yeux et qui nous privent d'une infinité de nouvelles grâces, que vous aviez dessein de nous donner; nous vous en rendrons encore compte de ces grâces dont nous avons suspendu le cours, et du bien qu'elles auraient opéré pour notre bonheur éternel, et celui de notre prochain. Nous serions dans notre saint état des modèles frappants d'obéissance, d'humilité, de charité, de support mutuel, de ferveur et de fidèles observatrices de notre sainte règle; ah! si nous la méprisons, si nous la violons, nous nous privons de beaucoup de grâces y attachées, nous donnons encore le mauvais exemple.

C'est votre œuvre, ô mon Dieu, nous devons la soutenir par toute notre conduite et la transmettre à nos futures Consœurs dans sa primitive vigueur. Oh! quel malheur si le contraire arrivait ! »

Encore ici, on peut voir dans ces paroles, une allusion discrète aux inquiétudes que notre Supérieure Générale emportait dans son voyage. Elle semble redouter pour l'avenir l'insubordination, la desharmonie dans sa communauté, et c'est là ce qui lui inspire cette prière émue, et ces objurgations voilées.

Elle termine sa circulaire par de pressantes recommandations, par la protestation de ses sentiments d'amour, et par ses souhaits de bonne année :

« Priez chaque jour, nos chères Sœurs, que le Bon Dieu bénisse notre entreprise, et qu'il nous accorde toutes les grâces dont nous avons besoin; nous en avons bien besoin. C'est un pays étranger; une langue étrangère; un climat étranger; des usages étrangers; des filles étrangères à recevoir et à former. Oh! Esprit-Saint, descendez sur nous comme vous le fîtes sur les Apôtres!

« Ah! mes chères filles! quoique je m'éloigne de vous par la volonté de Dieu, je ne vous abandonne pas; vous serez toujours l'objet de mes soins et de mes affections; je vous le prouve encore pendant le cours de mon pénible voyage, où je saisis tous les petits moments pour vous écrire cette circulaire; profitez du peu que je vous dis et tranquillisez-moi par votre véritable et bonne conduite; voilà tout ce que je désire et je m'en retournerai auprès de vous quand je le pourrai avec satisfaction; mais si le contraire arrivait, cela me ferait bien de la peine.

« Prions N. C. S., pour Sa Majesté l'Empereur et Roi, pour Madame Mère de Sa Majesté l'Empereur, notre auguste protectrice; pour Son Eminence le cardinal Fesch; pour Son Ex. le Ministre des Cultes, pour la conservation de Mgr. l'Archevêque de Besançon, notre Supérieur et Protecteur, pour nos Confesseurs qui nous prouvent constamment leur entier dévouement pour le salut de nos âmes.

Je vous souhaite, mes chères Enfants, une heureuse année et prie Dieu qu'il vous bénisse. Votre affectionnée Sœur Jeanne Antide Thouret, Supérieure générale de la Congrégation des Sœurs de la charité de Besançon. »

Voici maintenant les lettres adressées à Mgr. Lecoz. Je ne cite que la première parce que la seconde est très-courte, peu importante et peut être regardée comme le post-scriptum de l'autre, vu qu'elle fut écrite le lendemain même et qu'elle partit par le même courrier.

Rome, le 4 Novembre 1810.

Monseigneur Notre Supérieur Général,

Veuillez nous permettre de vous rendre compte de notre voyage. Nous avons été constamment bien respectées. Nous avons eu le beau temps jusqu'à Rome, sauf trois jours. Nous nous sommes toutes bien portées, excepté notre chère Sœur Généreuse Caillet qui est atteinte de la fièvre tierce depuis Sienne.

Nous sommes arrivées à Rome le 30 Octobre au soir. Un digne Prélat de Naples ayant été envoyé à Rome pour nous y recevoir, avait posté un homme à la porte de la Ville pour nous attendre et nous conduire dans une superbe hôtellerie, et le 31 au matin, Mgr. le Prélat et Mr Geraro vinrent nous voir avec accueil et nous dirent que nous avions mis peu de jours à faire notre voyage, qu'ils ne nous attendaient pas si tôt. Ils nous ont proposé de séjourner à Rome dix jours, tant pour nous reposer, que pour voir les beaux monuments de cette cité. Nous les avons priés de n'avoir pas autant d'égards pour nous et que, s'ils le voulaient bien, deux jours nous suffiraient; le jour de la Toussaint approchait; ils nous dirent que nous ne partirions de Rome pour aller à Naples; que le 12 Novembre, qu'ils attendaient des réponses de Naples, enfin, qu'ils avaient des raisons. Alors, nous leur répondîmes que nous étions à leur volonté, mais que nous les priions de nous traiter selon la simplicité de notre état, que nous venions pour servir les pauvres, que nous n'exigions aucun égard particulier.

Le jour de la Toussaint, au matin, Mgr. le Prélat nous a conduites dans un couvent d'Ursulines où nous resterons jusqu'à notre départ. Il vient chaque jour nous prendre avec deux berlines et nous mène voir les superbes monuments, et a toutes les attentions possibles pour nous.

Notre bonne Sœur Généreuse continue à être malade, deux médecins la viennent voir deux fois le jour; elle va beaucoup mieux aujourd'hui, 3 Novembre; nous espérons qu'elle guérira.

Mgr. le Prélat nous a remis de la part de Mr Dumas un mémoire explicatif des hôpitaux de la ville de Naples; ils sont au nombre de dix et cinq prisons; cela nous annonce qu'ils nous seront confiés, du moins en grande partie.

Mgr. le Prélat nous dit que le premier Gouverneur de Rome voulait nous honorer de sa visite, et aujourd'hui, Dimanche, nous sommes allées le visiter; il était sorti et il est venu nous voir l'après-midi et nous a invitées à dîner jeudi; nous avons cru devoir accepter.

Mr Jarry, notre voiturier a eu beaucoup de mal à nous conduire, car notre voyage a demandé beaucoup de dépenses.

Très-souvent, il a fallu payer des passages sur des ponts et sur des rivières; dans les montagnes de la Toscane, il a pris souvent des chevaux; nous n'avons pu nous dispenser de le dédommager un peu honnêtement, il ne l'a pas exigé. C'est un honnête homme; il a paru content de ce que nous lui avons donné; nous sommes aussi contentes de lui.

Nos sœurs s'unissent à moi pour vous offrir l'assurance de notre profond respect.

Je suis,

Monseigneur

Votre très-humble et très-obéissante, Sœur Jeanne Antide Thouret Supérieure Générale de Sœurs de la Charité de Besançon.

On le voit, la Mère Thouret écrivait à l'archevêque avec une simplicité d'enfant. Une fille n'aurait pas parlé autrement à son père, ni une novice à sa maîtresse. Cela nous prouve le respect et l'affection qu'elle avait pour lui. D'ailleurs, elle n'eut jamais qu'à se féliciter de l'avoir pour Supérieur. Monseigneur ne s'était jamais, en somme, occupé d'elle spécialement, mais il lui portait un grand intérêt, et il le lui montra en maintes circonstances. Il lui avait donné des lettres de recommandation pour son voyage d'Italie, et il faisait des vœux sincères pour la réussite de son entreprise.

Aussi, pour lui exprimer sa gratitude, la Mère lui envoya-t-elle des rameaux qu'elle avait cueillis elle-même dans le jardin du Pape le jour où elle visita le Vatican. Le prélat dont elle parle dans sa lettre était Mgr. André de Josio chanoine de la cathédrale de Naples [1]. Il avait été envoyé à Rome, à sa rencontre, par le ministre de l'intérieur, et il était muni de lettres et d'argent pour procurer à la pieuse caravane les faveurs qu'elle pouvait désirer dans la Ville Eternelle et pourvoir à tout ce qui lui serait nécessaire pour la vie et le logement. C'est lui qui remplit auprès de nos sœurs le rôle de *cicerone* et qui leur montra tour à tour les appartements du Pape, les musées du Vatican, les basiliques, les catacombes, les monuments, etc. C'est lui aussi qui dut les accompagner à Naples; il fut pour elles d'une extrême obligeance, et après qu'elles eurent satisfait leur curiosité et surtout leur piété, elles se mirent de nouveau en route pour se rendre à leur destination. C'était le 12 Novembre. — Elles avaient passé 14 jours à Rome, ravies de leur séjour et enchantées surtout des attentions qu'on avait eues pour elles.

---

[1] A Naples, les chanoines de Saint Janvier ont des prérogatives prélatices.

CHAPITRE DEUXIÈME.

Son installation à Naples (1810-1811).

Les délices de Naples. - Le monastère de Regina Cæli. *-
L'hôpital des Incurables. - Préparatifs. - Réception. -
Prise de possession. - Lettres de Naples. - Dévouement
de la Mère. - Dotation du Roi.*

Vanter Naples est devenu banal, si bien que l'écrivain
qui rencontre son nom sous la plume, n'ose plus faire l'éloge
de cette ville incomparable, l'une des plus belles du monde
par sa situation topographique et la richesse de ses trésors.

Les poètes de l'Antiquité se sont plu de bonne heure à
en chanter les merveilles prestigieuses et ils y ont placé le
temple et la tombe d'une sirène nommée Parthénope. — De
là l'ancien nom que portait jadis la cité magique. — Le napolitain est fier et orgueilleux de cet *eldorado*, et dans son
enthousiasme assez légitime d'ailleurs, il l'appelle un fragment du ciel tombé par mégarde sur la terre. — Jamais en
effet, contrée terrestre n'a été comme Naples favorisée des
dons de la nature. L'air y est doux, tempéré par la brise
de la mer voisine dont la surface bleuâtre et polie attire et
enchante les regards; et les campagnes environnantes couvertes de fleurs, de vignobles et de céréales y sont toujours
d'une végétation luxuriante et d'une fécondité admirable. —
C'est vraiment le pays où le Créateur, comme le dit une

chanson napolitaine, a *bien voulu sourire* [1]. C'est là que beaucoup de poètes et d'artistes voudraient vivre, rêver et c'est-là que la Providence envoyait la Mère Thouret pour travailler, se dévouer et mourir.

Il y avait alors à Naples plus de cent églises, dont la plus importante était – comme elle l'est encore – la cathédrale placée sous l'invocation de saint Janvier, le Saint populaire par excellence : cent cinquante couvents et cent trente chapelles. Or, c'est un de ces couvents et une de ces chapelles que Murat donnait à notre fondatrice, à condition qu'elle desservirait l'*Hôtel-Dieu*, annexé à la maison religieuse.

Cette maison est connue sous le nom de *Regina Cœli*. Il faut savoir que les Napolitains ont deux grandes dévotions : la Madone et Saint Janvier, et dans leur foi ardente et expansive, ils ne manquent jamais de montrer leur amour pour leur chère bienfaitrice et leur principal protecteur : de là, chez eux, le nombre infini de sanctuaires dédiés à la *Reine du Ciel*.

Regina Cœli est un monastère comme on en voit peu ; il est large, spacieux, aéré et muni de jardins, de cours et de terrasses. Il avait été jusque-là occupé d'abord par des religieuses basiliennes, et en dernier lieu, par des chanoinesses du Latran. Nous aurons à en reparler ; la chapelle adjacente qui serait ailleurs une grande église, est également très-belle. On peut même dire qu'elle est somptueuse, car elle possède un grand nombre d'autels, de tableaux, de statues, de fresques et de lustres qui en font un sanctuaire presque royal. Elle remonte à 1590 et a été bâtie sur les dessins de Franc Mormando.

L'*Hôtel-Dieu* est le principal hôpital de Naples ; on l'appelle la *casa degli Incurabili*, la maison des *Incurables*, non pas que les malades qu'il reçoit soient condamnés à y mourir ; mais parce qu'ils sont *incurables chez eux* ; ils n'ont

---

[1] Dove volle sorridere il Creator.

pas dans leur famille les moyens de se guérir. Le peuple napolitain, malgré la paresse qu'on lui reproche est actif, laborieux et même prodigue de son travail; mais il n'est pas à l'abri des maladies et, soit à cause des plaisirs qu'il se donne, soit à cause des vices qu'on lui prête, il envoie passablement de sujets dans les hôpitaux. Celui dont je parle a d'ordinaire un millier de malades dans ses salles.

Or, tel était le milieu dans lequel allait arriver notre sainte phalange de vierges dévouées et généreuses, et je me hâte de dire qu'elle arrivait sous les auspices les plus heureux, car, par ordre du Ministre de l'Intérieur, la commission administrative de bienfaisance, s'était empressée de mettre le nouvel établissement en harmonie avec les autres maisons du même genre que possédait la ville. Déjà le local de *Regina Cœli* avait été d'office arrangé pour recevoir la colonie française annoncée.

De l'auberge des pauvres - *albergo dei poveri* - magnifique asile ouvert aux indigents des deux sexes, et fondé en 1571 par Charles III, on avait fait passer dans le couvent, quatre filles qui devaient y demeurer comme servantes, et à *Saint Janvier des pauvres - San Gennaro dei poveri -* hospice de vieillards infirmes, on avait pris trois hommes qui devaient être là, l'un comme portier et les deux autres comme serviteurs. Une femme avait été chargée de la cuisine et une autre avait été désignée comme gardienne des chambres, du réfectoire, des ustensiles de la maison et des autres objets inventoriés qu'on lui consigna.

Mr Fulcran Dumas avait prié le Recteur de l'Eglise et l'agent de surveillance des Incurables, de veiller aux préparatifs, et celui-ci avait prêté quelques uns de ces ouvriers pour tout disposer avec ordre, décence et propreté. Puis Mgr. *de Latour, Evêque de Lettere* [1] et vicaire-général de

---

[1] Lettere n'est plus évêché; il a été supprimé en 1818, et annexé au diocèse de Castellammare.

Naples avait été invité à assister avec son clergé, à la prise de possession du monastère par les Sœurs de la Charité, et à y célébrer la messe, en leur honneur, le matin du 18 Novembre. On avait particulièrement invité quatre religieuses des conservatoires destinés à l'éducation de l'enfance, et les recteurs des hospices de bienfaisance [1].

On le voit, rien n'avait été négligé pour donner la plus grande solennité à la réception des Sœurs attendues avec impatience. Elles étaient parties de Rome, - nous l'avons vu, - le 12 Novembre; s'étaient le 17, arrêtées quelques heures à Capoue et le 18, au matin, dès l'aube, elles avaient quitté Aversa qui se trouve à 15 kilomètres de Naples, pour se rendre à leur chère destination.

A l'arrivée, elles descendirent à *l'auberge des pauvres* où se trouvait déjà réunie la commission administrative de bienfaisance pour les recevoir et leur souhaiter la bienvenue. Furent-elle accueillies par une harangue officielle? Rien ne l'indique. Du reste, les Sœurs de la Charité n'ont besoin de cela ni pour leur gloire, ni pour leur consolation. Quand elles se rendent simples et modestes à leur poste d'honneur, elles disent: « Me voilà! » On leur répond: « Merci! » - et cela leur suffit. — Elles ne veulent pas d'autres honneurs; elles savent que leur récompense est plus haute et qu'elle viendra plus tard.

A la porte de l'auberge des pauvres se trouvaient quatre voitures attelées. Nos huit sœurs y montèrent, et bientôt après elles arrivaient devant l'église de *Regina Cœli*. Là, les attendait le vicaire-général assisté par le recteur des incurables et entouré d'un nombreux clergé; il les introduisit; elles furent rangées dans le sanctuaire, en face de l'autel; à leur droite, du côté de l'épître prirent place Mr Dumas, le

[1] Procès verbal de l'arrivée, entrée et réception à Naples des Sœurs de la Charité dites de Saint Vincent de Paul de Besançon, le 18 Novembre 1810, - rédigé par Mr Fulcran Jérôme Dumas rapporporteur au conseil d'Etat le 20 Novembre 1810.

chanoine de Josio, et le recteur des établissements de bienfaisance [1]; et à leur gauche, du côté de l'Evangile se trouvaient le chevalier Pierre Sterlich, chargé par le Roi des
admissions et Mr Joseph, Antoine Ricci secrétaire général de
la commission. L'orgue jouait; la messe commença devant
une assistance nombreuse, et à la fin, Mgr. de Latour se
tourna vers les Religieuses pour leur adresser quelques paroles, et les remercier surtout de leur dévouement à la cause
des pauvres et des malades. Après son allocution qui fut
courte, mais délicate, il s'assit sur son siége et reçut l'obédience des Sœurs qui lui furent présentées par Mr Dumas
l'une après l'autre et qui, après avoir baisé son anneau re-
tournèrent à leur place respective.

La cérémonie religieuse terminée, elles passèrent dans le
couvent, se groupèrent dans une salle préparée d'avance par
l'administration et reçurent là, les félicitations de la commission, du clergé et de la noblesse. Ces félicitations furent aussi
chaleureuses que méritées: la Mère Thouret était confuse de
tous les honneurs qu'on lui rendait; mais comme toujours,
elle s'abîmait dans son humilité, et rapportait tout à Dieu
à qui doit revenir toute gloire toujours et partout. Bientôt
la foule s'écoula, les malles de la modeste caravane furent
portées dans les chambres qui devaient être habitées; les
portes du couvent se fermèrent et nos Sœurs aussi surprises
qu'heureuses se trouvèrent maîtresses de *Regina Cœli*.

Un petit repas avait été préparé à leur intention, remises
de leurs émotions, elles se rendirent au réfectoire. Mr Dumas
assista à leur dîner, et puis, il se retira après leur avoir renouvelé ses offres de service et ses protestations de dévouement [2].

Elles étaient, on le voit, largement récompensées de leur
courage. Qui ne sait que Dieu en vertu d'une loi chère à

---

[1] Ces recteurs étaient les prêtres qui desservaient ces établissements comme aumôniers.

[2] Ibidem, Procès verbal.

sa miséricorde se plaît à payer, un jour ou l'autre, au cen-
tuple ce que l'on fait pour lui?

Dès qu'elle fut définitivement installée, la Mère Thouret
s'empressa d'écrire à ses Sœurs de Besançon pour leur faire
part de son bonheur et leur rendre compte en détail de son voyage, de son arrivée à Naples et de sa réception à *Regina Cœli*.

Malheureusement cette lettre s'est perdue, mais nous en
possédons une seconde, datée du 30 Décembre 1810, et dans
laquelle notre supérieure revient sur les événements et sur
la cérémonie que nous venons de raconter. Elle donne ses
impressions sur la maison qu'elle doit à la munificence du
Roi : « Elle est très-vaste, dit-elle, et surmontée de grandes
terrasses d'où nous dominons la mer d'un côté et la ville
de l'autre; puis, nous apercevons le mont Vésuve qui jette
de la fumée et du feu par son volcan. »

Voici d'ailleurs comment elle termine sa lettre :

« Demain nous prenons possession d'un hôpital tout près
de *Regina Cœli;* il compte maintenant 1000 malades. Il paraît que je repartirai pour la France aux environs de
Pâques, s'il plaît au Bon Dieu. Le roi et la reine de Naples
nous ont visitées avec une grande bonté et bienveillance; il
fait un peu froid ici. Nous avons un excellent confesseur français qui nous donne aussi quelques leçons de langue. Toutes
nos sœurs vous embrassent et se portent bien, grâce à Dieu.
Priez beaucoup pour moi; j'ai une multitude d'affaires à
traiter..... »

On voit par cette fin de lettre, que notre fondatrice est
tout entière à son œuvre et que les occupations ne lui manquent pas. Elle ne devait pas toujours dormir, la généreuse
et sainte femme! Elle devait, à coup sûr, consacrer au travail
bien des heures réclamées par le sommeil. Elle nous le laisse
deviner dans le cœur de cette même missive où nous trouvons la phrase suivante: « Je vous écris de nuit, mes enfants; je le fais bien mal, d'autant plus que je n'ai pas le
temps de soigner mon orthographe. »

Malgré cela, son épître est assez longue. Elle a presque le caractère d'une circulaire écrite pour recommander l'amour de la sainte règle, et surtout de la charité, de l'harmonie et de la paix. Nous pouvons en juger par la première page que voici:

« Bonjour, ma chère fille Elisabeth! Comment vous portez-vous? Tenez-vous bon les cornes de la charrue? La terre est-elle aride? Le bon grain lève-t-il bien? L'ivraie ne l'étouffe-t-elle point? Si cela était, ôtez l'ivraie avec une petite bêche, sans endommager le bon grain. Prenez courage, le bon froment des élus mûrira pour vous nourrir dans la vie éternelle. Piquez bien la vigne; vous boirez à longs traits le bon vin dans le Paradis. Mais pour mériter ce bonheur, ne nous lassons pas de combattre dans cet exil; méprisons la terre et ses faux biens; défions-nous constamment de nous-mêmes, des démons et du monde. Méprisons les honneurs du monde; c'est en vain que nous y chercherions notre bonheur, et ce sera un grand bien pour nous de ne recevoir de lui qu'ingratitude et que contradiction. Cela nous en détachera pour nous attacher intimément à Dieu seul. Vous avez bien des difficultés, des souffrances pour servir les pauvres malheureux confiés à vos soins; je suis bien sûre que vous le faites par charité et pour l'amour du Bon Dieu; et que vous traitez vos chères compagnes, nos bonnes Sœurs comme vous voudriez que l'en vous traitât vous-même; que vous leur rendez à toutes justice; que vous les supportez toutes avec charité et pour l'amour de Dieu seul. J'ai aussi la douce confiance que vous aimez et pratiquez exactement notre sainte règle; que vous la faites respecter et pratiquer, que vous aimez la paix, et que vous faites tout votre possible pour la faire régner parmi vous toutes, ainsi que le respect mutuel, et cette politesse et douceur qui unit tous les cœurs selon l'esprit de Dieu. Avec le don précieux de la paix, de l'harmonie, de l'union réciproque, toutes peines nous seront peu sensibles. »

A la lecture de cette page, il est facile de comprendre que dans son petit paradis de Naples, la Mère Thouret n'était pas sans inquiétude pour celui qu'elle avait laissé à Besançon; elle n'oubliait pas qu'il y avait un ennemi dans la place: Mr Bacoffe, et de loin en loin, elle dressait ses batteries de défense pour démonter ses ouvrages; mais l'ennemi était hélas! placé à une longue distance, et profitait de l'absence du général en chef pour miner sourdement la citadelle.

En attendant, ce général en chef, savant en stratégie, continuait ses glorieuses campagnes. Madame Thouret se faisait avantageusement connaître dans la capitale des Deux-Siciles; elle acquérait de plus en plus la bienveillance du Roi, de la Reine, de l'aristocratie et du clergé. On appréciait toujours davantage son tact, sa pondération, son talent d'organisation, et on rendait surtout hommage à sa brûlante charité. On la voyait se faire toute à tous, et on s'inclinait avec respect devant son dévouement à toute épreuve pour lequel il aurait fallu créer un terme nouveau dans le langage si riche du pays. En exhumant du dictionnaire latin le mot *evisceratio* qui ne peut se dire que d'un être donnant le sang de son cœur et de ses entrailles pour montrer son amour, mais qui n'a de correspondant ni en italien, ni en français, on aurait peut être pu rendre la mesure de ce dévouement.

Aussi la maison de *Regina Cœli* fut-elle dès l'origine vouée à la plus large prospérité. Le Roi tint à la doter richement, et le 31 Octobre 1811, il faisait paraître un décret dont voici les principales dispositions. Voulant, disait-il, pourvoir à la dotation du très-utile institut des Sœurs de la charité approuvé par le décret du 26 Février 1810, il lui allouait une *rente* de 7838 ducats [1]. 5000 devaient être privativement donnés à la maison mère. Les 2838 autres ducats étaient destinés au noviciat, et 4000 ducats étaient en

---

[1] Ces 7838 ducats correspondaient à 30,000 francs.

outre accordés à la Supérieure générale pour *pourvoir au complément* du mobilier de la maison [1].

C'est dire si la Mère Thouret avait su gagner les sympathies du Ministère et de la Cour. Il lui fallait évidemment d'immenses ressources pour soutenir ses œuvres et surtout pour subvenir aux besoins des mille malades qu'elle avait trouvés à l'Hôtel-Dieu; mais le Roi, malgré son grand désir de conquérir, après le trône des Deux-Siciles, le cœur de ses sujets, n'aurait peut-être pas été aussi généreux pour une autre supérieure moins riche en qualités de toute nature.

Elle vit dans cette faveur de l'Etat une intervention directe de la Providence, une preuve sensible de la bonté divine, et elle ne songea, avec la rente qui devait lui être servie, qu'à agrandir le rayon de ses bienfaits dans la ville et le Royaume. C'est justement là ce qui la retint à Naples plus longtemps qu'elle n'avait pensé. Elle avait annoncé son retour en France, à ses filles de Besançon, pour la Pâque de 1811. Mais il lui fut impossible, vu les occupations incessantes qui naissaient sous ses pas et les fondations nouvelles qui réclamaient sa présence, de donner suite à ce projet. Elle ne put même l'exécuter que bien tard au gré de ses désirs. Nous allons donc la voir encore de longues années, sous le ciel de Naples. C'est là que va être son principal champ de bataille. C'est là qu'elle va acquérir de nouveaux droits à notre admiration et gagner en même temps de nouveaux mérites pour le Ciel!!

---

[1] Décret du 31 Octobre, daté de Portici, signé par Joachim Napoléon et contre-signé par le Ministre secrétaire d'Etat, Pignatelli, et le Ministre de l'Intérieur, Zurlo.

CHAPITRE TROISIÈME.

Son administration à Naples (1811-1812).

*Edits royaux. - La Mère Thouret se défend. - Sa lettre au
Roi. - Le chanoine Narni. - Un mémoire au Ministre. -
Réponse du Roi. - Victoire de la supérieure. - Nouvelle
circulaire. - Nouveau nécrologe.*

Ici-bas, qui ne le sait, - la chose est vieille comme le monde
ou comme l'histoire, - il n'y a pas de roses sans épines, et
de ciel sans nuages. — La Mère Thouret savait cela par
cœur depuis sa tendre enfance; mais elle allait l'apprendre
de nouveau. C'est le Ministre de l'Intérieur qui se chargea
de le lui rappeler.

Sous le règne du roi précédent - Ferdinand IV - le gouvernement, imbu du Joséphisme importé à la Cour, par la
reine Marie-Catherine d'Autriche avait, au mépris de toutes
les conventions, multiplié ses empiétements sur le clergé et
les congrégations. Le 25 Juin 1786, un édit avait ordonné
aux religieuses de rompre tout lien de dépendance à l'égard
de leurs généraux étrangers au Royaume, et en Septembre 1788,
un nouvel édit avait paru d'après lequel les maisons religieuses
du royaume étaient déliées de toute obligation passive de
gouvernement et de discipline, envers les monastères des Etats
étrangers et devaient à l'avenir, être absolument gouvernées,
par leurs supérieurs respectifs sous la direction des évêques

diocésains quant au spirituel, et, sous l'autorité royale, quant au temporel.

Or, il semble que Mr Zurlo, Ministre de l'Intérieur, à la cour de Murat, en 1811, s'inspira de ces édits pour l'exécution du décret que nous avons mentionné dans le chapitre précédent, et qui dotait richement la maison de Regina Cœli.

Voici comment se terminait ce décret : il contenait trois articles qu'il est bon de faire connaître pour l'intelligence de ce qui va suivre.

Art. 9^e

Notre Ministre de l'Intérieur fera les règlements nécessaires pour l'Administration, et donnera toutes les dispositions pour l'accomplissement.

Art. 10^e

Seront tout de suite formées par nos Ministres du Culte et de l'Intérieur et soumises à notre approbation les modifications sur les règles et Statuts des Sœurs de la Charité, à la teneur de l'article second de Notre Royal Décret du 26 Février de l'an passé, 1810 [1].

Art. 11^e

Notre dit Ministre de l'Intérieur est chargé de l'exécution du présent Décret.

On le voit, par le simple énoncé de ces articles, le ministre était armé pour modifier à son gré les statuts de la Mère

---

[1] Voici la teneur de cet article :

Art. 2^e

Les Règlements et Statuts de cette Congrégation seront dictés d'après ceux reçus dans l'Empire Français et les modifications faites par divers Décrets Impériaux et spécialement par le Décret du 18 Février, 1809.

Nos ministres du Culte et de l'Intérieur les rédigeront de concert en les soumettant à notre souveraine approbation.

Thouret. Or, il n'y manqua pas, et s'appuyant sans doute sur les doctrines joséphistes qui régnaient dans les sphères gouvernementales, il fit suivre le décret royal d'un règlement qui modifiait si bien ces statuts qu'il leur enlevait en partie leur esprit et leur caractère.

Le 2e article de ce règlement qui fut également signé par le roi disait ceci :

« Les Sœurs ne reconnaîtront aucun supérieur général ni aucune supérieure générale, mais chaque maison aura sa supérieure et elles dépendront pour le spirituel de l'évêque diocésain. »

Cet article, frappait en pleine poitrine nos religieuses de *Regina Cœli;* il était en opposition flagrante et formelle avec le premier de leurs statuts approuvés par l'Empereur d'après lequel « les établissements des Sœurs de la Charité de Besançon, où qu'elles fussent établies, ne formaient qu'une seule et même communauté dont le gouvernement était tout entier entre les mains d'une supérieure générale. »

Emue et alarmée par cette disposition subversive, notre courageuse fondatrice se mit aussitôt sur la défensive.

Elle prit ses armes ordinaires, la prière et sa plume, et le 20 Décembre, elle écrivit au Roi, en son nom et au nom de ses compagnes, une lettre admirable dans laquelle elle révéla une fois de plus les ressources infinies de son esprit puissant et les délicatesses exquises de son cœur sensible. Cette lettre dans laquelle on ne sait ce qu'il faut le plus louer ou la trame du raisonnement ou la force de l'éloquence, est trop longue pour que nous la reproduisions en entier. Contentons-nous de l'analyser et d'en donner quelques extraits.

La Mère Thouret commence par remercier Sa Majesté de son décret de dotation; puis, pleine de confiance en sa bonté, elle lui demande la permission de lui soumettre quelques respectueuses observations au sujet du règlement qui suit le décret. Elle ne craint pas de lui dire que ce règlement lui a causé, à elle, et à ses sœurs, une profonde affliction. Puis elle continue ainsi: « Aurions-nous pu nous attendre au changement de nos statuts, d'après la lettre de S. A. Impériale et Royale votre Auguste belle-mère en date du 28 Mai 1810, lorsqu'elle nous proposa cet établissement nous disant que V. M. avait adopté, par son décret du 26 Février 1810 les statuts de Saint Vincent de Paul? Nous sommes aussi établies sous cette règle, mais il n'est pas dit que V. M. l'a adoptée avec des restrictions. Si l'on nous avait fait cette proposition avant notre départ de Besançon, nous aurions eu sans doute le droit de représentation et nous aurions été libres d'accepter ou de remercier comme l'ont fait nos Sœurs de Paris et de Nevers, lesquelles n'eurent pas le courage de se rendre à l'invitation qui leur en fut faite. Pour nous, aussitôt que son A. Impériale et Royale votre Auguste Belle-Mère nous en fit la proposition, nous nous empressâmes de prouver notre obéissance aux desseins de Dieu, et aux ordres de S. A. I. et Royale, notre Auguste protectrice. Sire, ce n'est qu'à la condition que nous serions établies ici comme nous le sommes en France, que nous avons accepté cet établissement: c'est aussi avec la meilleure foi et la plus sincère confiance en V. M. que nous avons proposé à nos Sœurs de nous prêter leur concours; elles sont venues, mais avec la ferme espérance de nous rester affiliées; autrement elles ne se seraient jamais décidées à nous suivre.

« La seule idée de rompre avec nous serait capable de les déconcerter. Elles n'ont pas cru, en venant ici, lier pour toujours leur liberté, et celle que nos Statuts leur donnent de nous demander leur changement de pays ou de maison, et d'être remplacées par des Sœurs de notre Institut. »

Après cela, la Mère Thouret fait habilement ressortir les abus parfois très-graves qui pénètrent dans les maisons religieuses qui n'ont qu'une supérieure locale; elle fait également observer que changer des statuts approuvés par l'Empereur, c'est sembler ignorer ou vouloir détruire ce qu'il a si sagement établi, et enfin, après avoir épuisé tous les arguments qui plaident en sa faveur, elle laisse parler ses enfants. Elle leur cède en quelque sorte la parole et la plume, et voici ce qu'elles écrivent au Roi :

« Sire, nous avons adopté nos statuts et règlements en entrant dans la Communauté, et nous demandons à les suivre en tout point ; nous désirons jouir de la liberté et de tous les privilèges qu'ils nous accordent. S. M. Impériale et Royale ncus a mises sous la conduite d'une Supérieure Générale, dont nous sommes contentes. Voudrait-on nous tendre un piège et nous faire retourner sur nos pas ? Ce n'est certainement pas la volonté de V. M. qui nous a appelées.

« Nous ne pouvons pas, en conscience et de notre gré, renoncer à notre Supérieure Générale, à notre Communauté et à nos Statuts ; car nous devons rendre compte de ceux-ci à Sa M. l'Empereur, à son Auguste Mère, aux autres Supérieurs, et à tous les Etablissements de notre Institut.

« Sire, voilà les très-humbles observations que nous déposons aux pieds du trône de V. M. avec la plus parfaite confiance qu'elle daignera nous exaucer ; Elle guérira nos plaies encore saignantes ; Elle essuiera nos larmes qui coulent encore depuis que nous avons quitté notre patrie et nos chers parents pour seconder vos pieux desseins. En faisant des sacrifices si coûteux à notre âge, nous n'avons jamais pensé faire celui de notre Communauté de Besançon, et encore moins celui de notre Supérieure Générale, à qui nous devons après Dieu notre vocation.

« C'est notre attachement filial, le vœu d'obéissance que nous lui avons fait et l'exemple touchant qu'elle nous a donné qui nous a décidées et encouragées à la suivre. Sans elle, nous n'aurions eu ni la force, ni les lumières, ni l'expérience voulue pour venir jusqu'ici et diriger l'établissement que V. M. nous a confié. Après un dévouement si généreux de sa part aurait-elle pu redouter qu'on oserait la méconnaître ainsi ? Si on lui avait annoncé avant notre départ de Besançon ce qui l'attendait, Elle ne nous aurait pas entraînées et nous ne

serions pas venues. Elle a tenu loyalement toutes ses promesses et même au-delà ; c'est donc nous-mêmes que l'on
attaque en voulant nous faire rompre avec ce que nous avons
de plus cher ? En quittant nos parents, nous l'avons prise
pour notre mère ; c'est l'âme de nos âmes ; c'est notre espoir
et notre consolation, après Dieu ; Elle nous a adoptées pour
ses filles ; elle est trop tendre pour nous laisser ; c'est à Elle
que nos parents nous ont confiées et pas à d'autres. Jugez,
Sire, quelle désolation pour eux si à cette bonne et tendre
mère victime de son zèle, ils pouvaient dire un jour : – Vous
avez mené nos enfants dans un pays étranger pour les perdre,
rendez-nous en compte ! –

« Sire, nous vous supplions d'agréer nos justes réclamations, nous vous en serons à jamais reconnaissantes, et ne
cesserons d'adresser des vœux au Ciel pour votre précieuse
conservation. »

Que pensa Joachim en lisant cette touchante lettre signée
par les huit sœurs françaises de *Regina Cœli*, cette éloquente
protestation de huit âmes généreuses qui plaidaient si bien
leur cause ? Nous ne le savons pas ; mais nous verrons plus
loin qu'il sut y répondre en Français et en Roi.

En attendant, la Mère Thouret priait et faisait prier autour
d'elle, d'abord ses chères enfants qui venaient de lui donner
une preuve si éclatante de leur attachement et de leur fidélité,
et puis les quelques amis qu'elle avait pu se faire depuis
son arrivée à Naples. Parmi ces derniers il faut remarquer
et distinguer déjà le chanoine Narni ; il parlait français et il
avait été désigné par l'autorité diocésaine pour être le confesseur de la communauté de *Regina Cœli*. C'est à lui que
la pauvre Mère confiait ses peines et faisait ses confidences,
quand elle était tourmentée par quelque souci. Le premier
qu'elle rencontrait n'était pas sans amertume. Elle en fit part
au pieux chanoine qu'elle savait bon et compatissant et il
s'empressa de la réconforter par une lettre datée du 8 Janvier 1812 qui se terminait ainsi :

« J'ai bien lu votre billet, ma chère fille, je n'ai qu'à répéter ce que le Bon Dieu m'a fait dire pour vous encourager. Le drapeau de la Croix est à vous. Notre foi se montre dans les orages ; Jésus est notre pilote dans la mer orageuse du monde. Allons, courage, ma très chère fille, j'espère apprendre bientôt les bonnes nouvelles que je vous souhaite. Je ne manquerai pas de prier et de faire prier à cet effet. Communiez et fortifiez-vous avec le bon Jésus et recevez ma bénédiction. »

Ces paroles parties du cœur, et venant d'un directeur intelligent et dévoué, étaient bien faites pour calmer un peu les inquiétudes de la Mère Thouret ; mais celle-ci n'était pas femme à s'endormir sur des espérances lointaines ; elle connaissait notre proverbe : « *Aide-toi et le ciel t'aidera* » et le surlendemain du jour où elle avait reçu la lettre qui lui prêchait le courage, le 10 Janvier, au matin, elle se présentait chez le Ministre de l'Intérieur pour lui dire avec respect, mais aussi avec franchise, ce qu'elle avait sur le cœur. Elle pensait qu'il y a des circonstances où il faut à tout prix prendre le taureau par les cornes. Elle avait raison. Elle ne se contenta pas de cela, et le 26 Février suivant, comme elle n'avait pas encore la réponse qu'elle attendait avec impatience et anxiété, elle taillait de nouveau sa plume des grands jours et elle rédigeait à l'adresse de son Excellence le même ministre, un long mémoire dans lequel, elle passait en revue les principaux articles du règlement subversif et prenait la liberté de les réfuter avec son courage et sa logique ordinaire ; elle insistait de nouveau sur le second qui avait été l'objet de sa lettre au Roi, présentait de judicieuses observations sur les autres qu'elle trouvait attentoires à ses priviléges consacrés par l'Empereur roi d'Italie [1] et finissait

---

[1] Ces articles regardaient les vœux, les professions, les aspirantes, l'administration des biens, la discipline extérieure etc.; ils étaient absolument contraires à l'esprit des statuts de la congrégation.

en rappelant au ministre ces mots de Mr Guieu, écrivant, le 28 Mai 1810, au nom de Madame Mère : « Je ne dois pas vous laisser ignorer que le roi de Naples veut que les établissements de Charité qui seront faits dans son royaume, soient comme ceux de France, sous la protection de Madame ; ainsi, malgré leur éloignement, vos sœurs fixeront toujours les regards maternels de S. A. Impériale. »

La conclusion était celle-ci : « Nous disons que nous devons être établies ici conformément à nos statuts, telles que nous étions quand on nous a invitées à venir à Naples, sans *aucune restriction quelconque.* »

Le procès ne pouvait être mieux conduit, et la cause mieux plaidée. La Mère avait défendu sa citadelle attaquée dans ses fondements avec une énergie qui demandait la victoire ; elle s'était réveillée comme la lionne qui rugit quand on veut lui arracher ses petits lionceaux. Elle avait parlé comme Salomé la mère des Macchabées prêchant la résistance à ses sept enfants. Ses sept filles avaient secondé sa vaillance. Elle devait triompher ; et de fait, il fallut que le ministre baissât pavillon devant elle. La réponse du roi ne se fit pas attendre, et un matin, après sa messe, et sa communion, notre supérieure reçut au milieu de ses occupations habituelles, le décret suivant :

« Vu le Décret et les Statuts des Sœurs de la Charité de Besançon, approuvés par l'Empereur notre Auguste beau-frère en date 28 Août 1810, nous déclarons que les modifications contenues dans notre Décret en date 26 Février 1810, n'ont pas été appliquées aux Sœurs de la Charité de Besançon, que nous avons appelées dans nos Etats : En conséquence, nous déclarons que tous les articles de notre règlement décrété en date du 31 Octobre 1811, qui sont contraires à leurs Statuts et Règlements, n'ont aucune valeur à leur égard. Enfin nous décrétons que les Sœurs de la Charité de Besançon, établies à Naples, et qui doivent se propager dans tout notre Royaume le soient conformément à leurs Statuts et Règlements sans *aucune restriction quelconque.* »

Le triomphe était complet. Madame Thouret avait gagné la bataille sur toute la ligne.

C'est ainsi qu'elle montrait sa puissance administrative. C'est ainsi qu'elle prouvait que Dieu l'avait faite pour gouverner.

En attendant, elle continuait, pour bien mener sa barque, à consulter en toutes choses son digne confesseur qui lui écrivait ceci, à la date du 14 Juin 1812 :

« Je vais m'occuper de tout ce que vous m'avez dit. Le courage, la consolation, l'édification vous viendront de Jésus à qui nous sommes consacrés, et, s'il m'est permis de le dire, ces biens vous viendront par le moyen de celui qui vous fait le plus de peine. C'est pour cela que j'espère voir propager la règle de Saint Vincent de Paul par les mêmes personnages qui paraissent l'entraver. »

Le chanoine Narni faisait allusion ici au Ministre Zurlo qui avait été déjà ministre de Ferdinand IV et qui avait respiré autour de lui tous les poisons du philosophisme humanitaire, taquin et persécuteur de la cour de Naples à cette époque.

Mais au milieu de ses luttes et de ses succès, la bonne Mère n'oubliait pas qu'elle avait un autre centre d'opérations à Besançon : elle pensait à ses filles qu'elle avait laissées en quelque sorte orphelines par delà les monts ; elle les voulait dévouées, fidèles et soumises et voilà pourquoi, à la chute de l'année 1812, le 28 Décembre, elle leur adressait une circulaire belle et substantielle comme celles que nous avons déjà admirées et dans laquelle nous la voyons encore recommander d'une manière toute spéciale, l'obéissance, comme la vertu souveraine de la vie religieuse. D'ailleurs elle n'ignorait pas les germes de révolte jetés et entretenus dans sa compagnie par Mr Bacoffe, et au nom de Dieu, et de son autorité, elle voulait les étouffer, si du moins c'était possible, avant leur floraison.

Voici un des plus importants passages de cette circulaire :

« Votre Supérieure Générale a été obligée de s'absenter, et de s'éloigner de vous à la distance de 400 lieues par la volonté de Dieu, pour propager son œuvre comme elle l'a fait en France. Elle a chargé une très-digne sœur, Christine Menegay [1], de la représenter, du consentement du Supérieur Général, dans le gouvernement général de la communauté, sans exception d'aucune maison, ni d'aucune sœur, à charge d'en rendre compte aux Supérieurs Généraux qui consistent en un Supérieur Général et une Supérieure Générale. En conséquence, toutes les sœurs servantes sans exception aucune, doivent soumettre toute leur conduite et celle des Sœurs de la maison où elles résident, à la représentante de la Supérieure Générale ; elles doivent lui obéir en tout, ainsi que toutes les Sœurs comme à nous-mêmes. Donc elle a droit de visiter toutes les maisons de notre communauté, de parler librement à toutes les Sœurs sans aucune entrave ; et toutes les Sœurs ont la liberté de lui parler, et elles le doivent : aucune Sœur servante, ni aucune Sœur ne doivent y mettre d'obstacles ; aucune Sœur ne doit se dispenser de lui parler, de la consulter et de lui rendre compte de sa conduite et des choses qui peuvent la peiner : le respect humain, ni autres raisons ne doivent point les empêcher de remplir ce devoir et tout autre, c'est la règle, conformez-vous-y toutes, M. T. C. S. ; et les Sœurs servantes en doivent donner les premières l'exemple ; et ne pensez point à vous autoriser de notre absence pour faire aucune omission à tout ce que vous devez ; vous vous rendriez coupables devant Dieu, devant nous, devant vos Sœurs, devant les hommes, devant votre Supérieur Général qui a approuvé la règle ainsi que le Gouvernement. Si vous ne vous soumettez pas toutes à notre représentante

---

[1] Sœur Menegay remplit ses fonctions jusqu'en 1815. Sœur Marie Anne Bon lui succéda, mais toujours en qualité de représentante jusqu'en 1820. — Le 26 Septembre 1822, Sœur Catherine Barroy sera nommée Supérieure Générale indépendante par les Sœurs de Besançon.

générale, c'est à nous-mêmes que vous refusez de vous soumettre. A quoi vous servira le vœu d'obéissance que vous nous avez fait, ou que vous vous proposez de faire ou de renouveler? à votre condamnation! A Dieu ne plaise que cela arrive jamais! Mais nous pouvons dire que nous avons la consolation que toutes nos très-chères filles répandues dans tous nos divers établissements, ainsi que toutes celles que nous avons chargées de nous y représenter se conforment à nos désirs, ainsi que celles qui résident dans le chef-lieu.

« Etant responsable devant Dieu de vos âmes, nos sœurs et nos chères filles, nous vous avons donné après Dieu ce saint état; nous vous avons nourries temporellement et spirituellement; nous vous avons formées et affermies dans le bien; nous vous avons arrosées de nos larmes; vous avez été témoins de nos sueurs, de nos travaux, de nos veilles, des contradictions et des persécutions que nous avons souffertes en ne faisant rien que le bien pour vous et pour vos futures consœurs, pour les pauvres, pour la gloire de Dieu, l'édification du public, et à la satisfaction du Gouvernement. Favorisez donc l'œuvre de Dieu, et soutenez-vous dans l'esprit primitif, afin que vos futures consœurs marchent sur vos pas. Encouragées par votre exemple, elles se soutiendront, et celles qui les suivront, les imiteront. Vous êtes mes premières sœurs et filles, je vous aime plus que la plus tendre de toutes les mères, non-seulement pour le temps, mais encore pour la vie future et éternellement heureuse. Je vous prie en grâce, de continuer à monter ces échelles mystérieuses que l'on a vues vous être destinées: ah! qu'aucune ne se la laisse ravir pour la donner à d'autres. Montez chacune la vôtre courageusement et constamment jusqu'au dernier soupir de votre vie. Et si nous avons le bonheur d'arriver jusqu'au sommet de notre très-haute colonne, nous aurons la douce consolation de vous voir dans la céleste Jérusalem.... »

C'est bien là le langage d'une vraie supérieure qui n'a qu'un seul souci: la gloire de Dieu avant tout, et ensuite la

prospérité de son ordre. La circulaire était suivie d'un nécrologe nouveau qui portait le nom et l'éloge des Sœurs dé-
cédées dans la communauté depuis 1808 jusqu'à la fin de 1812.

C'étaient, après les Sœurs Catherine Large et Ursule De-
montron que nous avons déjà nommées, les Sœurs Elisabeth
Jarot, Marie Anne Piroux, Catherine de la Cour, Marie Françoise Pichoud, Marie Anne Perrodin, Pierrette Jeoffre, Jeanne-
Claude Michaud, Anne-Marie Guillemin, et Jeanne-Antoine
L'oste. La Mère Thouret songeait à tout et n'oubliait personne. Son administration était comme celle d'un immense
diocèse, et sa pensée allait tour à tour des sœurs vivantes
aux sœurs mortes, de l'église militante à l'église souffrante,
de la terre au purgatoire. Elle se croyait, comme elle le dit
elle-même plus haut, responsable devant Dieu, des âmes qui
lui avaient été confiées, et de là, sa sollicitude maternelle
et en quelque sorte *pastorale* pour ce que j'appellerai volontiers le *diocèse* de ses responsabilités et de ses affections.

CHAPITRE QUATRIÈME.

Son programme à Naples (1813-1814).

Un plan d'études. - Un plan d'éducation. - Lettre au Ministre. - Echec et mat. - Les Sœurs chez les pauvres. - Secours distribués à la porte de Regina Cæli. - Mort de Mr. Bacoffe. - Son histoire. - Mort d'une nièce. - Un commentaire sur les Commandements de Dieu et de l'Eglise.

Nous venons de voir comment la Mère Thouret avait su défendre ce que j'ai appelé le *diocèse de ses responsabilités et de ses affections*. Elle avait montré dans son administration une initiative, une sagesse et un courage qui donnaient la mesure de sa grande âme. Mais ses luttes victorieuses ne l'empêchaient pas de songer à la mission qu'elle tenait de Dieu et du Roi, et sitôt qu'elle le put, dès les premiers mois de son séjour à Naples, elle se mit à l'œuvre pour la remplir dignement. Trois mots résument son programme d'alors: *éducation, charité, sanctification.* Si elle eût été capable de les oublier, elle aurait pu les graver au frontispice de sa chambre parce qu'ils disent l'idéal qu'elle poursuivait. Que voulait-elle en effet? *L'éducation* de l'enfance et de la jeunesse par l'instruction chrétienne; la *charité* pour les malades, les pauvres et les orphelins, et enfin la *sanctification* pour elle d'abord et puis pour ses sœurs, ses novices et ses élèves.

Examinons comment elle a rempli ce programme. Elle-même nous l'aprend dans une lettre qu'elle écrivait le 13 Jan-

vier 1813 au ministre de l'Intérieur. Dans le cours du mois
de Novembre précédent, elle était allée lui faire une visite
pour lui exposer son plan qu'il avait approuvé, et deux mois
après elle lui faisait connaître ses moyens d'exécution : « C'est,
lui disait-elle, un devoir bien précieux et bien cher à nos
cœurs que celui d'arracher à l'ignorance et au vice la jeunesse
pauvre et abandonnée. Les petites filles du peuple seront
l'objet touchant de notre zèle le plus ardent, de notre charité
la plus tendre. Nous leur apprendons 1º la prière, 2º le catéchisme, 3º la lecture, 4º l'écriture, 5º les premiers éléments
de la grammaire en usage ici, 6º les quatre règles de l'arith-
métique. »

Tel était le cadre de ses travaux scolaires, et voici comment, aidée de ses sœurs qui secondaient merveilleusement
son zèle, elle le remplissait. Elle avait divisé son école gratuite fondée à *Regina Cœli,* en trois classes. Dans la première
qui était celle des *commençantes,* les petites filles apprenaient
à connaître, à épeler et à prononcer les lettres. Après quelques efforts, elles arrivaient à lire et la sœur maîtresse les
initiait aux premiers éléments de la doctrine chrétienne. Dans
la seconde, les élèves perfectionnaient leur savoir en lecture
et en catéchisme ; puis, elles apprenaient à écrire et dans
la troisième, outre la lecture, l'écriture et l'étude complète
du catéchisme, on leur enseignait la grammaire et l'arith-
métique.

La journée commençait toujours par la messe à 7 heures
en été, à 8 heures en hiver ; la classe se faisait le matin
jusqu'à 11 heures $^{1}/_{2}$, et le soir, elle recommençait en hiver
à une heure de l'après-midi, pour finir à 4 h. $^{1}/_{2}$ et en été,
à 3 heures pour finir à 7 heures. Elle était toujours coupée
par quelques récréations.

Mais le grand souci de notre éducatrice était d'inculquer
de bonne heure à ces fillettes l'amour du travail, de la propreté et surtout de la piété : on les faisait tour à tour balayer, coudre et filer.

On leur lavait - et souvent ce n'était pas sans besoin - le visage, les pieds et les mains; on habillait celles qui étaient peu ou mal vêtues. On leur coupait les ongles ordinairement en grand deuil, et les cheveux assez peu captifs sur leur tête mutine. On les peignait aussi pour les débarrasser de ces animalcules qui s'attachent si facilement dans les classes pauvres, à la chevelure de l'enfance. On avait pour elles en un mot, on le voit par ces détails, que la bonne Mère nous donne dans sa lettre au ministre, des soins vraiment maternels.

Mais les soins du corps n'étaient encore rien à côté de ceux que l'on prodiguait à l'âme. On faisait une guerre acharnée aux mauvais instincts qui se développent si vite chez les enfants, quand ils ne sont pas bridés de bonne heure par la vigilance et la discipline. — On combattait chez ces petites filles tous les défauts de leur âge: la vanité, l'évaporation, le mensonge. On leur apprenait la modestie, l'humilité, l'obéissance. On leur faisait goûter surtout la beauté de la vertu des anges, de cette pureté qui pour une jeune fille, est sa plus belle parure, la toilette qui lui va le mieux; on corrigeait leur légèreté naturelle, en leur prêchant déjà les vertus sérieuses: la patience, la résignation, le courage dans les difficultés de la vie; on leur recommandait la droiture, la sincérité, la franchise, et enfin, et pardessus tout, les dévotions populaires qui sont pour le reste de l'existence le lest des jeunes cœurs exposés à tant de tempêtes, la dévotion à l'Enfant Jésus, à la Sainte Vierge, à Saint Joseph, à l'Ange gardien; Saint Janvier si aimé à Naples trouvait aussi sa place dans cette nomenclature.

Une fois par semaine pour leur apprendre l'amour de la paroisse, on les conduisait dans leur église respective, pour suivre le cours de catéchisme fait par leurs curés. Elles avaient un jour de congé par semaine et à la fin de l'année, des prix et deux mois de vacances.

Fait-on mieux à l'époque où nous sommes avec les programmes nouveaux importés dans le domaine de l'instruction primaire? Je ne le pense pas. On voit que la Mère Thouret avait un don pour élever l'enfance. Elle devait du reste plus tard communiquer son secret à ses filles; elle devait les faire passer dans un moule qui s'est transmis dans sa congrégation, et qui lui permet aujourd'hui d'avoir en France et en Italie des écoles et des pensionnats modèles. Aussi le pape Léon XIII disait-il naguère à l'un de ses familiers en parlant des sœurs de la charité de Naples et de Rome, ce mot qui fait leur éloge: « Elles ont reçu une mission vraiment divine pour l'éducation. » Mais n'interrompons pas notre récit.

Il fallait à notre fondatrice plus que de la bonne volonté pour poursuivre son plan scolaire; et si le ministre lui avait demandé: « Que vous faut il encore? » elle aurait pu répondre, comme un général à qui on faisait la même question: « de l'argent: » - Et puis? - Encore de l'argent. - Et ensuite? - De l'argent.

Aussi dans sa lettre du 21 Janvier, demandait-elle une petite somme pour acheter des tables, des chaises, des écritoires, des plumes, du papier, des livres, des balais, des ciseaux, des peignes et des brosses, en un mot tout ce qui est nécessaire à une classe enfantine au point de vue du travail et de la propreté.

En retour, elle promettait les prières de ses petits enfants à son Excellence et à leurs Majestés. Et certes si toutes les cours ont besoin de la protection du ciel, celle de Naples en avait besoin alors peut être plus que toute autre, car deux ans plus tard, Murat devait perdre son royaume et sa couronne. L'Autriche devait le faire *échec et mat,* à la bataille de Tolentino, et quelques mois après, vaincu sans retour, il devait périr d'une façon tragique. Son étoile n'avait pas encore pâli, pas plus que celle de son beau-frère, à l'époque où nous sommes; mais une grande partie d'échecs allait se jouer bientôt sur la carte d'Europe et tous les Napoléons devaient être emportés par les puissances coalisées.

Nous venons de voir comment la Mère Thouret répondait à sa vocation pour *l'éducation ;* voyons maintenant comment elle y répondait pour la *charité ;* inutile de raconter ce qu'elle faisait pour les malades de *l'Hôtel-Dieu*, pour ce millier *d'incurables* qu'elle devait faire soigner par ses sœurs ; elle avait été élevée à l'école de Saint Vincent de Paul ; elle avait fait ses premières armes à Paris et à Besançon, elle n'avait pour les consoler qu'à suivre les traditions de sa famille religieuse.

Ici comme ailleurs, son dévouement était à la hauteur de sa mission. Quand aux malades pauvres qu'elle devait visiter à domicile, elle nous fait elle-même connaître son programme dans la même lettre du 31 Janvier.

« Oh ! qu'ils nous sont consolants selon la foi, dit-elle au ministre, les services temporels et spirituels que nous commençons à rendre ici aux malades pauvres dans leurs réduits; et qu'il est doux de pouvoir ranimer leur courage abattu par l'infirmité et la privation de secours indispensablement nécessaires! Oui, ces pauvres affligés seront l'objet de nos soins les plus attentifs; nous les considérerons toujours comme nos frères devant Dieu et ce sera notre plus grand bonheur de sécher leurs larmes! »

Comme à travers ces paroles, on voit un cœur compatissant et généreux pour les misères de l'humanité! Or, voici comment dressées par la bonne Mère, les sœurs de la charité de Naples se comportaient chez les pauvres.

Arrivées auprès des malades, elles tâchaient d'abord de gagner leur confiance par des manières douces et respectueuses. Elles s'informaient ensuite de leur maladie et de leurs besoins. Elles allaient, quand il le fallait, chercher elles-mêmes, les médecins ou les chirurgiens; et quand les hommes de l'art avaient fait leur visite, elles étaient là pour préparer et administrer les remèdes prescrits. Elles apportaient, chez les plus malheureux du pain, du lait, du bouillon et de la tisane; elles leur procuraient un bon lit quand ils n'avaient qu'un

misérable grabat ; des gardes-malades quand besoin était
pour la nuit, du bois pour faire le feu indispensable à la
cuisine, et lorsque la nécessité le demandait, elles faisaient les
démarches voulues pour les faire admettre dans un hôpital.

En un mot, elles se conduisaient auprès d'eux comme des
anges de charité, avec cette délicatesse et ce zèle qui sont la
caractérisque de nos sœurs hospitalières depuis des siècles.

Mais les secours temporels qu'elles leur prodiguaient
n'étaient que le prélude des secours spirituels qu'elles désiraient leur apporter. Elles leur parlaient de Dieu, du ciel,
de l'immortalité, elles leur inspiraient la patience dans les
souffrances, elles les disposaient à recevoir les derniers sacrements ; elles préparaient elles-mêmes la toilette de leur
chambre, quand le Bon Dieu allait venir ; les assistaient au
moment de l'extrême onction et de la mort, et quand ils
avaient succombé, elles se faisaient un devoir de suivre, en
priant, le char qui les conduisait à leur dernière demeure.

On juge par là, si elles devaient être populaires. Tout le
monde les réclamait, et elles ne suffisaient plus aux demandes. Aussi leur supérieure priait-elle le ministre de l'autoriser à faire venir six nouvelles sœurs de Besançon pour
aider leurs compagnes. « En attendant, ajoutait-elle, les demoiselles de Naples viendront frapper à notre porte pour se
dévouer comme nous aux soins du pauvre peuple, si du
moins elles ont cette foi vive et cette ardente charité dont
étaient animés les trois Mages à la vue de l'étoile miracu-
leuse. L'étoile de leur vocation est à leur porte et au-dessus
de leur maison ; si elles ont des yeux et de la bonne volonté,
elles la suivront. »

Hâtons-nous de dire que le Ministre fit bon accueil à ce
désir ainsi qu'à la demande de secours formulée plus haut
pour l'établissement scolaire [1].

---

[1] Une lettre du Ministre datée du 28 Octobre 1813, lui annonce une
somme de 1000 francs pour l'ameublement d'une école de filles.

Pouvait-on d'ailleurs refuser quelque chose à la bonne
Mère puisqu'elle se montrait si dévouée aux souffrances et
aux intérêts des petits et des humbles?

Mais elle ne se contentait pas de secourir les pauvres à
domicile; elle les secourait même à sa porte; tous les same-
dis, elle faisait l'aumône à tous ceux qui se présentaient
munis d'un billet de leur curé. Nous l'apprenons par une
lettre du chanoine Narni, datée du 24 Juin 1813, dans laquelle
son confesseur lui annonce qu'il a averti en son nom les curés
de la cathédrale et de Saint Archange *degli Armieri,* de son
projet charitable, que ces derniers la remercient cordialement
de sa sollicitude pour les malheureux, et que le samedi, ils
lui enverront leurs pauvres nantis du passe-port demandé.

Regina Cœli était devenu en quelque sorte le palais de la Miséricorde. Il le fallait bien, puisque sa supérieure était la Reine
de la charité à Naples. Or, il est temps de remarquer ici qu'elle
méritait à tous les titres cette appellation louangeuse; car elle
n'avait pas seulement la charité qui donne, mais encore la
charité qui pardonne. Elle eut une occasion solennelle de le
prouver dans les premiers mois de l'année où nous sommes.

Mr Bacoffe mourut le 13 Février 1813, et lorsqu'elle
l'apprit, elle s'empressa de prier et de faire prier pour le
repos de son âme. Elle lui devait, et certes, elle se plaisait
à le reconnaître - une grande reconnaissance; mais elle lui
dut aussi, - c'est à nous de nous en souvenir - bien des
peines et bien des larmes, et si plus tard elle fut victime à
Besançon d'un ostracisme que nous aurons à raconter, si
elle fut condamnée à voir, malgré sa conduite absolument
irréprochable, éclater dans sa congrégation la division qui
affligea sa vieillesse, c'est bien, croyons-nous, à ce prêtre
qu'il faut en faire remonter la cause primordiale.

Son nom porté par les événements revient sous notre plume;
c'est le moment de raconter son histoire en quelques mots.

Mr Bacoffe était né à Besançon en 1744. De bonne heure,
il entra chez les Jésuites à Paris, et il y demeura, n'étant

pas encore promu aux saints ordres, jusqu'au moment où la
compagnie de Jésus fut dissoute en France sous le règne
de Louis XV. De Paris, il se rendit à Arles où il reçut les
ordres sacrés. Devenu prêtre, il retourna à Besançon et fut
nommé vicaire à Sainte Madeleine, et en même temps aumônier et confesseur des dames Annonciades. Plus tard, il
revint à Paris où il fut appelé pendant quelque temps à
diriger une communauté religieuse. La cure de Saint Jean
Baptiste de Besançon étant devenue vacante, il fut nommé
curé de cette paroisse qui dépendait du chapitre métropolitain [1]. Il accepta, paraît-il, avec peine le fardeau qui lui
était imposé, mais il ne le porta que deux ans. La Révolution
survint et il émigra en Suisse - nous l'avons vu. - Comme tous
les prêtres demeurés fidèles à l'honneur sacerdotal, il avait
refusé le serment à la constitution civile du clergé. Au Landeron il se retrouva avec son vicaire Mr l'abbé Beauchet et
Mr de Chaffoy. C'est là aussi qu'il rencontra Madame Thouret.
Ces deux âmes également enflammées de l'amour de Dieu et
des pauvres s'apprécièrent et se comprirent; et leur double
souvenir plane sur le berceau de la congrégation des sœurs
de la charité de Besancon. A l'époque du Concordat, Mr Bacoffe devint curé de *Notre Dame;* il n'en resta pas moins
dévoué aux œuvres pies de toute la ville; il devint le principal
soutien de notre sainte fondatrice - nous le savons déjà -
et ses succès dans le ministère pastoral furent tels que sa
paroisse fut surnommée *Notre-Dame la pieuse*, et que sa
mémoire y est encore aujourd'hui connue et vénérée plus
que celle d'aucun de ses successeurs qui tous pourtant ont
été des prêtres d'un grand mérite [2]. C'était un zélateur, un
apôtre! Tel est, son portrait en deux coups de pinceau!

[1] L'Eglise de Saint Jean Baptiste n'existe plus : elle a été dé-
truite pendant la Révolution pour en faire une place publique, actuellement le square Saint Jean.

[2] Mr Beauchet son vicaire lui succéda immédiatement. Lui aussi
fut le protecteur et le directeur des Sœurs. Il fut remplacé en cette

Mais qui ne sait qu'il n'y a pas de tableau sans ombres! Que de zélateurs dont la piété est gâtée devant Dieu par une ambition mesquine! que d'apôtres dont les petits défauts n'apparaissent pas devant le peuple!

Mr Bacoffe fut froissé de ne pas être nommé supérieur de l'Institut nouveau qui lui devait tant – et nous avons dit pourquoi il ne le fut pas – et de là vint la sourde et mystérieuse opposition qu'il fit à la supérieure générale, ainsi que le levain de discorde qu'il laissa au sein de sa communauté. Emporta-t-il sa blessure dans la tombe? Nous l'ignorons. Il n'y emporta pas dans tous les cas ce vieux levain qui devait plus tard fomenter, au cœur d'une société pétrie des sentiments les plus beaux et les plus généreux qui puissent honorer l'humanité, une division malheureuse. Quoiqu'il en soit la Mère Thouret fit taire ses souvenirs pénibles et devant Dieu elle ne se souvint que des rares mérites et des éminentes vertus de son bienfaiteur.

Elle donna ainsi la mesure de son immense charité. – Du reste elle savait que le sacrifice est le principal élément de la vie religieuse, et elle était prête à faire, sans récalcitrer, tous ceux que Dieu lui demandait. A l'époque où nous sommes arrivés de son histoire elle dut en faire un qui lui fut très-amer. Elle perdit une des deux nièces [1] qui l'avaient suivie de Besançon. Dans une lettre que le chanoine Narni lui écri-

qualité successivement par M^r l'abbé Rivière curé de Saint Jean devenu plus tard vicaire général, par Mr Baud supérieur du grand séminaire, par Mr Cart mort évêque de Nîmes etc.... Voir la vie de ce dernier par l'abbé Besson mort lui-même évêque de Nîmes (chap. IV, pag. 68).

[1] La mort de cette jeune sœur fut précieuse ainsi que sa vie, et plusieurs personnes ont ressenti les doux effets de sa sainte protection et de son pouvoir dans le ciel par les grâces spéciales qu'elles en ont obtenues.

Voici l'épitaphe que l'on lit sur sa tombe qui est placée dans la chapelle du Sacré-Cœur, a Regina Cœli, non loin de celle de la Mère Thouret:

vait le 24 Mai 1814, nous lisons ceci : « Je suis pénétré de
reconnaissance envers le Bon Dieu qui m'a fait la grâce d'assister dans ses derniers moments votre chère nièce qui avait
une si belle âme. » Cette jeune sœur, ange de candeur, de
pureté et de dévouement venait de dire adieu à la vie, à
ses sœurs et à sa tante, et elle emportait les regrets unanimes de ses compagnes.

La bonne Mère était habituée à voir de loin en loin la
mort décimer son troupeau ; mais cette fois la terrible fau-
cheuse lui ravissait une de ses filles privilégiées et le coup
était bien rude.

Elle se consola devant les saints autels et s'inclina, non
sans pleurer, mais sans se plaindre devant la volonté d'en
haut. Ne savait-elle pas qu'on va à la lumière, au triomphe
et au bonheur par la Croix : *ad lucem per crucem ?* Si elle
ne l'avait pas su, son directeur, qui était en même temps
son consolateur et son ami, un de ces hommes comme on
en trouve quelquefois qui savent donner aux âmes timides
ou endolories, des secousses divines les arrachant à la terre
et les rapprochant du Ciel, son directeur, dis-je, le lui aurait
appris [1].

Le 27 Mai, il lui écrivait encore la lettre suivante :

« Ma très-chère fille en J. C.

Le souvenir de la jeune combattante qui triomphe maintenant au Ciel, ne peut que consoler sa tante. Moi qui ai
eu, par les attributions de mon ministère, l'avantage d'assister
cette belle âme, de la connaître profondément et de l'accompagner jusqu'à son entrée dans l'Eternité, je ne puis que

*Patientia vobis necessaria est ut voluntatem Dei facientes re-
portetis promissionem. S. Pauli, ad Haebr. c. 10.*

*Seraphina Columba M. Claud. Virgo professa caritatis sub
regula Sancti Vincentii a Paulo. An. 13. Mens. 9. Obiit Neapoli
prospridie idus mayas.* MDCCCXIV.

[1] Voir les lettres du chanoine Narni du 9 et du 20 Novembre 1813.

me consoler. Et comment en serait-il autrement? Tout regret humain ternirait la blancheur de la consolation que nous fait éprouver la douce confiance de son bonheur inénarrable.

Voilà que je vous envoie quatre volumes excellents, qui vous persuaderont du grand bien que la chère défunte a amassé dans son cœur, grâce aux soins maternels que vous eûtes pour elle dès son bas âge. Agréez-les avec l'expression de mes meilleurs sentiments comme un faible témoignage de tout ce que je vous souhaite de l'esprit de Saint Jean Chrisostôme. C'est là un héros de la religion qui, au milieu des plus grandes persécutions, nous apprend à tout souffrir pour l'amour de Jésus, étant bien assurés qu'après la bataille vient la couronne, et dès cette vie même, puis, au moment de la mort et enfin dans l'Eternité. »

C'est ainsi qu'à l'école de son confesseur, la Mère Thouret apprenait de plus en plus à faire entrer la résignation dans le programme de sa sanctification.

Mais ce programme qu'elle suivait de point en point, elle ne le voulait pas seulement pour elle seule; elle le voulait aussi pour ses sœurs, ses novices et ses élèves. Nous en avons la preuve dans son amour pour la règle qu'elle observait toujours, malgré ses nombreuses et absorbantes occupations, avec une scrupuleuse ponctualité, et dont elle était en quelque sorte l'incarnation vivante. A Regina Cæli, elle prêchait par son exemple; elle prêcha aussi par sa parole: car elle composa un petit ouvrage sur les commandements de Dieu et de l'Eglise, dans lequel elle expliquait à ses filles, en vue de leur avancement spirituel, leurs devoirs comme chrétiennes et comme religieuses. Cet ouvrage qui plus tard fut imprimé [1], devait également servir aux sœurs de manuel et de commentaire pour le catéchisme qu'elles enseignaient aux jeunes filles.

---

[1] Il a paru sous ce titre : *Istruzione alle Suore della carità serve dei poveri e specialmente degli infermi.* La dernière édition est de 1890.

Dans une lettre du 16 Novembre, son confesseur la félicite sur ce travail et dans une autre du 24 Mars 1814, il y fait de nouveau allusion et il dit en outre à sa chère fille en J. C. : « Je suis bien aise aussi d'avoir coopéré à votre ouvrage de religion, et je vous assure que la douce confiance d'en voir bientôt paraître les fruits précieux dans votre Institut, m'est une douce consolation. » Cela prouve que le chanoine Narni avait revu l'œuvre de la Mère Thouret et lui avait donné son ample approbation.

Voilà donc notre novice de Paris, notre apôtre de la Suisse, notre fondatrice de Besançon devenue en quelque sorte, théologienne à Naples ! Comment ne pas admirer dans cette âme le travail de Dieu et les merveilles de la grâce ?! Evidemment Dieu s'était plu à pétrir cette âme d'éléments particuliers. Il traite toutes les âmes avec respect, nous dit le Sage, mais celle-là, il l'avait traitée avec respect et avec amour ! [1]

---

[1] Cum magna reverentia disponis nos. — *Sap.* 12, 18.

CHAPITRE CINQUIÈME.

Sa vie à Naples (1811-1818).

Evénements de 1814. - Lettres au Roi, au Ministre fran-
çais, au grand commissaire de Sa Majesté, au Préfet de
Besançon, au Ministre Napolitain. - Œuvre de la Mère
Thouret. - Un enfant Jésus. - Mort de Mgr. Lecoz. - Le
chanoine Narni archevêque de Cosenza.

La vie que la Mère Thouret menait à Naples nous la
connaissons déjà un peu par l'histoire de son *installation* et
de son *programme* qui a fait l'objet des deux chapitres pré-
cédents. Mais nous n'avons fait entrer dans le cadre de ces
deux titres qu'une partie des mérites que s'acquit notre vaillante fondatrice dans cette ville de 1811 à 1818, c'est-à-dire
depuis son arrivée jusqu'à son premier départ. Le chapitre
que voici va être consacré tout à la fois à combler ces lacunes et à jeter un coup d'œil rapide sur cette période d'une
existence riche de vertus.

Comment vivait donc cette femme d'élite qui commandait
à une trentaine de religieuses, à un millier de malades, et
à deux ou trois cents petites filles pauvres? La première sur
pied, avant l'aurore, elle était la dernière à s'endormir, la
journée terminée; car avant de songer au repos qu'elle avait
bien gagné, elle avait l'habitude de faire tous les soirs le tour
de son immense monastère, pour voir si tout était à sa place,
si tout le monde était à son poste. Elle était - nous l'avons

déjà observé - *l'incarnation vivante* de sa règle, le modèle palpitant de ses sœurs, l'édification de la maison. Sa vie *extérieure* était aussi occupée que sa vie *intérieure* était bien remplie.

Complétons d'abord nos renseignements pour ce qui regarde sa vie extérieure après 1814. Pour ce qui regarde sa vie intérieure nous le verrons plus loin, et surtout quand nous ferons d'une manière spéciale le portrait de *son âme,* de *son esprit et de son cœur.*

Au commencement de l'année que je viens de nommer, les événements politiques se précipitaient avec une rapidité vertigineuse. Napoléon refoulé à Fontainebleau, lieu de la longue captivité du pape Pie VII, apprenait que Paris était occupé par l'Europe coalisée, et que sa déchéance y était prononcée le 1ᵉʳ Avril, par le Sénat à l'instigation de l'ex-évêque d'Autun qu'il avait fait prince, et auquel il avait donné le duché de Bénévent volé au Saint Siège; Murat, son beau-frère, tournait ses armes contre lui; ses meilleurs maréchaux le trahissaient, et, comme un excommunié, il devait s'enfuir dans l'île d'Elbe pour y méditer sur la fragilité de la gloire. La consigne du moment était, comme le dit Chateaubriand, de courir *sus* Bonaparte qui avait couru *sus* les rois, les avait saisis et marqués pour jamais à l'épaule de son N ineffaçable [1].

Louis XVIII revenait de l'exil pour ramasser sa couronne ensanglantée, et à propos du Royaume qui lui était rendu, il disait avec son esprit français et royal de celui qui le lui avait pris:

> Il aurait volontiers écrit sur son chapeau
> C'est moi qui suis Guillot gardien de ce troupeau [2].

Le bercail changeait de maître et la Restauration se faisait. - Le roi octroyait sa célèbre charte du 4 Juin et ren-

[1] Mémoires d'outre-tombe.
[2] La Fontaine.

dait à la France haletante une paix impatiemment attendue, qui devait pourtant encore être troublée par les *Cent jours*.

Or la Mère Thouret au milieu des fluctuations politiques qui ballottaient l'Europe ne rêvait que la gloire de Dieu, le soulagement des pauvres, et la prospérité de son institut. Aussi s'empressa-t-elle d'écrire d'abord au roi lui-même, puis à son ministre de l'intérieur [1] et des cultes, à Mgr. de Champagne, grand commissaire de Sa Majesté [2] et au comte de Sacÿy [3], préfet de Besançon pour recommander à leur protection et à leur bienveillance sa communauté française.

La première lettre s'est perdue. Mais nous possédons les trois autres. Dans la supplique au ministre, il faut surtout remarquer ce qui suit:

« Vous trouverez en nous des enfants soumises et reconnaissantes. Votre Excellence sera sans doute étonnée que ma lettre soit datée de Naples: il est donc de mon devoir d'en rendre compte à Votre Excellence. J'y suis d'après un Décret de Sa Majesté, le Roi actuel, en date du 26 Février 1810, par lequel il nous demanda une colonie de Sœurs pour y fonder notre institut. Nous y vînmes la même année; il fut jugé convenable que j'y vinsse moi-même pour l'organiser. Je pensais n'y rester qu'un an, mais son bien et ses progrès ne m'ont pas encore permis de m'en retourner en France. Quoique éloignée de mes Sœurs, je leur donne d'ici mes soins et remplis mes devoirs généraux. Nous chargeâmes une de nous, pour nous représenter pendant notre absence dans le détail de leur gouvernement. Nos établissements sont nombreux: il y en a un grand nombre dans le Diocèse de Besançon, dans celui de Lyon, celui d'Autun, celui de Chambéry, celui de Strasbourg et dans la Suisse. En 1799 Dieu daigna se servir de moi pour fonder cette Institution, après

---

[1] Le 9 Juin 1814.
[2] Le 19 Juin.
[3] Le 19 Juin.

d'amères souffrances subies pendant la Révolution. Il y a vingt-sept ans que j'entrai dans cette Sainte Vocation; j'en ai 49. »

La requête au grand commissaire et au préfet est conçue à peu près dans les mêmes termes. Voici cependant un extrait de celle qui fut adressée à Mgr. de Champagne:

« Ah! Monseigneur, si nous nous sommes efforcées de faire le bien dans un temps si orageux et si pénible à la fois, que ne serons-nous pas dans le cas de faire sous les auspices d'un si bon Roi, très-chrétien, qui aime tendrement son peuple; nous en rendons des actions de grâces au Seigneur, et avons la plus solide confiance qu'il rendra justice à la vertu; qu'il soutiendra un Institut qui a prévenu ses vues bienfaisantes, en vue de l'Auteur du bien qui est Dieu; qui n'a suivi et cherché que son parti; en conséquence c'était celui de notre monarque, que le Monarque des Cieux vient de placer sur le trône. Ce grand monarque a placé Votre Grandeur au milieu du champ laboureux des œuvres qu'exercent les bonnes Sœurs de la Charité de Besançon.

C'est pourquoi j'ose prier très-humblement Votre Grandeur d'en être, au besoin, le véritable Protecteur. »

Toutes ces instances ne devaient pas rester sans résultat. Elles valurent à leur auteur une bienveillance marquée dans les sphères gouvernementales. Nous n'avons pas les réponses qu'elles provoquèrent; mais nous possédons – ce qui est mieux – la réponse du Roi qui à la date du 24 Août 1814, faisait adresser la lettre suivante à notre vénérable supérieure:

Ma chère Sœur,

Le Roi a reçu votre lettre. Sa Majesté me charge de vous dire qu'elle a agréé avec plaisir l'expression de vos sentiments. Elle a été sensiblement touchée du zèle qui vous anime, et de ce que tant de saintes âmes se dévouent avec vous au bien du prochain et par conséquent à la gloire de Dieu et de la Religion. S. M. me charge pareillement de vous assurer de toute sa bienveillance et de sa protection.

Recevez aussi ma chère Sœur, l'assurance de mon dévouement en tout ce que je pourrai vous être utile.

Votre très-humble et très-obéissant serviteur,
L'Archevêque de Reims
grand Aumônier de France.

On voit par là que dès le principe, la Mère Thouret sut se mettre en règle avec son nouveau roi de France; elle s'y mit également bientôt avec son nouveau roi de Naples, Ferdinand IV, qui après la mort tragique de Murat, reconquérait son royaume des Deux-Siciles sous le nom de Ferdinand Ier et qui par son décret du mois de Juin 1815 continuait aux sœurs de la charité l'approbation et les faveurs de son prédécesseur.

Mais cela ne suffisait pas à ses généreuses ambitions et le 16 Avril 1816, notre sublime mendiante écrivait au ministre de l'Intérieur, une longue lettre dans laquelle, avec son habileté ordinaire, elle préludait ainsi à sa demande pour l'ouverture de deux écoles nouvelles :

« Mon devoir m'impose très agréablement celui de soumettre à V. Excellence l'ardent désir que nous avons de propager nos faibles services pour l'instruction gratuite des jeunes filles de cette ville. Il ne m'impose pas moins celui de prier Votre Excellence de nous en obtenir l'agrément de S. M. le Roi Ferdinand IV. Nous sommes très-jalouses de travailler sous les auspices d'un si digne monarque, le tendre père de son peuple. Il nous paraît que le Ciel a réservé à son Auguste Majesté l'affermissement et la propagation de notre Institut dans ses Etats. Nous ferons notre possible pour correspondre à l'incomparable honneur de sa confiance, et de ses bienfaits pour nous. Nous prions chaque jour pour la précieuse conservation de sa souveraine Majesté, et de la famille royale. »

Après cet exorde insinuant, notre supérieure exposait au ministre qu'elle désirait fonder deux écoles dans les quartiers les plus peuplés de la ville, et elle désignait comme locaux un vieux monastère abandonné et en ruines, près de la *Trinité des Espagnols* et un vieux conservatoire dans la rue de *l'Annonciade* ou du *Lavinajo*. Elle voulait avoir là, en même temps deux classes qui seraient dirigées par des sœurs détachées chaque jour de Regina Cæli, du matin au soir: l'une pour les demoiselles de famille aisée et l'autre pour les jeunes filles pauvres. Elle demandait pour cela d'abord les salles voulues, et puis, l'ameublement nécessaire, et elle terminait sa lettre par l'énoncé de son programme d'enseignement.

Cette requête resta pour le moment sans réponse. — Le ministre l'avait remise au prince *Cardito* qui négligea d'y donner suite; et voilà pourquoi, le 14 Avril 1817, la Mère Thouret dont la sollicitude pour ses œuvres, ne s'endormait jamais, adressait au ministre un rapport détaillé dans lequel, elle lui rendait compte de toutes ses fondations et lui réitérait sa demande de l'année précédente.

Ce rapport nous apprend qu'à la date où nous sommes, notre courageuse zélatrice avait sous ses ordres l'hôpital des *incurables* que nous connaissons déjà; deux écoles gratuites qui contenaient 200 élèves, un noviciat plein d'espérance, et qu'en outre elle était chargée de l'infirmerie du pensionnat royal des *Miracles*, de la visite des pauvres à domicile et des aumônes à la porte de son couvent.

Elle ne vit pas ce coups-ci, non plus, ses légitimes espérances couronnées du succès attendu; mais elle ne se découragea pas pour cela; elle avait déjà, dans son amour pour le bien, recueilli quelques jeunes orphelines pour qui elle avait les soins les plus tendres et les plus maternels et elle songeait en outre à la création d'un pensionnat pour les jeunes filles de l'aristocratie napolitaine, dans l'intérieur de *Regina Cæli*. Elle le pouvait, car sa popularité grandissait, de plus en plus; elle était connue et estimée dans tous les rangs de la société et souvent même on venait la chercher pour préparer à une mort chrétienne des malades récalcitrants, des moribonds impénitents.

J'ai sous les yeux deux lettres du chanoine Narni qui ont justement trait à des situations de ce genre. Dans la première du 8 Juillet 1814, il lui dit que le malade qu'il lui avait recommandé, va mieux et qu'il n'a plus autant de crainte au sujet des derniers sacrements, et dans la seconde, du mois d'Août 1815, à propos d'un pauvre qui est en danger de mort, il la félicite de sa charité pour les affligés, et l'engage à se prêter encore à leur assistance, pour se montrer toujours le *miroir des bonnes œuvres*.

C'est nous dire que dans sa *vie extérieure*, la Mère Thouret était un véritable apôtre et qu'elle se dévouait sans calcul à toutes les souffrances qu'elle rencontrait, à toutes les misères qui venaient vers elle.

Mais les soucis de la vie extérieure ne l'empêchaient pas de songer aux exigences de la *vie intérieure*. Nous possédons un assez grand nombre de lettres de son directeur qui lui prêche tour à tour et parfois, avec une grâce exquise, la ferveur, pour répondre aux grâces de Dieu, la résignation pour répondre aux peines de la vie, et le courage pour répondre à l'ingratitude [1].

Nous ne pouvons ni reproduire, ni analyser toutes ces lettres ; mais il y en a une cependant dont nous sommes heureux de donner un extrait, parce qu'elle est vraiment charmante. Le 22 Décembre 1814, le bon chanoine envoyait à sa chère fille un de ces petits Jésus qu'on expose à Rome et à Naples dans les chambres ou les oratoires, à l'époque de la Noël, et il faisait suivre son présent des lignes que voici :

« Que les souvenirs de la toute puissance de Dieu soit notre plus grande consolation !

Que tous nos soins tendent à l'aimer, à le servir, à correspondre à ses grâces pour la plus grande édification du

---

[1] Lettres du 11 Août 1815, du 2 Novembre 1815, et du 25 Juillet 1817.

prochain. Voilà ce que le bon pasteur de l'Eglise de J. Christ doit apprendre à ses ouailles. Et voilà ce à quoi je vous exhorte pendant ces jours de salut. Ma très-chère fille, voyez Jésus dans la Crêche; je vous l'offre, non pas à titre de simple cadeau mais comme un sujet de méditation: ce n'est pas non plus pour vous faire remarquer dans ce don le travail d'une habile religieuse, mais pour réveiller dans votre esprit les saintes pensées, les considérations salutaires, que vous présentent les emblèmes qui entourent le petit Jésus. Ce divin Enfant dans ses langes, vous rappelle les vêtements pauvres que vous portez et le voile modeste qui couvre votre tête; son silence, pourtant si éloquent, vous indique l'entretien intérieur de l'âme avec son Dieu: ses yeux fermés qui cependant vous voient, vous apprennent à fermer vos yeux sur les choses de la terre et à les ouvrir à celles du ciel. Il m'a inspiré de vous écrire afin de joindre mes sentiments au don que je vous fais.

Exposez le saint Enfant à la dévotion commune, et je serai bien aise de recevoir de vous en retour, un *gloria patri*. »

On comprend que, à l'école d'un homme bon, docte et pieux comme l'était le chanoine Narni, la Mère Thouret dut faire pour son propre compte de grands progrès dans la vie spirituelle, et en même temps orner richement son âme pour la direction de ses chères novices. – Malheureusement, Dieu devait le lui enlever bientôt, non pour le prendre avec lui et lui donner déjà sa récompense, mais pour l'arracher à Naples et lui donner un diocèse.

En 1815, la mort lui ravit Mgr. Lecoz qui toujours lui avait été favorable – et ce fut un chagrin pour elle. – En 1818, l'Eglise lui ravissait le chanoine Narni pour en faire un archevêque de Cosenza. Elle ne le perdait pas sans doute tout à fait, puisque Cosenza est dans la Calabre à 146 kilomètres de Naples, et qu'elle espérait bien pouvoir encore le consulter de loin comme de près; mais il ne serait plus là désormais pour l'assister de ses conseils, de ses inspirations,

dans les moments critiques et difficiles. — Dieu permet souvent - c'est une des lois de sa Providence sévère parfois,
miséricordieuse toujours - que ceux qui nous veulent du bien
et nous en font, soient loin de nous! Notre héroïne accepta
cette épreuve comme les autres et se prépara - car l'heure
était venue - à poursuivre en cour de Rome, l'approbation
de sa règle. Or, telle était la vie qu'à cette époque, elle menait à Naples.... Qui dira que ce n'était pas la vie d'une
sainte religieuse vouée à la charité, à la mortification et à
l'apostolat?

CHAPITRE SIXIÈME

Son voyage à Rome (1818-1820).

Etat de l'Europe en 1818. - Supplique de la Mère Thouret au Pape Pie VII. - Lettres de recommandation. - Les Brigands italiens. - Fondation à Tagliacozzo. - Arrivée à Rome. - Lettre de l'abbé Durand. - Mgr. Courtois de Pressigny. - La Mère de l'Empereur. - Maladie passagère. - Visite au nouvel archevêque de Besançon.

L'heure était venue, avons-nous dit, pour la Mère Thouret de poursuivre en cour de Rome, l'approbation de sa règle, et cela pour deux raisons. La première c'est que son institut avait fait ses preuves, en France, en Savoie et en Italie, et la seconde c'est que déjà depuis trois ans, l'Eglise avait retrouvé la paix. Napoléon n'était plus qu'une ombre perdue dans une île déserte. Après avoir pris, comme l'a dit le poète,

« L'Europe à Charlemagne, à Mahomet l'Asie »

il n'avait pu, malgré son orgueil incommensurable, prendre *demain* à l'Eternel. Ses ennemis au contraire lui avaient pris ses couronnes: chacun *selon ses dents* s'était partagé la proie, et il avait pu reconnaître, comme il l'avait dit, à l'aurore de ses revers que dans un trône, il ne faut voir que *quatre morceaux de bois recouverts d'un lambeau de velours.*

17

Par suite Pie VII, le captif de Savone et de Fontainebleau, était rentré triomphant dans ses Etats. Il avait retrouvé
Rome heureuse de lui obéir, et il travaillait avec sa bonté
bien connue au bien être et à la prospérité de son royaume
reconquis. Pour la Mère Thouret, c'était le moment de demander au souverain pontife la faveur à laquelle elle tenait
le plus. Elle avait obtenu à Paris la sanction de l'Empereur
et du Roi pour ses statuts. Elle avait assuré à sa congrégation pour la France et l'Italie, le privilège de *l'existence
légale;* mais il lui manquait pour ses constitutions la sanction pontificale, l'approbation qui devait assurer à son Institut le privilège de l'existence religieuse. Il fallait à sa règle
cette force vitale que seule pouvait lui donner le vicaire de
Dieu. Elle se prépara donc à partir pour Rome; mais avant
son départ, elle eut soin de rédiger et d'envoyer une supplique au pape selon l'usage suivi en pareil cas. Voici cette
supplique; il est important que nous la connaissions telle
qu'elle arriva entre les mains du souverain pontife:

A la Sainteté du Souverain Pontife
Pape Pie VII.

Très Saint Père,

Sœur Jeanne Antide Thouret, humblement prosternée aux
genoux de Votre Sainteté désirait depuis longtemps satisfaire
son pieux désir de pouvoir venir en personne se jeter à
vos pieds pour les baiser et recevoir votre bénédiction, non-
seulement pour elle, mais pour toutes ses compagnes, les
Sœurs de la Charité de Besançon établies en France, en Suisse,
en Savoie et en Italie: elles s'unissent toutes à elle pour offrir
à votre Sainteté le vœu de leur obéissance la plus parfaite,
et les sentiments les plus sincères de vénération dont leurs
cœurs sont vivement pénétrés pour votre Sainteté. Très-Saint
Père, un motif l'amène encore à vos pieds, animée de la

plus grande confiance, pour satisfaire à un saint devoir que la Religion lui impose: c'est celui de soumettre à l'examen et à l'approbation de votre Sainteté le livre des Règles et Constitutions de son Institut; elle supplie votre Sainteté de l'agréer et de leur accorder la précieuse grâce qu'elles implorent toutes très-humblement, pour la plus grande gloire de Dieu, le bien des pauvres, l'édification des Fidèles, l'affermissement et la prospérité de leur Institut; ce sera leur plus grande consolation, et un encouragement de plus à tous les membres qui composent leur Communauté. Votre Sainteté verra que leur nomination sur la règle est: *La Congrégation des Filles de Saint Vincent de Paul;* elles ont porté ce nom pendant le cours de neuf ans, d'après l'avis de Messieurs les Administrateurs du diocèse de Besançon. Lors d'un Chapitre qui eut lieu à Paris, en 1807, où se réunirent toutes les Communautés de filles utiles au public, on leur donna le nom de *Sœurs de la Charité de Besançon,* pour les distinguer des Communautés qui portaient le même nom, et afin d'éviter la confusion; mais elles n'en sont pas moins les filles de Saint Vincent de Paul, puisqu'elles l'honorent comme leur père, leur modèle et leur protecteur spécial. — Très-Saint Père, il est aussi du devoir de l'exposante de soumettre à votre Sainteté les principes de son Institution. Ayant beaucoup souffert pour des motifs de religion pendant les premières années de la Révolution, elle se retira en Suisse et en Allemagne pour y vivre d'une manière religieuse et retirée du monde, dans l'intention de ne jamais retourner en France; mais un calme étant survenu, des Grands Vicaires du diocèse de Besançon y retournant, la rencontrèrent; et sachant qu'elle était du diocèse, ils lui firent la proposition de venir établir à Besançon un Institut de Filles toutes dévouées au soulagement spirituel et temporel des malades pauvres, et à l'instruction de la jeunesse, afin de ramener par ce moyen dans les cœurs, la foi et les bonnes mœurs. Elle s'excusa là-dessus, leur fit toutes les représentations de son impuissance, en disant que son intention était de ne point retourner en France, mais de finir ses jours dans la retraite et la sainte pauvreté. On lui répondit que la volonté de Dieu se faisait connaître par celle des Supérieurs et on lui commanda de rentrer en France dans l'espace de quinze jours. Elle fut si éclairée de la volonté de Dieu, qu'elle n'osa plus en douter, ni différer son départ; elle se rendit donc à Besançon et là elle commença cet Institut le 11 Avril 1799, s'associant une à une des filles qui témoignaient le désir de se consacrer à cette œuvre pieuse, les formant tout à la fois à la vie religieuse et au service des pauvres. Beaucoup d'elles s'y sont sanctifiées et ont déjà peuplé le Ciel par une mort qui a été de bonne odeur.

Enfin, Dieu a bien voulu répandre ses bénédictions sur ce nouvel Institut, qui, semblable à un petit grain de sénevé, à pris racine et est devenu un grand arbre à Besançon; cet arbre a étendu ses branches par plusieurs établissements dans cette ville et dans les villes et les campagnes de ce diocèse, ainsi que dans d'autres diocèses de la France, de la Suisse, de la Savoie et de l'Italie, avec l'agrément des Evêques, et l'approbation des Souverains. — Il ne lui manque à présent, que la bienveillante approbation de votre Sainteté. C'est ce que la suppliante sollicite aux pieds de votre Sainteté.

Naples le 12 Septembre 1818.

Cette supplique faite et expédiée, notre vénérée fondatrice songea à prendre la route de la Ville Eternelle; mais auparavant, elle désira avoir en mains des lettres de recommandation pour pouvoir se présenter plus utilement chez les Cardinaux ou les prélats qui pouvaient par leur situation lui prêter main forte auprès du Saint Père, pour le succès de sa demande.

Les plus chaleureuses lui vinrent de Mgr. Narni. Nous les avons sous les yeux; il y en a quatre toutes datées du 20 Juillet 1818. La première est pour le cardinal Consalvi, secrétaire d'Etat; la seconde pour le cardinal della Somaglia vicaire de Rome; la troisième pour le cardinal di Pietro, grand pénitencier et la quatrième pour le chanoine J. B. Gallinari. Dans chacune de ces lettres, l'archevêque de Cosenza fait le plus grand éloge de la Mère Thouret et de ses sœurs qu'il a eu le bonheur de diriger longtemps, et dans l'une d'elles, il dit qu'après les avoir toujours *soutenues auprès du trône royal de Naples, il ose les recommander auprès du trône suprême de Rome auquel elles sont fidèlement attachées.*

Munie de ces lettres qui dans les meilleurs termes rendaient hommage à ses vertus et à ses qualités, notre supérieure pouvait partir avec confiance. D'ailleurs, s'il l'avait fallu, elle serait partie même sans recommandations. Elle se plaisait à dire souvent qu'elle passerait les mers et qu'elle irait au bout du monde, si elle croyait que Dieu le voulut, pour sa gloire ou le salut des âmes [1].

Cette parole nous prouve sa réelle vaillance qui ne se démentit jamais jusqu'aux derniers jours de sa vie, et dans le cas présent, il lui fallait du courage; car, malgré les soins du cardinal Consalvi, on n'avait pas encore pu, dans certaines contrées des Etats pontificaux échapper au fléau endémique du brigandage. Pendant les temps de trouble et de misère qui avaient précédé le retour du pape, les brigands qui infestaient les montagnes des Abruzzes avaient été dans leur élément. Durant l'occupation française, malgré les rigueurs du code de répression, malgré les battues incessantes des troupes bien disciplinées, on n'avait pu les réduire, et maintenant que le despotisme de l'administration militaire n'existait plus, il fallait s'attendre à voir l'esprit effréné des habitants des forêts et des rochers prendre une nouvelle audace, surtout aux frontières des deux royaumes. En 1818

[1] Témoignage d'un contemporain de la Mère Thouret.

- justement à l'époque où nous sommes - une convention fut sans doute signée entre Rome et Naples, pour la poursuite simultanée des brigands qui passaient facilement d'un Etat dans un autre : mais elle se trouva malheureusement insuffisante [1].

C'est dire que dans sa nouvelle entreprise, notre voyageuse allait peut être courir des hasards pénibles et dangereux : mais rien ne lui faisait peur. Une de ces devises était celle-ci : « En avant toujours, et pour Dieu ! »

Elle se mit donc en route dans le courant de l'automne, au moment où les chaleurs romaines ont disparu, et où les principales congrégations qui se donnent toujours un mois de vacances au moins, ont repris leurs travaux. C'était vers la mi-novembre. Alors, Rome presque déserte pendant l'été reprend sa physionomie des beaux jours ; elle ressemble à une ruche où les abeilles reviennent après quelque temps d'absence pour travailler avec une ardeur nouvelle. L'animation recommence dans les rues et sur les places, dans les salons et les bureaux ; tout le monde est à son poste, et les affaires suspendues reprennent leur cours ordinaire.

La Mère Thouret fit heureusement son voyage à petites journées et s'arrêta à Tagliacozzo pour y faire une fondation. Tagliacozzo est une petite ville des Abruzzes dans la province d'Aquila, non loin de la frontière romaine. Elle séjourna là quelques jours et y laissa les fondements d'un pensionnat pour les jeunes filles de la contrée et d'une école gratuite pour les enfants pauvres. Elle était déjà avantageusement connue dans le royaume de Naples et elle recevait souvent des lettres lui demandant des sœurs pour l'instruction de l'enfance ou le soin des malades ; malheureusement elle ne pouvait répondre favorablement, comme elle l'aurait désiré à toutes les requêtes qui lui arrivaient. Là, elle put satisfaire les vœux du clergé et de la population, et elle profita de son

[1] Darras.

passage pour y établir une maison qui était appelée à une grande prospérité.

Peu de jours après, elle arrivait à Rome, où son séjour devait se prolonger plus qu'elle ne le pensait. Les Romains ont des principes de sagesse qui les a toujours faits les rois du monde, et en vertu de ces principes, ils vont lentement dans la conduite des affaires. La supplique de la Mère Thouret adressée au pape avait été remise au secrétaire de la Congrégation des *Evêques et Réguliers* qui a la mission de régler tout ce qui touche aux ordres religieux, et les cardinaux qui composaient cette congrégation devaient se réunir plusieurs fois pour examiner et modifier au besoin la nouvelle règle qui leur était présentée.

En attendant, notre vénérée fondatrice fut heureuse de voir la Ville Eternelle pour la seconde fois et de visiter les sanctuaires qu'elle ne connaissait pas encore. Mais l'une de ses plus grandes joies fut de se jeter aux pieds du doux pape Pie VII qui l'accueillit avec une grande bonté, et l'interrogea sur sa congrégation, ses projets et ses désirs, avec une sollicitude toute paternelle.

Elle vit également le cardinal Consalvi qui la reçut aussi avec la plus grande cordialité, le cardinal *della Somaglia* qui était justement le *rapporteur* de son affaire, le cardinal Pacca qui se trouvait être le préfet de la congrégation des *Evêques et Réguliers*, le cardinal *di Pietro* grand pénitencier à ce moment là, le chanoine Gallinari qui lui prêta un généreux concours, et les principaux consulteurs de la sacrée congrégation.

Avec les lettres de recommandation qu'elle portait de Naples, elle devait partout rencontrer bienveillance et sympathie. Elle pouvait aussi montrer une lettre qu'elle avait reçue depuis peu de temps, de l'abbé Durand vicaire général et administrateur du diocèse de Besançon, pendant l'absence du nouvel archevêque nommé mais non encore installé, Mgr. Gabriel Courtois de Pressigny.

Dans le courant de 1818, elle avait écrit à ce digne ecclésiastique pour savoir comment allait sa communauté, et voici la réponse que lui envoyait ce bon et saint vieillard, le 30 Août de cette même année.

Elle est trop belle et trop importante à tous égards pour que nous ne la fassions pas paraître intégralement :

Madame,

Quelqu'un sans doute m'a rappelé à votre souvenir ; absente depuis si longtemps vous avez dû m'oublier ou douter si je vivais encore. *Vous êtes comme fondatrice*, à la tête d'une Congrégation, moi, comme seul vicaire-général, à la tête d'un Diocèse. Vous avez des sujets en quantité, et je vois avec douleur 130 paroisses sans prêtres. Cependant l'année prochaine nous aurons 80 séminaristes, mais avant qu'ils puissent exercer le Saint Ministère, nous perdrons autant de pasteurs. Dieu veuille venir au secours de l'Eglise gallicane, aujourd'hui travaillée de bien des maux. La religion prospère dans l'Etat Napolitain ; elle souffre beaucoup en France, surtout dans beaucoup de villages où il y a moins de foi que dans maintes villes. Quand l'impiété est jointe à l'ignorance, le mal est presque sans remède. Néanmoins vos filles se conduisent très-bien partout ; édifiantes et utiles, les gens sages les protègent et ceux des Communes qui n'en ont pas, voudraient en avoir. Peu de Congrégations se sont établies aussi rapidement que la vôtre.

Les Dames Supérieures qui vous représentent, sont animées de votre esprit ; quand vous reviendrez vous reconnaîtrez votre ouvrage. Il est à croire que Naples vous retiendra encore, puisque vous y faites tant de progrès.

Accablé de travail, sous le poids des années, je n'aurai pas l'avantage de vous recevoir. Combien il me tarde que nous ayons un archevêque ! J'ai le plus grand besoin de repos et je ne puis en prendre un seul moment. Voici ma huitième lettre de ce jour; aussi y règne-t-il un grand désordre tant je suis interrompu. La paroisse de Saint Pierre est fort contente de Monsieur votre frère. Seul vicaire, il y a beaucoup d'ouvrage. Si l'occasion se présente de lui être utile, je la saisirai avec empressement. Je finis par cette réflexion: *il est peu de royaumes, de provinces, de pays même où le Seigneur n'ait des instruments éclatants de sa providence. Vous en avez été un parmi nous; vous l'êtes aujourd'hui pour l'Italie.*

Je suis avec respect, Madame,

Votre très-humble serviteur

Durand V. G.

Cette lettre, on le comprend aisément, dut faire un grand bien à la Mère Thouret auprès des cardinaux appelés à juger son œuvre et ses constitutions. Aussi, je ne suis pas étonné de lire dans une note qui accompagne cette missive que la sacrée congrégation se contenta de ce document pour les *informations* qu'elle avait droit d'attendre de Besançon, qu'elle en prit copie et la garda dans ses archives. Émanant du vicaire général et par conséquent de l'autorité diocésaine que celui-ci représentait en l'absence de l'*Ordinaire,* ce documents avait la valeur d'un acte épiscopal; fortifié des document portés de Naples et des recommandations de l'archevêque de Cosenza, il devait emporter d'assaut, mais après mûr examen, l'approbation tant désirée.

Dans la lettre de Mr Durand, il faut remarquer deux choses: c'est l'éloge de la Mère Thouret et celui des Sœurs de Besançon: le premier à la fin, et le second, vers le milieu.
— « Les dames supérieures, est, il dit, qui vous représentent sont animées de votre esprit: quand vous reviendrez, vous reconnaîtrez votre ouvrage. »

Que penser de ces mots? Mr Durand ignorait-il alors les cabales ourdies à Besançon contre la mère fondatrice? Ou bien les passait-il sous silence pour ne pas l'attrister ? Ou bien encore la discorde s'était-elle assoupie pour attendre une occasion favorable de se réveiller ?

Mystère ! nous verrons bientôt que le saint homme fut au courant de tout, qu'il se comporta à merveille à l'égard de notre supérieure générale, mais qu'après sa mort qui n'était pas loin, les sœurs réfractaires devaient être plus heureuses auprès de leur archevêque impatiemment attendu.

Mgr Courtois de Pressigny était à l'époque où nous sommes, nommé déjà depuis quelque temps au siége de Besançon ; mais il ne devait en prendre possession que le 30 Octobre 1819.

Son nom reviendra fréquemment sous notre plume ; disons quelques mots de ce prélat en attendant que nous puissions apprécier son caractère et ses actes. Il était né à Dijon le 11 Décembre 1745, et avait été élevé sous les yeux de son oncle Mgr Courtois de Guincey évêque de Belley. Puis il était devenu successivement grand-vicaire de Mgr de La Luzerne et évêque de Saint Malo. Il avait fait partie des assemblées du clergé de 1787 et 1788, et protesté contre la *fameuse constitution civile*. En 1791, il avait émigré et après son retour en France en 1801, il avait remis la démission de son évêché entre les mains du pape. — A la Restauration, il était devenu ambassadeur de *Sa Majesté très-chrétienne* près la cour de Rome, où il était resté jusqu'en 1816 sans avoir pu mener à bonne fin les négociations dont il avait été chargé. — A cette dernière date, Louis XVIII, l'avait nommé pair de France, et l'année suivante, archevêque de Besançon. Mais divers obstacles l'avaient empêché de se rendre dans son diocèse dont Mr Durand gardait l'administration [1].

C'est ce qui nous explique l'intervention de ce dernier dans les affaires de la Mère Thouret et la lettre qu'il lui

[1] Voir Feller.

écrivit. Cette lettre fut pour elle d'une grande consolation; mais hélas! elle ne devait qu'emmieller les bords de la coupe amère que lui préparait pour bientôt la communauté de Besançon.

Heureusement les encouragements qu'elle recevait à Rome étaient bien faits pour la fortifier contre les épreuves à venir. D'ailleurs ne voyait elle pas, par les événements de l'histoire que notre pauvre vie ici-bas n'est qu'un tissu de tristesses et d'amertumes agrémenté de quelques joies passagères? Il y avait alors à Rome Madame Lætitia et le cardinal Fesch, auxquels le pape avait offert dans leur malheur la plus cordiale hospitalité. La mère de l'Empereur voyait se réaliser la prophétie qu'elle avait faite autrefois au sein des grandeurs: elle donnait du pain aux membres appauvris de sa famille dépouillée.

Nouvelle Niobé, elle eut longtemps à pleurer sur ses enfants victimes de la destinée: « Ils meurent tous. devait-elle dire après la mort du plus célèbre; moi seule je reste; je suis comme un arbre qui perd ses feuilles; je n'ai plus de larmes pour les pleurer. La volonté de Dieu soit faite. » — J'aime à croire que la Mère Thouret se fit un devoir d'aller porter ses hommages à cette princesse, ainsi qu'à son frère; elle avait eu trop à se louer d'eux au *chapitre général* de Paris pour oublier leur bonté. Elle voulut sans aucun doute s'incliner devant ces augustes débris de l'Empire tombé. Rien dans nos documents ne nous indique qu'elle l'ait fait; mais nous connaissons trop bien son cœur pour en douter un instant. Elle pouvait peu pour ses anciens bienfaiteurs; mais qui ne sait que dans la tristesse de l'exil ou du malheur, les manifestations de la gratitude, viendraient-elles d'une personne oubliée ou inconnue font toujours plaisir à ceux qui en sont l'objet?

Du reste, n'était-ce pas son rôle de consoler les affligés?

Elle le fit toute sa vie, et cela dans toutes les sphères et dans tous les pays; il faut penser qu'à Rome où elle prolongea son séjour, elle ne dut pas mentir à sa vocation.

Au milieu de ses visites et de ses courses, au cœur de cette Rome qui trop souvent, par suite de je ne sais quelle influence secrète, verse dans l'âme de ceux qui l'habitent, l'oubli du reste du monde, des amis absents et des parents éloignés, elle n'oubliait pas sa famille religieuse de Naples et de Besançon. Elle avait fréquemment des nouvelles de ces deux foyers de son œuvre, et souvent aussi, elle écrivait à ses filles pour leur renouveler ses tendresses ou ses recommandations. Elle les renseignait également sur ses projets, ses espérances, sa santé. Par une lettre du 27 Septembre 1819 écrite par Sœur Christine Ménegay de Besançon nous apprenons qu'elle avait été malade dans le courant de l'été. Elle avait dû sans doute payer son tribut à la *fièvre romaine* qui n'épargne guère personne; mais son malaise n'avait pas duré: la pâle divinité qui fait parfois tant de victimes à Rome, surtout parmi les étrangers, ne l'avait retenue que quelques jours au lit. « Dieu soit béni de votre rétablissement, lui disait la sœur, je souhaite et désire bien sincèrement que le Seigneur soutienne votre santé; il est difficile qu'elle n'éprouve pas de temps à autre un peu d'altération à cause des grandes fatigues; mais Celui qui les permet saura vous soutenir, ainsi que je le lui demande par mes faibles prières. »

Par cette même lettre, nous apprenons également que Mgr. de Pressigny avait fait quelques jours auparavant une courte apparition dans sa ville épiscopale, que les sœurs étaient allées lui présenter leurs hommages, mais qu'elles avaient été reçues en audience publique avec d'autres religieuses. Dans la conversation on n'était pas sorti des généralités; Monseigneur ne faisait que passer, mais il devait bientôt revenir pour s'installer d'une façon définitive. La Sœur Christine rendait en outre compte à sa chère supérieure de l'état des choses à Besançon, d'une retraite qui venait de se faire, de l'arrivée de trois postulantes qui avaient pris la *capette* etc. C'est dire que notre vaillante fondatrice menait tout à la fois de front, à Rome qu'elle ne devait quitter qu'au mois d'Août 1820, l'affaire importante qui l'y avait amenée, et le gouvernement de son Institut de plus en plus prospère.

CHAPITRE SEPTIÈME

L'approbation de sa règle (1819).

Légères modifications apportées aux Constitutions de la Mère Thouret. - Bref du Pape Pie VII. - Lettres de la Supérieure Générale aux Sœurs de Besançon et à Mgr. de Pressigny. - Réponses de Sœur Marie Anne Bon et de l'archevêque. - Les deux règles.

L'année 1819 renferme quatre dates célèbres pour la Mère Thouret et surtout pour sa règle. Ces quatre dates qu'il faut connaître pour mieux comprendre les événements qui suivent, les voici : « Ce sont le 12 Février, le 16 Juin, le 13 Juillet et le 14 Décembre. »

Le 12 Février, la congrégation des Evêques et Réguliers décide qu'il peut être procédé à l'approbation demandée, mais que des changements ayant été proposés, et d'autres devant l'être probablement encore, il y a lieu de soumettre les constitutions et les règlements de la congrégation des *filles de la charité sous la protection de Saint Vincent de Paul* à une nouvelle révision.

Le 16 Juin, la révision ayant été faite, les cardinaux jugent après un mûr examen, que ces constitutions et ces règlements doivent être approuvés, sauf quelques modifications qui n'en altéraient nullement la substance.

Le 23 Juillet, le pape approuve par un rescrit *sous forme de décret*, les décisions de la sacrée congrégation et le 14 Décembre, Sa Sainteté confirme par un bref son approbation précédente.

De ce que nous venons d'exposer, il suit que la congrégation de la Mère Thouret dut désormais porter le nom de *filles de la charité sous la protection de Saint Vincent de Paul ;* [1] et que quelques modifications furent introduites non pas sur sa demande mais de l'avis de la sacrée congrégation.

Voici quelles furent ces modifications : la première se rapportait à l'émission des vœux, la seconde était relative au supérieur général. Dans la rédaction primitive, les vœux devaient se faire devant le Supérieur général qui était l'archevêque de Besançon et s'émettre entre les deux élévations de la messe et seulement pour un an, et dans l'édition approuvée par le Saint Siège, ils devaient se faire en présence de l'évêque diocésain, à la table sainte au moment de la communion en face de l'hostie présentée par l'officiant, et chaque sœur devait les émettre pour le temps de sa permanence dans la congrégation.

Dans le texte primitif, l'archevêque de Besançon était reconnu et nommé supérieur général de la congrégation, et dans le texte approuvé, l'archevêque ne devait avoir d'autres attributions que celles qui étaient données aux autres évêques diocésains.

On le voit, ces modifications n'altéraient en rien la substance des constitutions primitives; d'ailleurs la sacrée congrégation qui a justement pour mission de réviser tous les codes religieux, avait bien le droit, de changer les règlements que, dans sa sagesse, elle croyait devoir modifier. Et cependant, ce fut là - nous le verrons bientôt - le prétexte qui fut invoqué à Besançon pour faire ouvertement opposition à la fondatrice.

---

[1] Malgré cela, l'usage veut depuis biens longtemps, qu'on appelle les filles de la Mère Thouret, *Sœurs de la Charité.* Ainsi, on les distingue des *filles de la Charité,* à la cornette blanche.

Mais avant d'aller plus loin, il est important que nous connaissions le rescrit et le *bref* [1] par lequel Pie VII approuvait à jamais les Constitutions de la Mère Thouret. Les voici; nous n'avons pas à les donner l'un après l'autre, car ils sont enclavés l'un dans l'autre; le bref renferme le rescrit.

Pius Pp. VII.

Ad Perpetuam Rei Memoriam.

Le soin du troupeau que le Seigneur, nous a confié malgré la faiblesse de nos mérites, nous impose le devoir à nous, Représentant du divin Pasteur sur la terre, de favoriser, autant qu'il est en nous, tout ce qui peut contribuer, à la pratique de toutes les vertus et à l'avantage spirituel des fidèles en Jésus-Christ. C'est pourquoi, sur ce qu'il nous en a été exposé, par notre bien aimée Fille en Jésus-Christ,

---

[1] Les rescrits, en général, sont des lettres apostoliques par lesquelles le pape accorde une faveur à une personne qui lui a demandé une grâce. Ils sont qualifiés de *bulles* ou de *brefs* selon la forme et le style dans lesquels ils sont rédigés. Dans l'usage, on les prend pour des réponses du pape sur le même papier : *rescripta bis scripta*. Cette seconde écriture s'entend ordinairement de la concession écrite à la suite même de la supplique. Il y a les *rescrits de justice, les rescrits de grâce et les rescrits mixtes*. Ici il s'agit d'un Rescrit de grâce. Le rescrit pris dans le sens ordinaire est moins important que la *bulle* et le *bref*. Le *bref* est ainsi appelé à cause de sa brièveté ; il est écrit sur parchemin pour qu'il se conserve mieux : il est écrit sur le *rude*, comme les bulles sont écrites sur le doux de cette espèce de papier. — Il est scellé de cire ou d'encre rouge, à la différence des autres grâces qui sont scellées de cire verte. On y applique l'anneau du pêcheur et il est souscrit seulement par le secrétaire du pape et non par le pape lui-même. La règle des *filles de la charité* sous la protection de Saint Vincent imprimée en 1820, porte, à la fin du volume, après la supplique de Mère Thouret, le rescrit d'abord et puis le bref reproduisant le rescrit.

Jeanne Antide Thouret, fondatrice de la Congrégation dite
des filles de la Charité sous la protection de Saint Vincent
de Paul, son vœu le plus ardent étant de voir l'institution
susdite approuvée par le Saint Siége Apostolique; nous
avons remis cette affaire importante à nos bien-aimés Frères,
les Cardinaux de la Sainte Eglise Romaine, chargés des affaires
et demandes des Evêques et autres religieux, à cette fin de
l'examiner; lesquels, après tout mûrement pesé, ont ouvert
leur avis, comme il appert dans le décret confirmé par nous
et dont la teneur est ainsi qu'il suit [1]. « Sur la requête de
Jeanne Antide Thouret, fondatrice de la Congrégation des
Filles de la Charité, sous la protection de Saint Vincent de
Paul, à l'effet d'obtenir l'approbation de son Etablissement,
la Sacrée Congrégation, chargée des affaires et demandes
des Evêques et Ordres Religieux, ouï le rapport de S. Em.
le Cardinal della Somaglia Vice-Chancelier de la Sainte
Eglise Romaine et Rapporteur en cette cause, après un mûr
examen, le 12 Février de l'année courante 1819, a décidé
qu'il pouvait être procédé à l'approbation demandée, conformément au vœu émis par S. Em. le Rapporteur, qui a pensé
qu'il fallait augmenter le nombre des Reviseurs, vu l'importance de l'affaire. Des changements ayant été proposés, et
d'autres devant probablement l'être encore, elle les a soumis
de nouveau à l'examen de son Em. le Rapporteur, ainsi
qu'à S. Em. le Cardinal Barthélemy Pacca, Grand Camérier
de la Sainte Eglise Romaine et Préfet de la Sacrée Congrégation, assistée de l'Archevêque d'Athènes, Secrétaire de
cette même Congrégation, afin que sa Sainteté soit consultée
dans les formes voulues, pour l'approbation de l'Institut, de
ses Constitutions et Réglements. La révision ayant été faite
et l'affaire discutée, dans une Congrégation spéciale, tenue
le 16 Juin de la même année 1819, leurs Eminences, d'accord avec le Secrétaire de la Congrégation, après un nouvel

[1] Ici commence le rescrit du 23 Juillet.

et mûr examen des Constitutions et Règlements des Filles de la Charité sous la protection de Saint Vincent de Paul, ont pensé unanimement qu'ils devaient être approuvés, non-seulement dans les provinces Citramontaines, mais encore partout ailleurs sauf *quelques modifications qui n'en doivent nullement altérer la substance*; le tout rapporté sur des feuilles particulières et remises au Secrétaire pour soumettre à Sa Sainteté l'approbation de l'Institut, de ses Constitutions et Règlements. Le Rapport ayant été fait par le Secrétaire cy Soussigné à notre Saint Père le Pape Pie VII, dans son audience du 23 Juillet de la même année 1819, Sa Sainteté a approuvé dans sa bienveillance l'institution des filles de la Charité sous la protection de Saint Vincent de Paul, leurs Constitutions et Règlements. - A Rome les jours et l'an susdit. Le Cardinal J. M. Rapporteur. - Le cardinal Pacca Préfet. - J. J. Archevêque d'Athènes Secrétaire [1]. - Pour que le susdit décret et tout ce qu'il contient soit assuré d'une manière plus stable, la susdite fondatrice désire vivement et sollicite de nous par d'instantes prières des lettres Apostoliques, en forme de Bref, pour le confirmer et le corroborer; à cette cause voulant accompagner de nos grâces et faveurs spéciales l'exposante, et tous ceux qu'il nous plaît favoriser par ces présentes, ils sont et seront réputés absouts de toute excommunication, interdit et autres sentences, censures et peines ecclésiastiques, portées soit par l'Eglise, soit par un homme, en quelque occasion, ou pour quelque cause que ce soit, s'il en est, qui pèsent sur eux, seulement pour ce qui regarde l'effet de ces présentes. Déclarons qu'agréant leurs prières, nous confirmons de notre autorité Apostolique, le susdit décret, pour l'approbation de l'institution des filles de la Charité sous la protection de Saint Vincent de Paul, de ses constitutions, règlements et de tout ce qui est contenu et exprimé dans le dit décret, l'approuvons de nouveau,

---

[1] Ici finit le rescrit.

lui donnons force inviolable, remettant d'avance et suppléant sans réserve, à tout ce qui pourrait s'y trouver de défectueux, de droit et de fait. — Déclarons en outre ces présentes, bonnes, valables, efficaces, pour le présent et pour l'avenir et voulant qu'elles jouissent de leur plein et entier effet, ôtons à tous juges ordinaires, délégués, auditeurs au palais Apostolique, Nonces du Saint Siége et cardinaux *Légats à latere* tout pouvoir de les juger, et définir autrement, par interprétation quelconque, regardant comme sans force et comme non avenu, tout jugement contraire porté contre elles par une autorité quelconque sciencieusement ou par ignorance.

Donné à Rome de Sainte Marie Majeure, sous l'anneau du Pêcheur le 14 Décembre 1819 de notre Pontificat l'année vingtième.

Signé: Hercule Consalvi.

On voit par la teneur de ce bref que la Mère Thouret n'avait pas voulu se contenter du rescrit qui approuvait sa règle à la date du 23 Juillet, et qu'elle avait désiré un acte pontifical qui donnât à son ordre une consécration plus solennelle. Elle obtint ce qu'elle demandait, et sur la fin de l'année 1819, elle vit ses chères espérances couronnées d'un plein succès. Mais elle n'attendit pas cette époque pour annoncer la bonne nouvelle à ses filles de Naples et de Besançon et à Mgr. de Pressigny; nous ne voyons pas cependant qu'elle l'ait fait tout de suite après l'obtention du rescrit du 23 Juillet. A ce moment elle était malade, et puis elle put n'être informée de l'approbation accordée que quelques jours après cette date mémorable.

Les premières lettres écrites à Besançon à ce sujet sont du mois d'Octobre: nous en possédons deux: la première est adressée aux sœurs de Bellevaux et la seconde à l'archevêque.

Ecoutons-la nous raconter elle-même la grande joie de son âme. Voici sa première lettre:

Rome, le 2 Octobre 1819.

Mes très-chères filles résidentes à la maison de Bellevaux.

Je ne puis mieux vous prouver mon attachement maternel, ainsi qu'à toutes les sœurs de notre Institut, et vous donner de plus vive joie et de plus agréable encouragement qu'en vous annonçant le grand bienfait de Dieu par la très-précieuse grâce que notre très-saint Père le pape Pie VII a daigné nous accorder le 23 Juillet dernier. Il approuva notre Institut, nos règles et constitutions avec les modifications qu'il a cru devoir y faire. Il a donné à toute notre communauté le nom de Filles de la Charité sous la protection de Saint Vincent de Paul. Il a modifié les Vœux et fait des changements dans la troisième partie de la règle. L'on m'a ordonné de la faire réimprimer, ce dont je m'occupe; on m'a dit aussi d'avertir toutes les filles de notre Institut de ne plus faire les vœux qui étaient en usage et qu'elles auront la consolation de les faire selon la volonté de notre très-saint Père le Pape, quand je serai de retour au milieu d'elles, ce qui sera dans peu de mois; alors je vous donnerai connaissance de tous les changements.

Je vous invite, mes très-chères filles, à vous unir à nous pour remercier le Bon Dieu d'avoir par cette approbation consolidé notre Institut pour toujours.

Faites aussi des prières pour la très-précieuse conservation de notre très-saint Père le Pape; priez aussi pour moi; je le fais pour vous toutes.

P. S. j'ai adressé le 24 Septembre la même lettre à chère Sœur Marie Anne.

La lettre dont il est question dans ce post-scriptum n'a pas été retrouvée mais nous n'avons pas à le regretter beaucoup, puisqu'elle était la même que celle que nous venons de lire. Voici maintenant celle qui fut adressée à l'archevêque. Celle ci est très-importante comme on peut en juger par sa teneur :

Monseigneur,

Bénissez-moi, je vous prie, et daignez agréer les hommages de ma soumission, de ma sincère confiance, ainsi que mon plus profond respect.

Etant le faible instrument dont Dieu a daigné se servir pour établir notre Institut dans le diocèse de Besançon et dans plusieurs, il daigna encore, il y a quelques années s'en servir pour le propager dans l'Italie, à Naples. La variété des circonstances a exigé que j'y restasse plus longtemps que je ne me l'étais proposé, pour son soutien et ses progrès avec l'aide de Dieu Tout-Puissant. J'ai toujours été dans la disposition de m'en retourner à Besançon le plus tôt possible pour donner des soins plus détaillés à l'Institut que le Bon Dieu m'a confié; mais pour lui assurer son existence et sa solidité, je pensai de le soumettre au très-saint Père le Pape et d'en demander l'approbation, ainsi que de ses Règles et Constitutions, ce que je fis, et Sa Sainteté en ordonna l'examen, lequel a été fait avec la plus grande attention.

Le 23 Juillet dernier, notre Saint Père le pape Pie VII daigna approuver notre Institut, nos Régles et Constitutions, avec quelques modifications *qu'il crut devoir y faire.* Il a donné à notre Congrégation le nom de *filles de la Charité sous la protection de Saint Vincent de Paul ;* il a modifié les Vœux et fait quelques changements dans la troisième partie de la Règle. L'on m'a donc ordonné de la faire réimprimer, et c'est ce dont je m'occupe. J'ai informé les sœurs de notre Institut de tout cela, en leur disant entre autres choses, qu'elles auraient la consolation de faire les vœux comme notre Saint Père les avait établis, avec votre agrément, Monseigneur, quand je serai de retour au milieu d'elles, ce qui sera dans peu de mois. En conséquence, je prie,

Monseigneur, de n'en point admettre à la profession avant ce temps.

Ayant l'honneur de présenter mes très-humbles devoirs à Votre Grandeur, Monseigneur, j'aurai encore celui de lui rendre compte de tout en lui présentant notre Règle approuvée par le Souverain Pontife.

Je suis en attendant avec le plus parfait dévouement

Monseigneur,

Votre très-humble et très-obéissante servante
Sr J. A. Thouret.

Rome le 12 Octobre 1819.

A ces lettres de la Mère Thouret, il fut répondu de Besançon immédiatement. La Sœur Marie Anne Bon qui avait reçu la première la bonne nouvelle fut aussi la première à s'en réjouir avec sa supérieure : « Ma très-honorée Mère, lui écrit-elle le 24 Octobre, voilà enfin nos désirs accomplis; notre sainte règle est approuvée par le Saint Père ! Dieu en soit béni et remercié éternellement ! Avec cet avantage signalé, nous aurons encore celui de vous revoir, ma bonne mère, de vous embrasser bientôt !... Quelle joie pour nos cœurs ! Ah ! si nous pouvions au moins savoir quand cet heureux moment arrivera, afin de jouir plus tôt de votre présence en allant au-devant de vous, ne serait-ce qu'à une vingtaine de lieues ! »

Après cette lettre qui exprime les sentiments les meilleurs, arriva celle de Mgr. de Pressigny qui venait de prendre tout récemment possession de son siége; mais hélas ! quelle différence dans les pensées qu'elle renferme et dans les dispositions qu'elle révèle, et comme la pauvre mère dut cruellement souffrir en la lisant.

La voici sans commentaires. Nous verrons plus tard ce qu'il faut penser de celui qui l'écrit :

Besançon, 6 Novembre 1819.

Ma chère Sœur,

J'ai reçu à mon arrivée à Besançon, la lettre que vous m'avez écrite de Rome, le 12 du mois dernier.

J'y vois que notre Saint Père le pape a daigné approuver les Constitutions que vous lui avez présentées: que *Sa Sainteté a cru devoir y faire des modifications; vous parlez de changements dans les Vœux et dans la 3ᵐᵉ partie de la Règle.*

L'Eglise a réglé que ceux ou celles qui voudraient entrer dans un Ordre, une Congrégation ou une société religieuse éprouveraient pendant une année ou deux, si Dieu les appelle à cette forme de vie; c'est ce qu'on appelle le Noviciat.

Les filles de la Charité de Besançon ont ainsi éprouvé leurs sœurs; elles ont cru pouvoir, avec la grâce de Dieu, remplir les devoirs que leur imposait le genre de vie qui leur était proposé; les Supérieurs ont cru qu'elles avaient la vocation nécessaire.

Aucun changement ne doit être fait, sans leur avoir été proposé, sans qu'elles aient examiné devant Dieu, et avec le conseil de leurs Directeurs, si elles peuvent espérer qu'elles serviront aussi bien Dieu et le prochain, en contractant les nouveaux engagements qui leur seraient présentés.

Je ne connais pas les changements qui ont été faits; ils peuvent améliorer l'Institut, mais l'amélioration même est un changement, et un changement, une modification ont souvent des inconvénients.

On est content ici du bien que font les sœurs de la Charité; l'union et la paix règnent parmi elles; ne nous exposons pas à ce que cette paix soit troublée, et par une suite nécessaire, le bien qu'elles font, entravé ou même ruiné.

En conséquence, ma chère sœur, je souhaite que la bénédiction de Dieu vous accompagne, et vous récompense du bien que vous avez fait ici; mais les modifications que vous annoncez m'inspirent des inquiétudes et, je vous déclare que je défendrai que vous soyez reçue, même pour un seul jour, dans les maisons des sœurs de la Charité du diocèse de Besançon.

La charité, l'union, la soumission aux Supérieurs sont au nombre des premiers biens, dans toutes les sociétés, mais surtout dans les sociétés religieuses, et rien n'y est plus opposé que les nouveautés. Il y a dans les esprits différentes manières de voir et de comprendre; toute nouveauté met cette disposition à la diversité d'opinion, en mouvement. De là, des divisions et les divisions sont la peste des Communautés. — Il vaut donc mieux que vous établissiez ailleurs votre nouvel Institut, et que nous conservions ici ce que nous avons. — Si vous aviez, ma chère sœur, l'esprit de Dieu, vous ne vous exposeriez pas, en proposant des règlements nouveaux, à troubler les consciences, à introduire la division où règne la paix; à faire perdre à votre patrie, le bien que vous y avez vous-même procuré. Que la charité et la bénédiction du Bon Dieu soient avec vous, ma chère sœur, c'est le vœu bien sincère de mon cœur.

† G. Archevêque de Besançon.

Cette lettre épiscopale était un coup de foudre. La Mère Thouret comprit qu'un orage grondait à Besançon, et se prépara à y tenir tête.

En attendant, elle travaillait sans relâche au bien de son Institut, à l'obtention de son bref et à l'impression de ses constitutions.

Celles-ci devaient paraître à Rome dans les premiers mois de 1820 et porter le titre que voici : « *Institut ou Règles et constitutions générales de la congrégation des filles de la Charité sous la protection de Saint Vincent de Paul.*

Rome 1820, chez Vincent Poggioli imprimeur de la Chambre apostolique. »

Elles étaient imprimés en français et en italien : en ouvrant le volume on avait sous les yeux les deux textes, et l'on lisait en face du titre que nous venons d'écrire : *Istituto ossia regole e costituzioni generali della congregazione delle figlie di Carità sotto la protezione di S. Vincenzo di Paoli - Roma 1820. Presso Vincenzo Poggioli stampatore della R. C. A.*

La règle primitive imprimée à Besançon en 1807, à l'imprimerie de Chalandre avec l'approbation de Mgr. l'archevêque portait pour titre : - nous l'avons déjà dit : - *Institut ou Règles et constitutions générales de la congrégation des filles de Saint Vincent de Paul.*

Les règles approuvées par le pape étaient les mêmes que celles approuvées par l'archevêque, sauf les quelques modifications que nous avons déjà indiquées. Seulement le texte était *double* et il le fallait ainsi, puisque l'institut nouveau devait se recruter autant en Italie qu'en France, et que même il était destiné à se répandre encore plus dans la péninsule que dans notre pays.

La vénérée fondatrice put en surveiller elle-même l'impression, en corriger les épreuves, et en porter les premiers exemplaires à ses sœurs de Naples quand elle retourna au second berceau de son œuvre merveilleuse désormais bénie par le vicaire de Dieu !

CHAPITRE HUITIÈME.

Ses tristesses après l'approbation de ses Constitutions (1819).

Un complot. - Belle conduite de Sœur Elisabeth Bouvard. - Circulaire de l'abbé de Chaffoy. - Portrait de Mgr. de Pressigny. - Le Gallicanisme. - Mgr. d'Aviau. - Mgr. de La Luzerne. - L'abbé Frayssinous. - Le cardinal de Bausset. - L'erreur du temps. - De Bonnald, de Maistre, Lamennais. - Explication du mystère. - Lettre de Mère Thouret à la Sœur Marie Anne Bon. - Réponse de celle-ci. - Nouvelle lettre.

Si l'année 1819 apporta à la Mère Thouret quelques consolations, il faut reconnaître qu'elle lui apporta aussi un grand nombre de tristesses; nous venons de lire la lettre de Mgr. de Pressigny dans laquelle le prélat lui dit qu'il n'entend admettre aucune modification ni amélioration, et lui déclare même qu'elle ne sera pas reçue dans sa communauté si elle vient à Besançon.

Que s'était il donc passé? D'où pouvait venir une pareille sévérité? Il est temps de le raconter.

Nous savons déjà que depuis longtemps quelques sœurs de Besançon endoctrinées et soutenues par l'abbé Bacoffe avaient comploté pour secouer le joug de la Supérieure générale. Sous le règne de Mgr. Lecoz, la conspiration avait paru sommeiller. Dans l'intervalle assez long qui sépare son

administration de celle de Mgr. de Pressigny [1], elle se ré-
veilla. Nous en avons la preuve dans le fait que voici.

Un jour, en 1818, croyons-nous, les sœurs réfractaires
allèrent trouver M[r] l'abbé Durand, alors vicaire général –
comme nous l'avons vu plus haut - et administrateur du
diocèse, pour lui demander de consacrer de son autorité le
projet de séparation qu'elles avaient depuis longtemps désiré.
Elles étaient déjà venues, paraît-il, plusieurs fois lui porter
la même requête ; mais le saint vieillard n'avait jamais voulu
approuver ce qu'il appelait une flagrante injustice [2]. Ce coup-
ci, elles ne furent pas plus heureuses. Alors, elles eurent recours à un nouveau stratagème. Sachant que Sœur Elisabeth
Bouvard et Sœur Barbe Gauthier étaient du nombre des religieuses restées fidèles à la Mère Thouret, elles les prièrent,
sans les mettre au courant de leur diplomatie, de se présenter chez Mr Durand et de lui demander au nom de la communauté, l'autorisation attendue. Les bonnes sœurs ne se
doutant pas de la trame qui se cachait sous les apparences
d'une commission ordinaire, se rendirent, en toute simplicité
chez le vicaire général. Celui-ci voyant leur ingénuité s'empressa de les renseigner sur le complot dont elles se faisaient
les innocentes complices, les pria de rentrer chez elles, les
engagea à garder leurs sentiments de fidélité, et leur déclara
hautement que pour rien au monde, il ne consentirait à signer la déchéance de la Mère Thouret, et à reconnaître une
autre supérieure qu'elle, car elle n'avait pas démérité ; elle
était la gloire et la vie de la congrégation, elle ne pouvait,
à ses yeux, être remplacée à •aucun prix.

Quand nos deux messagères revinrent à la Grand' Rue
où était le foyer de la conspiration, elles y trouvèrent un
directeur du séminaire qui attendait avec impatience le ré-

[1] 1815-1819.
[2] Documents - *Note tratte da manoscritti autentici sull'origine
della congregazione delle suore di carità di Besanzone.* - Napoli.

sultat de leur mission ; mais elles ne dirent rien tant qu'il fut là, et il dut se retirer sans rien savoir. Quand il fut sorti, la supérieure Sœur Marie Anne Bon les questionna sur leur visite et aussitôt, elles se plaignirent amèrement d'avoir été choisies pour jouer un rôle équivoque, et reprochèrent vivement aux sœurs réfractaires leur ingratitude envers leur supérieure générale [1].

On le voit, le complot n'était plus à l'état latent, mais il était bridé par Mr Durand ; quand au mois d'Octobre 1819, on apprit les changements faits à la règle, il éclata d'une façon violente. Il y avait là, un prétexte prestigieux ; on en profita pour mettre le feu aux poudres. On alla même jusqu'à offrir la supériorité à Sœur Elisabeth Bouvard. On espérait peut être que le charme du fruit défendu la séduirait assez pour la faire succomber, et que l'ambition l'entraînerait dans le parti de la cabale jusqu'alors impuissant ; mais la supérieure de Bellevaux fut inébranlable, et après avoir vertement réprimandé ses compagnes, elle leur dit bien haut qu'elle voulait vivre et mourir dans les sentiments de la plus stricte obéissance, qu'elle resterait malgré tout soumise à sa première supérieure à qui elle devait, après Dieu, le bonheur de sa vocation. Elle protesta de toutes façons contre la division, se sépara complètement des religieuses qui la fomentaient et n'assista même plus, quoique conseillère, au conseil de la communauté.

Sur ces entrefaites, l'abbé Durand vint à mourir. Mgr. de Pressigny arriva ; les sœurs dissidentes s'empressèrent de le circonvenir, et dès leurs premières entrevues, elles comprirent qu'elles pouvaient espérer le succès : l'esprit de Mr Bacoffe allait triompher.

Du reste, il semble qu'à ce moment-là tout prenait des armes pour rabaisser l'autorité de la Mère Thouret et pour encourager l'opposition qui lui était faite. Le digne abbé de

[1] Ibidem.

Chaffoy, l'ancien ami de Mr Bacoffe, était devenu, sous l'administration de Mr Durand, le directeur des sœurs de la
charité, et le nouvel archevêque, dès son arrivée l'avait confirmé dans ses fonctions. Or, voilà que le 5 Novembre 1819,
la veille même du jour où Mgr. de Pressigny écrivait à la
Mère Thouret, la lettre que nous savons, il adressait aux
sœurs de Besançon, une circulaire très solennelle dans la
quelle nous lisons les lignes suivantes :

« Je dois vous prévenir encore, à l'occasion des changements soit dans le titre qui vous a été donné de Sœurs de la
Charité de Besançon, soit dans les Constitutions selon lesquelles vous avez reçu une autorisation du gouvernement, et
desquels changements vous avez entendu parler, que vous
ne devez adopter aucune innovation quelle qu'elle soit, si
elle ne vous est présentée par le Supérieur général de la
Congrégation. C'est la marche que la Providence vous trace,
et qui vous mettra à l'abri de toute surprise. Disposez-vous,
M. T. C. S. au bonheur de renouveler bientôt, par les vœux
de religion, vos sacrés engagements avec le Seigneur. Et pour
cela, accroissez de charité les unes envers les autres, de zèle
pour l'instruction des enfants dont vous êtes chargées, de
soin dans toutes les œuvres de charité dont vous vous occu-
pez, de renoncement à vous-mêmes, à vos idées propres, à
vos jugements, et de soumission envers vos Supérieurs qui
tiennent près de vous la place de Dieu. »

La circulaire de l'abbé de Chaffoy, on le voit, par cet
extrait, n'était que le prélude de la lettre un peu dure que
l'archevêque devait envoyer le lendemain à Rome. Elle dut,
à coup sûr vivement impressionner les Religieuses ; elle dut
même déconcerter un peu celles qui luttaient le plus vaillamment pour rester fidèles au parti de la Supérieure générale,
car son auteur avait un rôle prépondérant dans le diocèse :
il allait bientôt devenir évêque et d'ailleurs, il était le directeur diocésain de toute la communauté de Besançon. —
Il parlait comme un homme revêtu d'une autorité magistrale

et il le pouvait, puisque l'archevêque récemment installé, lui avait continué ses pouvoirs. Dans sa circulaire, il n'était que l'écho de son maître.

Mais comment expliquer, encore une fois, la lettre si sévère de ce dernier! il y a là un mystère qu'il faut dévoiler. Mgr. Courtois de Pressigny était, à coup sûr, un prélat docte, bon et pieux; il devait laisser, dit Feller, une mémoire précieuse à ses collègues et à ses amis. Son esprit, ses connaissances, la sûreté de son commerce, sa capacité pour les affaires, ses principes d'honneur et de religion lui avaient concilié l'estime et l'attachement de tous ceux qui avaient été à portée de le connaître. Mais tout le monde sait qu'il fut un des prélats de cette époque, les plus attachés au Gallicanisme, et c'est ce qui nous donne la clé du mystère.

Qu'était-ce que le Gallicanisme? Il n'entre pas dans le plan de ce livre de le dire en détail. Il suffit de savoir que l'Eglise de France, tout en demeurant attachée à l'unité catholique, maintenait cependant à l'époque où nous sommes autant que jamais, un *particularisme* disciplinaire et une sorte d'autonomie fondée sur ce que l'on appelait les *libertés gallicanes*.

Elle n'a jamais eu la prétention de se séparer de l'Eglise romaine, ainsi qu'il est arrivé à d'autres églises adhérant à l'hérésie ou tombées dans le schisme; mais déjà sous Saint Louis par la *pragmatique sanction* attribuée à ce roi, elle revendiquait à l'encontre du Saint Siège des droits consacrés par le temps, comme fondements de ses immunités et de ses franchises. — La pragmatique de Bourges s'était autorisée des décisions des conciles de Constance et de Bâle. Le concordat de François Ier avait tracé un *modus vivendi* qui avait duré jusqu'à la Révolution. Louis XIV avait publié les fameux quatre articles de 1682 qui avaient pour but de rabaisser l'autorité du pape dans le sens des parlements et des Jansénistes et dont l'enseignement était resté obligatoire dans les séminaires jusqu'après la Révolution.

Sous l'Empire, les évêques de cour avaient aidé Napoléon
à circonvenir le malheureux Pie VII, à lui tendre des piéges
et à lasser sa patience. Les évêques courtisans des Bourbons
suivirent les mêmes errements. Louis XVIII comptait les années de son exil comme des années de règne et persistait
à voir dans le Concordat de 1801 une brèche faite à ses
droits. Aussi une commission d'ecclésiastiques et d'évêques
fut-elle établie en 1814 pour aviser aux moyens de replacer
l'église de France sur ses anciennes bases [1].

Or, ce fut justement Mgr. de Pressigny qui fut choisi pour
aller à Rome négocier cette affaire. Il devait surtout amener
le pape a déclarer nul le Concordat, mais la chose ne réus-
sissant pas, il écrivit dans le courant de 1815 au vénérable
Mgr. d'Aviau, qu'en cela *on en était encore au premier pas.*
L'archevêque de Bordeaux lui répondit ceci dans une lettre
du 28 Octobre de cette même année: « Vous me dites, avec
un excès de modestie que vous aimeriez à vous aider de
mes conseils.... Et qui suis-je pour en donner à un prélat
connu depuis longtemps par des lumières que l'expérience
a nécessairement accrues? Mais si le chef suprême hiérar-
chique, dont le moindre droit est celui de nous en donner
à tous, nous en donne en effet, s'il vient même à commander,
se montre-t-on docile? Convenons-en de bonne foi: en général,
nous avons là-dessus des reproches à nous faire, n'y eut il
que cette trop fameuse déclaration de 1682. Depuis plus de
cent trente ans, plus de douze papes consécutifs ne cessent
de l'improuver, et depuis cent trente ans, on oppose à l'autorité pontificale des déclarations, des réquisitoires et des arrêts.
A la vérité, on avertit et répète de temps en temps qu'il
ne faut pas confondre le pape avec la cour de Rome. De
même, quand les autres nations catholiques se montrent
étonnées de nos prétentions et s'élèvent contre, le reproche
d'ultramontanisme répond à tout. Où en sommes-nous si,

[1] Rohrbacher.

avec quelques phrases, on peut rendre à peu près nulle l'action des successeurs de Saint Pierre, sur qui Jésus-Christ a bâti son église, le chargeant d'enseigner et de gouverner ?

« Je me désole avec vous, Monseigneur, de ce que *dans la principale affaire nous en sommes au premier pas;* mais les obstacles qui vous arrêtent et vous fatiguent à Rome ne viennent-ils point la plupart de Paris ? On vous en renvoyait des *instructions* lorsque tout a été arrêté par les malheureux événements. Hélas ! que n'envoyait-on plutôt un *acquiescement filial* à ce qui serait décidé par celui à qui appartiennent, et de droit divin, ces hautes décisions.... Les prélats italiens, dites-vous, jettent au travers de leurs longues circonlucutions, des attaques sur les *opinions gallicanes*. Je présume qu'ils étendent et allongent leurs circonlucutions dans l'espoir qu'on abandonnera des systèmes dont une grande partie me semble peu digne d'être comptée désormais parmi les *opinions....* »

Ainsi pensait, ainsi parlait le saint archevêque de Bordeaux. Mais assez rares étaient ceux qui lui ressemblaient. La plupart des évêques s'inspiraient, pour former leur conscience, de la *dissertation* de Mgr. de La Luzerne, sur la *déclaration du clergé de France en 1682* et de l'Essai de l'abbé Frayssinous *sur les vrais principes de l'Eglise gallicane*. Mgr. d'Aviau combattit ces ouvrages et leurs auteurs, tout à la fois avec déférence et courage, mais sans grand succès parmi ses collègues de l'épiscopat.

On pense alors dans quelles dispositions d'esprit Mgr. de Pressigny, nommé archevêque de Besançon arriva dans son diocèse. Pouvait-il sacrifier ses *opinions gallicanes ?* Il était l'ami de Mgr. de La Luzerne qui était devenu cardinal [1]. Il revenait de Rome, en qualité d'ambassadeur du roi. Il respirait par conséquent partout une atmosphère imprégnée de gallicanisme. Beaucoup d'évêques et de prêtres, à cette époque, se faisaient gloire d'ignorer les doctrines *romaines*. L'abbé

[1] 1817.

Frayssinous allait bientôt recevoir la mitre [1]. Le ministre de l'intérieur Mr Lainé voulait obliger les professeurs de théologie dans les séminaires à souscrire une promesse de croire et de professer les *quatre articles* [2]. Le cardinal de Bausset dans son *histoire de Bossuet* disait ceci: « L'assemblée de 1682 est l'époque la plus mémorable de l'histoire de l'Eglise gallicane; c'est celle où elle a jeté le plus grand éclat; les principes qu'elle a consacrés ont mis le sceau à cette longue suite de services que l'Eglise de France a rendus à la France.... »

Comment résister au courant du moment? Il eut fallu une vaillance plus qu'ordinaire. On a souvent - et avec raison - accusé Raphaël d'avoir été trop naturaliste dans ses peintures et d'avoir beaucoup contribué par ses créations plus ou moins sensuelles au paganisme de la Renaissance italienne. Mais faut-il l'accuser? La faute est-il à lui seul?

Ne faut-il pas plutôt s'en prendre aux mœurs de son époque? Je poserai ici, dans un autre ordre d'idées, la même question pour Mgr. de Pressigny? Il était gallican, et il allait montrer qu'il l'était beaucoup! Faut-il l'accuser?

A l'époque où nous sommes depuis surtout le concile du Vatican, le Gallicanisme n'existe plus. D'ailleurs il a été trop favorable au Jansénisme, ou trop immédiatement la raison d'être de la *constitution civile du clergé* pour que maintenant que les passions religieuses sont calmées, ses derniers défenseurs puissent eux-mêmes regretter beaucoup sa disparition.

Mais en 1819, il avait un renouveau qui lui donnait en quelque sorte une floraison luxuriante. Il était bien difficile de se soustraire à son influence presque souveraine.

Le vent qui soufflait sous le ciel de France, ne venait pas de Rome. Sous ce ciel apparurent alors comme des astres,

[1] 1821.

[2] 1816.

trois génies qui parlèrent comme des oracles, en faveur de
l'Eglise catholique et romaine: c'étaient de Bonald, de Maistre [1], Lamennais; mais ils ne purent, malgré leur polémique
courageuse et leurs ouvrages hardis, retarder le mouvement
donné. L'air ambiant resta à peu près le même: les vieilles
idées gallicanes qui résistaient à tant de révolutions et
survivaient à tant de ruines, demeuraient imprégnées dans
le cœur du clergé français comme l'huile qui a imbibé le
vase [2].

Dans ces conditions, qu'on s'imagine l'impression que
dut produire sur l'esprit de Mgr. de Pressigny déjà prévenu
et circonvenu par les sœurs de Besançon, une lettre de la
supérieure générale, venant de Rome et annonçant que les
règles primitives avaient été modifiées par le pape? En pareil

---

[1] En 1820, le comte de Maistre dans le dernier chapitre de son
ouvrage de *l'Eglise gallicane* disait ceci au clergé français: « Le
clergé de France qui a donné au monde pendant la tempête révolutionnaire un spectacle si admirable, ne peut ajouter à sa gloire qu'en
renonçant hautement à des erreurs fatales qui l'avaient placé si fort
au-dessus de lui-même.... Supérieur aux insultes, à la pauvreté, a
l'exil, aux tourments et aux échafauds, il courut le dernier danger
lorsque sous la main du plus habile persécuteur, il se vit *exposé aux
antichambres*, supplice à peu près pareil à celui dont les barbares
proconsuls du haut de leurs tribunaux menaçaient quelquefois les
vierges chrétiennes ; mais alors Dieu nous apparut et le sauva....
Que manque-t-il à tant de gloire! Une victoire sur le préjugé.... Que
si quelque autorité aveugle héritière d'un aveuglement ancien osait
encore demander à ce clergé un serment à la fois ridicule et coupable, qu'il réponde par les paroles que lui dictait Bossuet vivant:
non possumus! et il peut être sûr qu'à l'aspect de son attitude in-
trépide personne n'osera le pousser à bout. » Le *comte* ajoutait à
propos de l'assemblée de 1682, appelée par le cardinal de Bausset,
l'époque la plus mémorable de l'Eglise gallicane, que cette époque
était, à ses yeux, l'anathème le plus grand qui pesait sur le sacerdoce français, l'acte le plus coupable, après le schisme formel, la
source féconde des plus grands maux de l'Eglise....

[2] Darras.

cas, au temps où nous sommes, un évêque attendrait patiemment la décision pontificale, avant de prendre aucune
mesure.

Mais alors, étant donnée la situation que nous venons
de décrire, il était bien difficile que les choses se passas-
sent ainsi.

L'archevêque de Besançon crut devoir résister, fit écrire
par Mgr. de Chaffoy la circulaire que nous connaissons et
écrivit lui-même la lettre que nous avons lue. Il ne consulta
pas cette fois, Mgr. d'Aviau comme il l'avait fait à Rome;
il aurait pu du moins revoir la lettre que lui adressa ce saint
prélat en 1815, mais il était maître d'un diocèse. Rome avait
modifié, sans le consulter, les constitutions d'un institut, dont
il était *de droit* supérieur général; il ne pouvait s'en prendre
à Rome, il s'en prit à la supérieure générale, et pour mieux
la frapper, il lui annonça qu'elle ne serait pas reçue dans sa
communauté si elle venait à Besançon.

Quel crime avait elle donc commis? Nous l'avons dit, inutile de le redire; or, ce crime devait apparaître bien plus
grand encore à l'archevêque, quand il apprendrait qu'il n'était
plus supérieur général et qu'il n'aurait, à Besançon, d'autres
pouvoirs sur les sœurs de la charité que ceux qui étaient
attribués à tous les *ordinaires*.

Mais n'anticipons pas; nous en sommes aux tristesses de
la Mère Thouret après l'approbation de ses règles, et nous
pouvons juger si elles furent amères et cuisantes. Elle n'avait
travaillé que pour la gloire de Dieu, et le bien de son institut
et voilà qu'elle allait être persécutée par ceux-là mêmes qui
auraient dû le plus l'encourager et la soutenir.

Quelques jours avant de recevoir la lettre de l'archevêque,
elle avait soupçonné que peut-être ses sœurs de Besançon
seraient troublées par les modifications faites à la règle et
le 12 Novembre 1819 elle écrivait à Sœur Marie Anne Bon
et à ses adjointes, une lettre dans laquelle nous lisons ce
qui suit:

« Vous penserez peut-être, mes chères filles, que j'ai demandé moi-même des changements aux règles ; non, non ! je n'ai jamais eu cette pensée. Le Saint Siége et tous ceux qui les ont examinées peuvent en assurer. Je suis venue à notre Saint Père le pape comme au représentant de Jésus-Christ à la tête de son Eglise militante ; il est dirigé par son esprit, il lui a donc dicté tout ce qu'il a fait. Ç'a été mon devoir de m'y conformer, et c'est celui de toutes les Sœurs de notre Institut. La grâce et la paix de N. S Jésus-Christ soient avec vous toutes à jamais. Je ne crois pas que Mgr. l'archevêque soit dans le cas de faire des changements, des organisations nouvelles dans notre Institut avant que de connaître les attributions que le Saint Siége lui donne sur notre règle approuvée, et encore moins les Sœurs d'en accepter. Tous les établissements qui se feront depuis l'approbation de notre Institut devront être soumis au Saint Siége. En conséquence, si vous en faites avant mon retour, vous me ferez connaître leur utilité, le nombre de Sœurs que l'on demande et les ressources que l'on présente, et cela afin que je puisse remplir mon devoir auprès du Saint Siége. »

A cette lettre, la Sœur Marie Anne répondit ainsi le 29 Novembre.

« Ma très-honorée Mère,

Nous avons reçu la vôtre en date du 12 courant, dans laquelle vous nous dites que Mgr. l'archevêque n'était pas capable de faire aucune organisation dans notre congrégation, ni nous d'en accepter. Vous êtes sans doute, ma très-chère Mère, au courant de ce qui s'est passé, même mieux que je ne pourrais vous le rapporter, quoique je désire vous dire la vérité. Monsieur votre frère offrit une lettre de votre part à Sa Grandeur ; on nous a dit qu'il vous a répondu par lui, le chargeant de vous faire tenir sa réponse. En faisant sa tournée dans la ville pour la visite des hospices et des communautés, il vint dans notre maison principale avec Mgr. de Chaffoy; il nous dit en le montrant : - Voilà Monseigneur [1], à qui je donne tous mes pouvoirs pour me représenter près de vous, en mon absence; j'ai ouï parler de changements dans vos règles approuvées par le gouvernement; on a changé votre nom de Sœurs de la Charité de Besançon : pour moi, je ne reconnais point d'autres règles que celles qui existent ici, et si le gouvernement savait qu'on y changeât quelque chose et que vous n'eussiez plus le titre de Sœurs de la Charité de Besançon, il vous retirerait les secours annuels qu'il vous donne. -

Il ajouta qu'il était notre Supérieur non-seulement comme archevêque du diocèse, mais encore à titre de Supérieur général; que le gouvernement l'entendait ainsi; que notre Saint Père le Pape était son supérieur et qu'il sait bien qu'un Archevêque peut dans son diocèse recevoir telle congrégation, telles règles qu'il jugerait à propos : d'ailleurs qu'il lui écrirait s'il le fallait.

Pas une n'eut d'objections à présenter, après un tel début, de sorte, ma très-chère Mère, que nous ne pouvons que prier le Seigneur, afin qu'il dirige tout pour sa plus grande gloire et notre salut, et attendre avec patience qu'il nous manifeste sa volonté sainte. Mgr. de Chaffoy a fait de la part de Mgr. l'archevêque, et sous ses yeux, une lettre circulaire, où il nous dit de ne rien recevoir que ce qui nous sera présenté par notre Supérieur Général Mgr. l'archevêque. Monsieur votre frère nous est venu dire que Rome voulait ses droits sur nous, que Mgr. de Chaffoy annonçait dans sa circulaire la rénovation des vœux, que nos Sœurs se trouveraient embarrassées parce que les vœux ne se devaient plus faire comme auparavant, selon les constitutions que le Pape avait approuvées. Nous lui avons répondu, ma chère Sœur Christine et moi,

---

[1] Mr l'abbé de Chaffoy était évêque nommé de Nîmes, mais pas encore préconisé; il ne devait l'être qu'en 1821.

que nous étions bien soumises à notre Saint Père comme au chef de l'Eglise et au premier de tous les pasteurs, que nous ferions tout ce qu'il exigera de nous, dès lors que nous y serons invitées par Mgr. l'archevêque. »

Cette lettre nous explique la conduite de Mgr. de Pressigny; nous y voyons qu'il avait trouvé au moins un *prétexte coloré* pour légitimer sa façon de procéder vis à vis de la Mère Thouret. La crainte qu'il manifestait que le gouvernement refusât les secours annuels accordés aux Sœurs de la Charité de Besançon si on changeait leur titre et leurs règles, était évidemment une raison à invoquer; mais elle n'était pas très-sérieuse. La difficulté, s'il y en avait une dans les modifications, n'était pas insurmontable. Les vraies raisons qui inspiraient l'archevêque étaient tout autres. Elles étaient purement personnelles. Il pouvait, au fond, avoir d'excellentes intentions, comme M.r Bacoffe, mais il obéissait sans s'en douter aux instincts de son éducation gallicane : « il écrirait, disait-il, au pape, s'il le fallait. » Mais s'il l'avait fait, il ne lui aurait pas, croyons nous, écrit à la manière de Mgr. d'Aviau, ou *d'un des rares* évêques de cette époque qui s'inclinaient avec amour devant son autorité.

Au milieu de la perturbation apportée dans la communauté de Besançon par la visite de l'archevêque, il était du devoir de la Mère Thouret d'éclairer ses filles, de combattre leurs scrupules et de leur tracer la ligne de conduite à suivre jusqu'à son arrivée parmi elles.

C'est ce qu'elle faisait par sa lettre du 18 Décembre adressée à la Sœur Marie Anne Bon :

« Ma chère fille, lui disait-elle, vous que j'ai chargée de me représenter à Besançon, je serais bien aise que vous soyez l'interprète de mes sentiments auprès de Mgr. de Chaffoy qui représente près de vous Mgr. l'archevêque. Présentez-lui mes hommages respectueux. Dieu ayant répandu ses bénédictions sur notre Institut en le faisant propager au loin, j'ai dû, c'était mon devoir, le soumettre à notre Saint Père le

pape qui a bien voulu nous accorder la grâce de son approbation. Je n'ai cru pouvoir lui procurer un plus grand bien,
tant pour son affermissement que pour l'encouragement des
Sœurs qui le composent. Si vous craignez de mettre en gêne
votre conscience en acceptant les règles approuvées par le
pape, lesquelles sont les mêmes que celles que vous avez
suivies jusqu'à présent, sauf quelques petites modifications,
vous pouvez continuer à les suivre en attendant que je vous
en obtienne la permission du Saint Père. Il n'a pas voulu
nous laisser le titre de sœurs de la Charité, ni de filles de
Saint Vincent de Paul; il m'a dit que c'était celui des sœurs
de Paris, voilà pourquoi il nous a donné celui de filles de
la Charité sous la protection de Saint Vincent de Paul, et
si le gouvernement le savait, il ne mépriserait point les décisions du Saint Siége.

Oui, notre Saint Père le pape connaît très-bien les pouvoirs des archevêque et évêques, il les leur a justement dé-
signés sur les règles approuvées. — Nous voici à la fin d'une
année qui nous rend de plus en plus responsables devant
Dieu; nous marchons à grands pas vers la mort. Hélas! Mes
très-chères filles, pensons un peu plus sérieusement à ce que
nous voudrions avoir fait à ce terrible moment qui décidera
pour toujours de notre éternité. »

Nous voyons par cette fin de lettre que notre vénérée fondatrice n'oubliait pas, à l'occasion, même quand elle écrivait
pour les affaires de sa congrégation, d'inspirer des sentiments
graves à ses filles. — L'année 1819 s'achevait pour elle, nous
l'avons dit, sous l'impression d'un orage lointain mais terrible qu'elle voyait se former à l'horizon. Elle avait l'âme
profondément triste en songeant à ce qui pouvait se passer
là-bas, là-bas où elle n'était plus, où bientôt elle allait revenir.
De sérieuses inquiétudes l'envahissaient à ce sujet; elle soupçonnait sans doute aussi la dissidence qui s'était produite
à la maison-mère; et c'est pour cela, sans doute qu'elle
engageait ses sœurs à penser sérieusement à l'éternité et à

se conduire comme si elles étaient au dernier moment de leur vie.

Réflexion sainte et salutaire qui arrêterait bien des fautes et des divisions, si les coupables et les ambitieux consentaient à la faire avant de suivre l'entraînement du moment, surtout quand ils sont tentés d'obéir aux suggestions de la passion dominante.

CHAPITRE NEUVIÈME

Ses démêlés avec Mgr. de Pressigny (1820).

Consolation. - Rome embaume les douleurs. - Lettre à Mgr. de Pressigny. - Recours à la congrégation des Evêques et Réguliers. - Mission de cette congrégation - Réponse favorable. - Seconde circulaire de Mgr. de Chaffoy. - Recommandations données par la Mère Thouret. - Ses lettres à l'archevêque de Besançon et au nonce de Paris. - Cause du conflit.

Au milieu de ses poignantes tristesses, la bonne Mère Thouret recevait de loin en loin quelques consolations. La Providence qui dispose toutes choses avec force et suavité, lui ménageait quelquefois des douceurs faites pour la réconforter. C'est ainsi qu'après la lettre navrante de l'archevêque, elle en reçut une de Sœur Basile Prince supérieure de la maison de Thonon qui à la date du 17 Novembre lui mandait ceci :

« Ma très-chère Mère,

Nous avons reçu avec beaucoup de plaisir votre chère lettre par laquelle vous nous marquez l'attachement que vous avez pour nous, par les fatigues et les soins que vous prenez continuellement afin de nous rendre heureuses. La joie que nous avons éprouvée, en apprenant l'heureuse nouvelle de l'approbation de notre Sainte Règle, nous a fait verser des larmes bien douces; toutes vos bontés, ma chère Mère, se sont alors retracées à notre esprit, et l'espoir de vous revoir bientôt nous fait tressaillir de la plus douce jouissance. Ma chère Mère, moi et toutes nos sœurs, nous vous prions de nous faire la grâce de passer par ici en retournant à Besançon; nous nous promettons ce bonheur; pensez que nous sommes les plus misérables, les plus éloignées, celles qui ont le plus besoin de votre présence.

Messieurs les Curés de cette province désirent aussi que vous passiez dans ce pays pour des projets d'établissement dans le département.

Ma chère Mère, je vous prie de nous faire savoir l'époque de votre arrivée: si vous ne pouviez absolument passer chez nous, vous nous permettriez au moins d'aller à votre rencontre: vous ne pouvez passer que très-près de nous. Toutes nos sœurs et moi nous vous prions de recevoir notre sincère reconnaissance et les vœux que nous adressons au Seigneur pour votre bonheur et votre précieuse conservation.

Sœur Basile Prince. »

D'autre part, la Sœur Marie Anne Bon, dans la lettre du 29 Novembre dont nous avons donné, dans le chapitre précédent, le passage relatif aux difficultés du moment, ajoutait en finissant, après avoir fourni quelques renseignements sur la situation générale: « Nous avons en tout, tant en France qu'en Savoie et en Suisse 33 maisons, il y en avait 34 avant la chute de Nioz; nous avons plusieurs novices et beaucoup de postulantes qui sont toutes nouvelles; nous ne les garderons pas toutes; *elles n'en ont pas la mine.* »

Ces lettres étaient comme autant de sourires au milieu des larmes, comme un arc-en-ciel, entre deux orages.

D'ailleurs, la Mère était à Rome, et qui ne sait que Rome est la ville du monde la mieux faite pour consoler? Son atmosphère enveloppe comme d'un manteau les douleurs humaines. Les âmes endolories et les cœurs meurtris s'y trouvent bien. Il semble que les souffrances y sont comme *ouatées* par un ensemble de choses et de spectacles qui guérit. Chateaubriand vieux, triste et désenchanté raconte que c'est là qu'il aurait voulu passer les derniers jours de sa vie. Puis comment ne pas se laisser aller aux pensées d'une douce résignation, en présence des souvenirs religieux qu'on rencontre à tous les pas ? Quand on visite les catacombes, on voit la cendre même des martyrs qui ont donné leur vie pour la foi. Quand on entre dans le Colisée, on foule aux pieds le sol qu'ils ont baigné de leur sang. Quand on monte la *scala santa,* on baise les marches du lugubre escalier qu'a gravi le Christ pour aller chez Pilate. Quand on va au Vatican, on sait que le pontife qui l'habite est à la veille ou au lendemain d'une persécution.

La souffrance est en quelque sorte écrite sur toutes les murailles, et l'espérance chante pour ainsi dire dans toutes les basiliques. Rome chrétienne est en vérité - ou était alors, car on l'a depuis singulièrement gâtée - la ville où l'on peut le mieux ici-bas porter une couronne d'épines. Voilà pourquoi les porteurs de couronnes, dépossédés de leur royaume, et les âmes dépouillées de leurs illusions, ont toujours aimé à y dresser leur tente.

La Mère Thouret pouvait donc y porter mieux qu'ailleurs le poids de ses nouvelles tribulations. Elle ne voulut pas cependant rester trop longtemps sous le coup injuste qui la frappait, et après avoir prié, réfléchi et consulté, elle répondit vers la fin de Décembre à Mgr de Pressigny, dans les termes que voici :

« Monseigneur,

J'ai reçu la vôtre du 6 Novembre en réponse à la mienne. Vous me dites qu'aucun changement ne doit être fait sans qu'il ait été proposé aux sœurs, pour examiner devant Dieu, avec le conseil de leurs directeurs, si elles peuvent aussi bien servir Dieu et le prochain en contractant les nouveaux engagements qui leur sont présentés. Le Saint Siège n'est pas dans le cas de faire des changements ou des modifications qui puissent empêcher les sœurs d'aussi bien servir Dieu et le prochain; il désire au contraire qu'elles les servent de tout leur cœur et de tout leur pouvoir, et partout où elles sont appelées, et c'est ce qu'il a eu en vue en approuvant notre Institut. Les modifications que l'on a faites ne sont pas capables de troubler les consciences des sœurs, ni de mettre la désunion, car ce sont les mêmes Règles qu'elles ont à suivre et les mêmes devoirs qu'elles ont à remplir : ces modifications regardent plutôt le gouvernement de la Supérieure Générale et de l'Evêque diocésain.

Je suis venue à notre Saint Père le Pape comme au représentant de Jésus-Christ, il est dirigé par son esprit, il lui a donc dicté tout ce qu'il a fait; et ç'a été de mon devoir de m'y conformer, et c'est celui de toutes les sœurs de notre Institut. — Si jamais vous aviez des doutes que ce fût moi qui ai demandé des changements aux Constitutions, *je puis vous assurer que je n'en ai pas même eu la pensée, et le Saint Siège en peut donner la preuve.* Je ne vous ai pas fait connaître les modifications que l'on avait faites, parce que je me réservais de vous les soumettre à mon retour, en vous présentant un exemplaire de nos Règles réimprimées à Rome, d'après les ordres que j'en ai eu.

Mais pour vous donner des éclaircissements sur lesquels vous puissiez délibérer plus justement, je vous dirai que, comme notre Institut étant répandu dans plusieurs diocèses de la France, et encore en dehors de la France, l'Eglise a jugé à propos de mettre les maisons de notre Institut dans chaque diocèse sous la juridiction des Evêques avec les attributions qu'elle leur donne sur nos Règles, et la Supérieure Générale doit s'entendre avec eux, et eux doivent correspondre avec elle pour le bon gouvernement.

Les vœux que j'ai dit être changés, j'aurais dû dire modifiés, car ils sont les mêmes, excepté qu'ils se feront pour tout le temps que les sœurs resteront dans la communauté, et non annuels comme ils se faisaient, on les confirmera bien tous les ans par un renouvellement de ferveur, mais non pas comme une rénovation nouvelle. Ils se feront à l'Evêque Diocésain et à la Supérieure Générale. Vous me dites que l'union, et la charité règnent parmi nos sœurs; c'est un témoignage que j'ai plaisir à entendre, et c'est mon désir bien sincère de l'y entretenir. Il paraît que vous avez jugé de moi défavorablement d'après des rapports assez faux, jusqu'à défendre que je sois reçue dans les maisons de notre Institut situées dans votre diocèse.

J'attends de Dieu et de vous, Monseigneur, la justice qui m'est due et c'est dans ces sentiments que j'ai l'honneur d'être avec un profond respect,

> Monseigneur,
>
> Votre très-humble et très-obéissante servante
>
> Sœur J. A. Thouret,
>
> Supérieure Générale des Filles de la Charité
>
> sous la protection de St. Vincent de Paul. »

Quelle fut l'impression de l'archevêque à la lecture de cette lettre si digne et si respectueuse? Nous ne le savons pas. Mais nous saurons bientôt qu'elle ne l'apaisa nullement et qu'il devint de plus en plus dur pour l'innocente victime. Aussi celle-ci prévoyant qu'elle ne serait pas écoutée à Besançon s'empressa-t-elle, quelques jours après avoir écrit à Mgr. de Pressigny, de former un recours en règle, qu'elle adressa à la Congrégation des Evêques et Réguliers. C'était son droit et elle en usa.

On sait quelle est à Rome le rôle des Congrégations. Ces tribunaux ecclésiastiques décident en dernier ressort sur les procès qui leur arrivent de tous les points du monde catholique.

La congrégation des *Evêques et Réguliers* a justement pour mission de trancher les différends qui surviennent entre les membres du clergé séculier et régulier et leurs chefs hiérarchiques. Elle doit arrêter la révolte des prêtres ou des religieux qui se montreraient insoumis envers l'autorité diocésaine, comme aussi ramener aux sentiments de la justice les évêques qui seraient tentés d'abuser de leur puissance, et d'agir par caprice.

C'est à cette congrégation que la Mère Thouret s'adressa ; notre Supérieure était connue déjà de ses principaux membres, ainsi que de ses consulteurs, et voici la plainte qu'elle formula contre l'archevêque qui l'avait condamnée sans enquête et sans procédure, sans l'interpeller et sans l'entendre :

« A la Sacrée Congrégation des Evêques et Réguliers.

Jeanne Antide Thouret, Supérieure Générale des filles de la Charité sous la protection de Saint Vincent de Paul, expose qu'elle a fait part à toutes les maisons de son Institut de la grâce de l'approbation de N. S. Père le pape des Règles et Constitutions avec quelques changements ou modifications dans le titre, dans les vœux et dans la troisième partie de la Règle. Toute la Communauté était prête à se soumettre à ces modifications, mais Mr de Chaffoy qui, avant la venue de l'Archevêque de Besançon avait été chargé par le Grand-Vicaire du diocèse de donner ses avis aux sœurs selon le besoin, ayant lu la circulaire adressée aux maisons, a conjecturé de là que le Supérieur Général qui était l'Archevêque de Besançon ne le serait plus. Il n'a pu retenir divers propos dans un discours à une retraite composée de 60 sœurs pour les induire à ne pas recevoir les Règles approuvées. Pendant ce temps l'Archevêque de Besançon est venu prendre possession de son diocèse. Il a été du même sentiment que Monsieur de Chaffoy que l'on ne devait point accepter ces modifications, qu'il était le Supérieur Général, que le Pape était son Supérieur, mais qu'il pouvait dans son diocèse recevoir telle Règle et telle Congrégation qui lui plairait, qu'il n'en reconnaissait point d'autre que celle qui existe actuellement etc.

Il a fait faire une circulaire imprimée signée de Monsieur de Chaffoy que l'on a envoyée dans toutes les Maisons des diocèses de France, de Suisse, par laquelle on leur dit au sujet des modifications dont elles ont entendu parler, qu'elles ne doivent accepter aucune innovation quelle qu'elle soit, si elle ne leur vient présentée par Mgr. l'Archevêque leur Supérieur Général. On leur dit encore de se préparer à renouveler bientôt les vœux; on leur demande une réponse pour savoir leurs sentiments; on parle de nommer une Supérieure Générale en France; il paraît que l'on voudrait faire une division. Les sœurs se trouvent embarrassées, demandent ce qu'elles doivent faire dans ces conjonctures. L'exposante prie la Sacrée Congrégation de vouloir bien, le plus tôt possible, apporter un remède efficace pour réparer ce désordre et elle l'espère.

La dite Sœur Jeanne Antide Supérieure ayant fait une lettre d'attention pour être remise à l'Archevêque, à son arrivée à Besançon, où elle lui faisait part de l'approbation du Saint Siège, il lui a répondu qu'elle ne s'expose pas à troubler la paix et l'union qui règnent parmi les sœurs en présentant des Règlements nouveaux, et il assure qu'il défendra qu'elle soit reçue même pour un seul jour, dans les Maisons des sœurs de la Charité situées dans son diocèse. »

La plaignante n'attendit pas longtemps l'effet de son recours; car le 29 Janvier 1820, Mgr. Pietro Adinolfi dont rien, dans les documents, ne nous indique la qualité, mais qui devait être probablement le sous-secrétaire de la congrégation des Evêques et Réguliers [1] faisait savoir ceci à la Mère Thouret, dans une lettre que nous avons sous les yeux:

1º Que sur le rapport du cardinal *della Somaglia*, on allait écrire au nonce de Paris, 2º que ce rapport faisait

---

[1] Le secrétaire de la Congrégation des Evêques et Réguliers est toujours un archevêque titulaire. Son poste est cardinalice. — Le sous-secrétaire est un prélat.

honneur à la Supérieure si bien qu'elle pourrait avoir à remercier ses contradicteurs, et 3º que la Congrégation après
avoir expédié la lettre en question agirait encore pour obtenir
le but désiré. — C'est dire que la Sacrée Congrégation prenait en mains la cause si juste de notre vénérée fondatrice:
c'est dire aussi la considération dont jouissait à Rome la
Mère Thouret. Tout cela serait, à coup sûr, de bon augure
de nos jours pour le triomphe de la justice. Un évêque
averti par la cour de Rome, et la nonciature de Paris, ne
persisterait pas dans son opiniâtreté; mais alors, c'était différent. Les démarches de notre supérieure générale ne devaient qu'irriter encore plus l'archevêque de Besançon.

Il continua à affirmer son autorité sur les sœurs de la
charité de son ressort et à la faire proclamer inviolable et
indépendante.

Nous en avons la preuve dans une seconde circulaire
de Mgr. de Chaffoy qui, à la date du 15 Mars 1820, convo-
quait les Religieuses de la province aux exercices d'une retraite pour le 14 du mois d'Avril suivant, leur disait que
c'était après avoir pris les ordres de Monseigneur qu'il leur
écrivait, et les invitait à se préparer prochainement à prononcer
les saints vœux, selon *la forme de leurs constitutions.*

Mgr. de Chaffoy inspiré par son maître, - l'inspirant peut-
être aussi - ne tenait pas compte, on le voit, des avis envoyés de Rome, au sujet de la forme nouvelle dans laquelle
devaient à l'avenir, s'émettre les vœux. Il n'avait pas encore,
il est vrai, reçu la notification *officielle* des modifications
approuvées par le pape. Quoiqu'il en soit, nous pouvons constater ici - nous avons pu le soupçonner ailleurs - qu'il parta-
geait toutes les idées de l'archevêque.

D'ailleurs n'avait-il pas été, avec Mʳ Bacoffe, l'un des
principaux protecteurs de la Mère Thouret dans ses commencements? N'était ce pas lui qui l'avait engagée à fonder
son œuvre à Besançon, quand il avait en Suisse, pendant
la Révolution les pouvoirs de vicaire général? Il pouvait donc,

à part les droits nouveaux que lui donnait son titre de
directeur nommé par l'archevêque, faire valoir ses droits
anciens sur la congrégation et par conséquent ne pas trop
s'occuper d'une supérieure absente depuis dix ans qui mettait selon, lui la perturbation dans l'Institut avec ses innovations.

Ces innovations, il est vrai, portaient la signature du
pape; mais est-ce que chaque ordinaire n'est pas maître
dans son diocèse? Est-ce que le Saint Esprit n'a pas placé
les évêques à la tête de leurs troupeaux pour les gouverner,
comme ils le jugent à propos? [1]

On voit par ce raisonnement qui n'est que la traduction
de la pensée de Mgr. de Chaffoy, que ce prélat, quoique
doué d'une grande piété n'était pas au-dessus de son temps.
Etait-il grandement coupable? La faute était, croyons-nous,
moins à lui qu'à son époque.

On comprend, par suite dans quelle anxiété devaient
vivre les bonnes sœurs de la province dès qu'elle surent ce
qui se passait entre Rome et Besançon. — Aussi leur supérieure générale voulut-elle les prémunir contre les défaillances, et voici la lettre qu'elle écrivit dans ce but, le 25
Mars 1820, aux sœurs de l'hôpital de Saint Claude, dans
le Jura:

« Je vous écrivis le grand bonheur de l'approbation de
notre Institut et de nos règles par N. S. Père le pape. Si
ceux et celles qui emploient toutes sortes d'artifices pour
tromper et séduire les sœurs, avaient à cœur leur véritable
bien, et celui de notre congrégation, il se seraient tous ré-
jouis d'une si grande faveur qui l'a consolidée pour toujours; mais au contraire, ils en sont très-fâchés; ils démon-
trent l'ingratitude, l'insoumission à N. S. Père le pape et
font tous leurs efforts pour entraîner toutes nos sœurs dans
leur funeste parti et par là font aller notre Institut à sa

[1] « *Posuit episcopos regere ecclesiam Dei.* » Act. Ap. 20, 28.

ruine, lors même que le Saint Siège l'a mis dans le cas de la plus grande prospérité. Voici, mes filles, ce que vous et toutes celles qui ne sont pas encore perverties, doivent répondre en cas de besoin :

Je me suis soumise en tout ce qui est de mon devoir, mais pour ne pas me tromper et pour la tranquillité de ma conscience, je ne puis rien faire, ni consentir à tout ce que l'on fera dans notre congrégation de contraire à Nos Règles approuvées par notre Saint Père le pape. C'est la voie sûre qui ne me trompera pas et ce sont les règles approuvées par notre Saint Père qui sont à présent les seules légitimes. Je suis venue dans cette sainte vocation pour m'y sanctifier : c'est pourquoi je veux être soumise et reconnaissante à Notre Saint Père de la précieuse grâce qu'il a faite à Notre Institut et à tous ses membres. Je ne veux pas changer l'habit religieux qui est approuvé par le Saint Siège et par le Gouvernement. Je ne veux faire que les vœux qui sont approuvés par N. S. Père le pape et à qui il a décrété que je les fasse, et quand ils me le permettront.

Voilà, mes chères filles, la fidélité que le représentant de Jésus-Christ sur terre espère de vous. — A vous revoir quand il sera temps : je suis fille de la Saint Eglise ; soyez-le avec moi.

Sœur J. A. Thouret, Supérieure Générale des filles de la charité sous la protection de Saint Vincent de Paul.

P. S. J'attends de vous une prompte réponse, et voici mon adresse : A Mʳ le chanoine Gallinari pour remettre à Madame Thouret, à Monte Citorio [1]. »

Que firent à la retraite du mois d'Avril les sœurs munies de cette lettre et leurs compagnes qui en eurent con-

---

[1] Rien dans les documents ne nous a indiqué où demeura la Mère Thouret durant son long séjour à Rome. Mais nous savons par la lettre de Mgr l'archevêque de Cosenza que le chanoine Gallinari devait lui prêter son concours pour ses affaires.

naissance? Rien ne nous l'apprend. Mais il est aisé de comprendre que la crise allait arriver à l'état aigu. Elle allait en quelque sorte prendre les proportions d'un duel entre l'archevêque, et la fondatrice appuyée sur le Saint Siége! A qui restera la victoire? Pour qui du moins sera l'honneur? Nous le saurons plus tard. En attendant, forte de son droit, la Mère Thouret se préparait à se défendre et à revenir en France, pour se défendre sur le vrai terrain de la lutte. Mais auparavant, comme elle n'entendait combattre qu'avec les armes que Rome lui donnait, elle envoya, le 10 Juillet 1820, un exemplaire de ses constitutions approuvées par le pape, et munies du bref pontifical, à Mgr. de Pressigny. Elle faisait suivre cet envoi d'une lettre pleine de respect dans laquelle nous lisons ces lignes:

« Veuillez, Monseigneur, vous détromper sur tous les préjugés que l'on a pu vous donner à mon sujet, et que la paix et la bonne union entre nous se rétablissent. »

Un mois plus tard, le 13 Août, elle écrivait à Mgr. Macchi nonce à Paris qu'elle avait déjà vu à Rome, avant qu'il partit pour son poste. Elle lui recommandait chaudement son affaire et le priait d'intervenir au plus tôt dans le débat. Entr'autres choses, elle lui disait ceci:

« Persuadée de vos grandes bontés et de l'intérêt que vous prenez à tout ce qui émane du Saint Siége, je ne doute pas que V. E. n'emploie tous son pouvoir à persuader ces Messieurs et à les détromper s'ils étaient mal informés; mais il y a tout lieu de croire, sans les juger, que c'est la *passion*, l'*ambition* qui les fait agir de cette sorte. »

Par ces derniers mots notre vaillante mère mettait le doigt sur la plaie. Oui, l'ambition et la passion étaient la cause du conflit qui nous occupe. L'ambition, elle avait été chez Mr Bacoffe qui voulait être supérieur général d'une congrégation qu'il avait bénie à son berceau; elle était chez les sœurs qui voulaient secouer le joug de leur fondatrice. Elle était surtout chez celle qui désirait la remplacer. La passion!

elle était chez le Prélat gallican qui se voyait privé d'une prérogative dont jouissait son prédécesseur, et qui n'était pas disposé à s'incliner humblement devant des décisions romaines !

Mais n'approfondissons pas davantage !

En attendant, la Mère se préparait à revoir au moins pendant quelques semaines sa maison, et ses enfants de Naples, avant de partir pour la France, où la ramenait son amour pour ses filles et son désir de pacification !

CHAPITRE DIXIÈME.

Son retour à Naples (1820-1821).

Le journal de Rome. - Le pensionnat de Regina-Cæli. - Une ruche d'abeilles. - Système d'éducation. - Sœur Geneviève Boucon. - Craintes pour l'avenir. - Prière composée par la Mère.

Après un séjour d'environ vingt mois à Rome, la Mère Thouret repartit pour Naples. On devine avec quelle exubérance d'enthousiasme et de joie elle fut reçue à *Regina-Cæli*. Là, il n'y avait pas de divisions et de conflits. Là, aspirantes, novices et professes, pauvres, enfants et malades ne faisaient qu'un cœur et qu'une âme pour aimer et fêter la bonne Mère. D'ailleurs, elle arrivait les mains pleines de grâces et de bénédictions. Elle portait la chère règle approuvée et imprimée, et un grand nombre d'indulgences plénières et partielles que le pape avait daigné accorder à perpétuité à sa congrégation. Nous apprenons ce détail par un article du *Journal de Rome* qui, à la date 8 Juillet 1820, faisait le plus pompeux éloge des filles de la charité sous la protection de Saint Vincent de Paul.

Le *Diario di Roma* était à cette époque, le seul, où à peu près le seul journal qui s'imprimât dans la Ville Eternelle. Or, à la date que nous venons d'indiquer, il racontait l'origine de l'Institut nouveau dû à Madame Thouret,

l'approbation solennelle qu'il venait de recevoir du souverain
pontife, et ajoutait qu'il avait été enrichi par le Saint Père
de beaucoup d'indulgences. Puis il faisait connaître son but
et ses œuvres, en louant sans réserves le dévouement de ses
membres à tous les déshérités de ce monde.

A l'époque où nous sommes, les journaux pullulent à
Rome, et annoncent tous les jours à leurs lecteurs des événements de moindre importance. En ce temps-là, il fallait
bien que notre vénérée fondatrice eût acquis une certaine no-
toriété dans la ville aux sept collines pour que l'unique
journal du moment fît connaître à ses abonnés l'œuvre qui
venait de se créer pour le soulagement des misères humaines.
Notons en outre que le *Diario* s'imprimait sous les yeux du
pape et avec l'approbation ecclésiastique [1], et que par conséquent il devait avoir au moins un caractère semi-officiel,
ce qui, on le comprend, doublait la valeur de l'éloge qu'il
contenait [2].

---

[1] Con licenza, ed approvazione

[2] Voici cet éloge tel que nous le trouvons dans le *Diario di Roma*, 1820 :

Stimiamo far cosa grata col render palese la Congregazione delle
così dette Figlie della Carità sotto la protezione di S. Vincenzo de
Paoli istituita da Suor Giovanna Antide Thouret, tuttora dimorante
in Roma. Riunì questa pia Donna in Bezanzone un numero di Fanciulle, che formarono con essa una piccola Comunità, alla quale, gra-
datamente cresciuta, dette le Regole ad osservarsi. Aumentatosi il
numero delle Pie Suore, e delle Case, incominciossi a diramare l'Istituto non meno in Francia, che nella Svizzera e Savoia, ed ultima-
mente anche nel Regno di Napoli, ove si eressero diverse Case di-
pendenti dalla Fondatrice, la quale portatasi nel centro del Cattoli-
cismo umiliò alla Santità di Nostro Signore la Regola del suo Istituto, già stampata nella Francia li S. Padre ne delegò la revisione,
ed approvazione alla S. Congregazione de' Vescovi e Regolari. La
prelodata S. Congregazione procedendo sulle norme dei casi simili
sotto il dì 12 febbraio passato anno a relazione dell'Emo e Rmo
Sig. Card. della Somaglia Vice Cancelliere di S. Chiesa, e Ponente
in questa Causa dopo aver fatte mature, e serie riflessioni sull'ap-

Cet éloge fut lu aux religieuses de *Regina-Cœli* et elles
y trouvèrent un encouragement d'autant plus précieux qu'il

provazione dell'Istituto, Regole, e Costituzioni del medesimo, deputò
una Congregazione speciale, la quale dopo un severo esame delle
Regole, premesse alcune tenui modificazioni, devenne nel dì 16 luglio dello stesso anno di comune consentimento ad emanare il Re-
scritto *consulendum SSñio pro approbatione Instituti Constitutionum,
et Regularum.* Fattane quindi la relazione a Sua Santità fu arricchito il Mondo Cattolico del novello Istituto con Decreto di approvazione dei 23 dello stesso mese di luglio. In seguito la Santità di
N. S. con suo Breve speciale in data dei 14 dicembre del ridetto
anno si degnò confermare la suddetta Risoluzione, e Decreto in
amplissima forma, aggiungendo maggior vigore e validità a quanto
era stato già discusso ed approvato dalla prelodata Sacra Congregazione. Finalmente la medesima Santità Sua con varj speciali Re-
scritti spediti per l'organo della S. Congregazione delle Indulgenze
ha arricchito la divisata Congregazione e Pio Istituto di molte Indulgenze plenarie, e parziali in perpetuo.

Noi non sappiamo come meglio encomiare la novella Congregazione, se non con darne in breve una semplice idea, ed additarne
lo scopo.

Le sole Donne non maritate, non vedove vi sono ammesse. Pro-
fessano la più estesa Carità, essendo dedicate alla cura degli infermi,
che si portano alla loro casa Religiosa, e vanno anche a curarli
nelle rispettive case, se vi siano chiamate. Una sezione delle Consorelle si fissa negli Ospedali pubblici a sollievo degli Infermi. Un'altra
sezione rimane nella Casa Religiosa per l'educazione delle Fanciulle.
Vi sono delle Suore destinate per le carceri, si fissano negli Ospedali dei Projetti, accolgono finalmente anche i Pellegrini, ed i Vaghi
ridotti alla necessità di essere soccorsi, segnatamente per rammentare
ad essi i doveri Religiosi. In una parola la professione della novella
Congregazione abbraccia tutti gli stati dell'afflitta umanità, cui nel
somministrare gli ajuti temporali, insinua principalmente i sentimenti
della Religione. Fin'ad ora il Signore con singolare prodigio ne ha
retti i passi, dato il consiglio, e benedetta l'opera, per cui l'odierna
Fondatrice, e tutte le consorelle sperano dalla Divina Provvidenza
d'esser assistite, ed aumentate al sollievo degl'infermi, all'educazione
delle Fanciulle, ed al conforto dei carcerati tanto coi temporali, che
spirituali ajuti, che formano l'oggetto dell'Istituto approvato delle
Figlie della Carità sotto la protezione di San Vincenzo de Paoli.

venait du centre de la catholicité. Elle l'ont gardé dans leurs archives et je me plais à le rappeler, dans cette histoire, comme un vieux parchemin qui leur fait honneur.

Mais leur grand titre de noblesse était dans la sanction solennelle que le vicaire de Dieu venait de donner à leur règle. Elles acceptèrent cette sanction comme une gloire et personne parmi elles ne songea à critiquer ces modifications contre lesquelles on s'insurgeait à Besançon.

L'archevêque de Naples n'y songea pas plus qu'elles, et la bonne Mère ne trouva dans sa communauté napolitaine que des joies et des consolations. Elle revit les autorités religieuses et civiles, et reprit, avec son activité bien connue, la direction de ses œuvres diverses. Or, parmi ces œuvres, il y en avait une qu'encore elle n'avait pas pu mener à bonne fin; je veux parler du pensionnat des jeunes filles de bonne famille. Ce pensionnat, elle le rêvait depuis longtemps; on l'avait priée de plusieurs côtés de l'ériger à *Regina-Cœli,* où rien ne manquait pour un établissement de ce genre; mais ses affaires et ses préoccupations multiples ne lui avaient pas encore permis d'y penser sérieusement. Maintenant l'occasion était favorable; on la pressa de nouveau de s'intéresser à cette création, et ce fut là son principal travail dans le nouveau séjour d'assez courte durée, qu'elle fit à Naples.

Elle n'avait pas reçu – nous le savons, – une instruction brillante à Sancey; mais depuis qu'elle avait quitté son village et qu'elle avait dû traiter à Paris, à Naples, à Rome, avec des personnages de haut rang, elle avait élargi le cercle de ses idées; elle était devenue à tous égards une femme supérieure; elle comprenait donc l'importance d'une éducation sérieuse pour les jeunes filles qui sont appelées à jouer un rôle dans la société. Aussi, elle se prêta de tout cœur aux vues qu'on avait sur elle et après quelques mois d'étude, elle jeta, dans sa maison religieuse, les premiers fondements d'un établissement pour les jeunes filles de l'aristocratie napolitaine.

Elle comprenait un pensionnat, comme une ruche d'abeilles. Il y a en effet une analogie parfaite entre une ruche et une école, un parallélisme merveilleux, entre des abeilles et des élèves.

Les naturalistes ont remarqué trois cultes particuliers chez les abeilles: ce sont le culte du travail, de l'union et du dévouement. Or, ne sont-ce pas les trois principaux cultes qu'il faut entretenir et développer dans l'âme encore tendre des jeunes filles?

Les abeilles sont laborieuses. L'Ecriture sainte dans ses livres sapientiaux nous dit: *paresseux va voir la fourmi et étudie ses mœurs* [1]. Elle pourrait nous dire: va voir l'abeille et étudie ses habitudes, car les abeilles sont toujours actives. Du matin au soir, elles voltigent dans les champs, dans les jardins, dans les parterres pour butiner sur les plantes balsamiques et les fleurs odoriférantes, et composer ce miel qui fait leur gloire. N'est-ce pas là ce que doivent faire les jeunes filles bien élevées? Elles butinent dans les sciences, les arts et les littératures pour composer le miel qui fera un jour leur fortune.

Les abeilles ont également le culte de l'union et de la concorde: elles sont unies entr'elles par les liens d'une sympathie fraternelle et à leur reine par les liens de l'obéissance et du respect. Il en est de même des jeunes élèves d'un pensionnat. Elles sont unies entr'elles par les liens de l'amitié et à leurs maîtresses par les liens de l'obéissance, parce qu'elles voient en elles les représentantes de la famille et de la Providence, et par les liens du respect parce que par leur vocation, les religieuses ont droit à leur vénération.

Enfin les abeilles ont le culte du dévouement et quand elles sont attaquées par leurs ennemis, elles se lèvent pour la défense de leur petite république, se rangent sur la bannière de leur reine et se dépensent volontiers, dans des pro-

---

[1] *Vade ad formicam, piger.*

diges de vaillance et de charité. N'est-ce pas là le rêve des imaginations juvéniles : se dévouer pour une cause sainte? Où n'iraient pas des jeunes filles, à la suite d'une maîtresse aimée? Que ne feraient elles pas à l'ombre de sa cornette ou de son voile pour secourir une fortune ou soulager une misère? Il y a donc un parallélisme merveilleux, je le répète, entre une ruche et un pensionnat. L'abeille représente la jeune élève sérieuse qui est tout à la fois laborieuse, aimante et dévouée. Or, le grand rêve de la bonne Mère était de préparer à Naples pour l'avenir, des femmes sérieuses qui pussent faire du bien dans la société : elle avait horreur de ces femmes *bijoux ou joujoux* comme on en trouve tant en France, et en Italie, qui ne sont bonnes à rien qu'à amuser et à s'amuser, qui passent leur vie à babiller, à s'habiller et à se déshabiller, et qui n'ont dans leur cerveau que des romans, dans leur âme que des futilités, dans leur cœur que des chimères. Elle voulait que l'enfant qu'on lui confiait à cinq ou six ans rentrât au foyer maternel à dix-huit, instruite et pieuse, modeste et grave, capable tout à la fois de tenir sa place au salon et de s'occuper déjà de la direction de la maison. Elle en faisait de bonne heure une abeille active qui sous l'œil de Dieu devait porter en elle, les trois cultes dont nous venons de parler.

Il suffit pour se convaincre de cet esprit, de lire le supplément qu'elle avait ajouté à la seconde partie du livre de ses constitutions générales et qui regarde le gouvernement des pensionnats. On y voit que dans son système d'éducation, elle entendait harmoniser la piété chrétienne et la culture intellectuelle, le travail et la récréation, la discipline et la bonne tenue, l'étude des arts et les soins du ménage. Rien n'était négligé pour qu'au sortir de la pension, la jeune fille rendue à sa famille fut ce qu'elle devait être, c'est-à-dire un ornement pour son foyer, une espérance pour sa mère, et une utilité pour sa demeure.

Quand je suis allé à Naples prier sur le tombeau de celle dont je raconte la gloire, il m'a été donné de voir à l'œuvre les élèves du pensionnat actuel de *Regina-Cœli* et j'ai pu constater que le moule primitif que la Mère Thouret sut donner à cet établissement n'a pas été cassé. Les jeunes filles y sont toujours élevées suivant le programme que je viens de tracer. Une fois qu'elles sont entrées dans la ruche, elles n'en sortent que lorsque leur éducation est terminée. Elles n'ont pas, comme en France, ces sorties continuelles et ces vacances de Pâques et de fin d'année, qui trop souvent, hélas! gâtent l'âme et le cœur de nos pensionnaires, en les initiant aux goûts, aux toilettes et aux plaisirs du monde. Elles apprennent les langues, le français surtout, le dessin, la peinture, le chant et la musique. On leur enseigne comme partout ailleurs, le piano dont l'étude parait obligatoire, à l'époque où nous sommes, et puis l'instrument favori de Naples, la harpe dont les sons se marient si bien avec la musique d'ensemble. Les ouvrages à l'aiguille ne sont pas négligés; la tapisserie y est en honneur, et j'y ai vu des travaux sur soie qui sont admirables.

A côté de cela, l'instruction est solide, la formation morale parfaite et l'éducation religieuse irréprochable. Depuis que la fondatrice a disparu, des perfectionnements ont été sans doute introduits dans le plan des études; mais le mouvement donné par la Mère Thouret est toujours suivi et son esprit plane encore sur l'enseignement distribué de la façon la plus intelligente et la plus maternelle dans le pensionnat de *Regina Cœli*.

Cette œuvre faite dans les commencements de 1821, la supérieure générale fit ses préparatifs de départ pour la France; mais avant de partir, elle dut prendre une détermination importante.

Il fallait, parmi ses sœurs, en trouver une qui fut capable de la remplacer pendant son absence, dans la direction générale de la communauté de Naples. Elle jeta les

yeux sur la Sœur Geneviève Boucon maîtresse des novices.

C'était un ange de piété, de charité et de dévouement.
Nous aurons plus loin à faire son portrait d'une façon plus
complète; qu'il nous suffise pour le moment de savoir qu'elle
avait toutes les qualités d'une éminente supérieure. Il fallut
cependant, tant elle était modeste, user en quelque sorte de
violence pour lui faire accepter sa charge. La Mère Thouret
alla un jour, pour vaincre ses résistances jusqu'à lui dire :
« passez sur mon corps pour le fouler aux pieds, si vous
voulez, mais ne vous opposez pas plus long-temps à mes
désirs. »

Devant une volonté ainsi exprimée, il fallut bien s'incliner, et la Sœur Boucon accepta les fonctions qui lui étaient
confiées, à la grande joie de tout le monde. La Mère Thouret
la présenta comme sa remplaçante à ses compagnes, aux
novices et aux aspirantes; elle fit à toutes les recommandations les plus chaleureuses pour que chacune, durant son absence, gardât honorablement le poste de l'honneur et du
devoir; elle les assura de son dévouement inaltérable, de son
affection toute maternelle, et après les avoir bénies, elle les
embrassa tendrement. La séparation ne se fit pas sans larmes.
La bonne Mère cacha les siennes, mais elle ne put dissimuler les regrets et les craintes qu'elle comportait.

Elle partait pour un long et pénible voyage. Un orage
dont elle avait déjà entendu les premiers grondements, à
Rome, l'attendait à son arrivée, sur la terre natale. Les difficultés qu'elle pressentait pouvaient grandir; quelle serait
l'issue du conflit existant entre elle et Mgr. de Pressigny?
Quelle tournure prendrait l'affaire, quand elle serait à Besançon? Comment y serait-elle reçue par ses filles? Telles
étaient les préoccupations qui hantaient sa pensée.

Elle avait toujours une entière confiance en la providence
de Dieu; mais elle savait ses ennemis puissants et opiniâ-
tres. Depuis longtemps, elle n'ignorait plus ce qui se passait

dans le camp des sœurs dissidentes ; elle avait donc tout lieu de craindre une rupture, dans la communauté de ses sœurs bien aimées.

C'est au milieu de ces cruelles appréhensions, qu'elle composa la prière suivante qu'elle se mit alors à réciter tous les jours, qu'elle avait écrite de sa propre main, et que jusqu'à sa mort, elle porta sur sa poitrine, enfermée dans un petit sachet [1].

« O mon Dieu, Souverain Seigneur du Ciel et de la terre, seul Grand, seul Saint et seul Tout-Puissant, devant qui nul ne peut résister, levez-vous ; faites éclater votre bonté et vos anciennes miséricordes ; mettez-vous entre moi et mes ennemis ; les voici qui viennent pour me chasser de l'Institut et de la famille que vous m'avez confiée ; ils font tous leurs efforts pour la diviser et pour la rendre rebelle à moi et à Votre Sainte Eglise. Ils sont agités contre moi, parceque j'ai soumis à Votre Vicaire le Saint Pontife, cet Institut et la Règle que vous m'aviez dictée pour diriger saintement toutes les filles que Vous m'avez associées. Vous avez inspiré à Votre Représentant sur la terre de l'approuver ; il est dirigé par Votre Esprit, qui lui a fait aussi approuver les modifications qu'il à cru être selon la justice et l'équité ; mes ennemis disent que c'est moi qui ai fait ces modifications ou qui les ai demandées. Mon Dieu, vous savez que je ne l'ai pas fait, et que je n'ai pas eu cette pensée. C'est à vous, mon Dieu, de remédier à ce grand désordre, à empêcher la division et la ruine de cet Institut pour l'honneur et la gloire de Votre Saint Nom, pour celle de votre Saint Eglise, pour celle de Votre Sainte Religion ; pour l'édification des bons chrétiens ; pour le bien spirituel et temporel des pauvres, et pour la sanctification de ces pieuses vierges qui sont venues et qui viendront pour les servir en votre

[1] Une petite nièce de la Mère Thouret hérita du sachet et l'a donné à la Communauté qui le conserve comme un trésor et un souvenir.

Saint Nom pour l'amour de Vous et pour être vos épouses sacrées.

Me voici prosterné devant votre divine Majesté; daignez écouter mon humble prière. Venez à mon aide, mon Dieu; hâtez-vous de me secourir; délivrez-moi de l'oppression de mes ennemis; n'ayez pas égard à mes péchés. C'est en vous seul, mon Dieu et mon Seigneur, que j'ai mis toute ma confiance et ma parfaite espérance; qui espère en vous ne sera pas confondu.

Ne considérez pas, je vous prie, mon indignité. O Père Éternel, considérez plutôt, je vous en prie, les mérites infinis, les souffrances et la mort de Jésus-Christ. C'est au Nom et par les mérites de Jésus-Christ Crucifié que je vous en supplie. Vous avez promis que tout ce qu'on demanderait en son Nom serait accordé.

O mon Dieu, ayez pitié de moi; conduisez-moi et dirigez-moi par votre Esprit Saint. Je pardonne à mes ennemis le mal qu'ils me font, pour l'amour de Vous. Je suis disposée à souffrir tout ce qu'il vous plaira avec le secours de votre grâce, désirant que ce soit pour votre plus grande gloire et pour ma sanctification.

Vous avez daigné vous servir de moi pour établir cet Institut; je ne me décourage pas en face de toutes ces contradictions; ce ne sont pas les premières; vous savez toutes celles que j'ai souffertes dans le passé; vous m'avez aidée de votre Toute-Puissance, et je suis dans la ferme confiance que vous m'aiderez encore dans les présentes. Vous êtes le Dieu fort, et c'est sur vous seul que je m'appuie; vous ne vous retirerez pas de moi; vous serez vous-même ma force et mon soutien; si vous daignez être pour moi, je n'ai rien à craindre de mes ennemis; vous en serez victorieux; c'est votre cause; c'est votre ouvrage cet Institut. Il est de l'intérêt de votre gloire de les empêcher de satisfaire leurs passions au grand scandale du public et de la Communauté, au préjudice des saintes vertus d'obéissance, d'humilité, de charité, du détachement, de la reconnaissance et de la justice, et au grand danger de l'erreur et de l'illusion.

O mon Misericordieux Jésus! vous avez tout pouvoir sur les cœurs; vous pouvez les convertir; je vous en supplie et je l'espère. Faites-moi connaître vos volontés, vos desseins et tout ce que vous voulez que je fasse, je le ferai, parce que je crois fermement que je puis tout avec vous et avec votre grâce, et je crois aussi que je ne puis rien sans vous; que je ne suis que faiblesse, que péché et qu'ignorance. Je remets le tout à votre bonté paternelle, à laquelle je me confie parfaitement et pour toujours. Ainsi-soit-il.

Domine exaudi orationem meam, et clamor meus ad te veniat.

Le Saint Dieu, le Saint Fort, le Saint Immortel, ayez pitié de moi, pardonnez-moi, préservez-moi et défendez-moi de la malice de tous mes ennemis. Ainsi soit-il.

Et Verbum caro factum est et habitavit in nobis.

Christus nobiscum stat.

Jésus, Marie, Joseph, soyez toujours à mon secours.
Ainsi-soit-il.

C'est munie de ce passeport religieux que la Mère Thouret se mit en route pour Rome et pour la France. Son principal viatique était l'espérance en Dieu.

LIVRE QUATRIÈME

L'ÈRE DES DIFFICULTÉS

(1821-1826)

CHAPITRE PREMIER.

Son voyage en France (1821).

Préparatifs de voyage. - Dispositions de l'archevêque. - Sa circulaire. - Stupéfaction. - Navrante nouvelle. - Arrivée à Thonon. - Protestation. - Résignation. - Arrêt à Bourg. - Sœur Victoire Bartholemot. - L'abbé Nèyre. - Le cardinal Pacca.

La Mère Thouret quitta Naples dans le courant de Juin; mais à peine arrivée à Rome, elle y tomba malade. Aussitôt qu'elle fut rétablie, c'est-à-dire dans le commencement du mois d'Août, elle fit ses préparatifs de départ pour la France. Nous avons une lettre d'elle datée du 8 Août, dans laquelle elle dit ceci à ses enfants de Besançon:

« A peine suis-je remise que je m'achemine vers vous, pour vous recevoir entre mes bras et dans mon cœur maternel, animée du saint dévouement avec lequel je vous reçus toutes dans notre Institut et que rien n'a pu altérer. Venez avec confiance, mes sœurs, mes filles et mes enfants en N. S. J. C. Je vous recevrai toutes sans exception, et c'est dans ces sentiments que je suis votre Mère en Jésus-Christ. »

Cette lettre nous montre la tendresse que la bonne Mère avait dans son cœur pour toutes ses sœurs, même pour celles qui auraient mérité des reproches. La Sœur Catherine Barroy supérieure provisoire des sœurs de Besançon y répondit le 31 Août. Cette réponse est très-importante dans la querelle

qui nous occupe, car nous y apprenons que la Sœur Catherine Barroy avait dû porter la lettre de la Mère Thouret à
Mgr. de Chaffoy, et cela sur son ordre, et qu'après cela toutes les sœurs s'étaient rendues également par ordre, chez
Mgr. l'Archevêque, arrivé la veille de Paris. Or voici le langage que leur tint sa Grandeur.

« Vous répondrez à Madame Thouret, qu'il y a deux ans
que je lui écrivis ce que vous allez lui répéter de ma part,
que je ne la recevrai jamais dans aucun établissement de
mon diocèse, que je la regarde comme une simple séculière,
et, si contre ma volonté, elle ose se présenter dans une des
maisons de votre congrégation, j'emploirai contre elle, s'il
le faut, l'autorité civile. Et vous, mes Sœurs, devant être des
filles d'obéissance, vous ne devez pas avoir d'autre manière
de penser que la mienne ; celles qui en embrasseront une contraire seront traitées de même. »

Ces paroles nous font pressentir l'accueil que la bonne
Mère devait trouver auprès de Mgr. de Pressigny.

En finissant se lettre, la Sœur Catherine annonçait le prochain départ de Mgr. de Chaffoy pour Nîmes, et ajoutait
qu'il serait remplacé par Mgr. de Villefrancon le coadjuteur
de l'archevêque.

Avant cela, de Rome même, notre vénérée fondatrice avait
écrit à Mgr. de Pressigny, pour lui faire part, dans les termes
les plus respectueux, de sa prochaine arrivée. — Nous verrons bientôt comment il y répondit.

En attendant, elle poursuivait sa route, écrivant, dans ses
haltes, en France et à Naples : en France pour préparer le
terrain de la réconciliation sur laquelle hélas ! elle ne comptait peut-être pas trop, et à Naples pour encourager la Sœur
Geneviève Boucon qui de temps en temps la mettait au courant de ce qui se passait chez elle. Celle-ci reçut de Rome,
de Modène et de Turin les lettres les plus tendres qui lui
furent un réconfort et une consolation dans la charge qu'elle
n'avait acceptée qu'à contre cœur.

Mais les difficultés, grâces à Dieu, n'étaient pas de ce côté. C'est par de là les Alpes que l'orage grondait de plus en plus. Qu'on en juge par la circulaire que l'archevêque de Besançon adressait le 31 Août aux sœurs de Besançon et du diocèse :

« Nous, Gabriel Courtois de Pressigny, par la Miséricorde divine et l'autorité du Saint Siége Apostolique, archevêque, de Besançon, Comte et Pair de France.

Défendons aux Supérieures des Maisons des Sœurs de la Charité de Besançon de notre diocèse, de recevoir dans les maisons dont elles ont le gouvernement, Sœur Jeanne Antide Thouret, ancienne Supérieure des Sœurs de la Charité de Besançon, Sœur Rosalie Thouret, sa nièce et Sœur Marie Nielle qui les accompagne. Nous en avons prévenu, il y a à peu près deux ans Sœur Jeanne Antide Thouret, et nous avons remis nous-mêmes à Mgr. le Nonce de Sa Sainteté à Paris, un écrit dans lequel nous avions l'honneur de l'informer de cette disposition et de la connaissance de celle donnée à la Sœur Thouret.

Copie certifiée des présentes, sera adressée de suite à la diligence de Sœur Catherine Barroy, Supérieure de la Maison de Besançon, à chacun des Etablissements qui existent dans notre diocèse.

Donné à Besançon le 31 Août 1821.

† Signé Gabriel, Archevêque de Besançon.

Voilà donc à quelle extrémité était poussé Mgr. de Pressigny ! Il avait reçu la règle de la Mère Thouret ; il avait vu la signature du pape Pie VII au bas de cette règle. Il n'ignorait plus que Rome s'était prononcée en faveur de l'institut ! Il n'avait plus, ce semble, qu'à s'incliner devant la volonté souveraine du chef des évêques. Dans tous les cas, il pouvait attendre le retour de la Supérieure générale pour s'entendre avec elle ! Mais non, dès qu'il la sait en route pour venir se jeter à ses pieds, il fulmine contre elle un terrible interdit !

Il avait donc oublié ce que le pape Clément XI écrivait en 1706 aux évêques français : « Qui vous a établis nos juges, vénérables Frères ? C'est une chose tout à fait intolérable que quelques évêques, particulièrement des églises dont les privilèges et les honneurs ne subsistent que par la faveur et le bienfait de l'Eglise romaine, lèvent la tête contre celle dont ils ont tout reçu et morcellent les droits du premier siége, qui reposent non pas sur une autorité humaine, mais sur l'autorité divine.... Interrogez vos ancêtres, et ils vous diront qu'il n'appartient pas à des pontifes particuliers de discuter les décrets du Siége Apostolique auxquels ils doivent obéissance [1]. »

Il avait, il est vrai, averti le nonce de Paris de la disposition qu'il prenait vis à vis de la Mère Thouret. Mais pensait-il que le représentant du Pape allait approuver sa conduite à l'encontre d'une décision du Saint Siége ?

Il pouvait encore pour excuser sa violence objecter que suivant la coutume abusive de l'église gallicane dont il était un des grands défenseurs, aucun décret de Rome ne devait *être reçu en France sans être examiné, et examiné pour qu'on jugeât ce qu'il contenait*. Mais pouvait-il espérer que même à ce point de vue, il aurait gain de cause à Paris, dans cette affaire ? La prudence la plus élémentaire ne lui commandait-elle pas d'attendre encore pour voir la tournure que prendrait la chose avant ce temps ?

En vérité, on est stupéfié, quand on lit sa circulaire, de la précipitation de son jugement, et de la sévérité de ses principes ?

Il fallait cependant avertir la bonne Mère du sort cruel qui l'attendait à Besançon. La Sœur Elisabeth Bouvard s'en chargea, et voici comment elle s'acquitta de sa douloureuse mission. Elle savait que sa supérieure devait bientôt arriver à Thonon, et, le 28 Août, elle lui écrivit la lettre suivante :

[1] Rohrbacher.

« Voici, chère Mère, la chose la plus pénible que nous soyons forcées de vous communiquer. Cet ordre fulminant a été donné vers les six heures du soir à Sœur Catherine, et à sept heures, elle nous en avait déjà envoyé une copie pour nous aider à bien passer la nuit. Jugez, notre bonne Mère, de notre situation, et surtout de celle de notre pauvre Sœur Madeleine qui s'est empressée dès le lendemain matin d'aller trouver Mgr. de Chaffoy pour lui dire qu'il lui était impossible d'exécuter cet ordre envers notre Mère, qu'il voulût bien l'en dispenser. Mgr. de Chaffoy lui a répondu qu'à la vérité c'était trop fort, qu'elle ne pouvait pas prendre notre Mère par le bras et la mettre à la porte, que lui-même trouvait cet ordre trop sévère et qu'elle se contentât de vous présenter cette lettre en cas que vous vous présentiez à Bellevaux.

Ainsi, notre chère Mère, nous vous en prions, nous vous en conjurons, venez, ne craignez pas, vous serez reçue à Bellevaux. Il faudrait de toute nécessité que Mgr. l'Archevêque vous entendît, afin de vous disculper de tout ce dont on a pu le mettre en erreur contre vous ; de plus, nous savons de bonne part, que l'on se propose de nous forcer pour le 20 du mois courant de nous décider pour aller en retraite ou l'on fera les vœux, et celles d'entre les sœurs qui se refuseront seront forcées de déposer l'habit religieux. En pareil cas, si nous n'avions pas encore le bonheur de vous posséder, veuillez nous répondre poste par poste ce que nous devrons faire. Nous sommes plus que jamais vos enfants et toutes dévouées en Dieu. Toutes ces choses-ci ne nous découragent point ; au contraire, elles nous font voir de plus en plus combien le Bon Dieu vous aime et vous protége puisqu'il vous fait part de tant de Croix. »

La bonne Mère devait arriver à Thonon le 12 Septembre, et c'est là qu'elle devait apprendre la navrante nouvelle.

Là, les sœurs lui étaient restées fidèles: la supérieure Sœur Basile Prince l'avait toujours tenue au courant des événements, et l'attendait avec impatience. C'est là aussi que devait venir la rejoindre la Sœur Elisabeth Bouvard à qui, déjà elle avait donné ce conseil dans une lettre de Naples datée du 20 Novembre 1820. C'est là enfin qu'elle devait rencontrer l'excellent abbé Nèyre, le curé du lieu, en qui elle avait depuis longtemps un précieux auxiliaire pour ses œuvres en Savoie. C'est lui [1] qui lui avait tracé son itinéraire, et qui l'avait engagée à s'arrêter d'abord à Turin, pour s'occuper auprès de la cour d'un noviciat à fonder dans la province et puis à Chambéry, pour y voir, dans le même but l'archevêque Mgr. Dessolles à qui elle avait écrit de Rome pour ses œuvres [2]. Elle suivit son programme, s'arrêta à Saint Jean de Maurienne pour y visiter Mr Fernex, et Mr Mage l'un intendant et l'autre juge, s'occuper avec eux de la question du noviciat et arriva enfin, après un voyage pénible et fatigant à Thonon, au jour que nous avons indiqué plus haut.

Impossible de décrire la joie du revoir! Il y eut entre la Mère et les filles les plus tendres épanchements. Les sœurs ne pouvaient se lasser de contempler leur supérieure qui était leur gloire et leur orgueil et de lui donner des marques de vénération et d'amour!

Mais hélas! il fallait bien lui présenter la coupe amère qui lui arrivait de Besançon! Il fallait bien lui faire connaître la terrible décision de l'archevêque! Elle ouvrit en tremblant la lettre de Sœur Elisabeth, mais la lut avec courage. Elle se voyait frappé par un interdit injuste, et c'est avec l'héroïsme que nous lui connaissons qu'elle voulut en supporter la rigueur.

Elle se recueillit quelques jours dans le silence et la prière et le 18 Septembre, elle prit la plume pour écrire à l'archevêque et protester humblement contre la mesure dont elle était victime. Voici la partie importante de sa lettre:

[1] Lettres du 14 Juillet 1820 et du 2 Février 1821.
[2] Le 26 Avril 1820.

« Je m'étonne que Votre Grandeur pleine de sagesse, d'é-
quité, de bonté ait pu condamner une religieuse sans l'entendre. Je la supplie de daigner me faire connaître les torts
que j'ai dans son esprit, afin que je puisse me justifier.

En rentrant dans ma communauté ce n'était pas pour y
apporter le trouble; tout au contraire, c'était pour y apporter
la sainte paix du Seigneur, et il est facile d'en juger d'après
les sentiments que j'ai exprimés à mes filles dans ma lettre
du 8 Août dernier, et dont Votre Grandeur a connaissance.

J'ai l'espoir, Monseigneur, que vous retirerez les ordres
donnés contre moi. Si toutefois le moment n'est pas encore
arrivé - car c'est Dieu qui permet que ses serviteurs soient
éprouvés, et il fait finir l'épreuve quand il lui plaît - j'attends
l'heure de sa Providence, et je vous assure, Monseigneur,
que je reste dans la paix et la tranquillité la plus parfaite. »

Cette lettre apaisa-t-elle le courroux de Mgr. de Pressigny? Pas le moins du monde. Le prélat daigna-t-il faire connaître à la bonne Mère les torts qu'il lui reprochait afin
qu'elle put *se justifier ?* Pas davantage.

Malgré ses nouvelles tribulations, elle n'oubliait pas ses
filles de Naples, et dès son arrivée à Thonon, elle s'empressa
de leur écrire pour leur donner de ses nouvelles: « Je me
rassure, disait-elle, le 16 Septembre à la Sœur Boucon en
pensant que le digne père Pacôme vous aide à porter vos
croix. » Puis elle continuait en ces termes :

« Le Bon Dieu qui les permet vous donnera sa force et sa
grâce; abandonnez-vous entre ses mains paternelles et vous
éprouverez de la joie en Lui. C'est ce que le Bon Dieu me
fait la grâce d'expérimenter à présent, car il sait que j'en
ai besoin dans les circonstances si pénibles où je me trouve.
Vous les connaissez, ma fille chérie; elles n'ont pas changé.
Ces personnes sont toujours aussi déraisonnables et rebelles.

Ne voulant point ce que N. S. Père le pape a fait, on se
venge fortement contre moi. Je ne puis aller voir toutes mes
enfants qui me désirent ardemment.... Etant innocente, le

Bon Dieu me fait la grâce d'éprouver le plus grand calme.
Je voudrais pouvoir soulager mes enfants.... ce sera quand
le Bon Dieu voudra ; il n'éxige pas ce que je ne puis faire ;
c'est à Lui que je me confie, j'espère en sa Toute-Puissance !! »

Quelle admirable résignation ! Peut-on voir, au milieu de
la persécution une plus touchante conformité aux vues de la
Providence ?

Sur ces entrefaites, Sœur Elisabeth Bouvard arriva de
Besançon pour voir la bonne Mère, et l'engager à la suivre.
Mais celle-ci ne crut ni devoir ni pouvoir acquiescer à ses
désirs, à cause de l'interdit qui pesait sur elle. Elle se décida
au contraire à partir pour Paris et à prendre avec elle pour
l'y accompagner sa fidèle Sœur de Bellevaux.

Elle s'arrêta à Bourg où elle avait une maison, et c'est
là qu'elle put exaucer le désir que lui avait naguère manifesté à Thonon le curé de Saint Paul, petite paroisse voisine
d'Evian. Ce prêtre demandait depuis longtemps des filles de
la charité. Il n'avait aucune ressource, mais il comptait sur
la Providence et sur la Mère Thouret.

Ses espérances ne devaient pas être trompées, car à Bourg
se trouvait la sœur qui allait être désignée pour sa pieuse
fondation. C'était la Sœur Victoire Bartholemot.

Notre supérieure générale l'avait elle-même admise autrefois au noviciat de Besançon et elle appréciait depuis longtemps ses grandes qualités et ses rares vertus. Nous aurons
plus tard à faire le portrait de cette religieuse qui devait
établir à Saint Paul le noviciat de la province de Savoie [1]
et avoir un rôle important dans son Institut. Pour le moment, il nous suffit de savoir que lorsque vint pour elle le
moment de partir, la bonne Mère l'embrassa, et la bénit en
lui disant: « Ma chère Victoire, je compte sur vous pour fonder cette nouvelle maison en Savoie; c'est la seconde que

---

[1] Ce noviciat fut plus tard transféré à La Roche.

nous y aurons [1] ; allez avec confiance, ma fille ; le Bon Dieu bénira les sacrifices que vous avez déjà faits et ceux que vous ferez encore pour le bien de notre cher institut. »

La Sœur Bartholemot partit de Bourg le 23 Septembre, et fut reçue comme une reine à Saint Paul où elle devait vivre comme une sainte, nous le verrons, quand l'heure sera venue. Nous ne devons pas, pour l'instant, nous détourner des voyageuses persécutées que nous allons suivre jusqu'à Paris. Elles étaient accompagnées sur leur route des prières et des vœux des sœurs et du curé de Thonon. Celui-ci avait vu pendant quelques jours seulement la Mère Thouret, mais il avait vite compris sa grandeur d'âme. D'ailleurs il la connaissait depuis longtemps pas ses œuvres, et par ses lettres.

Alors qu'elle était encore à Bourg, il lui mandait le 6 Octobre qu'il avait écrit au roi de Savoie en faveur de ses filles et qu'il espérait pour elles un succès complet. Il s'agissait du noviciat dont nous avons déjà parlé.

Puis il ajoutait ceci que nous croyons utile de faire connaître à nos lecteurs :

« J'approuve beaucoup, Madame, votre résolution de partir de suite pour Paris, si déjà votre résolution n'a été exécutée. Il ne faut pas laisser aux personnes opposantes le temps de former de nouvelles oppositions. Je crois aussi qu'il serait bon que vous vous présentassiez à MMgrs. les Evêques des diocèses où vous avez des établissemeuts, en leur offrant un exemplaire de la Règle; vous recommanderiez vos filles à leur sollicitude pastorale. Dès qu'ils reçoivent la Règle, vous diminuez d'autant plus le parti de Besançon. Il peut fort bien se faire que la règle et la Supérieure ne trouvent pas dans les autres diocèses de la France la même opposition qu'elles rencontrent dans le lieu où la Communauté prit naissance. S'il fallait grandement s'éloigner de la route de Paris, pour visiter les établissements, la visite de ces Maisons se

---

[1] La 1e était celle de Thonon.

ferait au retour, car enfin il est urgent d'arriver à Paris. Dans cette affaire, comme dans toutes les autres, vous aurez recours, Madame, aux moyens que vous avez employés jusqu'à présent, à la prière, à la prudence, à la patience, à la douceur et à la charité. Vous n'avez en vue que le bien des malheureux, et vous êtes constamment disposée à faire des sacrifices, à souffrir les épreuves que demande le Seigneur dans la poursuite du bien, en continuant à suivre votre carrière. Je prie l'Esprit-Saint, l'Esprit de conseil, de sagesse, de force, de crainte de Dieu, de diriger continuellement vos pas et de vous soutenir dans vos démarches. »

Cette lettre nous prouve que si la Mère Thouret avait des ennemis et des détracteurs haineux, elle avait aussi des amis et des conseillers dévoués.

D'ailleurs, Rome prenait ouvertement sa défense, et c'est de là qu'elle attendait surtout aide et secours.

Elle avait raison d'espérer, car, dans une pièce que nous avons sous les yeux, nous voyons que, à la date du 17 Septembre 1821, le cardinal Pacca, préfet de la congrégation des *Evêques et Réguliers*, écrivait au Nonce de Paris, pour le prier de s'occuper activement de l'affaire des filles de la charité, auprès de l'archevêque de Besançon, et lui faisait savoir que dans un congrès tenu le 16 Août précédent, la même congrégation avait confirmé les décisions *prises* au sujet de ces religieuses et *couronnées* par le bref apostolique du 14 Décembre 1819.

Ce langage est clair. C'était dire que si l'archevêque tenait à remplir son devoir de sujet soumis à son chef et de pasteur dévoué à ses sujets, il n'avait qu'à changer d'attitude devant la supérieure générale des filles de la charité, et reconnaître enfin l'approbation pontificale dont elle était munie.

Le nonce devait-il convertir Mgr. de Pressigny à des idées meilleures? Devait-il l'amener à s'incliner devant les désirs ou plutôt les ordres de la cour romaine?

Nous le verrons plus loin. En attendant, nous savons [1] qu'à Bourg, avant son départ pour Paris, la Mère Thouret reçut une réponse inexorable de l'archevêque à sa lettre du 18 Septembre. Cette réponse lui avait été portée par son frère, l'abbé Thouret, qui était venu voir et consoler la pauvre exilée. C'est dire avec quelle tristesse, elle s'achemina vers la capitale.

[1] Lettre à l'abbé Nèyre, de Paris, en Décembre 1821.

CHAPITRE DEUXIÈME

Son séjour à Paris (1821-1823).

Calomnies. - Le Nonce. - Rencontre de Mgr. de Pressigny. - Mauvais accueil. - Cruel embarras. - Deux circulaires. - Deux lettres consolantes. - Les administrateurs du diocèse de Lyon. - Bonnes nouvelles de Savoie et d'Italie. - Prière et patience. - Fondation de Villecerf. - Lettre de Mr Nèyre.

La Mère Thouret arriva à Paris à la Toussaint, après avoir fait quelques haltes en route pour visiter quelques unes de ses maisons, notamment dans le diocèse de Lyon, comme le lui avait conseillé le curé de Thonon. Elle alla se loger chez les Dames bénédictines, qui avaient leur maison à côté du Luxembourg, dans la rue du Regard, et là, comme ces religieuses n'étaient pas riches, la Sœur Elisabeth, sur son invitation, soigna les sœurs et les pensionnaires malades pour reconnaître l'hospitalité qui leur était gracieusement accordée.

On accusa cependant auprès de Mgr. Pressigny alors à Paris, notre pauvre supérieure persécutée de s'être fixée en face des sœurs de Saint Vincent de Paul, pour narguer ces dernières et élever en quelque sorte *autel contre autel*. Or, les sœurs de Saint Vincent de Paul avaient leur maison

---

[1] Lettre à l'abbé Nèyre, de Paris, en Décembre 1821.

dans la rue du Bac. C'est ainsi qu'on écrivait l'histoire. C'est
ainsi qu'aux yeux des ennemis, tout était bon pour noircir
et calomnier la bonne Mère.

Nous n'avons pas le récit de son séjour à Paris, mais
nous possédons des circulaires et des lettres qui vont nous
permettre de la suivre pas à pas durant ce séjour qui se
prolongea 16 ou 17 mois et qui, s'il fut émaillé de quelques joies et de quelques espérances, fut surtout accidenté de
péripéties pénibles et douloureuses. — Nous n'avons pour
raconter les unes et les autres qu'à dépouiller ces divers
documents, suivant leur date respective.

Dès son arrivée, elle vit le nonce avec qui elle eut de
longs et de fréquents entretiens, qui lui fit part des récentes
communications qu'il avait reçues de Rome en sa faveur,
mais qui ne lui cacha pas qu'il trouvait les évêques de
France *bien peu soumis au Saint-Siège* [1].

Il s'était abouché plusieurs fois avec l'archevêque de Besançon, mais il n'avait encore jamais pu le décider à revenir
sur sa décision sévère « il avait dit *non et non.* » [2] Il n'espérait rien obtenir de lui, mais il comptait être plus heureux
avec son coadjuteur Mgr. de Villefrancon qu'il croyait plus
raisonnable.

Dans les premiers jours du mois de Décembre, la Mère
Thouret rencontra, par hasard, Mgr. de Pressigny, dans une
maison - c'était chez Mr Jordan maître des requêtes. - L'archevêque demanda, paraît-il, à la voir. En se présentant
devant lui, elle se jeta à ses genoux pour lui demander sa
bénédiction, il lui répondit durement : « Non, je ne vous la
donnerai pas. » Après quoi, il lui reprocha une foule de
griefs qui n'étaient basés que sur des calomnies : « Monseigneur, lui dit alors la Mère, permettez que je vous éclaire
et que je vous fasse connaître la vérité. Vous avez été

---

[1] Lettre à Mr Nèyre, en Décembre 1821.
[2] Ibidem.

trompé ! » « Non, reprit-il, taisez-vous, je ne veux pas vous entendre. » Et cette réponse écrasante fut suivie de paroles amères et mortifiantes.

Comment expliquer une pareille rigueur? Pourrait-on croire si on ne le disait dans un récit authentique, qu'un prince de l'Eglise a pu se comporter de la sorte vis-à-vis d'une simple femme, d'une religieuse innocente? Qu'aurait-il donc fait, s'il avait été en face d'une religieuse coupable? Les deux témoins [1] de cette scène en furent stupéfiés ; si bien que lorsque Mgr. de Pressigny fut sorti, ils s'empressèrent d'entourer la pauvre mère et de lui faire des excuses. Ils voulurent aussitôt être mis au courant de la querelle, et la malheureuse supérieure humiliée et en larmes leur raconta son affaire. Ils l'écoutèrent, en proie à une vive émotion et ne lui dissimulèrent pas leur sympathique approbation.

Qu'on juge d'après cela des angoisses mortelles qui durent étreindre le cœur de notre vénérée fondatrice, durant les jours qui suivirent sa rencontre fortuite avec le prélat. Ce qui augmentait sa peine, c'est que la plupart de ses maisons du diocèse de Besançon et même des diocèses environnants, à l'exception de celles qui se trouvaient en Suisse et en Savoie étaient travaillées dans le sens de l'indépendance et que ses filles ne sachant trop où était le devoir, vivaient dans l'indécision la plus grande au sujet de l'obéissance à la supérieure générale et de l'émission des vœux à faire dans l'avenir.

On comprend leur perplexité. L'archevêque de Besançon qui voulait rester leur Supérieur général quand même, leur disait : « Conformez-vous à la règle approuvée par notre prédécesseur et par nous. » De son côté, la supérieure générale leur disait : « adoptez la règle approuvée par le pape, laquelle ressemble à la première, sauf quelques légères modifi-

[1] Mr Jordan et Mr Demontaiglon.

cations qui n'altèrent en rien la substance. » Dans ce conflit, à qui obéir?

Les bonnes sœurs ne soupçonnaient pas, sans doute, que l'archevêque pût s'opposer aux décisions du pape; elles ne connaissaient pas les tendances malheureuses du *séparatisme gallican.* D'autre part, elles savaient que Saint Vincent de Paul recommandait toujours l'obéissance la plus parfaite aux évêques. Elles étaient donc singulièrement embarrassées pour la ligne de conduite qu'elles avaient à suivre. Elles l'étaient d'autant plus que les prêtres qui les dirigeaient ou les inspiraient étaient tous imbus des doctrines de l'époque, et ne savaient guère penser autrement que leur évêque sur la question du pape. Nous en avons la preuve dans la consultation que voici adressée par Mr Bauchet à une religieuse:

« Si, dans la suite, disait cet ecclésiastique, on vous présente une nouvelle Règle approuvée par le Saint Père, et qui soit admise par Mgr. l'Archevêque pour son diocèse, vous l'accepterez de ses mains et par conséquent des mains de Dieu. Si Mgr. se contente de l'ancienne règle qui est depuis un si grand nombre d'années en vigueur dans notre diocèse, et s'il rejette la nouvelle, comme n'étant point nécessaire à ses ouailles, vous la rejetterez vous-même, ou vous quitterez l'ancienne congrégation pour entrer dans une autre, ce qui vous serait permis, puisque vous n'avez pas encore renouvelé vos vœux, et ce que vous ne ferez sûrement pas, parce que vous aimez votre saint état: vous renouvellerez donc vos vœux selon l'ancienne formule lorsqu'il en sera temps.

Telle est, ma chère Sœur, la seule conduite que vous devez tenir. Lorsque le Saint Père établit une nouvelle congrégation et approuve une nouvelle Règle, ce n'est pas l'intention du souverain pontife d'obliger les évêques de l'accepter pour leur diocèse. On peut la leur présenter; c'est à eux à voir, dans leur sagesse, si elle convient ou ne convient pas à leurs ouailles. Il ont droit de l'admettre ou de la

22

rejeter, et nulle autorité ne peut les forcer à la recevoir [1]. »

Cette consultation, on le voit, ne peut pas être plus catégorique. Pour Mr Bauchet, l'ami, le collaborateur, le successeur de Mr Bacoffe, et le disciple de Mgr. de Pressigny,
un évêque français pouvait, à son gré, admettre ou rejeter
une règle sanctionnée par le pape; par conséquent les sœurs
de Besançon n'avaient qu'à se soumettre à leur archevêque
ou à quitter leur congrégation.

Qu'on juge, après cela, des perplexités qui devaient tourmenter les religieuses restées fidèles à la Mère Thouret. Si
elles venaient à se tromper, elles étaient bien excusables.
La faute n'était qu'à l'archevêque qui non seulement gardait
obstinément les idées de son temps vis-à-vis du père commun des fidèles, mais encore son attitude sévère vis-à-vis
de notre fondatrice.

Celle-ci ne voulut pas malgré tout laisser finir l'année 1821,
sans remplir le doux devoir qu'elle s'était depuis longtemps
imposé d'adresser à la veille de chaque an nouveau, une
circulaire à ses filles.

Nous avons sous les yeux, deux circulaires écrites dans
le commencement du mois de Décembre; la première adressée aux religieuses d'Italie est datée du 6, et la seconde
faite pour les religieuses de France est datée du 10.

Dans la première, la bonne Mère sachant bien qu'il n'y
a ici-bas qu'une seule chose nécessaire recommande constamment à ses sœurs de songer sérieusement aux devoirs de
leur sainte vocation, et à propos de Sœur Françoise Bardari
qui vient d'être emportée par la mort, après quinze jours
de maladie, et des Sœurs Colombe, Pauline et Anastasie qui
l'ont précédée dans la tombe, après avoir fait généreusement
le sacrifice de leur vie, de leur pays et de leur famille, elle

---

[1] Lettre du 12 Mars 1820, à une sœur dont le nom ne nous est
pas connu.

leur prêche de penser à l'éternité, vu que le trépas nous frappe à tous les âges, même au printemps de l'existence.

Dans la seconde circulaire, elle fait à peu près les mêmes recommandations à l'adresse de ses sœurs françaises, et dans un post-scriptum, elle se plaint de la persécution dont elle est victime, et des obstacles que l'on met à sa rentrée dans la communauté de Besançon. Elle termine en disant qu'elle est prête à rendre le bien pour le mal et que si son œuvre fondée après mille difficultés et approuvée par le souverain pontife, trouve encore des ennemis acharnés à la poursuivre, c'est qu'elle a reçu le sceau providentiel des œuvres que Dieu veut, aime et défend.

Ces sentiments qui étaient les siens depuis longtemps, lui avaient été quelquefois aussi inspirés par son premier directeur de Naples, le chanoine Narni qui continuait à lui écrire, comme archevêque de Cosenza. — De lui, nous avons à l'époque où nous sommes une lettre dans laquelle le saint prélat lui dit ceci entr'autres choses: « La paix de votre conscience, la soumission de votre volonté, la sérénité dont vous jouissez au milieu de vos afflictions sont les heureux effets de vos intentions droites et de vos bonnes actions pour le bien des âmes et la gloire de Dieu. Consolez-vous donc, puisque la croix dont vous eûtes la vision se montre toujours à vos yeux: elle vous apparaîtra encore de plus en plus austère jusqu'à ce que vous soyez parvenue au sommet du Calvaire où vous serez crucifiée avec notre divin Sauveur, abandonnée de tous, mais glorifiée en Dieu de qui je vous souhaite tout bien. »

Dans cette lettre, Mgr. Narni parlait-il en prophète? il le semble. Dans tous les cas, il parlait en homme de Dieu qui sait que le royaume du ciel souffre violence et qu'il n'y a que les vaillants qui parviennent à le conquérir.

A la même époque, Mr le curé de Fleury, oncle de la Mère Thouret, lui tenait à peu près ce même langage dans une lettre qui s'est conservée. Voici ce qu'il lui disait à la date du 17 Janvier 1822 :

« J'attendais depuis longtemps de vos chères nouvelles et voilà qu'elles me sont enfin parvenues.

Je vois, Madame, que le Bon Dieu, trois fois saint permet que vous passiez par de très-rudes épreuves.

J'y prends la plus grande part et vous implore de tout mon cœur par mes prières la victoire qui vous est due. Courage, Madame, dites, comme vous l'avez toujours fait, ainsi que Saint Paul : « *Omnia possum in eo qui me confortat;* je puis tout en Celui qui me fortifie ! » Vous avez aussi toujours agi, comme Saint Ignace, pour la plus grande gloire de Dieu ; eh ! bien, Madame, si Dieu est pour nous, qui sera contre nous ? Le monde a beau faire ; tous ses détours, ses intrigues secrètes et publiques qui sont à la veille de réussir, pour anéantir le juste seront renversés par Dieu lui-même ; vous l'éprouverez, Madame, comme tant d'illustres fondateurs et fondatrices d'ordres religieux. »

Ces encouragements et ces sympathies qui de loin en loin arrivaient à la pauvre Mère éprouvée, apportaient dans son âme un peu de calme et de sérénité; mais la lutte devenait de plus en plus vive : il fallait batailler à droite et à gauche ; la persécution était partout sourde, latente et obstinée. La victime de Mgr. de Pressigny était comme entourée d'un réseau de difficultés ; les conspirateurs semblaient naître sous ses pas pour entraver sa marche, alors qu'elle pouvait espérer une ère nouvelle de repos ou de liberté. Aussi, pour garder les positions acquises, et prévenir les défaillances probables, elle avait soin d'envoyer des instructions là où elle prévoyait que l'intrigue pourrait entraîner des défections. C'est ainsi que le 2 Février 1822, elle s'adressait à Messieurs Courbon et Bochard vicaires généraux et administrateurs du diocèse de Lyon pour leur annoncer l'approbation de sa règle par le pape, et l'envoi prochain de cette même règle imprimée. Elle ajoutait que s'ils désiraient quelques éclaircissements sur l'application de ses statuts, elle était prête à les leur donner, ou que le nonce, s'ils le préféraient, pouvait également les leur fournir.

Sa lettre eut une réponse immédiate et le 12 Février, elle écrivait de nouveau à ces mêmes administrateurs pour leur dire un mot de ses relations tendues avec l'archevêque de Besançon : ils n'avaient pas à craindre d'entrer en lutte avec lui, car il avait déclaré par écrit au nonce qu'il ne voulait plus se mêler des établissements des *filles de la cha-rité* qui se trouvaient en dehors de son diocèse.

· Pour ce qui la concernait, elle était pleine de déférence et de respect pour le prélat qui lui faisait la guerre. Elle n'aurait jamais demandé l'approbation de sa règle, sans le consulter, s'il avait été déjà à la tête de son diocèse quand elle fit sa demande, à Rome. — Elle avait présenté à la *Congrégation des Evêques et Réguliers* une lettre de M' l'abbé Durand administrateur de Besançon, avant l'arrivée de l'archevêque et la Congrégation s'en était contentée. Elle n'avait donc rien à se reprocher au point de vue canonique : elle ne voulait se soustraire, comme on le prétendait à l'autorité de personne ; au contraire, elle réclamait de s'incliner sous l'autorité compétente, et elle n'avait qu'un désir, le bien des âmes, la paix des cœurs et la gloire de Dieu.

Par ces réflexions exposées respectueusement, la Révérende Mère répondait aux observations qu'avaient dû lui faire les grands vicaires de Lyon. Elle se défendait en même temps contre les accusations qu'on faisait planer sur elle pour arracher à sa juridiction les maisons qu'elle possédait autour de Besançon, et les affilier, si c'était possible, au parti séparatiste qui se formait dans la métropole de la Franche-Comté. En attendant, elle avait de bonnes nouvelles de Saint Paul, de Thonon et de Naples. La Sœur Boucon lui écrivait souvent pour lui donner des nouvelles de sa chère communauté napolitaine, de ses filles et de ses pauvres. Le 17 Janvier, elle lui demandait la permission de renouveler ses vœux, avec les sœurs professes pour la fête de l'Annonciation et la supérieure générale accédant à ses pieux désirs lui disait dans l'élan de son âme toujours fervente :

« Oh! quelle faveur d'appartenir entièrement au roi du ciel et de la terre, quelle consolation pendant la vie et à la mort; quelle heureuse espérance de chanter devant l'Agneau sans tache le cantique que nulle autre bouche ne pourra chanter. Oh! je vous souhaite à toutes ce bonheur inestimable !... »

Puis elle ajoutait avec l'accent de la tristesse qui espère :

« Les affaires de Besançon en sont toujours au même point; le moment de la toute-puissance de Dieu arrivera tôt ou tard; continuez à prier et à faire prier pour votre Mère en J. C. »

Au milieu des cruelles épreuves qu'elle traversait, sa grande arme était la prière. N'est-ce pas là la ressource des saints dans les tribulations de la vie? La Mère Javouhey – nous le lisons dans sa vie – devait avoir, elle aussi, des démêlés avec Mgr. d'Héricourt évêque d'Autun, et cela pour des raisons à peu près pareilles à celles qui mirent en conflit la Mère Thouret et Mgr. de Pressigny. Son évêque voulait, lui aussi, être supérieur général de sa congrégation. Elle devait pour son compte affronter les tentatives d'un vrai schisme dans son institut : or, la patience, la résignation, et surtout la prière, comme nous le raconte son historien, devaient lui servir de cuirasse, au milieu de ses luttes longues et pénibles.

Ce serait ici le lieu – puisque dans ce récit nous suivons l'ordre des dates – de faire connaître à nos lecteurs le mémoire qu'à la date du 2 Mars 1822, la Mère Thouret adressa à l'archevêque de Besançon, pour sa justification. Mais nous voulons lui consacrer un chapitre spécial et voilà pourquoi, poursuivant la trame de notre histoire nous nous réservons de l'analyser au chapitre suivant.

Soutenue par la prière, encouragée par les bonnes nouvelles qui lui venaient d'Italie et de Savoie, assistée aussi
par de généreuses sympathies comme celle de la vicomtesse
de Loménie que l'abbé Nèyre lui faisait connaître par une
lettre du 7 Mai 1822, la bonne Mère continuait le bon
combat avec sa vaillance ordinaire. D'ailleurs la Providence
prenait soin de lui montrer de temps en temps sa bienveillante sollicitude. Il y a dans le code de ses lois souveraines,
celle qu'on peut appeler la loi *des compensations :* le Bon
Dieu frappe quelquefois ses élus d'un côté pour les récompenser de l'autre; il les humilie ici, pour les exalter ailleurs.
Nous en avons la preuve dans le fait que voici : à l'époque
où nous sommes le marquis de Roy s'adressa aux dames
bénédictines pour avoir des religieuses dans son village à
Villecerf non loin de Paris. Ces dames lui répondirent
qu'étant cloîtrées elles ne pouvaient se rendre à son désir,
mais qu'elles avaient chez elles des filles de la charité qui
pourraient accepter ses offres; il s'agissait d'ailleurs de remplacer des sœurs de Saint Vincent qui devaient quitter Villecerf le 1er Mai. Le Marquis s'aboucha avec notre supérieure
générale; l'affaire fut conclue et le 2 Mai, la Sœur Elisabeth
Bouvard se rendait au nouveau poste que la Providence lui
assignait, pour y fonder un hospice de charité et une pharmacie pour les pauvres. Elle resta un mois seule; puis elle
fut rejointe par d'autres compagnes que lui envoya la bonne
Mère et c'est ainsi que le diocèse de Meaux eut une maison
des *filles de la charité sous la protection de Saint Vincent.*
C'était là une petite compensation providentielle à laquelle
notre chère persécutée fut très-sensible. Du reste, il s'en
préparait d'autres pour la fin de la même année; nous le
savons par une lettre écrite le 5 Décembre 1822 de Thonon
par le bon curé de cette ville qui - nous l'avons déjà vu -
était pour les sœurs un protecteur et un ami. Cette lettre
est assez importante pour être connue. La voici :

« Madame et très-honorée Supérieure,

La bonne nouvelle que vous nous avez donnée a rempli
notre âme de joie et de consolation. Nous avons béni le
Seigneur de vous avoir exaucée, d'avoir daigné accorder un
heureux résultat à votre sollicitude, à vos démarches. Il
faut pourtant vous dire, madame, que nous ne sommes pas
sans peine en voyant votre silence. Nous pensons que vous
aurez peut-être pris des espérances que vous croyez fondées, pour des réalités. Vous aurez peut-être mis une grande
confiance en des promesses qui ne seront pas encore exécutées. Les familles que vous avez dans cette province sou-
haiteraient grandement que vous voulussiez bien leur faire
connaître ce qu'elles peuvent savoir sans indiscrétion. Elles
prennent tant de part à tout ce que concerne leur Mère,
qu'elles méritent quelque petite confidence. D'ailleurs la petite ville de Cluses s'attend à voir un établissement formé
dans son sein par quelques unes de vos filles au mois de
Janvier prochain. En ce cas, il faudrait nous envoyer la
Supérieure de cet établissement et une coopératrice; on
pourrait avoir ici une troisième sœur. Il est probable que
la ville épiscopale d'Annecy demandera aussi un établissement.
Celui de Saint Paul a pour le moment une trentaine de
pensionnaires et six novices. Celui de Belvaux a une dizaine
de pensionnaires et deux novices. Vos estimables et pieuses
filles se portent bien; elles vivent dans la crainte et l'amour
de Dieu; elles tendent chaque jour à la perfection que demande leur saint état. Elles sont bien contentes et encouragées lorsqu'elles reçoivent quelque nouvelle, quelques mots
de la main de leur chère Mère. Le soussigné, qui n'est pas
étranger à vos peines, Madame, ni à vos consolations, souhaite aussi de savoir ce que vous faites, comment vous vous
portez, ainsi que l'honorée et bonne Sœur Rosalie votre nièce.
Nous prions le Seigneur qu'il vous conserve l'une et l'autre

et que nous soyons tous et toujours conformes à la sainte volonté de Dieu.

Votre très-humble serviteur

Neyre Curé. »

Par cette lettre, nous apprenons que vers la fin de l'année 1822, tout allait bien en Savoie pour la bonne Mère, mais qu'il n'en était pas de même à Paris. Elle passait en effet tour à tour des craintes aux espérances ; mais les promesses qu'on faisait miroiter à ses yeux ne semblaient pas devoir se réaliser encore. D'où venaient ces espérances ? Que signifiaient ces promesses ? C'est ce que va nous expliquer le chapitre suivant.

CHAPITRE TROISIÈME.

Sa justification (1822).

Lettres à Mgr. de Pressigny. - Six griefs. - Réponse aux accusations. - Intervention de Mr. Demontaiglon. - Nouvelle lettre à l'archevêque. - Duel entre l'Humilité et la Grandeur. - Fénelon et François de Sales.

Nous n'avons pas oublié l'accueil plus que sévère que la Mère Thouret avait trouvé auprès de Mgr. de Pressigny dans la maison où par hasard, elle l'avait rencontré. Après avoir mûrement réfléchi sur la scène que nous avons racontée, elle crut devoir écrire au prélat pour lui expliquer de nouveau sa conduite à Rome et ses intentions de toujours. Elle le pria d'apaiser les discordes qui troublaient la communauté de Besançon, d'accepter le Bref pontifical, ou du moins de vouloir bien entendre sa justification. Elle terminait ainsi sa lettre :

« De plus, Monseigneur, je puis assurer devant Dieu à votre Grandeur, que de tous les reproches qu'elle m'a faits, il n'y en a pas un sur lequel je ne puisse me justifier devant elle, et si elle voulait m'entendre, elle verrait comme l'on a abusé de sa crédulité et comme on a trompé sa conscience.

« J'ose espérer que lorsqu'elle voudra être éclairée, soit de vive voix, soit par écrit, elle n'hésitera pas à ramener dans notre Institut le calme au lieu du trouble que je n'ai jamais eu le dessein d'exciter, et pour cela je la supplie de retirer les ordres qu'elle a donnés contre moi et les Sœurs qui m'accompagnent par sa circulaire du 31 Août 1821. »

Cette lettre resta sans réponse.

Alors la supérieure générale prit le parti de rédiger un mémoire dans lequel elle réfutait point par point tous les griefs que l'archevêque lui avait reprochés dans la conversation inattendue que nous connaissons. Le mémoire était accompagné d'une lettre qui commençait par ces mots :

« Paris le 2 Mars 1822.

« Monseigneur,

« Ne pouvant me présenter devant Votre Grandeur, pour me disculper de vive voix de tous les reproches qu'elle m'a fait entendre, j'ose lui adresser par écrit ma justification, telle que j'aurais eu l'honneur de la lui exposer avec franchise si celui d'être entendue d'elle m'eut été accordé. »

Après cela la Mère exposait au prélat que ne pouvant en France se fixer dans aucune de ses maisons, vu que ces maisons ne devaient recevoir que le nombre de sœurs désignées par les fondateurs ou les administrateurs, elle réclamait le droit de retourner dans la maison-mère de Besançon qu'elle avait créée et qui, grâce à elle, recevait une rente annuelle de 8000 francs. En terminant, elle faisait appel à la charité de l'archevêque, et attendait de sa justice, une réponse consolante. Puis venait le rapport que nous allons analyser.

Quels étaient les crimes qu'avait commis l'innocente victime que nous devons juger ? Qu'avait-elle fait pour être traitée comme une criminelle ? Que lui reprochait l'ordinaire de Besançon ? Le voici : Six chefs d'accusation planaient sur sa tête : 1° Elle avait déserté la communauté des sœurs de la charité de Paris. 2° Elle avait usurpé leur nom. 3° Elle avait rejeté Mr Bacoffe comme supérieur. 4° Elle avait demandé à Rome, l'approbation de ses règles, en dehors de l'archevêque et sollicité des modifications dans ces règles. 5° Elle avait calomnié à Rome Mgr. de Chaffoy. 6° Enfin elle était une mauvaise religieuse et une médiocre supérieure.

Voilà en quelques mots toute son infamie résumée : voilà ce que lui reprochaient ses filles de Besançon et à leur suite, l'archevêque qui s'appuyait sur toutes ces accusations pour autoriser ses vues, ses jugements et sa conduite. Or, ces accusations n'étaient qu'un tissu d'impostures et par suite de perfidies. Nous allons, en les passant l'une après l'autre en revue, facilement nous en convaincre.

1° Elle avait, disait-on, déserté la communauté des sœurs de la charité de Paris.

Nous savons déjà ce qu'il faut penser de ce grief : Nous y avons répondu ; nous avons même prouvé qu'en restant à Besançon en 1799 et en 1800 par ordre de Mr de Chaffoy, vicaire général et de Mgr. Franchet de Rans, évêque de Rhosy, elle n'avait fait que son devoir. Elle aurait manqué à l'obéissance en agissant autrement, c'est-à-dire en retournant à Paris où, comme nous l'avons observé, la Maison Mère des Filles de Saint Vincent, ne s'était réformée que longtemps après la fondation de sa congrégation déjà prospère.

D'ailleurs avait-elle pris des engagements dans la maison de Paris ? Non. Y avait-elle fait des vœux ? Non. — Elle n'y avait pas d'abord passé le temps voulu pour les faire, et puis, aurait-elle eu le temps demandé - cinq ans - elle n'aurait pas pu les émettre puisque la Révolution ne le permettait pas. Elle était entièrement libre vis à vis de la congrégation de Paris. Elle n'avait pas *déserté*. Voilà donc un premier mensonge démasqué.

2° D'après le second, elle aurait usurpé le nom *des sœurs de la charité de Paris*. — C'est encore faux.

Les sœurs de Paris étaient connues sous le nom de *filles de la charité*. Or, quand la Mère Thouret voulut donner un titre à sa congrégation naissante, Mr de Chaffoy et Mr Bacoffe lui inspirèrent de prendre celui de *filles de Saint Vincent de Paul*, justement pour ne pas blesser les sœurs

de Paris qui auraient pu se plaindre si elle avait adopté
le leur.

Elle aurait pu, disait-on, choisir celui de *Sœurs de Saint
Etienne*, mais personne ne le lui proposa jamais.

Au chapitre général de 1807 - nous l'avons vu - le cardinal Fesch lui imposa le nom de *Sœurs de la charité de
Besançon;* mais comme la confusion était encore possible, le
pape voulut en 1819, sans que Madame Thouret eut rien
demandé, rien spécifié, que désormais son Institut s'appelât
la congrégation des *filles de la charité sous la protection
de Saint Vincent de Paul*, pour laisser à celles de Paris
le nom de *filles de Saint Vincent de Paul* et de *sœurs de
la charité*.

Où était l'usurpation? Nous ne le voyons pas. Elle était
peut-être aux yeux de Mgr. de Pressigny en ce que le pape
avait osé, sans le consulter, changer le titre d'une congrégation originaire de son diocèse!!....

3° Le troisième grief était relatif à Mr Bacoffe. On accusait la Mère Thouret d'avois rejeté ce digne prêtre comme
supérieur.

Or, c'est justement tout le contraire qu'il aurait fallu dire:
car nous sommes édifiés sur le compte de ce zélé coopérateur
de la supérieure générale, et nous savons que c'est lui qui
travailla à se débarrasser d'elle parce qu'il n'avait pas été
désigné, comme il l'ambitionnait, pour être supérieur général
de la congrégation nouvelle. Déçu dans ses espérances, il
fit bientôt comprendre son mécontentement à la Mère Thouret;
malgré cela, elle continua à se conduire avec lui, comme
auparavant. Mais écoutons-la se défendre elle-même:

« L'archevêque étant venu prendre possession du diocèse,
je n'allai jamais lui rendre visite sans la permission de Mr Bacoffe, et j'attendis de lui soumettre nos Règles, pour ne pas
déplaire au même Mr Bacoffe. Dans le même temps il se
trouva une de mes élèves qui flattait Mr Bacoffe pour avoir
ses bonnes grâces et qui était jalouse et ambitieuse; elle lui

fit croire que je correspondais avec l'archevêque, et que je ne voulais plus le reconnaître, etc.... Cela était bien faux, et cette fille en était convaincue puisqu'elle m'accompagnait avec une autre quand je visitais l'Archevêque; il n'était pas du tout question de cela. Enfin, Mr Bacoffe s'échauffa à un tel point que l'Archevêque en fut informé, et de lui-même, il prit ses droits sur notre communauté, et dit à Mr Bacoffe de ne plus s'en mêler. Voilà comme la chose se passa, et comme je souffris par les calomnies de la même fille qui me calomnie encore aujourd'hui, et qui est en grande partie la cause de ce que je souffre à présent. Cependant, pour toute vengeance de ce qu'elle me fit souffrir du passé, je n'ai eu que de la miséricorde, et je ne lui ai témoigné que de la bonté et de la confiance, soit en la mettant à la tête d'une maison particulière, soit en l'appelant à Besançon pour m'y représenter pendant mon absence; mais je la pardonne encore, car premièrement pour trouver miséricorde, il faut la faire soi-même. »

Que répondre à ce noble et beau langage? Le grief relatif à Mr Bacoffe n'était qu'un futile prétexte comme les autres.

4° D'après le quatrième, la Mère Thouret aurait demandé à Rome, l'approbation des règles en dehors de l'archevêque et aurait sollicité des modifications.

Encore deux mensonges : encore deux impostures. Notre vénérée fondatrice avait fait sa demande d'approbation en 1818, comme nous l'avons raconté. Cette approbation avait paru au mois de Juillet 1819, et Mgr. de Pressigny n'était arrivé à Besançon qu'à la fin du mois d'Octobre de cette même année.

Ce serait le cas de répéter ici le mot de l'agneau: « Comment l'aurais-je fait si je n'étais pas né? » Comment la Mère outrageusement calomniée aurait-elle agi en dehors de l'archevêque puisqu'encore personne ne le connaissait dans le diocèse?

Elle avait d'ailleurs si peu agi en dehors de lui qu'elle avait reçu les encouragements les plus flatteurs de celui qui gouvernait le diocèse en son nom, de Mʳ Durand, son vicaire-général?

Or qui ne sait qu'en l'absence de l'évêque, le grand-vicaire a tous ses pouvoirs, et que lorsqu'il est consulté dans une affaire quelconque, au point de vue canonique, son avis a le même poids dans le diocèse et en cour de Rome que celui de l'ordinaire?

Quant aux modifications, la Supérieure n'en avait sollicité *aucune:* « J'invoque, disait-elle, de nouveau sur ce fait, le témoignage auguste du Saint Siége. » Elles avaient toutes été introduites par la sacrée congrégation, avec l'autorisation du pape. D'ailleurs, elles n'altéraient *en rien la substance* des constitutions primitives, et dans le cas où elles auraient altéré un tant soit peu cette substance, est-ce que le pape n'était pas le maître de changer quelques règlements, si dans sa haute sagesse il le jugeait à propos?

De plus, qui donc se plaignait de ces modifications? Un nombre infiniment petit de sœurs. La grande majorité était enchantée et heureuse de l'approbation obtenue à Rome, et des grâces qui accompagnaient cette approbation. La Mère le savait très-bien par les lettres qu'elle avait reçues de la Sœur Marie Anne Bon son assistante à Besançon depuis le commencement de la querelle. Puis, si les quelques réfractaires qui conduisaient la cabale n'avaient pas voulu s'incliner devant les nouvelles règles, on pouvait s'entendre. La supérieure ne voulait pas les pousser à l'obéissance par la force et la violence, et c'est pour cela qu'elle désirait voir de près l'archevêque. Elle lui aurait soumis ses vues, avec respect, et c'eut été pour elle une joie et une consolation de prendre ses conseils afin de mieux gouverner son institut.

« Enfin, poursuivait-elle, ces modifications contre lesquelles on se révolte, ne sont pas faites pour effaroucher beaucoup. »

Ici, encore, écoutons-la, car elle plaidait à merveille sa cause qui certainement eut été gagnée devant la conscience d'un prélat moins prévenu que Mgr. de Pressigny:

« Un simple nom ne change rien aux choses; sœurs ou filles, cela revient au même. Les quatre vœux sont les mêmes, excepté, qu'au lieu de les faire chaque année, on les fait pour le temps seulement de sa permanence dans l'institut, de manière que le sujet ne se trouve lié qu'autant qu'il veut rester de bonne volonté dans l'institut, et d'un autre côté l'institut est libre (si le sujet ne convenait pas, ou qu'il y eût des raisons graves) de le renvoyer comme cela se pratiquait auparavant, avec les vœux annuels. Dans chaque diocèse on est sous la surveillance des Evêques, on leur fait les vœux, ainsi qu'à la Supérieure Générale. Voilà ces modifications; sont-elles capables d'inspirer des inquiétudes? Et faut-il pour cela me bannir de mon Institut, d'un Institut pour lequel je me suis sacrifiée, que j'ai élevé avec tant de peines et de fatigues, auquel j'ai acquis les rentes qu'il possède, que j'ai fait consolider de l'autorité civile et religieuse, pour lequel je me suis expatriée, afin de le conserver parce qu'il était encore naissant, et à cette considération l'on m'accorda son autorisation. De loin comme de près, je l'ai gardé soigneusement, je l'ai secouru diverses fois par des sommes d'argent que je lui ai envoyées; enfin, lorsque notre bon Roi revint sur son trône, je lui écrivis directement pour l'en féliciter et lui rendre compte de notre Institut que j'avais porté en Italie, le priant de prendre celui de France sous sa protection; il daigna m'honorer d'une réponse par son grand Aumônier, me promettant sa protection, et louant le zèle qui m'animait avec tant d'autres saintes âmes. »

On voit par ces lignes que la Mère Thouret réfutait victorieusement le quatrième reproche qui lui était adressé. Par le cinquième, on l'accusait d'avoir calomnié Mgr. de Chaffoy, à Rome. Or, rien n'était plus faux. Elle connaissait ce prélat depuis les tristesses de l'exil et elle avait pour lui la plus profonde estime. Mais depuis quelque temps, elle n'ignorait plus qu'on avait trompé sa religion et surpris sa crédulité. Il avait lui aussi trempé dans la cabale et entraîné, à sa suite, plusieurs prêtres respectables de Besançon qui cependant n'avaient dans le principe que de la vénération pour la vaillante fondatrice. Celle-ci ne faisait que se défendre à Rome en racontant à ses protecteurs les complots tramés contre elle; elle savait pertinemment qu'on envoyait ses filles chez les curés pour la dénigrer. On leur défendait même de lui écrire. N'était-elle pas dans son droit en révélant ces tristes et odieux agissements?

Lorsqu'on avait su l'opposition faite aux règles approuvées on lui avait demandé sa correspondance, et elle l'avait donnée. Etait-ce sa faute si le nom de Mgr. de Chaffoy y était mêlé d'une façon défavorable pour lui? Certainement non. Aussi ce n'est pas de Rome qu'étaient parties les calomnies; mais bien de Besançon. La victime de la diffamation ce n'était pas le futur évêque de Nîmes. C'était la supérieure générale des filles de la charité.

6° Enfin – et voici le dernier grief. – La Mère Thouret était une mauvaise religieuse et une médiocre supérieure. Elle n'avait, disait-on, ni les vertus de sa vocation, ni les qualités de son rôle.

« Pour ce qui est des vertus de la religieuse, répondait la Mère, ce n'est pas à moi à prendre ma défense! l'humilité me fait un devoir de me taire sur ce sujet. » En cela, elle avait parfaitement raison; il ne lui appartenait pas de faire son apologie. Pour ce qui touchait aux qualités de la supérieure, voici sa réponse: « Je dirai seulement ceci, c'est qu'il eut été bien difficile sans le secours de grâces spéciales d'en haut, de fonder un institut si utile à la société et si exemplaire dans la pratique du devoir; or, c'est là le témoignage qu'on m'a rendu tout le temps que je suis restée à Besançon. Mr Bacoffe lui-même me répétait souvent qu'on ne me connaissait pas d'ennemis, et que c'était pour cela que j'avais si bien réussi. A présent, on m'en suscite partout. Dieu en soit béni! ils contribueront, je l'espère, à ma sanctification. »

Telle était la justification de la grande criminelle que nous pouvons juger nous-mêmes. Mgr. de Pressigny la lut-il? Oui sans doute. Y répondit-il? Non. Elle faisait tomber toutes les accusations. Pas une ne restait debout. Pour un juge impartial la cause était finie; mais avec l'archevêque, elle n'avait pas fait un pas. Après avoir lu ce mémoire, il n'avait, ce semble, qu'une seule chose à faire, appeler la Mère et lui dire: « Vous êtes parfaitement innocente, et j'oublie tout. » Mais il ne sut pas avoir cette générosité.

Il garda ses préventions et ne voulut pas se déjuger. Il lui en coûtait peut-être de s'avouer vaincu par une simple femme!! Il ne revint pas sur sa circulaire et maintint son décret de bannissement. D'où venaient donc à l'infortunée supérieure les espérances qu'elle se prenait, comme nous l'avons insinué dans le chapitre précédent, à concevoir quelquefois?

D'abord de son droit, de la justice de sa cause, et puis de l'intervention officieuse de quelques amis de l'archevêque auprès de sa Grandeur. Parmi ces amis, il faut surtout signaler Mr Demontaiglon, un notable de Besançon qui paraissait avoir une haute situation à Paris, et l'oreille de Mgr. de Pressigny. Le 14 Mars 1822, et par conséquent douze jours après l'envoi du mémoire que nous venons de parcourir, il écrivait une lettre pressante au prélat pour lui recommander ce mémoire, et le supplier de rendre enfin justice à celle qui le lui avait adressé, en révoquant l'interdit fatal qui pesait sur elle.

Or, l'archevêque qui n'avait pas répondu à la mère Thouret, répondit à Mr Demontaiglon le 17 Mars, et c'est justement cette réponse qui fit renaître l'espoir dans le cœur de la supérieure et de ses compagnes. Après la lecture du mémoire, le prélat avait, paraît-il, demandé des renseignements à son conseil diocésain de Besançon et c'est là ce qu'il avait fait savoir à Mr Demontaiglon. Dans le même temps, le 21 Mars, ce dernier écrivait à un de ses amis de Besançon, Mr de

Raymond pour le saisir de l'affaire et le prier, au nom de la justice et de la charité de voir Mgr. de Villefrancon, le coadjuteur, et les chanoines membres du conseil diocésain, pour leur donner des informations claires et précises sur la question : « Je vois, disait-il, dans Mgr. de Pressigny l'âme honnête, le cœur droit qui a cru ce qu'on avait pu lui dire et qui craint de revenir sans avoir des preuves, de l'erreur dans laquelle on a fait tomber son jugement. »

Quels furent les renseignements qui arrivèrent de Besançon? Parvinrent-ils même à Paris avant le départ de Mgr. de Pressigny pour sa métropole? Nous l'ignorons. Nous savons seulement que le 2 Avril, M\[r\] Demontaiglon écrivait de nouveau au prélat pour lui recommander encore chaleureusement le sort de ses protégées : « Oserais-je, lui disait-il, insister pour prier votre Grandeur de ne pas oublier que le bienfait est digne de sa sollicitude pastorale?.... Suivez, Monseigneur, les voies de la miséricorde : que ces dames rentrent au milieu des Sœurs qu'elles ont formées. Rien, ce me semble, ne doit les empêcher de s'y présenter. Un mot de vous suffirait et je serais bien heureux si mon faible témoignage pouvait l'obtenir de Votre Grandeur. »

On comprend après tout cela que la Mère Thouret eut pu concevoir quelques espérances et qu'elle les caressât comme un rêve bien doux, dans la triste situation qui lui était faite.

Aussi c'est dans cette pensée qu'elle écrivit à l'archevêque la lettre suivante le 22 Juin :

« Monseigneur,

Je n'ai jamais perdu l'espoir que Votre Grandeur ne revienne des erreurs que la calomnie avait jetées dans son esprit, persuadée que tôt ou tard quand sa religion serait éclairée, elle n'hésiterait pas à me permettre l'entrée des maisons de mon Institut dans son diocèse. Animée de cette confiance, je viens encore aujourd'hui lui renouveler mes prières et lui demander humblement si elle est satisfaite des éclaircissements qu'elle a pu recevoir, et si elle l'est aussi de la religieuse résignation avec laquelle j'ai supporté pendant 10 mois le pénible exil dont Votre Grandeur m'avait frappée. J'ose croire et espérer que Votre Grandeur ne me prolongera pas plus longtemps le triste éloignement de mon Institut, et que par cet acte de bienveillance elle ramènera la paix, l'union, qui ont été malheureusement troublées, par quelques esprits malveillants qui sont parvenus à la prévenir contre moi ; elle rapportera aussi la consolation dans mon cœur qui a été si amèrement affligé, quoique bien résigné à la volonté de Dieu qui ne permet tout que pour notre bien. Elle dilatera encore les cœurs de mes bonnes filles qui sont resserrés par la douleur secrète qui les déchire et qu'elles n'osent manifester.

Enfin, je prie Votre Grandeur, de croire aux sentiments bien véritables de soumission et de respect que j'ai toujours conservés pour elle et que je lui dois comme à mon Supérieur et à mon Archevêque. L'idée de me soustraire à son autorité ne m'est jamais venue, non plus que celle de croire que c'était de sa propre volonté qu'elle me tenait ainsi dans l'esclavage. Mais j'ai toujours pensé qu'on avait surpris sa bonne foi et trompé sa religion et que lorsqu'il plairait à Dieu qu'elle fût désabusée, elle retirerait les ordres fatals qu'elle avait donnés contre moi et les Sœurs qui m'accompagnent. C'est dans cette attente que j'ai l'honneur d'être avec un profond respect

De Votre Grandeur,

La très-humble et très-obéissante servante
Sœur J. A. Thouret. »

Quel fut le sort de cette lettre si digne, si belle et si résignée ? Hélas ! il semble, après tout ce que nous savons qu'elle aurait ému un cœur de pierre: elle n'eut pour la pauvre victime dont nous racontons les douleurs aucun bon résultat. Son interdit fut maintenu. Aussi qu'on juge de la tristesse navrante de la pauvre mère quand elle vit qu'aucune nouvelle favorable ne lui arrivait! Quelle chute terrible elle dut faire des sphères de l'espérance souriante dans celles de la réalité nue et glacée! Les écrivains du jour entreprennent parfois de nous émouvoir avec des affections et des douleurs qui ne sont que de la sensualité subtilisée. Ici, dans la région de l'éthéré et de l'impondérable, un psychologue trouverait des angoisses d'âme et des souffrances de cœur plus captivantes que les aventures tragiques qu'ils tirent de la chair et du sang. Dans ce récit qu'une plume habile rendrait palpitant, nous verrions la longue lutte de la faiblesse désarmée et de l'autorité inexorable. Ce serait comme un duel entre l'Humilité et la Grandeur. Devant l'histoire la Grandeur aurait le dessus; mais devant la conscience c'est l'humilité qui remporterait la victoire.

Je me demande, en racontant ce conflit douloureux, quelle aurait été, en pareil cas, l'attitude de Fénelon ou de Saint François de Sales? La réponse ne paraît pas difficile, quand on connaît le caractère du célèbre archevêque de Cambrai, et l'esprit du grand évêque de Genève. On peut penser qu'aucun de ces deux prélats doux, bons et condescendants n'aurait voulu traiter la Mère Thouret comme la traita l'archevêque de Besançon.

CHAPITRE QUATRIÈME

Son retour en Italie (1823).

Après mille alternatives, entre la crainte et l'espérance, la Mère Thouret comprit enfin qu'elle ne pouvait compter ni sur la bonté ni même sur la justice de Mgr. de Pressigny. Elle attendit longtemps l'effet des lettres de Mʳ Demontaiglon. Elle attendit patiemment aussi une réponse à sa missive du 22 Juin. Rien n'arriva. L'archevêque repartit pour son diocèse sans lui donner le moindre signe d'indulgence, et vers la fin de 1822, la pauvre persécutée se trouvait encore dans la capitale, assez semblable à un soldat qui n'a plus qu'une dernière cartouche pour défendre son drapeau.

Il lui restait en effet une dernière ressource. Elle pouvait intenter une action civile à son persécuteur. Elle avait le droit devant la loi, de réclamer une place dans la maison-mère de Besançon qui était sienne, qu'elle avait créée et qui n'avait que par elle les 8,000 fcs. de rente annuelle que l'Etat lui servait. Un avocat dont le nom ne paraît pas dans nos documents mais qui habitait la rue *de Chasse*, disent des notes que nous avons sous les yeux, [1] lui conseillait de prendre ce parti; d'autres amis étaient du même avis. Mr Jordan maître des requêtes et directeur du culte au ministère de l'intérieur, qui connaissait beaucoup Mgr. de Pressigny puisqu'il avait été son secrétaire d'ambassade à Rome blâmait ouvertement la conduite du prélat vis-à-vis de la fondatrice; il pensait même que rien ne pouvait empêcher celle-ci de retourner au sein de sa communauté. C'était aussi l'opinion de Mr Demontaiglon, et dans sa lettre à Mr de Raymond dont nous avons parlé plus haut, il insinuait que si les trois sœurs dont il prenait la défense, ne craignaient pas le scandale et ne voulaient pas l'éviter par tous les moyens d'humilité que la religion leur inspirait, elles appelleraient comme d'abus devant le conseil d'Etat, de l'ordre qui leur interdisait l'entrée de leur maison.

Le nonce était dans les mêmes idées, mais il prêchait la patience et la résignation à la bonne Mère, lui disant qu'il fallait attendre l'heure de la Providence, qu'un jour ou l'autre l'archevêque serait éclairé, reviendrait de ses préventions et lèverait son interdit. Les nonces sont les intermédiaires entre le pape et les évêques, et leur rôle est parfois bien difficile à remplir, surtout quand ils ont affaire avec des évêques peu soumis aux décisions romaines. Ici, celui de Mgr. Macchi était épineux et délicat, et voilà pourquoi dans ses entretiens avec notre supérieure il lui tenait toujours le langage de la modération. D'ailleurs Mgr. de Pressigny vieillissait; il touchait à sa soixante-dix-huitième année et presque à sa fin. Dieu pouvait bientôt le rappeler à lui et la réconciliation serait plus facile avec son successeur Mgr. de Villefrancon qui était plus accessible et plus accommodant. La Mère Thouret qui en tout, voulait le plus parfait, se rendit à toutes ces raisons et n'écouta pas les avocats: elle garda sa *dernière*

[1] Note tratte da manoscritti autentici.

cartouche, se recommanda de nouveau à la Providence qui était son premier avocat, à qui depuis longtemps elle avait remis sa cause, et se disposa à repartir pour Naples. Ses principales haltes devaient être Villecerf, Besançon, Thonon et Rome.

Elle quitta Paris dans le courant de Janvier 1823, pour n'arriver à sa destination que vers la fin de cette année.

Nous avons d'elle avant son départ, une lettre édifiante qu'elle adressait le 21 Janvier à la Sœur Boucon pour lui recommander la vertu qu'elle pratiquait si bien, la patience; car la supérieure de Naples avait, elle aussi, ses ennemis et ses difficultés: « Je ne vous oublie pas, ma bonne fille, lui disait-elle; je voudrais vous écrire plus souvent, mais cela ne m'est pas possible; vous savez aussi bien que moi que l'on ne peut pas faire tout ce qu'on voudrait.

« Ma position que vous connaissez est toujours la même; il me faut bien du courage et de la patience. C'est au pied de Jésus crucifié que je puise la force dont j'ai besoin; c'est pour Lui et pour mon prochain que je souffre. Vous aussi, ma bonne fille, souffrez beaucoup de la part de *votre monde:* que le Bon Dieu daigne le convertir! faites, ou plutôt continuez de faire tout ce que vous pouvez pour le bien spirituel et corporel de ces gens, en attendant l'heure de la Providence pour la fin de toutes vos épreuves. »

Quelques jours après cette lettre, elle se mettait en route. C'était la seconde fois qu'elle fuyait Paris et cette fois, c'était pour ne plus le revoir.

Lors de son premier exode, je disais que, si j'avais dû peindre son image je l'aurais volontiers représentée accompagnée par un ange l'interpellant sur sa route pour lui dire: « jeune sœur où vas-tu? » Elle répondait – le lecteur peut s'en souvenir encore: « je vais où la Providence m'envoie, où la fraternité me réclame, où la charité m'attend. »

Si maintenant qu'elle suit la même route, non plus chassée par la Révolution, mais harcelée par la persécution, exilée de son pays, bannie de sa famille, si maintenant, son ange lui demande: « pauvre mère où vas-tu? » que peut-elle répondre? Elle répondra dans son malheur: « Je vais où la Providence m'envoie, où la souffrance me réclame, où le martyre m'attend. »

En 1793 l'ange lui disait: « Que ton idéal et ton rêve soient bénis, sept fois bénis, jeune fille!! »

En 1823, il pouvait lui dire: « Que tes douleurs soient récompensées, sept fois récompensées, pauvre mère! »

En effet, notre vénérée fondatrice allait vers de nouvelles angoisses; mais elle marchait dans la compagnie des anges pour qui elle avait depuis son enfance un culte particulier, et malgré ses tribulations qui ne cessaient plus, elle était toujours pleine d'une douce sérénité qui la rendait admirable au milieu de ses épreuves.

Villecerf fut pour elle comme une oasis, où elle put, pendant quelques jours rafraîchir son cœur et reposer son âme. Là, elle revit la bonne et fidèle Sœur Elisabeth Bouvard dont elle avait tant de fois apprécié la tendresse et le dévouement.

Là, elle trouva une œuvre prospère qui lui devait l'existence, des pauvres, des malades et des orphelins qui furent heureux de la saluer, et cette visite lui fut une consolation.

Puis, elle se dirigea vers Besançon. Pauvait-elle ne pas s'y rendre, malgré l'interdit qui pesait sur elle? Pouvait-elle quitter la France où peut être elle ne reviendrait plus, sans retourner dans le pays qui l'avait vu naître, et dans la cité qui bénissait toujours sa mémoire? Mais ici, hélas! elle devait rencontrer une attitude bien différente, avoir un accueil tout autre. Elle alla frapper à la porte de la maison-mère, pour y réclamer au moins pour la nuit une hospitalité qui lui était mille fois due, et elle eut la douleur de se voir repoussée par ses filles. Les sœurs de la Grand-Rue refusèrent de la laisser entrer; [1] elles obéissaient à la consigne. Aucune d'elles

[1] Note tratte etc.

n'eut le courage d'enfreindre le décret archiépiscopal; d'ailleurs Mgr. de Pressigny était là pour rappeler à l'ordre les religieuses qui, par un sentiment d'amour et de compassion pour leur mère auraient essayé de ne pas tenir compte de sa circulaire autocratique.

Il fallut donc que la malheureuse exilée allât chercher un refuge ailleurs, et elle put s'appliquer dans sa détresse, ce mot évangélique: « *in propria venit et sui eam non receperunt; elle vint chez elle et ses enfants ne la reçurent pas.* » Non-seulement ses enfants ne la reçurent pas, mais de plus elles la chassèrent comme une mère méconnue. Sa coupe d'amertume était-elle assez pleine et assez enfiellée? Qui pourrait dire les déchirements de son cœur quand elle se vit ainsi repoussée à la porte de sa propre maison? Il n'y a pas dans les dictionnaires humains de mot pour traduire la douleur insondable qu'elle dut éprouver en présence de la barbarie dont elle était victime. Elle dut se réfugier chez une personne de Sancey qui habitait Besançon et qu'on appelait Mademoiselle Ligier [1] et c'est dans sa maison qu'elle fut hébergée durant les quelques heures ou les quelques jours qu'elle passa dans une ville qui lui devait tant.

Nous disons *les quelques heures ou les quelques jours,* parce que nous ignorons la durée de son séjour. N'osa-t-elle pas se présenter à l'hospice de Bellevaux où elle aurait été mieux accueillie? Peut-être non. Là, elle se sentait moins chez elle. N'alla-t-elle pas à Sancey? Nous n'en savons rien non plus. Quoiqu'il en soit, il est probable qu'ayant revu en secret son frère l'abbé Thouret et les amis fidèles, elle dut hâter son départ pour la Savoie. Elle ne pouvait rester volontiers dans un pays qui ne voulait plus la reconnaître.

Une autre qu'elle, aurait intenté un procès à l'archêveque devant le tribunal même de Besançon; car en demandant l'hospitalité dans sa maison, elle réclamait un droit imprescrip-

---

[1] Note tratte etc.

tible, mais ce procès eût produit un scandale éclatant ; elle aima mieux se résigner à son sort. Elle dit donc adieu, avec des larmes, au ciel de la terre natale qu'elle aimait toujours, bien que ce ciel se fut singulièrement assombri sur sa tête.

En attendant, les sœurs qui lui avaient fait la guerre triomphaient. La conspiration qu'elles avaient ourdie contre elle avait réussi. La division était à peu près consommée. Dans tous les cas, elle était déjà comme consacrée par Mgr. de Pressigny. Nous verrons plus tard le sort qu'elle devait avoir. Pour le moment, tout allait au gré des religieuses séparatistes dont le nombre avait dû s'accroître, bien qu'encore beaucoup parmi elles, ne sussent pas trop quel parti elles devaient suivre. Un terrorisme d'un nouveau genre régnait chez elles et les meilleures n'osaient pas avoir une volonté devant les ordres formels de l'archevêché.

La bonne Mère le comprit et pour ne pas créer de nouvelles difficultés, elle s'abstint de visiter les maisons de son ordre qui dépendaient de Besançon. Elle se rendit directement à Thonon, et là, elle trouva une nouvelle oasis où le respect, l'amour et l'admiration semblèrent rivaliser pour embaumer ses douleurs. Elle y demeura quelques mois, et profita de son séjour pour visiter ses communautés savoisiennes. Elle fut partout reçue avec enthousiasme, et partout aussi elle donna, sur son passage, hélas ! trop court au gré de ses chères filles, l'exemple de toutes les vertus, et surtout de sa douceur dans les épreuves et de sa conformité aux vues mystérieuses d'en haut.

D'ailleurs de loin en loin, d'après une loi providentielle que nous avons déjà observée, le Bon Dieu lui envoyait des compensations consolantes. De tout côté lui arrivaient des lettres qui lui apportaient les plus tendres témoignages de fidélité et de vénération. Les maisons mêmes qui par peur de l'archevêque ou par esprit d'obéissance aveugle à ses ordres, suivaient le parti dissident, lui faisaient parvenir, dans les termes

les plus touchants, l'expression vivement sentie de leurs regrets. Le fragment que voici nous montre combien malgré
la fatalité des événements ces maisons restaient de cœur attachées à leur fondatrice : « Oh ! qu'il nous est pénible de
vous savoir si près de nous, bonne Mère, et d'avoir les pieds
et les mains liés au point de ne pouvoir ni vous aller voir
ni vous soulager dans votre affligeante situation ! A quelle
cruelle épreuve nos cœurs reconnaissants et sensibles sont-ils
mis ! Quoi, mon Dieu ! celle à qui nous devons tout, après
vous, est dans la peine et nous ne pouvons la soulager ?
Elle est attachée au pilier de la flagellation et il nous est
défendu d'aller rompre ses liens, de verser sur ses plaies le
vin et l'huile de la consolation ; nous ne pouvons lui offrir
le baume satisfaisant de la juste reconnaissance que nous
lui devons sous tous les rapports. Ah ! ma bonne Mère, ne
nous imputez pas le silence que nous gardons malgré nous ;
daignez agréer au moins les vœux ardents que forment nos
cœurs pour votre bonheur et votre tranquillité. C'est ma très-
chère et vraie Mère, ce que nous espérons de la bonté de
Dieu ; c'est Lui qui relève ceux qu'il n'afflige que parce qu'il
les aime davantage. Oui, ce Dieu infiniment bon viendra à
notre secours dans le temps qu'il a déterminé de toute Eternité. Nous allons envoyer une personne faire le pieux pèlerinage de notre Dame des Ermites selon votre intention ;
faites-nous la grâce de nous dire en quoi nous pourrions
vous être utiles, en attendant les moments. plus heureux où
nous serons à vous librement. »

Cette lettre suivie de beaucoup d'autres écrites dans le
même esprit, nous montre que la division qui se préparait
à Besançon était le fait de quelques rares sœurs désireuses
de secouer le joug de la fondatrice, et de l'archevêque dési-
reux à son tour de secouer le joug de Rome.

Sur ces entrefaites Mgr. de Pressigny mourut le 2 Mai à
Paris, où il venait souvent pour faire sa cour au roi, laissant durant ses absences, le gouvernement du diocèse à son coadjuteur.

A cette nouvelle, la Mère Thouret aurait pu retourner à Besançon, puisque elle était encore sur les frontières de France et essayer de reconquérir les maisons que son persécuteur lui avait arrachées. Mais - nous l'avons vu - elle n'aimait pas les moyens violents, même pour réclamer ses droits les plus légitimes. Elle se contenta de prier pour le repos de l'âme qui venait de paraître devant Dieu; ce fut là sa seule vengeance et puis, elle écrivit le 15 Mai à S. E. le cardinal Pacca préfet de la congrégation des Evêques et Réguliers pour lui rendre compte de sa conduite depuis son départ de Rome, et lui recommander de nouveau, l'avenir de son Institut en proie à tant d'orages. Voici les principaux passages de sa lettre précieuse pour sa défense:

« Je n'ai rien négligé pour entrer dans les vues de Sa Sainteté, en cherchant à mettre en vigueur dans les différentes maisons de ma communauté les Constitutions approuvées par Elle. Mais les obstacles qu'on y a mis ont été presque sans nombre, et j'ai l'honneur d'observer à son Eminence que Monseigneur de Pressigny, archevêque de Besançon, à qui j'écrivis de la manière la plus respectueuse et la plus soumise, s'est toujours montré inflexible, ne voulant point se départir des ordres qu'il avait donnés aux différentes Maisons établies dans son diocèse pour m'en empêcher l'entrée. J'ai même désiré pendant mon séjour à Paris m'expliquer avec lui de vive voix, mais il me fit entendre qu'il ne voulait point d'explication.

« Je lui adressai un mémoire pour ma justification, il ne daigna ni y répondre ni y faire droit. J'observerai encore à Votre Eminence, que je vis dans le même temps et dans plusieurs circonstances Monseigneur le Nonce lequel fit de son côté tout ce qu'il était possible pour le détromper et le faire revenir de ses préventions, mais tout cela inutilement; ce fut alors qu'il me conseilla d'attendre l'heure de la Providence, ce que j'ai fait, m'abstenant même d'aller dans les maisons hors de son diocèse, dans lesquelles il chercha à me susciter des contradictions. Cette heure de la Providence serait-elle arrivée? car Dieu vient de l'appeler à lui; c'est la confiance que j'ai en sa bonté. Je n'ai encore fait nulle démarche; il m'a paru avant toute chose devoir me soumettre au Saint Siége, attendre ses ordres, et supplier Votre Eminence de renouveler ses bons offices en notre faveur à Mgr. de Villefrancon, archevêque de Besançon. Au reste, je m'en rapporte avec une entière soumission à ce que Dieu voudra de mon Institut, je le remets sous la puissante protection du Saint Siége et j'attends paisiblement ce que sa haute sagesse et ses grandes lumières daigneront en ordonner, afin qu'il puisse goûter un jour les bienfaits que Sa Sainteté a répandus si abondamment sur lui, et qu'après avoir été si agité, si combattu, il puisse jouir de la tranquillité, contribuer à la gloire de Dieu et à l'édification du prochain; ce sont mes vœux et les sentiments qui m'animent de plus en plus. »

Les lettres de la bonne Mère sont comme un miroir: à travers les lignes on voit son âme avec la pureté de ses intentions et la candeur de ses sentiments; on y lit surtout la résignation portée à ce degré que seuls les saints ont connu. Jamais une plainte! jamais un murmure! Au contraire toujours et partout ce cri du cœur humble et doux: « Seigneur, que votre volonté soit faite et non la mienne. » Aussi notre héroïne – ce mot est ici plus que jamais à sa place – n'avait aucune peine à goûter les recommandations de ceux qui, au nom de Dieu, lui prêchaient la vertu des Forts.

Le 30 Mai 1823, l'abbé Jean Galdieri, dit le Père Pacôme, qui, depuis le départ de Mgr. Narni était devenu le premier confesseur de *Regina Cæli*, lui écrivait une longue lettre de Naples pour lui donner des nouvelles de sa chère maison et de sa bonne assistante, et lui disait entr'autres choses ceci: « Vous voilà accablée par d'injustes persécutions; mais ma fille, les desseins de Dieu sont impénétrables! il faut recourir à cette foi dont votre cœur a toujours été rempli et qui, en chaque rencontre est devenue votre appui. J'espère comme vous, que

vous triompherez bientôt de vos ennemis, et que la vérité
sera enfin connue, même de ceux qui vous font la guerre. »

Hélas! pourquoi fallait-il que ce vœu que cependant accompagnaient partout tant de prières en Savoie, en Piémont,
en Italie ne dut pas se réaliser encore? Dieu avait ses desseins, et ils étaient selon l'expression du Père Pacôme, vraiment *impénétrables!!* La bonne Mère ne songeait jamais à les
scruter. Elle s'y soumettait comme un enfant et voilà tout!

Après avoir bien édifié ses sœurs de Thonon et des maisons environnantes, elle prit de nouveau la route d'Italie. Elle
emmenait avec elle quatre aspirantes et deux nièces: Sœur
Rosalie qui ne l'avait jamais quittée en France et Sœur Fébronie qu'elle avait prise à Besançon.

Son voyage se fit en voiture particulière, et au milieu des
chaleurs estivales, [1] car elle passa le mont Cenis, au cœur
du mois d'Août. Dans les Romagnes, elle apprit la mort de
Pie VII qui laissait au monde et à l'Eglise le souvenir d'un
glorieux mais laborieux pontificat. L'Europe était fière de ce
pape dont le règne avait atteint la plus longue durée depuis
Saint Pierre. Le 20 Août, le doux pontife s'endormit paisiblement dans le Seigneur pour aller recevoir dans une vie
meilleure, la récompense de ses luttes et de ses vertus. Quelques instants avant sa mort, un prêtre lui ayant adressé la
parole en l'appelant: Sainteté, il répondit en poussant un
profond soupir: « Quoi! Sainteté! Sachez que je ne suis rien
qu'un pauvre pécheur. »

Ce mot fut répété partout, et notre fondatrice qui ne perdait jamais l'occasion d'édifier ses filles, en profita pour prêcher l'humilité à ses compagnes de voyage. D'ailleurs tout le
long de la route, elle voulut, avec elles, observer, avec la plus
scrupuleuse exactitude, les exercices prescrits par sa règle [2].

---

[1] Notes sur la vie de Sœur Jeanne Antide Thouret, prises à la
maison mère, à Rome.

[2] Ibidem.

Elle arriva à Rome pendant le conclave, réuni depuis le 2 Septembre. Mais elle n'y passa que quelques jours. Sa première pensée fut d'aller prier devant le sépulcre qui contenait la dépouille mortelle de Pie VII, dans la basilique de Saint Pierre. En même temps, elle fit visiter à ses compagnes, les principaux sanctuaires de la Ville Eternelle, leur montra le Vatican en deuil qui attendait son hôte. et, dans l'absence des cardinaux tous occupés au conclave qui se tetenait au Quirinal, elle alla offrir ses hommages aux prélats et aux prêtres qui lui avaient prêté leur concours pour l'approbation de son Institut. Après cela, elle reprit la route de Naples où elle dut arriver ver la fin de Septembre 1823. Raconter comment elle fut reçue à *Regina Cœli* serait dificile. Elle revenait avec l'auréole du martyre, et les sœurs, les novices, les malades, les pauvres, les pensionnaires lui prouvèrent par leurs acclamations et leurs larmes le bonheur qu'on avait à la revoir. Son arrivée était un triomphe. Aussi sa réception fut belle et imposante comme une ovation. Elle avait certes bien mérité les honneurs qu'on lui rendait; elle les accepta comme un dédommagement à ses tristesses dont Dieu seul connaissait la profondeur et l'amertume, et, avec son courage ordinaire, elle reprit ses fonctions de supérieure pour mener de nouveau à Naples sa vie édifiante et résignée. Car elle était de la famille de ces âmes vaillantes qui comme Elisabeth Seton [1], en traversant la vie répétent toujours ces mots, que nous devrions tous redire à chaque phase bonne ou mauvaise de notre existence et surtout aux heures ténébreuses et crucifiantes: Jamais en avant, jamais en arrière, toujours en haut !! »

---

[1] Elisabeth Seton (1774-1821) contemporaine de la Mère Thouret, religieuse américaine. D'abord protestante, se convertit au catholicisme en 1805; fonda en 1810, à Baltimore, l'institut des religieuses de Saint Joseph qui, en 1840, au nombre de 400, embrassèrent la règle, des filles de la Charité de Saint Vincent de Paul. Sa vie qui est admirable a été écrite par Mr de Barberey. - Paris 2 vol. in-12.

CHAPITRE CINQUIÈME

Sa nouvelle vie à Naples (1823-1824).

Avènement de Léon XII. - Activité infatigable de la Mère. - Sa charité pour tous. - Une nouvelle circulaire. - Paroles de Saint Paul. - Confiance en Dieu. - Maladie de Léon XII. - Sacrifice héroïque. - Le jeune Vincent Joachim Pecci. - Parallèle entre Léon XII et Léon XIII. - Lettre à Sœur Marthe. - Mgr. de Villefrancon. - Compensations. - Un mot de Madame Swetchine.

En arrivant à Naples la Mère Thouret apprit la nomination du nouveau pape. Le 28 Septembre le conclave avait proclamé successeur de Pie VII le cardinal Annibal Della Genga qui prenait le nom de Léon XII. Dans la prophétie de Malachie, ce pontife répondait au signalement que voici : « *canis et coluber* » et de fait, il devait avoir du chien la vigilance et de la couleuvre l'habileté. Mais pour apprécier équitablement ses mérites, il est bon de s'élever au-dessus de ces pronostics contestables.

Léon XII était né le 23 Août 1760; il avait, par conséquent passé la soixantaine. Vieux et cassé par le travail, il refusa la tiare; mais les félicitations et les prières des cardinaux le forcèrent à l'accepter. La communauté de *Regina Cæli* ne fut pas la dernière à se réjouir de son avènement, et la supérieure en fut d'autant plus heureuse que le cardinal *della Somaglia* devenait, en même temps secrétaire

d'Etat, à la place du cardinal Consalvi. Nous n'avons pas
oublié que ce prince de l'Eglise avait été toujours très-favo-
rable à l'Institut français de Naples. C'est lui qui avait rempli
les fonctions de Rapporteur, auprès de la congrégation des
Evêques et Réguliers, quand il s'était agi de l'approbation
de ses constitutions. - En lui, la Mère Thouret devait avoir
un protecteur né.

C'est dire que sous certains rapports, son retour à Naples
s'effectua sous d'heureux auspices. Aussi reprit-elle, avec son
zèle accoutumé, ses habitudes d'autrefois. Par ordre du médecin, elle dut user de soins et de ménagements à cause de
sa santé notablement altérée par les souffrances physiques et
les douleurs morales; mais malgré tout, on la voyait suivre
très-exactement aves ses filles, tous les exercices de la règle,
à la messe, à la récréation, au reféctoire. Pendant les repas,
elle voulait que la sœur lectrice se tint près d'elle, et souvent, elle l'arrêtait pour commenter les passages les plus
saillants de la lecture. Volontiers, elle faisait au milieu de
ses sœurs qui l'écoutaient religieusement des observations
pieuses et mystiques qui prouvaient combien elle était versée
dans la spiritualité.

A cette époque, avec l'assentiment de l'autorité ecclésiastique, elle modifia l'heure du lever qui de quatre heures du
matin fut porté à cinq heures. Mais cette concession était
réservée à l'Italie où l'anémie sévit peut-être plus qu'ailleurs.
La Savoie et la France ne devaient pas en bénéficier. Cette
mesure était prise surtout en faveur des sœurs vivant à Naples ou dans le royaume. Le climat est débilitant et en bonne
Mère qu'elle était, la supérieure songeait à la santé de ses
filles, et principalement de celles qui lui venaient d'outre-
monts, d'au de-là des Alpes où le ciel est si différent du ciel
napolitain.

Du reste, sa sollicitude s'étendait à toutes choses; sa
journée se passait à donner des ordres pour les malades, les
pauvres, les élèves, à recevoir les personnes qui venaient

conférer avec elle et à correspondre avec ses maisons de France, de Savoie ou du Piémont. Rien n'échappait à sa vigilance; elle s'intéressait à tous les besoins spirituels ou corporels de tous ses inférieurs, des invalides et des malheureux, comme des novices et des aspirantes.

Toutes les misères étaient sûres de trouver en elle une providence compatissante. Aussi les ouvriers sans travail venaient-ils souvent frapper à sa porte. Elle trouvait toujours le moyen de les secourir. Un jour un peintre besogneux chargé d'enfants, se présenta à elle, pour se recommander à sa charité, et aussitôt, elle l'occupa dans la chapelle de *Regina Cœli:* elle lui commanda la restauration des grands tableaux qui ornent le maître-autel et de la statue de l'Immaculée-Conception qui décore un autel latéral, et elle vint en aide à ce jeune artiste qui n'avait de pain ni pour lui ni pour sa famille. De la sorte, elle faisait d'une pierre deux coups : elle soulageait un infortuné et elle travaillait à la gloire de Dieu. N'était-ce pas là le grand rêve de sa vie? N'avait-elle pas toujours voulu secourir, sans doute les corps, mais avant tout sauver les âmes? Nous avons une nouvelle preuve de cette volonté persévérante dans la circulaire qu'elle adressait à ses filles le 29 Décembre 1828. Comme toujours, elle leur recommandait le bon emploi du temps qui s'enfuit pour ne plus revenir, et la pensée de l'Eternité qui approche tous les jours sans qu'on s'en aperçoive, et après avoir demandé des prières pour le pape, le roi, l'archevêque, les bienfaiteurs, les ennemis, elle terminait par les lignes suivantes :

« Ah! nos chères Sœurs! pénétrons-nous plus que jamais du bonheur et de la dignité de notre sainte vocation semblable à celle des Apôtres; Jésus nous a appelées à sa suite; il nous a rassemblées des extrémités de la terre pour le suivre partout. Oh! suivons-le fidèlement et constamment partout où il nous appellera. Faisons tous nos efforts pour combler la mesure des bonnes œuvres qu'il demandera de nous, ainsi

que la mesure des souffrances qu'il nous a destinées de toute
Eternité; et quand il sera content de nous, et qu'il voudra
nous retirer de ce monde, nous pourrons espérer d'aller au
ciel pour y jouir de sa vision et de ses récompenses éternelles. »

On le voit par ces derniers mots, comme nous avons pu
le constater dans d'autres circulaires, notre digne fondatrice
était apôtre dans ses écrits, comme elle l'était dans sa vie.
On pourrait même dire qu'elle l'était en quelque sorte à la
manière de Saint Paul, car elle aurait pu s'appliquer en
grande partie ce que le grand apôtre disait aux Corinthiens,
dans le chapitre onzième de sa seconde épître. Elle aussi,
écrivant à ses filles aurait pu dire : « J'ai été souvent dans
les voyages, dans les périls des voleurs, dans les périls de la
part de ceux de ma nation, dans les périls de la part des
païens, dans les périls au milieu des villes, dans les périls
entre les faux frères [1].

Ses voyages, nous les connaissons; une partie de sa vie
s'est pour ainsi dire passée sur les routes de France, de
Suisse, de Savoie et d'Italie. Or, elle voyageait partout pour
le bien des pauvres. Elle a parfois traversé des contrées in-
festées par les brigands. – Les périls venus de ceux de sa
nation ne sont-ils pas dans les persécutions qu'elle a subies
en France? Les périls occasionnés par les païens, nous les
retrouvons dans la période révolutionnaire qu'elle a traversée
de 1791 à 1795. Nous savons ce qu'elle a tour à tour souffert durant cette période dans les villes de Paris, de Bray
et de Besançon. – Enfin, elle a connu, elle aussi les faux frères
dans la personne de Mr Bacoffe et de ses amis. Elle aurait
dû trouver en eux, des protecteurs désintéressés, et ils n'ont
su se montrer que jaloux et ambitieux. De plus, elle a rencontré sur sa route, des sœurs animées du même esprit, et de
la sorte, elle a été en butte aux attaques d'une fausse fraternité.

---

[1] Ch. 11, v. 26.

Elle aurait pu ajouter encore comme Saint Paul : « J'ai souffert toute sorte de travaux et de fatigues, les veilles fréquentes, la faim, la soif, beaucoup de jeûnes, le froid, la nudité, et outre ces maux, d'autres viennent du dehors, l'accablement quotidien où je suis, et la sollicitude de toutes les églises [1]. »

Toutes ces misères de l'apôtre des nations, notre héroïne les avait également affrontées dans le courant de sa vie, et pour l'heure présente, elle souffrait des maux qui lui venaient du dehors, causés par l'insubordination des sœurs de Besançon, et l'opiniâtreté de l'archevêque. Elle pouvait craindre une division irrémédiable et ses craintes n'étaient malheureusement que trop fondées.

L'accablement quotidien était dans les peines morales qui dévoraient son âme et dans les souffrances physiques qui commençaient à labourer son corps. Et puis, n'avait-elle pas et ne la portait-elle même point à un très-haut degré, la *sollicitude de toutes ses maisons*, même de celles qui avaient levé contre elle le drapeau de la révolte ?

Mais au milieu de ses tribulations, il ne lui en coûtait pas de dire comme son modèle : « S'il faut me glorifier de quelque chose, je me glorifierai de ma faiblesse. Dieu sait que je ne mens pas. - *Deus scit quod non mentior* [2].

Non, certes, elle ne mentait pas lorsqu'elle confiait ses peines et sa résignation à son crucifix d'abord, et puis à son confesseur actuel le Père Pacôme, et à son ancien directeur Mgr. Narni. A tous, elle racontait avec la même simplicité les tourments de son cœur et la sérénité de son âme. D'ailleurs toutes ses lettres de cette époque sont empreintes du même esprit de confiance en Dieu et de conformité à ses desseins. Le 12 Janvier 1824, elle écrivait à un archiprêtre qui lui avait donné de nombreuses preuves de bienveillance,

[1] V. 27, 28.
[2] V. 30, 31.

mais dont le nom ne nous est point connu, pour lui présenter ses vœux de bonne année et lui faire part de la paix dont elle jouissait à Naples sous le règne d'un roi qui, disait-elle, « nous aime et nous protége, » et puis arrivant à la question palpitante du moment, elle ajoutait ceci :

« Nous nous remettons toute entière entre les bras de la divine providence pour ce qui regarde la France; nous avons fait d'après les conseils du Saint Siége toutes les démarches qui nous ont paru propres à la réunion des esprits; elle n'a pu encore s'opérer; nous laissons donc à la miséricorde de Dieu le soin de cette affaire que nous avons remise entre ses mains depuis bien longtemps; que sa Sainte Volonté soit faite; que tout retourne à sa Gloire; ce sont les sentiments dont mon cœur est pénétré. »

Après cela, la bonne Mère, s'oubliant elle-même, songeait aux souffrances des autres. A propos du pape qui était gravement malade, elle continuait sa lettres en ces termes :

« Nous avons pris part à la joie de tous les fidèles lorsque nous avons appris l'exaltation du nouveau Pontife Léon XII, mais notre joie s'est bientôt changée en tristesse, lorsque peu de temps après, nous avons appris l'état de maladie où il était tombé; nos prières à Dieu ne cesseront que lorsqu'il aura exaucé nos vœux. »

Ces vœux furent exaucés, car le pontife revint des portes du tombeau et recouvra la santé. Il est vrai qu'il fut guéri comme par miracle: un prélat généreux - Mgr. Strambi - s'était offert à Dieu comme victime et était mort inopinément. Dans l'histoire de l'Eglise, il n'est pas rare de rencontrer des dévouements de ce genre. En 1875, nous avons connu à Rome, une famille française composée du père, de la mère et de trois jeunes filles, dans laquelle était depuis longtemps en honneur la dévotion au pape. Or, on apprit un jour qu'une de ces jeunes filles était morte, emportée par une maladie mystérieuse et rapide. Elle avait, paraît-il, un soir à la confession de Saint Pierre, offert sa vie à Dieu pour Pie IX dont l'existence était si chère, si utile et si précieuse à l'Eglise. - La mort qui ne devait frapper le pontife qu'en 1878, aurait reculé à ce moment là, ou plutôt se serait éloignée du Vatican, et réclamant une victime, l'aurait prise dans la personne de cette virginale enfant si généreuse et si dévouée. A la même époque, on a vu à Rome - et nous en connaissons - d'autres jeunes filles qui, inspirées du même sentiment, ont fait la même oblation. Dieu n'a pas accepté leur sacrifice; mais elles ont eu du moins le mérite de le porter aux pieds de son autel.

Léon XII ne mourut donc pas en 1824, et il put, jusqu'aux premiers jours de 1829, bien qu'avec une santé chancelante se consacrer tout entier au gouvernement de l'Eglise, protéger les lettres, les sciences, les arts, conclure des concordats avec diverses puissances, et célébrer heureusement le jubilé que Pie VII n'avait pu octroyer au monde catholique à cause des malheurs des temps.

Notons en passant que c'est à l'occasion de ce jubilé dont nous parlerons plus loin que le jeune Vincent Joachim Pecci aujourd'hui Léon XIII et alors élève du collège Romain, fut présenté pour la première fois au pape. Il fut chargé par ses camarades venus en députation au Vatican aux pieds de Léon XII de le complimenter en leur nom. Ce jour-là, le saint vieillard ne se douta guère que l'adolescent encore imberbe qui lui offrait des vœux et des hommages - il avait alors entre quinze et seize ans - serait appelé plus tard à prendre son nom et sa place au palais apostolique; nous disons *son nom* parce que ce fait qui a dû planer sur sa vie comme un souvenir et une bénédiction, n'a pas peut-être été pour rien dans la détermination qu'il a prise, lors de son élévation au suprême pontificat, de s'appeler Léon [1].

Quoiqu'il en soit de cette hypothèse qui n'a rien d'invraisemblable, nous pouvons constater que les bénédictions

[1] Voir *Histoire populaire du pape Léon XIII* par l'abbé Henry Calhiat chap. 8e.

de Léon le douzième portèrent bonheur à celui qui devait être Léon le treizième. Nous pourrions même, si nous voulions continuer cette étude qui ne serait ici qu'une digression, constater en outre une foule de rapprochements heureux entre les deux pontifes. Bornons-nous à celui-ci : Léon XII avait beaucoup souffert de corps et d'esprit, nous dit son historien [1] et pour se soutenir, il était obligé de se contenir, au point que son visage avait l'impassibilité du bronze. Mais en ce bronze, il y avait du feu et dans ce bras amaigri, le sentiment du devoir et du pouvoir faisait vibrer une solennelle énergie.

Dans ces quelques lignes, n'avons-nous pas le portrait de Léon XIII ? Lui aussi a un profil de bronze antique ; mais dans ce bronze qui ne sait qu'il y a un feu qui jette des éclairs et des flammes pour illuminer les esprits et réchauffer les cœurs ? Lui aussi a un bras amaigri ; mais qui ne sait que ce bras qui frappe d'ordinaire avec modération frappe également, quand il le faut, avec force, énergie et fermeté.

Mais revenons aux lettres de la Mère Thouret, écrites en 1824 ; nous ne pouvons les citer toutes, mais en voici une dont nous voulons donner un extrait, parce qu'elle nous montre de nouveau le fond de l'âme vraiment magnanime de notre fondatrice qui ne répondit jamais que par la douceur et la patience à ses persécuteurs. Elle est adressée à une de ses religieuses de France restées fidèles à son obédience. Sœur Marthe - c'était son nom - l'une des premières novices qu'elle eut reçues à Besançon dans les commencements de sa fondation, se plaignait des menées honteuses qu'on employait pour l'arracher, elle et ses compagnes, à la supérieure générale, et celle-ci lui répondait ainsi : « Votre cœur se serre quand vous pensez à tant d'atrocités ; mais vous le savez, ma chère, bienheureux qui pleure en ce monde, il sera consolé ; bienheureux qui souffre l'injustice, il sera

[1] Artaud de Montor.

justifié. *Bienheureux les pauvres, bienheureux les patients,
ils verront Dieu; bienheureux les miséricordieux, ils trouveront miséricorde. Bienheureux les pauvres, ils posséderont
le royaume de Dieu.* Ma fille, ne soyons pas étonnées de
trouver tant de malice. Dieu ne veut pas le mal, cependant
il est nécessaire qu'il arrive des scandales, mais malheur à
ceux qui les donneront. Cela découvre les pensées de plusieurs qui étaient masqués sous le voile de la vertu; ils sont
plus méchants que ceux qui agissent ouvertement, parce qu'ils
surprennent plus facilement la crédulité des honnêtes gens
et qu'ils voilent encore leurs mauvais desseins sous de faux
prétextes qu'ils couvrent de bonnes intentions, de la vue d'un
grand bien pour la gloire de Dieu, et c'est la leur qu'ils
cherchent, et pour y bien réussir, ils emploient la calomnie.
ils heurtent Dieu contre eux; Dieu les laisse dire et faire le
mal; la passion le leur déguise et ils étouffent les remords.
Dieu les abandonne, et permet qu'ils servent d'instruments
et de verges pour purifier et sanctifier les autres, et ensuite,
il jette ces instruments ou verges au feu; et ceux qui ont
tout souffert à l'exemple de Jésus-Christ Crucifié sont reconnus par Lui comme ses fidèles disciples: il leur dira: Venez
les bénis de mon Père; possédez son royaume qui vous a
été préparé. Vous avez souffert avec moi et vous régnerez
avec moi. »

C'est ainsi que la bonne Mère réconfortait celles de ses
filles qui lui écrivaient pour la consulter ou lui ouvrir leur
cœur. Mais combien qui ne la consultaient plus! Combien
qui n'avaient rien à lui dire! Celles-là triomphaient dans
leur indépendance voulue d'elles-mêmes et de Mgr. de Pressigny. La mort du prélat n'avait rien changé à la situation:
Mgr. de Villefrancon n'osait pas revenir sur le passé; il n'avait
ni le courage, ni peut-être la volonté de désavouer son prédécesseur et dans ces conditions la division ne faisait que
s'accentuer de plus en plus. Quelques communautés du diocèse de Besançon résistaient encore timidement; celle de Bel-

levaux entr'autres, au courant donné par la curie épiscopale
et la maison-mère; mais bientôt toutes devaient s'enrôler sous
la même bannière, et la séparation allait définitivement se
consommer. On juge par là des sentiments de tristesse que
dut éprouver notre vénérée fondatrice dans les derniers jours
de l'année 1824. Elle qui méditait beaucoup, l'Evangile à la
main, n'ignorait pas cette parole du divin maître : « Tout
royaume divisé contre lui-même sera désolé et toute cité
ou maison divisée contre elle même tombera [1]. » L'union qui
partout et toujours fait la force des institutions allait man-
quer sans espoir de retour à l'Institut pour lequel elle s'était
si généreusement dépensée pendant 25 ans, pour lequel même,
s'il l'avait fallu, elle aurait donné jusqu'à la dernière goutte
de son sang et cette cruelle perspective qu'elle redoutait
tant, était bien faite pour navrer son cœur maternel.

Heureusement, elle avait de temps en temps de bonnes
nouvelles de Savoie. Sa congrégation semblait vouloir faire
comme la mer qui gagne sur une rive ce qu'elle perd sur
l'autre. Le 21 Octobre 1824, l'abbé Neyre devenu naguère
supérieur du séminaire d'Annecy lui mandait que tout allait
bien à Saint Paul et que bientôt devait se fonder, avec le
consentement de Mgr. l'évêque, un nouvel établissement à
Boëge, petit bourg situé à six lieues de Thonon.

Puis, il la priait de nommer une assistante dans le diocèse pour qu'on n'eût pas à recourir à Naples quand il y
aurait une difficulté à résoudre, et pour remplir ce rôle, il
désignait la supérieure de Saint Paul, Sœur Victoire Bartholemot qui paraissait réunir toutes les qualités requises. Enfin,
il terminait sa lettre par les conseils que voici :

« Je sais, ma très-honorée Supérieure, que Notre-Seigneur
ne vous laisse pas sans épreuves. Mais c'est aussi par la voie
des Croix que l'on va au Ciel. Il n'y aura de glorifié avec
Jésus-Christ que celui qui aura été crucifié avec Lui. Le

---

[1] Saint Mathieu 12, 25.

Bon Dieu vous place dans cette voie. Marchez-y avec courage, ma révérée Supérieure, marchez-y avec joie. »

A cette lettre si bonne et si paternelle, la Mère Thouret
répondait le 25 Novembre, pour dire au digne supérieur du
séminaire que sitôt que la Sœur Victoire aurait prononcé ses
vœux, elle recevrait son titre d'assistante pour la province
de Savoie, et en finissant, elle le remerciait du fond du cœur
de la protection qu'il voulait bien accorder à son Institut et
des conseils qu'il prodiguait à ses filles.

C'est ainsi qu'au milieu de ses amertumes, elle avait de
Dieu des consolations pour son âme et des compensations
pour sa congrégation. Il le fallait bien; autrement la coupe
eût été peut être trop pleine, et la pauvre Mère désolée aurait dit dans son Gethsemani, comme le Christ à son père :
« *Transeat a me calix iste. Faites, Seigneur, que ce calice
amer s'éloigne de moi!* » Mais cela, elle ne le dit jamais. Elle
savait que notre Dieu, comme l'a dit Madame Swetchine [1],
est un Dieu de *métamorphoses :* nous jetons dans son sein
la tristesse, il en renaît la joie; nous jetons dans son sein
le repentir, nous y trouvons une seconde innocence; nous
jetons dans son sein les larmes et les regrets, et nous re-
cevons en retour le pardon et le bonheur qui l'accompagne. »

Elle savait enfin que la main de Celui qui abat est aussi
la main de Celui qui relève, que la main de Celui qui frappe

---

[1] Madame Anne-Sophie Soymanoff Swetchine (1782-1857) femme
de lettres, née à Moscou et morte à Paris. Elle passa la première
partie de sa vie à la cour des tzars et la seconde à Paris. Adonnée
aux fortes études, elle se convertit au catholicisme en 1815. En
France, son salon fréquenté par les hommes célèbres de l'époque,
eut, pendant 40 ans, une grande influence religieuse et littéraire.
Tout occupée de saintes œuvres, elle aimait à visiter dans les man-
sardes et les hôpitaux, les plus délaissés et les plus misérables. Elle
a laissé en manuscrits la matière de plus de 40 volumes. Ses *pensées*
qui forment un volume sont fines, délicates et parfois exquises. Sa
correspondance avec le Père Lacordaire est d'un grand intérêt.

est aussi la main de Celui qui console et que la main de Celui qui distribue l'infirmité et l'ignominie est aussi la main de Celui qui donne la force et la gloire!! Et ces pensées relevaient toujours son courage abattu. Elles retenaient sans cesse ses yeux tournés vers l'étoile polaire de la miséricorde divine!!!

CHAPITRE SIXIEME

Ses dernières années (1825-1826).

Beau sang ne sait pas mentir. - Sollicitude de la Mère pour toutes ses œuvres. - Son mémoire sur sa vie. - Sœur Rosalie Thouret. - Le métronome céleste. - Fondation dans la Haute Italie. - Le jubilé de 1825. - Il est prêché à Rome. - En 1826, il est inauguré dans le monde catholique. - Menaces d'apoplexie.

Les dernières années de la Mère Thouret furent semblables aux précédentes, c'est-à-dire un tissu continuel de vertus et de sacrifices, de vertus vaillemment pratiquées et de sacrifices virilement acceptés. « Beau sang ne sait pas mentir » disait-on autrefois. Il en est de la race des Saints comme de celle des gentilshommes. Elle, non plus, ne sait mentir à personne, ni aux hommes ni à Dieu.

Notre sainte va donc rester fidèle à ses principes, à ses traditions, à ses aspirations jusqu'à son dernier jour. S'occuper des pauvres, veiller sur ses sœurs, correspondre avec ses maisons, vivre enfin pour la charité, l'éducation et la sainteté va être, comme par le passé, la pensée dominante de son existence jusqu'à ce que Dieu la rappelle à lui pour récompenser ses mérites, et couronner son martyre.

En 1825, elle s'acheminait vers la soixantaine ; elle n'avait pas d'infirmités, mais elle commençait à sentir le poids de l'âge, bien qu'elle le portât encore assez vigoureusement.

La neige des années qui était tombée sur sa tête, n'avait pas éteint les flammes de son âme; mais la neige des douleurs accumulées sur son cœur avait un peu altéré sa santé. Néanmoins, nous allons la voir encore pendant 18 mois - de Janvier 1825 à Juillet 1826 - ne rien abandonner de ses pratiques chrétiennes et de ses habitudes quotidiennes.

Elle était la fourmi qui ne se repose jamais; elle était l'abeille qui travaille toujours. Aussi sa communauté de *Regina Cœli*, grâce à sa direction, aussi intelligente qu'active, était-elle arrivée à une prospérité florissante.

La digne fondatrice ne dirigeait pas moins bien les maisons d'au-delà les Alpes qui lui étaient restées fidèles. Nous en avons la preuve dans les lettres que nous avons sous les yeux. Ces lettres que nous ne pouvons toutes analyser, nous montrent sa sagacité et sa prudence, soit pour la conservation des anciennes créations soit pour la fondation des nouvelles, et en même temps sa sollicitude et sa tendresse pour les sœurs qui méritaient sa confiance.

C'est ainsi que le 17 Janvier 1825, elle écrivait à Sœur Elisabeth Bouvard toujours supérieure à Villecerf 1° pour la prier de remettre un exemplaire de la règle à l'évêque de Meaux avec une lettre qui accompagnait la sienne. 2° Pour lui donner quelques ordres relatifs à la direction de son hospice et 3° pour lui recommander la pureté d'intention dans ses actions de tous les jours. « Que la sainte Providence, lui disait-elle, soit toujours avec vous; considérons-nous comme *des riens*, et remettons-nous en toutes choses entre les mains de Dieu pour faire sa volonté. »

Il faut reconnaître en passant que même dans ses lettres d'affaires, la bonne Mère trouvait toujours le moyen d'insinuer des réflexions pieuses ou des conseils spirituels. C'est qu'en travaillant à la prospérité de son Institut, elle entendait aussi travailler à la sanctification de ses sujets. — A peu près à la même époque, elle écrivait à Mgr. l'évêque d'Annecy à propos du noviciat de Saint Paul et de la Sœur

Victoire qui devait être maîtresse des novices, et le 27 Février,
l'abbé Neyre lui répondait au nom du prélat, pour s'entendre
avec elle sur ces deux mêmes questions et lui annoncer en
outre la fondation prochaine de deux nouveaux établissements,
l'un a Verceil [1], et l'autre à Annecy.

Après cela, il terminait sa lettre par la prière suivante
que nous croyons bon de reproduire.

« Toujours dans l'intérêt de votre congrégation, qui me
sera toujours fort à cœur, je voudrais, ma Révérende Mère,
que vous fissiez un Mémoire, où vous exposeriez :

1º Quand et de quelle manière s'est formé votre Institut ;

2º Comment la réunion avec la Maison de Paris n'a pu
s'opérer dans le temps ;

3º Pourquoi la Maison de Besançon n'a pas voulu accepter la Règle approuvée par le Pape.

Les faits et les motifs seraient exposés avec toute vérité
et simplicité. Vous me le feriez passer, et cette pièce nous
serait utile dans les occasions. Sans doute l'approbation du
Saint-Siége ferme la bouche à celui qui veut parler sans
savoir. Elle vous justifie pleinement, si vous aviez besoin de
justification. Cependant ceux qui soutiennent vos intérêts, et
qui aiment à le faire, sont bien aises d'avoir entre les mains
des pièces prouvantes. Au reste, toujours grande confiance
en Dieu ; toujours grand soin de notre sanctification. Il n'est
qu'une chose nécessaire, sauver son âme. Les rois meurent
et les sujets de même. Dieu seul demeure éternellement.
Puissions-nous l'aimer et le servir ! »

La Mère Thouret ne pouvait ne pas répondre favorablement à la prière du respectable supérieur d'Annecy. Aussi
malgré les vives répugnances qu'elle éprouvait toujours à
parler d'elle-même, elle se mit à l'œuvre sans tarder et

---

[1] Verceil est une ville du Piémont qui compte de 28 à 29000
habitants. Réunie à la France en 1796, elle devint le chef-lieu du
département de la Sésia, mais en 1814, elle revint au Piémont.

rédigea le mémoire que nous connaissons et qui nous a été si utile pour raconter les commencements de sa vie religieuse. Elle l'écrivit dans le courant de Mars et d'Avril, et le 2 Mai, l'abbé Neyre qui venait de le recevoir, lui en accusait réception dans une lettre qui, comme toutes les autres que nous connaissons de lui, renfermait de bonnes nouvelles, de salutaires conseils et de respectueux hommages. Pourquoi faut-il que ce mémoire nous soit arrivé interrompu à un moment où il nous aurait été si précieux pour cette histoire? Nous ne pouvons que le regretter de nouveau, car ce qui nous en est resté ne répond qu'à la première question posée par Mr Neyre. Heureusement nous avons pu répondre aux deux autres avec les documents épars mis à notre disposition, et combler ainsi des lacunes que nous avons déplorées. Nous savons, en effet, pourquoi la Sœur Thouret ne retourna pas à Paris, après la Révolution et pourquoi la maison de Besançon ne voulut pas accepter la règle approuvée par le pape; nous sommes même amplement édifiés sur ces deux points. Le mémoire ne nous aurait pas fourni des renseignements plus précis que ceux que nous avons puisés dans les documents déjà mentionnés.

Mais poursuivons notre récit: la vaillante supérieure ne cessait de travailler, de prier et d'écrire. Elle avait une activité dévorante. On se demande même comment elle pouvait si bien atteindre à tout. Elle avait, il est vrai, des aides intelligentes: sa nièce Sœur Rosalie Thouret lui servait de secrétaire, et grâce à son concours, elle ne laissait jamais longtemps une lettre sans réponse, surtout quand les missives venaient de France ou de Savoie, où elle avait des courages à soutenir, des esprits à éclairer, des cœurs a réconforter.

En Mai 1825, elle répondait ceci à sa bien-aimée Sœur Marthe qui lui avait écrit le 16 avril précédent:

« C'est en Dieu seul que j'ai mis toute ma confiance; si Jésus daigne être pour moi, je ne dois rien craindre, il est mon parfait modèle, je dois le suivre dans les souffrances et les humiliations; c'est le chemin le plus sûr pour arriver au port du salut. Je suis non seulement bien contente, mais j'éprouve de la joie de ce que sa divine miséricorde me veut dans cette précieuse position; il me donne la meilleure part qui ne me sera pas ôtée, parce qu'il n'y a rien pour nourrir l'amour-propre et que personne ne m'en portera envie. Vous me demandez des nouvelles de ma santé: hélas! ma chère fille, je sens déjà bien le poids de mes années: j'aurais 60 ans, le 27 Novembre prochain; je ne passe pas un jour sans souffrir plus ou moins; mais je ne m'arrête pas; je travaille toujours; on a peine à croire que je sois aussi âgée, parce que je n'ai pas encore de rides au visage, après tant de travaux et de peines; la bonté de Dieu veut que je vive encore; que sa sainte volonté soit faite pour la vie et pour la mort. »

Quels admirables sentiments! et comme on voit que le cœur de la Mère dans tous ses battements, marchait en harmonie avec ce que j'appelle volontiers le *métronome* céleste, c'est-à-dire l'amour divin qui ne varie jamais, même sous le vent des épreuves, mais qui plutôt accélère ses mouvements quand souffle un orage dans le ciel de l'âme.

Ces sentiments, portés au même diapason, nous les retrouvons dans une lettre adressée à la même époque à Sœur Basile Prince, supérieure à Thonon. C'est toujours la même patience, la même résignation et la même sérénité. Cela nous prouve que la bonne Mère, après avoir fait tout son possible pour la réconciliation des deux familles désunies s'en remettait entièrement à la Providence et au Saint Siège pour une œuvre qui n'était guère plus faisable de son vivant.

Aussi pour se consoler dans sa désespérance s'adonnait-elle avec l'ardeur de sa jeunesse à la création des maisons nouvelles qui lui étaient demandées sur plusieurs points, et notamment dans le Piémont.

Le 30 Mai 1825, par une lettre dont nous possédons l'original, elle nominait sa représentante dans la Savoie, le Chablais et le royaume de Turin, Sœur Victoire Bartholemot. Elle lui conférait tous ses pouvoirs comme l'avait demandé Mr Neyre, et l'autorisait, par conséquent à faire tout ce qu'elle aurait fait elle-même pour le bien de l'Institut, c'est-à-dire à recevoir des novices, à fonder des maisons nouvelles, à traiter pour cela avec les évêques, les maires, les administrateurs des hospices, à visiter les communautés, à diriger, corriger, consoler les sœurs et à les changer d'emploi ou de maison, selon la convenance des lieux ou la nécessité du moment. En un mot, elle la faisait *provinciale* pour la Haute Italie, et les pays d'outre monts. Du reste, elle n'eut pas à s'en repentir, nous le verrons plus loin dans la notice particulière consacrée à Sœur Victoire. Elle n'eut au contraire qu'à se féliciter de l'administration de cette éminente religieuse, de son tact et de sa prudence dans les affaires. De son côté, elle se mettait en relation avec Mgr. Grimaldi archevêque de Verceil pour s'occuper directement des établissements qu'on réclamait dans cette ville [1] et bientôt, elle avait la consolation d'apprendre que l'hôpital des malades fondé depuis peu avec Sœur Brigitte pour supérieure et l'hospice de charité qui s'établissait avec Sœur Cécile Guinard pour directrice, allaient à merveille, et que les administrateurs des deux maisons étaient ravis des bonnes sœurs envoyées d'Italie ou de Savoie. Les lettres enthousiastes du chevalier Alexandre Mella [2] et du marquis Denys Gattinari [3] sont là pour nous le prouver. Sœur Victoire s'était rendue elle-même à Verceil, avait vu les deux établissements et était repartie très-satisfaite de sa visite.

---

[1] Lettre du 14 Novembre 1825.
[2] Du 25 Janvier, du 27 Mai et du 1er Juillet 1826.
[3] Du 1er Février 1826.

En attendant, la supérieure générale qui de loin dirigeait aussi les travaux de ses filles françaises, se préparait à gagner l'indulgence du jubilé accordé par Leon XII.

Nous savons tous que le jubilé catholique se reproduit maintenant tous les 25 ans et que c'est là ce qu'on appelle le jubilé de *l'année sainte*. Outre la solemnité extraordinaire dont il est accompagné, il diffère des autres indulgences plénières, en ce que, pendant son cours, qui est d'un an pour Rome, et d'un an ensuite pour la chrétienté, le pape accorde aux confesseurs le pouvoir d'absoudre des cas réservés et de commuer les vœux simples. Les œuvres auxquelles le souverain pontife attache pour l'ordinaire, la grâce du jubilé de l'année sainte sont la confession, la communion, la visite des églises et les prières qui doivent accompagner cette visite.

Outre ce jubilé ordinaire et périodique de l'année sainte qui jadis devait reparaître tous les 100 ans, puis tous les 50, ensuite tous les 35, et qui, de nos jours - nous venons de le dire - revient tous les cinq lustres, les papes ont l'habitude d'accorder des jubilés à différentes époques, à l'occasion de grandes joies ou de grandes douleurs dans l'Eglise. Il est assez d'usage que chaque nouveau pape en donne un l'année de son exaltation.

Qu'il soit *ordinaire* ou *extraordinaire*, le jubilé est toujours une date dans l'existence de l'âme qui le gagne. C'est une halte dans la vie, et l'on aime à s'en souvenir. L'enfant n'oublie pas le jour de sa première communion, le soldat, le jour de sa première bataille, le prêtre, le jour de sa première messe, le catholique n'oublie pas non plus l'époque de l'amnistie générale et solennelle qui est passée sur l'Eglise, car un jubilé bien gagné est comme une visite particulière de la grâce divine et une veillée d'armes dans les combats de la vie chrétienne.

Or, Léon XII publia sa bulle pour l'Ascension de 1825 ; c'était une pièce claire, juste et retentissante comme le son d'un clairon d'argent. Rarement il était émané du Saint Siége un document à la fois plus noble et plus imposant, plus tendre et plus paternel [1].

A Rome, des missions furent prêchées au peuple pour lui faciliter l'obtention de la faveur spirituelle octroyée par sa Sainteté. La *Trinité des pélerins* fut surtout appropriée à sa destination : elle reçut dans le courant de l'année sainte 23,000 hommes et près de 16,000 femmes [2]. On les hébergeait trois jours ; des prédicateurs les préparaient à la confession, et des prêtres les accompagnaient dans la visite réglementaire des basiliques. Puis quand le jubilé fut terminé dans la Ville Eternelle, il commença dans le monde chrétien.

Il fut donc inauguré à Naples, comme ailleurs, en Mai 1826. La bonne Mère fut une des premières à vouloir le gagner, et elle en suivit tous les exercices avec une ponctualité et une ferveur qui édifièrent sa communauté. Elle sentait, elle annonçait même que c'était le dernier pour elle, et elle ne recula devant aucune des conditions requises pour acquérir dans la plus large mesure, les grâces surnaturelles qu'il apportait aux fidèles. Elle fit une confession générale, accomplit les mortifications prescrites et suivit les processions ordonnées. — Mais voilà que l'avant-dernier jour, dans le cours de l'une de ces processions, elle ressentit une menace d'apoplexie ; le médecin, appelé en toute hâte, lui appliqua des ventouses, et elle put atteindre aux dernières cérémonies de la grande indulgence. Elle se remit même assez bien de cette secousse ; mais par mesure de prudence, on l'obligea à se ménager et à partir du mois de Juin, elle ne put plus, à son grand regret, présider comme par le passé, aux exercices de la règle qu'elle avait toujours suivis avec une exa-

[1] Darras.
[2] Idem.

ctitude chronométrique. Ses sœurs l'entouraient des soins les plus tendres et les plus délicats ; mais elle marchait malgré tout vers la tombe ; la vie devenait pesante pour elle ; sa dernière heure approchait, et nous n'avons plus, pour terminer l'histoire de son existence si bien remplie, qu'à raconter sa mort.

CHAPITRE SEPTIÈME

Sa mort (24 Août 1826).

Secret de la bonne mort. - La Mère se prépare à sa fin comme Saint Vincent. - Une attaque d'apoplexie. - Une croix inconnue. - Somnolence étrange. - L'abbé Galdieri. - Derniers moments. - Derniers regards. - Dernières bénédictions. - Dernier soupir. - Mort de Moïse. - Sommeil et récompense.

Les Pères de la vie spirituelle nous apprennent qu'il ne suffit pas de bien remplir son rôle dans la vie, mais qu'il faut le bien remplir jusqu'aux dernières pulsations. Il ne faut pas se contenter en effet d'avoir l'art de bien vivre, il faut aussi avoir l'art de bien mourir, et voilà pourquoi un journaliste chrétien, un croisé de la plume, un apôtre des saintes causes disait gracieusement: « L'article qu'il faut le mieux soigner, c'est *l'article de la mort* [1]. »

On meurt tous les jours dans les rangs de notre société; mais où sont ceux qui savent bien mourir? Ils sont hélas! bien rares.

Les martyrs ont su mourir. Les saints ont su mourir. Les justes savent mourir, mais le commun des fidèles meurt - c'est reconnu - d'une façon vulgaire.

[1] H. de Pène.

Chaque année nous apporte un nombre infini et stupéfiant de secrets et de découvertes pour le bonheur, le bien-être et la santé, et personne, ce semble, ne songe à découvrir le secret de mourir d'une façon distinguée.

Heureusement ceux qui le désirent, n'ont pas à chercher bien loin pour le trouver. Est-ce que le Christ ne nous l'a pas enseigné sur le Calvaire? Là, il a fondé, en maître, l'école de la bonne mort. Là, il a introduit dans le monde chrétien le talent de mourir non pas sans souffrances, mais du moins avec calme et grandeur, et voilà pourquoi on peut dire que le Golgotha arrosé de son sang est devenu une académie de vaillance, de résignation et de sainteté. Quand nous lisons la vie des Saints, nous sommes émerveillés de leurs derniers moments; c'est qu'ils ont suivi les leçons du divin maître. — Crucifiés par la maladie, ils donnent l'exemple d'une patience héroïque; ils se laissent en quelque sorte *ciseler* par la souffrance, pour devenir des joyaux dignes du ciel, et quand arrive pour eux, l'heure suprême, ils ouvrent leurs bras à la mort qu'ils appellent leur sœur, leur amie, leur libératrice; ils baisent pieusement leur crucifix,

« Le dernier confident de l'âme qui s'envole. »

Ils s'éteignent doucement comme la lampe qui demande à ne plus brûler; ils s'endorment dans le sommeil du trépas, comme l'astre du jour dans la pourpre de l'horizon, et goûtant les douceurs avant-coureuses du réveil, ils laissent tomber de leurs lèvres blêmies ces paroles du Christ expirant: « *Mon Père, je remets mon âme entre vos mains!* »

C'est ainsi qu'expira l'héroïne dont je raconte la vie. La Mère Thouret sut mourir. Elle mourut comme elle avait vécu, en femme forte. Depuis longtemps d'ailleurs, elle se préparait comme les saints, à son heure dernière; je remarque même qu'en face du grand acte qui couronne l'existence terrestre, elle eut dans son attitude plusieurs traits de ressemblance avec Saint Vincent de Paul qu'elle avait tant aimé et si bien imité, et ces traits de ressemblance, je demande à les faire ressortir.

« Mʳ Vincent, dit son historien, se voyait approcher de plus en plus de sa fin, et chacun s'en apercevait aussi, quoique avec des sentiments fort différents, car les siens et tous ceux qui avaient affection pour lui appréhendaient cette séparation et concevaient un grand regret de la voir si proche; et au contraire, ce saint veillard comme un autre Siméon, attendait avec joie cette dernière heure, montrant à tous un visage serein, et s'y disposait en souffrant gaiement en esprit de pénitence et d'humilité, aspirant à cette vie en laquelle il espérait posséder son Dieu, l'invoquant en son cœur et s'unissant intérieurement à lui par une parfaite conformité à toutes ses volontés, et lui remettant son corps et son âme entre les mains pour en disposer selon son bon plaisir au temps et en l'éternité ¹. »

Dans ces lignes, il n'y a pas un mot qu'on ne puisse écrire au bas du portrait de notre sainte fondatrice.

Elle aussi se voyait approcher de plus en plus de sa fin, et voilà pourquoi, elle disait - comme nous l'avons déjà remarqué - que le jubilé qu'elle avait gagné en Mai, serait son dernier.

Mais la pensée de la mort était loin de l'effrayer, et on la voyait toujours bonne, affable et souriante. - Elle aussi *souffrait gaiement en esprit de pénitence et d'humilité.*

Dans les deux derniers mois de sa vie - dès Juillet 1826 - elle dut s'abstenir de la fréquente communion, à cause de l'inflammation intérieure qui l'obligeait à tout instant à se rafraîchir avec de l'eau. Le 16 Juillet, pour la fête de N. Dame du Mont-Carmel, elle conféra pour la dernière fois, le saint habit religieux à quatre novices, dont l'une était sa nièce, cette Fébronie Thouret qu'elle avait ramenée de Besançon.

¹ Abelly.

Pour le 15 Août, elle eut le bonheur de communier avec toutes ses filles au communicatoire, mais le 18, elle fut subitement prise de violentes coliques accompagnées d'une attaque d'apoplexie, et on dut la porter dans son lit d'où elle ne devait plus se lever. Quelle était la cause de ce malaise foudroyant? Nul ne sut le dire. Dans une notice que j'ai sous les yeux écrite par l'une des religieuses de *Regina-Cœli* qui assistèrent la malade, je lis la ligne que voici : « Les peines et les déboires la conduisaient pas à pas au tombeau ; mais sa dernière croix qui n'est connue que de Dieu et de moi, mit le comble à ses souffrances. »

Quelle est cette dernière croix, nous l'ignorons. Nous savons seulement que depuis de trop longues années, sa vie était un tissu de tristesses et d'angoisses. La coupe de ses douleurs, était en 1826 plus que suffisamment remplie. Il ne manquait plus qu'une goutte pour la faire déborder, et cette croix inconnue dont parle la religieuse fût peut-être cette goutte.

D'autre part, nous savons qu'elle avait eu déjà une première attaque apoplectique durant les exercices du jubilé, quatre mois plus tôt, et la médecine nous apprend que le pronostic de l'apoplexie est toujours sérieux ; si le malade survit, il est menacé de récidives. Ce fut le cas pour la bonne Mère. Sa rechute était très-grave. Dès le premier moment, elle ne parla plus guère que par signes [1]. Elle traduisait les pensées de son esprit resté lucide, avec la tête et les yeux. Puis elle tomba dans une étrange et profonde somnolence qui ne l'abandonna plus jusqu'au dernier soupir. Encore ici nous trouvons un nouveau trait de ressemblance avec Saint Vincent de Paul. Deux jours avant sa mort, raconte son historien, le saint, vers midi, s'endormit sur sa chaise ; ce qui lui arrivait depuis quelque temps plus qu'à

---

[1] Simple notice sur les dernières années de Sœur J. Antide Thouret.

l'ordinaire. Il considérait cette somnolence comme l'image et l'avant-courrière de sa prochaine mort, et quelqu'un lui ayant demandé la cause de ce sommeil extraordinaire, il lui dit, en souriant : « C'est que le frère vient en attendant la sœur » appelant ainsi le sommeil le frère de la mort à laquelle il se préparait.

Notre malade en aurait dit autant si elle avait pu parler ; au fond du cœur, peut-être, elle se plaignait du *frère*, mais elle souriait à la *sœur*. Elle ne parla donc plus. Mais qu'aurait-elle pu dire que ses filles ne sussent déjà ? - Ne leur avait elle pas assez parlé dans ses lettres, ses circulaires et ses instructions ? Elle n'avait, à coup sûr, rien plus à leur apprendre, rien plus à leur révéler. Toutes connaissaient son âme, son cœur et son esprit que bientôt nous allons étudier en particulier, et par conséquent, elle pouvait se taire devant ses sœurs pour ne parler qu'à Dieu.

Au troisième jour de sa maladie, bien qu'elle l'eut formellement défendu, on appela le médecin du Roi, le plus célèbre docteur de Naples, mais celui-ci, en la voyant, déclara qu'il n'y avait rien à faire [1]. Il ordonna cependant l'application de quelques sangsues pour ne pas laisser la communauté sans espérance, mais en se retirant, il branlait la tête comme un homme qui prévoit, à moins d'un miracle, une issue fatale et prochaine.

La digne malade accepta les sangsues, comme du reste, elle acceptait tous les remèdes que lui présentaient ses filles, avec douceur et calme, sans témoigner jamais la moindre répugnance. Elle avait toujours et en tout fait la volonté de Dieu, et elle pensait la faire encore, se voyant infirme, en faisant celle de ses enfants.

Son confesseur, l'abbé Galdieri venait la voir le matin et l'après-midi. Il restait seul avec elle, chaque fois, pour lui parler de Dieu, du ciel et de son âme et il ne la quit-

---

[1] Ibidem.

tait jamais sans lui donner ou lui renouveler l'absolution, suivant l'état dans lequel il la trouvait. Elle s'était confessée dès le premier jour de son mal, mais elle était heureuse de conférer, ne fut ce que par monosyllabes et par signes, avec son directeur qui avait dignement remplacé Mgr. Narni et en qui elle avait la plus grande confiance.

Le matin du 24, on la trouva plus affaissée, et il fut réglé que son confesseur lui porterait les derniers sacrements dans l'après-midi. Son état ne lui permit pas de recevoir le Saint-Viatique; elle ne reçut que l'extrême-onction, les indulgences de l'institut et des pieuses associations dont elle faisait partie, et enfin l'indulgence *in articulo mortis*.

Toutes ses filles étaient là réunies pour la cérémonie, recueillies, agenouillées et en larmes. Leur mère, leur mère si bonne et si parfaite allait mourir; elles ne pouvaient rien pour arrêter la main du trépas qui devait bientôt la frapper et Dieu sait qu'elles auraient sacrifié leur vie pour prolonger la sienne, et dans l'angoisse qui torturait leur cœur, elles ne savaient au milieu du silence religieux qui enveloppait la malade, que mêler leurs sanglots et leurs prières.

Elle aussi priait, on le comprenait au mouvement de ses lèvres. Une de ses filles qui vit encore - Sœur Victoire Mantelli - qui a assisté à ses derniers moments nous dit ceci dans une note précieuse qu'elle a rédigée le 18 Avril 1882 : « benchè le fosse tolto l'uso della parola, la vidi però sempre « muovere le labbra cogli occhi rivolti al crocifisso; il suo « ultimo sguardo fu rivolto alle sue figlie che circondavano « il letto, e quasi avesse voluto dar loro il suo materno addio « e le sue ultime raccomandazioni, le guardò una per volta, « con indicibile espressione. »

« Bien qu'elle n'eut plus l'usage de la parole, je la vis cependant toujours remuer les lèvres, en ayant les yeux fixés sur le crucifix; son dernier regard fut tourné vers ses filles qui entouraient son lit; comme si elle eut voulu leur donner son adieu maternel et ses dernières recommandations, elle les regarda l'une après l'autre avec une expression indicible. »

Ce dernier regard était sa dernière bénédiction accordée à ses chères enfants. Ne pouvant la donner avec des paroles et la main, elle la donnait avec son âme, son cœur et ses yeux. Qui ne sait qu'à défaut de paroles, les regards sont le langage le plus éloquent du cœur? c'est dans les yeux que l'âme se montre dans sa splendeur mystérieuse, et lorsqu'elle va partir pour l'éternité, lorsqu'elle est sur le point de quitter l'exil d'ici bas où elle laisse des affections, des regrets et des souvenirs, elle met en effet dans ses regards une *expression indicible* que rien ne peut rendre, ni la poésie ni la peinture. La bonne Mère voulait donc à ses derniers moments, bénir sa famille éplorée. Encore ici, nous trouvons un point de ressemblance avec son illustre et saint protecteur.

Quand Mr Vincent fut au moment de rendre le dernier soupir, on lui demanda une bénédiction pour sa famille: « Dieu la bénisse, répondit-il » - « Monsieur, ajouta-t-on, votre bénédiction pour les messieurs de la conférence des mardis. - Oui - Pour les dames de la charité. - Oui. - Pour les enfants trouvés. - Oui. - Pour les femmes du Nom de Jésus. - Oui. - Pour tous les bienfaiteurs et amis. - Oui. - »

Une scène de ce genre que seuls les anges purent voir, dut se passer dans la chambre où notre héroïne allait rendre le dernier soupir. En regardant l'une après l'autre ses filles qui entouraient son lit de douleur, elle entendait accorder une bénédiction particulière à ses assistantes, à ses sœurs, à ses novices, à ses aspirantes, à ses élèves, à ses servantes, et un mot à tous les membres de sa famille religieuse de *Regina Cœli*.

Au moment suprême, elle n'oubliait personne, et nous sommes convaincu, connaissant son cœur comme nous le connaissons qu'elle englobait dans sa bénédiction même ses filles de Besançon, celles qui l'avaient tant fait souffrir et qui

peut-être par leur conduite combinée avec celle de ses persécuteurs, avaient, sans le vouloir, hâté sa fin.

Nous lisons dans la vie de Madame Barat, que cette sainte
femme bénit aussi sa société, avant d'expirer, mais qu'elle
ne put le faire que par signes, avec la main, parce qu'elle
était frappée d'apoplexie, comme Madame Thouret. Le docteur
Bauchet, son médecin ordinaire lui ayant demandé : « Et vos
médecins, ne les bénirez-vous pas aussi ? » Elle resta immobile. Une seconde demande ne fut pas mieux écoutée. L'humble mère, ajoute son historien, ne se croyait pas le droit de
donner ses bénédictions à d'autres qu'à ses filles.

Avant de paraître devant Dieu, notre vénérée fondatrice
ne put pas ne point songer à la branche dissidente de sa
société désunie, car cette branche était, hélas ! la grande
épine de son cœur saignant. Si dans ses derniers jours quelqu'un lui avait dit : « Bénissez-vous aussi vos filles de Besançon ? » Elle aurait, certainement, répondu : « Oui, » comme
Mr Vincent, et si on lui avait posé cette question à l'heure
dernière, alors qu'elle ne parlait plus, elle aurait fait à coup
sûr, comme la Mère Barat avec le doigt ou la main un
signe affirmatif. Elle ne serait pas restée *immobile* au nom
des sœurs séparées. Elle les aima toujours ; elle pria toujours
pour elles, et ce n'est pas quand son âme restait suspendue
entre la vie et la mort incertaine,

« comme un fruit par son poids détaché du rameau » [1]

qu'elle aurait refusé de les pardonner.

Après la cérémonie de l'Extrême-onction, l'abbé Galdieri
ne la quitta plus jusqu'à ce qu'elle eût rendu le dernier
soupir. Il priait avec les religieuses à la lueur des flambeaux
qui éclairaient de leurs reflets le visage tranquille de la mourante. Pendant son agonie, on lui présenta Sœur Rosalie et
on la pria de serrer la main à cette nièce bien-aimée ; elle

[1] Lamartine.

fit un signe avec les doigts et les yeux, mais ce fut la seule
marque de tendresse qu'elle put donner, à ce moment-là, à
cette bonne religieuse qui était à Naples, comme une parcelle
de sa famille et de sa patrie.

Vers les neuf heures du soir, son sommeil parut devenir
plus lourd et plus pesant. La mort approchait: une de ses
religieuses - Sœur Mélanie Mantelli [1] - qui, elle aussi, a écrit
une note le 30 Avril 1882 sur sa supérieure nous dit ceci,
à propos de ses derniers instants: « Già si osservavano nella
cara persona le lotte tra vita e morte, erano le nove di sera,
quando un chiarore insolito, che durò quanto un lampo, mi
percosse gli occhi, fui sola a vederlo - e colla luce distinsi
la dolorosa parola delle circonstanti: « è morta! » - « Déjà
on pouvait observer dans sa chère personne, la lutte entre
la vie et la mort; il était neuf heures du soir: une clarté
insolite qui fut rapide comme un éclair me frappa les yeux - je
fus seule à l'apercevoir - et à cette heure, je distinguai en
quelque sorte sur les lèvres des sœurs présents la fatale nouvelle. « Elle est morte! » Cependant, elle respirait encore.

« Elle expira doucement, raconte à son tour Sœur Victoire
Mantelli dont nous avons déjà invoqué plus haut le témoignage; comme si elle eut voulu fermer les yeux pour le
sommeil, de sorte que son passage dans l'Eternité ne fut
remarqué que de moi seule qui me trouvais tout près d'elle. »
« Spirò placidamente come chiudendo gli occhi al riposo,
in modo che il suo passaggio alla Eternità non fu avvertito
che da me sola che mi trovava a lei vicinissima. » ,

A dix heures et dix minutes, elle n'était plus de ce
monde; elle avait rendu sa belle âme à Dieu, sans même
que son confesseur qui était toujours là, se fut rendu compte
du moment précis où son cœur avait cessé de battre. Elle
était âgée de soixante ans et neuf mois.

---

[1] La Mère Thouret avait reçu novices trois jeunes filles de la
famille Mantelli: Sœurs Mélanie, Victoire et Clarisse. Deux vivent
encore.

« L'histoire sainte nous apprend, dit Abelly, que Dieu ayant appelé Moïse sur le sommet de la montagne de Nebo, il lui fit le commandement de mourir en ce lieu-là, et que ce saint patriarche, se soumettant à la volonté de Dieu mourut à la même heure..... et il mourut, comme dit l'histoire sainte, sur la *bouche du Seigneur*, c'est-à-dire, recevant la mort comme une faveur toute singulière et comme un baiser de paix de la bouche de son Seigneur et de son Dieu. »

Ces paroles que l'historien de Saint Vincent de Paul, applique à son héros, nous pouvons, nous, les appliquer à notre héroïne. Elle était le Moïse, le législateur d'un Institut nouveau qui prospérait et Dieu la rappela de France, sur la petite colline de *Regina Cœli* et lui fit le commandement de mourir en ce lieu-là. S'il l'avait permis en effet, elle était de taille et de force à porter la vie de longues années encore, et à rendre de nouveaux services à la cause des pauvres, en Italie, en Piémont, en France. Elle aussi mourut sur la bouche du Seigneur, et sa mort fut douce comme celle du Saint sous la protection duquel elle avait placé sa vie, sa règle et sa congrégation.

Abelly continue en ces termes : « Mr Vincent est mort d'une mort si paisible et si tranquille qu'on l'eut plutôt prise pour un doux sommeil que pour une mort, en sorte que pour mieux exprimer quel a été le trépas de ce saint homme, il faut-dire qu'il s'est endormi en la paix de son Seigneur qui l'a voulu prévenir en ce dernier passage des plus désirables bénédictions de sa divine douceur et mettre sur son chef une couronne d'un prix inestimable.

C'était une récompense particulière que Dieu voulut rendre à sa fidélité et à son zèle. Il avait consumé sa vie dans les soins, dans les travaux et dans les fatigues pour son service et il l'a terminée heureusement dans la paix et la tranquillité. Il s'était volontairement privé de tout repos et de toute propre satisfaction pendant sa vie pour procurer l'avancement du royaume de Jésus-Christ, et l'accroissement de

. sa gloire, et en mourant, il a trouvé le véritable repos, et a commencé d'entrer dans la joie de son Seigneur. » Dans cet éloge de Mr Vincent mourant y a-t-il un seul mot qu'il faille retrancher pour faire celui de sa fille mourante? Je ne le crois pas.

Pour elle aussi, la mort a été *un doux sommeil.* Pour elle encore, cette mort était *la récompense de sa fidélité et de son zèle.* Elle avait à son tour *consumé sa vie dans les travaux,* elle s'était, nous le savons, privée de *tout repos* comme son protecteur pour *la gloire* de son maître et en mourant, elle trouvait enfin *le véritable repos.*

En quittant ce monde, elle emportait la gloire d'avoir en bien des choses imité le Saint qu'elle y avait le plus aimé après Dieu. Elle méritait, par conséquent, comme lui, d'entrer *dans la joie de son Seigneur.*

CHAPITRE HUITIÈME

Sa Mémoire.

Derniers honneurs. - Portrait de la défunte. - Ses funerail-
les. - Son inhumation. - La voie appienne. - Glorieux
héritage. - Condoléances. - Communication de la mort. -
Réponse de Sœur Catherine Barroy. - Élection de la nou-
velle supérieure générale. - Épitaphe de la Mère Thouret. -
Un dernier mot.

Le matin du 25 Août, le corps de la Mère Thouret était
exposé dans sa chambre, sur un lit funèbre, et à tour de rôle,
les sœurs et les élèves de la maison, les religieuses de Naples
et un grand nombre de personnes de la noblesse et du peuple
vinrent l'y vénérer. Toute la journée, une nombreuse affluence
se pressa dans les corridors de *Regina Cœli*, pour arriver
jusqu'à cette chambre située au second étage de la maison,
et faire toucher des objets de piété à la dépouille de la sainte
endormie. La vénérée défunte reposait revêtue de ses habits
religieux, portant sur sa tête blanche comme neige une couronne de roses blanches, et tenant dans ses mains couleur
de cire, un chapelet et un crucifix. — Sa physionomie portait
l'empreinte d'une douce sérénité: « De son pieux espoir son
front gardait la trace, » comme dit le poète; un sourire
céleste semblait errer sur ses lèvres décolorées. — Son âme en
quittant le corps, lui avait en quelque sorte laissé le sceau de la
paix inaltérable que déjà elle goûtait dans un monde meilleur.

26

Un peintre arriva de bonne heure, pour prendre les traits de cette auguste figure [1], et travailla à son esquisse jusqu'à l'heure des obsèques, puis il retourna chez lui, pour terminer son œuvre dans son atelier.

Le soir venu, le corps fut déposé dans une bière et porté à l'église du monastère par les religieuses elles-mêmes accompagnées des élèves et des personnes de la maison. — Le cortège fit le tour du cloître au milieu des larmes des assistants, et bientôt après, un magnifique catafalque entouré de flambeaux recevait pour deux nuits et deux jours la dépouille de celle que tous, les pauvres surtout, pleuraient comme la meilleure des mères.

L'église resta ouverte durant ces deux jours ; et le peuple ne cessa d'entrer à toute heure pour prier. Dans la matinée, les messes ne discontinuèrent pas aux autels, et les prélats, les chanoines et les prêtres vinrent en grand nombre porter à la chère morte leur part de suffrages et aux religieuses en deuil l'hommage de leurs condoléances. Rarement à Naples on avait vu un si grand concours autour d'un cercueil. Une princesse elle-même n'aurait pas provoqué une manifestation de sympathie, et de respect plus éclatante. Il ne faut pas s'en étonner ; car celle que l'on entourait ainsi de tant de vénération était la reine des petits et des humbles, la souveraine des malheureux et des deshérités.

Le soir du second jour, l'église fut fermée, et après les dernières cérémonies funèbres, le corps fut inhumé dans le caveau creusé exprès dans la chapelle de l'Immaculée Conception. C'était bien là la place qu'il fallait à la bonne mère pour dormir son sommeil éternel. Elle avait toujours eu une tendre dévotion pour la Vierge Immaculée et elle s'était plu depuis peu à faire restaurer la chapelle qui lui est dédiée à *Regina Cæli*.

[1] Ne fu fatto il ritratto nel mattino seguente. (Sœur Clarisse Mantelli).

C'est là qu'elle désirait être ensevelie, c'est là qu'elle repose en effet sous le regard de la douce Madone dont elle ornait l'image avec tant d'amour, et c'est là que nous avons eu la joie et la consolation de dire la messe plusieurs fois, quand nous sommes allé à Naples prier sur sa tombe et chercher les documents de son histoire.

C'est là aussi que longtemps ses filles lui porteront leurs prières et leurs larmes. Durant sa maladie qui ne dura que sept jours et pendant les cérémonies qui précédèrent son inhumation, bien des sanglots avaient éclaté parmi ses enfants de tout âge, mais quand elle ne fut plus là, quand la pierre qui ferme son sépulcre eut été scellée, ils éclatèrent encore avec plus de violence; on comprend pourquoi : Elle disparue, Regina Cæli n'avait plus l'air que d'un immense mausolée.

Car, même malade, elle était toujours la vie et la joie de la maison. Maintenant qu'elle était couchée pour toujours dans sa tombe, la solitude et le deuil planaient tristement sur le monastère et il fallut de longs jours à sa famille pour pouvoir s'habituer à son absence : « *Ci lasciò orfane,* dit sœur Clarisse Mantelli, dans une trop courte notice : *fu compianta da tutte le sue amate figlie; ma dal cielo ci assiste e ci conforta. – Elle nous laissa orphelines; elle fut pleurée de toutes ses bien-aimées filles; mais du haut du ciel, elle nous assiste et nous réconforte.* »

Ces mots prouvent que dans leur douleur, les sœurs de la charité privées de leur supérieure, ne trouvèrent leur consolation que dans les pensées chrétiennes que la foi suggère. Du reste, où la chercher sérieusement ailleurs, surtout quand on porte l'habit religieux, et qu'on abandonne pour Dieu, famille, foyer et patrie? Elle ne peut être que là.

Nous savons tous que la vie est comme la *Via Appia* [1], bordée de tombeaux; quand nous regardons en arrière, pour

---

[1] Célèbre route romaine construite en 312 avant J.-Ch. par le censeur Appius Claudius. Elle était bordée de tombeaux parmi les-

compter nos pas dans l'existence, nous voyons à droite et
à gauche sur les bords du chemin parcouru, la tombe d'un
père, d'une mère, d'un ami, d'une sœur, d'un bienfaiteur, et
comment nous consoler de leur disparition, dans le deuil
qu'ils nous ont laissé, si ce n'est par l'espérance de les revoir
un jour, et s'ils ont mené une vie sainte, par la pensée qu'ils
nous protègent là-haut!

C'étaient là justement l'espérance et la pensée qui met-
taient un baume sur la douleur des pauvres orphelines de
Regina Cœli. Puis, quoi de plus doux et de plus précieux
pour elles que les souvenirs que leur laissait leur mère en
les quittant! Quel bel héritage de vertus, de mérites et d'œuvres elle leur transmettait! Elles avaient le droit d'être fières
et orgueilleuses de cette glorieuse succession.

Puis enfin pendant de longs mois, elles reçurent successivement des lettres de condoléances qui toutes rendaient le
plus éclatant hommage aux éminentes qualités de celle qu'elles
avaient perdue.

Parmi ces lettres il y en a une que nous tenons à citer,
et à reproduire même en entier, et cela pour deux raisons:
d'abord parce qu'elle nous donne un portrait fait de main
de maître de la chère disparue, et puis parce que ce portrait
a pour auteur un homme et un saint qui connaissait mieux
qu'un autre les beautés de son âme; nous voulons parler de
l'archevêque de Cosenza.

Sœur Rosalie avait annoncé la mort de sa tante à Mgr.
Narni, et voici ce que lui répondit quelques jours après, l'excellent prélat qui, ne l'oublions pas, avait été le premier confesseur de la bonne mère à Naples:

---

quels ceux de Sénèque, de Pompée, de Scipion, des Horaces etc. etc.
Elle allait de Rome à Brindes: on l'appelait *Regina viarum,* la reine
des routes.

« Cosenza le 4 Septembre 1826.

« Ma chère fille en J.-Ch.

« Je ne puis retarder un instant d'exprimer le regret bien pénible que j'ai éprouvé en apprenant la triste nouvelle. Eh quoi! la Vierge forte de l'Evangile, l'héroïne de la Charité, la fondatrice de votre Institut n'est plus parmi vous; elle vous a quittées pour s'en retourner à Dieu; elle a laissé l'éxil pour prendre possession de la Patrie éternelle! oh! oui cherchons-la maintenant dans le Ciel: c'est là que nous la retrouverons. Sa dernière lettre du mois d'Août semblait me prédire clairement son prochain trépas, son triomphe dans le Ciel.... Moi qui ai pénétré jusqu'au plus intime de son âme, qui en ai sondé tous les replis, qui ai dirigé pendant neuf ans son esprit, moi à qui elle confia le secret des vicissitudes de sa vie aventureuse, oh! que de choses admirables je pourrais citer à sa louange! Combien d'exemples je pourrais proposer à l'admiration et à l'imitation des chrétiens et des personnes religieuses!

« Mais ici je me contenterai de tout résumer dans ces paroles: La plus grande gloire de Dieu, le bien spirituel et corporel des pauvres, des malades et des affligés; la perfection de son âme et de celle de ses filles dans les vertus religieuses et dans le dévouement de la charité furent les objets de son zèle infatigable, le mobile constant de toutes les actions de sa vie. Son esprit docile, ouvert à l'inspiration du Saint Esprit en reçut des trésors de sagesse, de science théologique et d'instruction religieuse qu'elle traduisait à merveille dans ses circulaires, dans ses avis et ses enseignements. Son cœur fidèle aux opérations de la grâce était rempli d'une onction suave et d'un attrait pieux qui lui gagnait les âmes.

« L'an 1818 fut celui de notre séparation personelle, mais nos esprits demeurèrent également unis; elle m'écrivait et je continuais de l'aider, de l'encourager, de la soutenir autant

« qu'il m'était possible de loin. Et maintenant que nous
« pleurons son décès, elle, bienheureuse, nous regarde du
« Ciel d'où elle protége l'Institut et ses filles qu'elle a tant
« aimées. Vous la rejoindrez un jour pour ne plus la quitter.
« En attendant elle vous a laissé ici-bas une autre mère, qui
« s'est abreuvée avec elle pendant plusieurs années aux coupes
« de la grâce et qui continuera de vous diriger dans l'ac-
« complissement de votre mission secourable et dans la pra-
« tique des vertus religieuses. »

Cette mère qui devait dans l'avenir diriger les sœurs de
Regina-Cæli dans la pratique des vertus religieuses, était,
on le devine déjà, la Sœur Geneviève Boucon qui fut, en
attendant l'élection canonique, nommée provisoirement supérieure générale.

Nous savons par avance qu'elle méritait la confiance de
ses compagnes puisqu'elle avait si longtemps joui de celle
de la Mère Thouret. C'était bien la religieuse qui pouvait
le mieux alors continuer les traditions de la vénérable morte;
elle avait hérité de son esprit et elle n'avait qu'à marcher
sur ses traces pour répondre à ce que demandait d'elle l'Institut tout entier.

En attendant c'était elle qui écrivait ou faisait écrire
aux maisons de l'institut pour leur annoncer officiellement la
mort de la supérieure générale, et leur demander des prières
pour le repos de son âme.

Il ne nous importe pas de savoir comment répondirent
à cette communication les communautés d'Italie, du Piémont
et de Savoie, ainsi que celles de France qui n'étaient pas
dans l'opposition. Car toutes pleurèrent amèrement sur la
perte qu'elles venaient de faire; mais il est pour nous du
plus haut intérêt, de savoir ce qui se passa dans cette circonstance entre Naples et Besançon.

Après la neuvaine, le 15 Septembre, la Sœur Rosalie
Thouret faisant fonction de secrétaire auprès de la Mère
Boucon, comme auprès de sa tante, écrivait en termes émus

à la Supérieure de Besançon pour lui faire part de la fatale nouvelle. Elle lui racontait la mort édifiante de la vénérée fondatrice, et elle terminait sa lettre par les lignes suivantes :

« Je n'ai pas besoin de vous prier, mes très-chères sœurs, de participer cette affligeante nouvelle à toutes vos maisons afin que chacune s'empresse de rendre à cette aimable Mère les devoirs que la Règle et la reconnaissance leur dicteront.

Il me reste à vous dire, mes très-chères sœurs, que j'ai à remplir envers vous une commission bien douloureuse qui m'a été donnée par notre très-chère Sœur Boucon, laquelle nous avons choisie ici de commun accord pour notre Supérieure actuelle et qui a été autorisée, malgré toutes les oppositions qu'elle a pu faire, à accepter cette charge par S. Eminence le cardinal Archevêque de Naples. Elle désirerait savoir quels sont vos sentiments à l'égard de l'union qui n'a jamais cessé d'exister de notre part envers vous. C'est dans cette attente qu'elle me charge de vous offrir ses sentiments d'estime et d'affection auxquels je m'unis aussi, vous priant de me croire avec sincérité,

Votre très-humble et affectionnée Sœur en J. C.
Sœur Rosalie Thouret, fille de la Charité. »

A cette lettre qui, on le voit, posait, vers la fin une question délicate pour les sœurs dissidentes, voici ce que répondit le 4 Novembre 1826 la Sœur Catherine Barroy.

Elle remerciait d'abord la Sœur Rosalie de ce qu'elle avait bien voulu informer la maison de Besançon de la mort édifiante de sa vénérable tante ; puis faisait en quelques mots l'éloge de la défunte, et annonçait enfin que pour le repos de son âme elle avait ordonné tout ce que prescrit la règle, c'est à dire un service funèbre, les prières accoutumées et les trente messes qui se célèbrent pour chaque sœur décédée.

Après cela, elle arrivait au point épineux et voici ce qu'elle disait :

« La bénédiction que le Seigneur daigne répandre sur notre communauté, l'accroissement qu'elle prend tous les jours, le choix particulier que Dieu semble faire de nous pour sa gloire, l'édification des fidèles, le soulagement des pauvres, nous fait désirer bien vivement une réunion franche et sincère des maisons hors de France avec la maison mère de Besançon, sous l'obéissance des Supérieurs Ecclésiastiques du Diocèse et de la Supérieure Générale élue selon nos Constitutions.

En attendant qu'il plaise au Seigneur de tourner les esprits et les cœurs de ce côté là (au moins pour nos chères sœurs qui désireraient revenir dans leur patrie et parmi nous) nous demeurerons unies par les liens de la charité avec toutes les communautés qui suivent avec ferveur leurs règles et leurs Constitutions.

C'est dans ces dispositions que je suis,

Ma très-Révérende Sœur,

Votre très-humble et très-obéissante servante
Sœur Catherine Barroy, Sup.ᵣₑ

P. S. Nous prions Révérende Mère Geneviève d'agréer nos respectueux sentiments d'affection et d'attachement. »

Cette Sœur Catherine Barroy qui fut nommée supérieure générale à Besançon, en 1822, par les sœurs dissidentes était, nous le soupçonnons du moins, celle qui depuis longues années avait été l'âme de l'opposition née sous l'inspiration de Mᵣ Bacoffe contre la Mère Thouret, et qui, secondée par les vues séparatistes de Mgr. de Pressigny était arrivée à ses fins. Elle était supérieure et supérieure indépendante. Elle ne pouvait que désirer le rester. Car dans sa réponse nous ne trouvons pas la trace d'un seul regret pour le passé, pas un mot qui fasse allusion même discrétement à la situation déplorable qu'elle avait créée dans la maison-mère.

Au contraire elle semble croire et insinuer que l'esprit de division a soufflé non pas de Besançon mais de Naples, et que par conséquent pour qu'une *réunion franche et sincère* s'établît entre la maison mère de Besançon et les maisons de Naples, il faudrait que ces dernières fissent les premiers pas vers la réconciliation.

Etait-elle de bonne foi ? Ce ne serait pas impossible ; car enfin, elle avait derrière elle un prêtre et un archevêque, tous deux estimés, et dans ces conditions elle pouvait aisément se persuader qu'elle représentait la justice et la vérité.

Que pensa la mère Boucon en lisant sa lettre ?

Nous l'ignorons, mais elle dut sans doute gémir sur ces prétentions peut-être plus naïves que coupables, et se dire : attendons dans la prière et la patience l'heure de Dieu pour une réunion impossible dans les termes qu'on nous propose.

En attendant, elle continua son œuvre à Naples en digne et fidèle héritière de la Mère Thouret. Il fallut cependant qu'elle fut élue canoniquement pour remplir ses fonctions d'une manière autorisée. Pour cela, le 6 Décembre 1826, ses sœurs adressèrent à la Congrégation des Evêques et Réguliers, une supplique [1] dans laquelle elles exposaient sommairement l'histoire de leur institut, et son état actuel depuis la mort de la fondatrice, et demandaient humblement ce qu'elles devaient faire pour le choix de la nouvelle supérieure générale, pour bien se conformer à l'esprit de leurs constitutions. Elles avaient soin d'ajouter qu'en attendant elles avaient nommé avec l'autorisation de l'archevêque de Naples une su-

---

[1] Voici la fin de cette supplique : « Non sanno coteste Suore in « tale circostanza la regola che debbono tenere. Intanto in Napoli

périeure provisoire qui veillait au moins sur les établissements de Naples.

A cette supplique la congrégation répondit sans tarder que les sœurs devaient s'en tenir aux Constitutions approuvées par Pie VII, d'heureuse mémoire, pour la nomination de la nouvelle supérieure générale et dans les premiers mois de 1827 le chapitre des supérieures réunies confirma la Sœur Geneviève Boucon dans son titre et dans sa charge.

Dès ce moment, la joie commença à renaître à *Regina Cœli* et une ère nouvelle se leva sur l'institut des filles de la Charité. Ou plutôt, cette ère nouvelle ne fut que la continuation de l'ère florissante qui depuis longues années donnait paix et prospérité à toutes les maisons unies de l'obédience de Naples, grâce au tact, à la direction et à l'activité de la Mère Thouret.

Car la Sœur Boucon était comme l'Elisée de l'Elie ravi naguère au ciel. Elle n'avait pas reçu le manteau de la fondatrice, mais elle avait reçu mieux que cela. Elle avait hérité de son esprit et de son cœur. Aussi, n'eut-elle aucune peine, en reproduisant ses vertus, à faire revivre sa mémoire.

L'un de ses premiers soins, quand elle eut accepté la charge qu'elle aurait bien voulu placer sur d'autres épaules, fut de commander une inscription funéraire pour la tombe de la chère disparue, et sitôt que cette épitaphe fut composée elle la fit graver sur sa tombe.

« coll'autorizzazione di S. E. il Cardinale Arcivescovo si è fatta la « scelta di una Superiora provisoria per reggere gli Stabilimenti.

« In tale stato di cose serie ed importanti non vedono queste « umili e devote figlie della Santa Chiesa altra via sicura e savia « che quella che le conduce ai piedi dell'Apostolico Trono per de- « porre con fiducia e profonda umiltà lo stato attuale dell'Istituto « ed aspettare dai suoi alti lumi ciò che le piacerà disporre pel « loro bene. »

La voici telle que nous l'avons relevée nous-mêmes dans la chapelle où dort pour jamais l'héroïne de notre récit:

+

P.　　G.

E. V.

IOHANNA ANTIDA THOURET
INSTITUTI CARITATIS GENERALIS FUNDATRIX MODERATRIX
POSTQUAM OMNES MORTALIS SUAE VITAE DIES
DEO INSERVIENDO
ET PER SE ET PER ALIAS CONSECRAVIT
POSTQUAM E GALLICANIS TERRIS
OMNIUM EDIFICATIONE CONGREGATIONIS SUAE ET SORORES
ET RUDIMENTA HINC PERDUXIT
OMNIUM LUCTU
AN. NATA LXI OBIIT VIII KAL. SEPTEMBRIS
A SORORIB. AC FILIABUS SUIS OMNIUM
MATER BENEMERITA TUMULATA FUIT
AN. Æ. MCCCXXVI.

Cette inscription rédigée dans ce style lapidaire dont les Romains et les Napolitains ont le secret, nous rappelle en quelques mots les grandes lignes de la vie que nous racontons. Elle peut se traduire ainsi:

Jeanne Antide Thouret - fondatrice et supérieure générale de l'institut des sœurs de la charité - après avoir consacré tous les jours de sa vie mortelle au service de Dieu - réalisé par elle même ou par les autres - après avoir en outre, à l'édification de tous, conduit jusqu'ici, de la terre de France les sœurs et les premiers éléments de sa Congrégation est morte à l'âge de 61 ans, le 8 des calendes de Septembre - laissant le deuil dans tous les cœurs. Cette mère de tous emportant d'unanimes regrets a été ensevelie ici par ses sœurs et ses filles en l'année 1826.

L'une des condition de l'épitaphe est d'être brève et simple parce qu'elle n'est lue qu'en passant. Celle-ci, on le voit, répond à cette condition; elle est courte et n'a rien de pompeux. Elle est en quelque sorte l'image de cette existence trop courte et très-humble qui est venue échouer sur la pierre tumulaire de *Regina Cœli*. Je regrette cependant que l'épigraphiste qui l'a composée n'ait pas cru devoir glisser dans son travail une allusion même voilée aux longues souffrances de notre sainte fondatrice. Il a rendu hommage à ses vertus, à son zèle et à son dévouement, mais il n'a rien dit de l'histoire de ses douleurs, et nous savons tous que sous la couronne de ses mérites, qui furent grands et nombreux, se cachait une couronne d'épines qui furent poignantes et cruelles. — Mais ces douleurs, Dieu qui les a connues encore mieux que nous, les a récompensées dans le Ciel, par la couronne immortelle qu'il donne à ses vierges, à ses apôtres et à ses martyrs.

Et maintenant voilà soixante cinq ans que la vierge de Sancey, l'apôtre de la France et de l'Italie, la martyre de partout repose sous une froide pierre et sous un ciel étranger. Elle ne repose pas là où elle a fait le plus du bien, mais là où elle a été le plus aimée, là où sa memoire est le plus entourée de tendresse et vénération.

O' Connel mourant disait : « Je laisse mon âme à Dieu, mon corps à ma patrie et mon cœur à Rome. » La Mère Thouret aurait pu dire : « Je laisse mon âme à Dieu, mon cœur à mes filles et mon corps à Naples » car si comme le dit quelqu'un, la patrie est là où l'on est aimé, c'est à Naples qu'était sa patrie; c'est là qu'était le ciel sous lequel elle avait trouvé le plus d'affection vraie, c'est là qu'elle laissait la maison générale d'un institut appélé à un brillant avenir. Autour de sa dépouille, comme autour d'un drapeau devaient venir se ranger de nombreuses jeunes filles affamées de dévouement, parce qu'il est écrit que là où sera le corps, là se reuniront les aigles [1].

---

[1] Saint Mathieu, 24, 28.

Dormez donc en paix, ô bonne Mère, dans la ville où vous avez fait tant de bien, dans l'église où vous avez tant prié, dans la chapelle où vous avez peut-être plus d'une fois pleuré! Dormez en paix sous le marbre qui renferme vos cendres, sous l'inscription qui raconte vos vertus, sous la dalle qui porte votre nom, et sachez bien que si votre âme revient quelquefois errer dans les corridors de *Regina Cœli*, pour imiter celle de Saint Vincent de Paul, qui demande parfois la permission de quitter le paradis pour revenir sur la terre et y faire encore du bien [2], sachez, dis-je, qu'elle y trouvera toujours des religieuses, des novices et des élèves dignes d'elle! Sachez enfin qu'elle y verra sa mémoire toujours bénie par les petits, les orphelins et les pauvres!!!

Memoria Ejus in benedictione [3].

---

[2] Une pieuse légende raconte cela de Saint Vincent de Paul.
[3] Eccle. 45, 1.

LIVRE CINQUIÈME

L'ENSEMBLE DU CARACTÈRE

CHAPITRE PREMIER

Son Ame.

Vie d'une religieuse. - L'âme est un monde. - La parenté des âmes. - Portrait vivant de Marie Madeleine, de Marthe et de Veronique. - L'amie, la servante, la suivante de Jésus.

Il y a une analogie frappante entre la vie militaire et la vie religieuse; le soldat et le moine ont une vocation à peu près semblable: l'un se fait victime de la patrie, l'autre de la religion. La religieuse qui s'adonne à une œuvre quelconque de charité, d'éducation ou d'apostolat, quels que soit la cornette qui couvre sa tête ou le costume qui abrite son corps, participe largement à cette immolation. Sa vie est un sacrifice de tous les instants et de tous les jours. Elle est une hostie vivante dont l'holocauste se renouvelle à toute heure et comme la sentinelle qui garde fidèlement son poste, et meurt plutôt que de le laisser lâchement, même au moment du danger, elle reste fidèle à la sainte consigne de son devoir, et tombe plutôt sur le champ de bataille que de livrer l'armure de sa vocation [1].

Il suit de là que raconter la vie de la Supérieure Générale d'un ordre religieux, c'est en quelque sorte raconter

[1] *Une sœur de Nevers* par l'Abbé Henry Calhiat.

la vie d'un général. C'est faire connaître ses campagnes et ses états de service.

Au point où nous sommes de cette histoire, nous connaissons amplement les campagnes de la Mère Thouret : j'ai dit par le détail *ses états de service* de 1787 à 1826, du jour de sa vocation à sa mort. Sa grande âme a dominé ce récit et à chaque page, nous avons pu en admirer la force et la suavité, la vaillance et la délicatesse. Mais cela ne peut suffire ni à sa gloire ni à notre curiosité. Il faut scruter cette âme ; il faut en voir de plus près la mystérieuse beauté. Nous pourrons ainsi mieux en apprécier les vertus. Voilà pourquoi dans ce chapitre je veux essayer de peindre son portrait. Trop heureux serai-je, si par quelques coups de pinceau ou plutôt par quelques traits de plume, je puis en donner la véritable ressemblance.

La chose est difficile et délicate, car une âme, a dit quelqu'un, est un monde que nul voyageur n'a encore exploré et de là ce cri de désespoir d'un poète : « Si je pouvais incorporer ce qui est au dedans de moi, si je pouvais jeter mes pensées dans une forme vivante, si je pouvais tout exprimer, âme, cœur, esprit, sentiments forts ou faibles, tout ce que je cherche, souffre, connais, tout ce que j'éprouve sans en mourir ; si je pouvais dire cela d'un seul mot et que ce mot fut un éclair, je parlerais. Mais ne le pouvant pas, je vis et je meurs sans être entendu, et je refoule ma pensée comme l'épée dans un fourreau » [1]. — Nous voici donc en face d'un petit *monde* déjà connu que nous voulons explorer. Nous ne saurons jamais tout ce qu'a ressenti, désiré, ou souffert notre sainte héroïne, au milieu de ses conquêtes pour le bien, et de ses luttes pour la charité ; nous ne pourrons jamais exprimer ses rêves, ses aspirations pour la gloire de Dieu et le salut des âmes ; nous dirons encore moins bien ses souffrances intimes, surtout pendant les dernières années

[1] Byron.

de sa vie, puisqu'une de ses sœurs nous a révélé qu'avant sa mort, elle avait éprouvé une peine qui n'était connue que d'elle et de Dieu; mais nous pourrons au moins pénétrer dans le sanctuaire de son âme et voir, comme dans un miroir, les pensées qui la passionnaient dans ce pauvre monde où elle a passé comme une bienfaisante providence.

Or, ici-bas, Dieu a voulu qu'il y eût une parenté psychique, comme il y a une parenté consanguine; quand il crée les âmes, il les rattache par des affinités secrètes à une race qui les fait sœurs comme il rattache par des liens visibles les êtres humains, à une famille qui les fait frères. Pour l'époque où elle a vécu, la Mère Thouret appartient à la famille de ces religieuses qui au lendemain d'une Révolution, ont donné dans notre siècle, l'exemple des plus fortes vertus et ont laissé dans notre histoire une trace lumineuse par les œuvres que nous leur devons. Telles sont la Mère Barat, la Mère Marie de Salles Chappuis [1], la Mère Emilie [2], la Mère Genyèr [3], la Mère Montagnol de Cazillac [4], la Mère Javouhey, la Mère de la Fare [5] etc. etc.

A travers les siècles, elle se rattache à la race des fondatrices qui ont fourni à l'Eglise des bataillons de femmes chrétiennes vouées à la prière, à l'éducation, à la charité, telles que la Mère Le Clerc [6], Madame Legras [7], la Mère

[1] Mère Marie de Salles Chappuis, de l'ordre de la Visitation Sainte-Marie 1793-1875.

[2] Mère Emilie, fondatrice et première Supérieure Générale des religieuses de la Sainte Famille, à Villefranche de Rouergue 1787-1852.

[3] Mère Genyèr, fondatrice des sœurs de la Miséricorde, à Moissac. Tarn et Garonne 1756-1839.

[4] Mère Montagnol de Cazillac fondatrice des sœurs Garde-malades de Notre Dame Auxiliatrice à Montpellier 1812-1875.

[5] Mère de la Fare, Supérieure du Saint Sacrement de Bollène et fondatrice des maisons d'Avignon et de Carpentras 1750-1826.

[6] Mère Le Clerc, fondatrice de la Congrégation de Notre Dame de Saint Augustin à Paris 1576-1622.

[7] Madame Legras, Mademoiselle Louise de Marillac fondatrice avec Saint Vincent de Paul des filles de la Charité à Paris 1591-1662.

de Marchangy [8] et une foule d'autres que nous ne nommons pas.

Mais il me plait de remonter plus haut pour lui trouver une filiation encore plus reculée. Pour cela, j'ai cherché dans l'Evangile des types de femmes auxquelles elle pût ressembler et voilà que dans l'entourage de Notre Seigneur Jésus-Christ, j'en ai trouvé trois dont elle nous rappelle par beaucoup de traits, l'auguste physionomie. Ce sont trois âmes sœurs ou jumelles, qu'elle a pour ainsi dire incarnées ensemble : elles se nomment Marie-Madeleine, Marthe et Véronique. La première, l'amie de Jésus, est l'incarnation de l'amour ardent; la seconde, la servante de Jésus, est la personnification du zèle empressé; et la troisième, la suivante de Jésus est le type du dévoûment persévérant.

Dans l'âme de la Mère Thouret je trouve quelque chose de ces trois âmes et, leur histoire à la main, je vais le montrer.

Marie-Madeleine, c'est l'amie de Jésus, c'est l'âme aimante d'un amour ardent, vif et fidèle. Sa vie tout entière respire ce sentiment, ou plutôt ce sentiment transpire à travers les actes de sa vie tout entière. Nous l'observons surtout chez le Simon le pharisien, au moment de la première onction; à Béthanie, chez Lazare, pour la seconde onction; au pied de la croix, quand Jésus est mort; au tombeau du Christ quand elle vient le chercher, et dans la solitude quand elle le poursuit de ses rêves.

Chez Simon le pharisien, nous la voyons se jeter aux pieds de Jésus, elle les arrose de ses larmes, les essuie avec la soie humiliée de ses cheveux et les oint de ses parfums.

A Béthanie, à l'avant-veille de la Passion, elle brise son vase d'albâtre sur la tête du Sauveur, parce que tout est consommé, et elle a la joie d'entendre son maître louer sa générosité.

---

[8] Mère de Marchangy, fondatrice des sœurs de la Charité et de l'Instruction chrétienne, à Nevers 1667-1729.

Aux pieds de la Croix, elle colle ses lèvres brûlantes sur les pieds glacés du crucifié, et lorsque les bourreaux l'attachent au gibet infâme, elle baise avec le même amour ses mains adorées.

Au matin de la Résurrection, elle est la première au tombeau, elle y vient avec des aromates, voit le sépulcre vide et se met à pleurer. C'est alors que le maître ressuscité, se révèle à elle, en l'appelant: *Marie*, et qu'elle le reconnaît en l'appelant: *Rabboni*. Enfin dans la solitude de la Sainte Baume, où elle se livre à de rudes austérités, elle n'a qu'un désir: revoir, pour l'aimer toujours celui qui est l'aimant de son âme!!

Comment la Mère Thouret a-t-elle reproduit ce premier type dans sa vie? La réponse est facile: En montrant le même amour pour Jésus *vivant* et *mort*.

Jésus vit toujours dans l'Eucharistie. C'est dans le banquet eucharistique que nous pouvons le retrouver comme chez Simon le pharisien et comme à Béthanie. C'est là que nous lui portons nos larmes et nos parfums. C'est là enfin que nous devons briser le vase de notre cœur, et tout cela, nous le faisons par la communion *réelle* et la communion *spirituelle*.

La communion réelle! quoi de plus merveilleux? Recevoir son Dieu, le mettre dans son âme! Devenir son habitacle! Etre un porte-Christ, quelle gloire et quelle joie!!

C'est la communion réelle qui, à toutes les époques de l'histoire a fait les vierges, les héros, les martyrs? Quand elle n'est pas possible, il nous reste la communion spirituelle. La théologie l'enseigne, l'Eglise l'approuve, la nature l'indique. Elle est en quelque sorte, enracinée dans nos instincts. Les êtres que nous aimons sont si rarement avec nous! L'exil, le malheur ou la mort nous les arrachent tour à tour. Nous ne les voyons plus de nos yeux, nous ne les touchons plus de nos mains. Mais pour nous venger des tristesses de la séparation, nous avons à notre service, le souvenir et l'espérance, en d'autres termes, la communion *idéale* ou *spirituelle*. La Mère Thouret n'était pas une théologienne, bien que parfois elle nous étonne dans ses circulaires par la profondeur de sa science sacrée. Mais elle savait ces choses et aurait pu les expliquer à ses filles d'une manière admirable, car l'expérience, la souffrance et l'étude - comme nous avons pu l'observer et comme nous l'observerons encore, en faisant le portrait de son esprit - avaient singulièrement agrandi le domaine de ses connaissances. — D'ailleurs Dieu qui se révèle aux petits et aux humbles lui avait appris, suivant la remarque de Mgr. Narni, les plus beaux mystères de la sainteté.

Elle communiait toutes les fois que la règle le demandait; elle ne laissait jamais passer un dimanche, ou une fête importante de Notre-Seigneur ou de la Sainte-Vierge, sans s'approcher du banquet eucharistique, et c'est là qu'elle offrait à Jésus les parfums de son âme virginale; c'est là qu'en larmes parfois, elle brisait à ses pieds le vase de son cœur débordant d'amour.

Quand elle ne pouvait s'approcher de la table sainte - que cette privation lui fut imposée par la règle ou par la maladie - elle mettait son bonheur à faire la communion spirituelle, et ce fut là une de ses grandes consolations, dans le dernier mois de sa vie alors qu'à tout moment, elle devait se rafraîchir la bouche pour calmer l'irritation intérieure dont nous avons parlé. Ainsi d'une façon ou d'une autre, elle payait en tout temps son tribut d'amour à *Jésus vivant*.

Elle savait aussi le payer et cela d'une manière constante à *Jésus mort*, c'est-à-dire au crucifix.

Le Crucifix voilà le grand livre du prêtre, du moine, de la religieuse, voilà le manuel où nous pouvons tous apprendre, mieux qu'ailleurs, la patience et la résignation.

A première vue, dans l'image tourmentée de cet homme nu, maudit, ensanglanté, cloué à une croix, nous ne reconnaissons pas trop notre Dieu, pas plus que Marie-Madeleine ne reconnut celui qu'elle prit pour un jardinier aux bords du sépulcre.

Mais ce crucifié nous parle par sa couronne d'épines, par ses pieds et ses mains percés, par la blessure de son cœur, et nous le reconnaissons, comme Marie-Madeleine, à son langage. Nous le reconnaissons et nous le proclamons notre maître: *Rabboni*. C'est là ce que faisait tous les jours la Mère Thouret. Aussi de quelle tendresse elle entourait son crucifix! Avec quelle joie elle le couvrait de ses baisers et parfois de ses larmes! Avec quel amour jaloux elle l'emportait dans ses voyages! C'était le confident de ses peines, le consolateur de ses souffrances, le compagnon de sa vie!

Aussi, voulut-elle que toutes ses filles le portassent toujours suspendu à leur ceinture. Pour son compte, elle ne le quitta jamais, elle le contemplait encore sur son lit funèbre, elle le pressait dans ses mains défaillantes, elle lui accorda son dernier regard et son dernier adieu, et morte, elle l'emporta dans sa tombe. Elle lui dut beaucoup de victoires sur elle-même, à l'heure de la persécution, et jusqu'au dernier soupir elle lui resta fidèle.

Elle aussi était crucifiée avec lui, et en méditant sur les douleurs de l'Homme-Dieu, elle n'osa jamais se plaindre des siennes. Elle aussi aurait pu dire comme une autre âme courageuse: « Donnez-moi un crucifix et j'affronterai tout, même les tortures! »

En cela, elle se conduisit comme Marie-Madeleine. Elle se montra l'amie de Jésus!

Mais elle ne s'arrêta pas là; elle voulut aussi se montrer sa servante comme Marthe.

Marthe personnifie le zèle empressé. Ses actes tels qu'ils sont racontés dans l'Evangile, laissent voir ses impressions et ses ardeurs. Quand Jésus vient à Béthanie, elle demande à sa sœur qui est aux pieds du Maître de s'arracher à sa contemplation et de venir l'aider. Quand Lazare est souffrant, elle écrit de concert avec Madeleine, au divin guérisseur pour lui annoncer cette nouvelle et lui dire : « Celui que vous aimez est malade. » Quand le Seigneur vient, elle va, elle court, elle vole au-devant de lui, et dès qu'il est arrivé elle fait dire à sa sœur : « il est là et il te demande. » On voit qu'elle a la fièvre du zèle. Elle est haletante....

Elle n'a qu'un idéal : servir Jésus, l'entourer, lui être utile, lui faire plaisir. En un mot, elle se constitue son humble servante. Elle est représentée ici-bas par les religieuses qui dans le silence et l'obscurité se vouent aux œuvres catholiques. — Ces œuvres sont les services secondaires de la grande administration des âmes dans l'Eglise.

Dès le berceau, nous appartenons à trois sociétés : à la société domestique, à la société civile, à la société religieuse, ou si l'on veut, à la famille, à l'Etat, à l'Eglise. Or, chacune de ces sociétés a ses services de premier et de second ordre.

Nous ne comprenons pas la famille que gouvernent le père, la mère, les enfants sans le service important des inférieurs, des domestiques, des agents qui moyennant salaire concourent à apporter au foyer bien-être et prospérité.

Il en est de même pour l'Etat, dont un chef conduit le char ; il faut que par un mécanisme heureux, les rouages administratifs fonctionnent en harmonie avec le bonheur de la société. Les services publics pourvoient à cette nécessité.

L'Eglise ne fonctionne pas autrement. Elle a, sous l'autorité de son souverain des services de premier ordre, qui sont les congrégations romaines, les conciles œcuméniques, les congrès catholiques, les pèlerinages religieux : puis, viennent les services de second ordre qui sont les œuvres chrétiennes, et dans ceux-ci, les femmes, les jeunes filles, les religieuses ont un rôle important. — Comment en effet sans elles, pourraient marcher les hôpitaux, les hospices, les orphelinats, les écoles, les pensionnats, les ouvroirs, les refuges ? — Ces œuvres qui ont pour but la charité, l'éducation, et la miséricorde sont justement celles qu'embrassa la Mère Thouret, celles qu'elle fonda partout où la Providence conduisit ses pas. Son grand rêve n'était-il pas de soigner les malades, de soulager les pauvres, d'instruire les enfants, de recueillir les orphelins, d'élever les jeunes filles, en un mot de secourir toutes les misères et toutes les faiblesse?

Elle fut donc une vraie Marthe, une servante de Jésus.

Enfin, elle fut aussi une Véronique, une suivante de Jésus. Véronique est la personnification du dévoûment compatissant. Elle traverse la foule des bourreaux qui conduisent Jésus au Calvaire et vient essuyer sa face ensanglantée. Cet acte courageux est aussitôt récompensé, puisqu'elle emporte sur son voile le portrait du Sauveur.

Sur la pente du Golgotha, elle envoie à la sainte victime une coupe de vin aromatisé qui ne lui arrive pas, et sur la cime de la montagne elle se joint aux saintes femmes pour pleurer le crucifié et couvrir ses pieds meurtris de larmes et de baisers.

Qui représente-t-elle dans ce monde? Les âmes généreuses qui se vouent d'une manière particulière à la charité chrétienne pour secourir les malheureux. Que de figures ensanglantées à essuyer!... Que d'âmes ulcérées à consoler!... L'existence est une bataille, et les blessés, hélas! sont très-nombreux; il y a surtout les blessés du corps et les blessés de l'âme. Les premiers sont les pauvres, les seconds les pécheurs et tous ont besoin de compatissance et de sympathie!

Les pauvres sont les représentants de Jésus-Christ ici-bas. Nous savons, en effet, par l'histoire ou par la légende, que plusieurs fois, le divin Sauveur s'est déguisé en mendiant, pour frapper à la porte de certains saints dont il voulait éprouver le cœur.

De bonne heure la vierge de Sancey devina cette prérogative du pauvre, et de là son grand amour pour les deshérités du monde; de là son touchant dévoûment pour les malheureux, quels que fut leur costume ou leur situation. Avec quelle maternelle bonté, avec quelle sollicitude empressée, elle les a secourus partout à Besançon, à Paris, à Naples! C'est pour eux surtout qu'elle a travaillé, qu'elle a souffert et qu'elle a vécu! Ce sont eux qui souvent l'ont empêchée de dormir : car pour leur venir en aide, elle aurait tout donné, elle serait allée au bout du monde. Elle ne croyait jamais avoir assez fait pour leur soulagement, et l'on peut dire qu'elle avait, pour eux, le cœur même de Saint Vincent de Paul.

Abelly raconte ceci de ce grand bienfaiteur de l'humanité : « Etant un jour tout saisi de douleur, au sujet des pauvres, et parlant à l'un des siens qui l'accompagnaient en ville, après quelques soupirs et exclamations sur la mauvaise saison qui menaçait en ce temps-là les malheureux de famine et de mort : - Je suis en peine, lui dit-il, pour notre compagnie ; mais en vérité, elle ne me touche point à l'égal des pauvres ; nous en serons quittes en allant demander du pain à nos autres maisons, si elles en ont, ou à servir de vicaire dans les paroisses ; mais les pauvres, que feront-ils, et où est-ce qu'ils pourront aller? J'avoue que c'est là mon poids et ma douleur! - »

Ces sentiments, la Mère Thouret les avait : Les pauvres, c'était pour elle aussi, son poids et sa douleur!

Les malades tenaient également une grande place dans son âme compatissante. De bonne heure, à Besançon - nous l'avons dit - elle apprit à les soigner. Pour eux, elle voulut connaître les secrets de la pharmacie, et partout où elle fut appelée à fonder un hôpital, elle leur montra un dévoûment sans bornes. Il est vrai - comme elle le disait elle-même - qu'en s'occupant de leur corps, elle visait surtout leur âme. Aussi, que d'infirmes elle a ramenés au Bon Dieu, avant leur mort! Que de moribonds elle a convertis, soit dans les hôpitaux, soit dans leur domicile. A Naples, on l'appelait souvent au chevet de vieux pêcheurs malades qui ne voulaient pas recevoir le prêtre, et d'ordinaire, après quelques visites, elle

parvenait par son tact et sa douceur, à leur arracher la promesse qu'ils se confesseraient et feraient une fin chrétienne!
Quand elle avait le malheur de ne pas réussir auprès d'eux,
elle avait recours à la prière, et, plus d'une fois, cette sainte
diplomatie qui obtient du Ciel des faveurs et des grâces, lui
valut, aux derniers moments de pécheurs endurcis, des merveilles de conversion.

C'est ainsi qu'après avoir guéri ou soulagé *les blessés du
corps,* elle consolait ou sauvait *les blessés de l'âme.*

Elle était donc une *Véronique;* car elle cicatrisait des
plaies, elle embaumait des blessures ; son grand métier, con-
sistait à s'incliner sur les pauvretés et les misères, et pour
toutes elle avait le vin aromatisé de la miséricorde. À toutes
elle accordait, avec le même empressement, tendresse et compassion.

C'était donc une belle âme, puisqu'elle incarnait en elle,
les trois saintes femmes dont nous avons esquissé le portrait,
et qu'à travers sa vie, elle a su reproduire leurs vertus. Aussi
on aurait pu graver sur sa tombe, cette inscription qui aurait
dignement couronné celle que nous connaissons : « Ci-gît une
Vierge de Dieu qui fut pour Jésus une Marie-Madeleine, une
Marthe, une Véronique ; car pour lui, toujours elle se montra
une amie fervente, une servante empressée, une suivante
dévouée. »

Oui, il faut le proclamer, ce fut une bien belle âme, une
âme comme Dieu en accorde peu de pareilles à un siècle,
une de ces âme dont on est heureux de connaître les richesses,
et plus heureux encore de raconter l'histoire.

Ce fut également un grand cœur. Le chapitre suivant va
nous le prouver.

CHAPITRE DEUXIÈME

Son Cœur.

*Principales qualités d'un grand cœur. - Pureté, magnani-
mité, délicatesse, force, bonté. - Affections religieuses,
sociales, personnelles.*

Quelles sont les principales qualités d'un grand cœur?
Il y en a cinq qui semblent mériter une mention spéciale et
les voici : Ce sont la pureté, la grandeur, la délicatesse, la
force et la bonté [1].

A quel point ces qualités se sont-elles développées dans
le cœur de notre héroïne?... Voyons-le.

La pureté, à vrai dire, se range par son essence, au
nombre des qualités négatives. Mais qui ne sait qu'il est des
négations qui valent des affirmations en ce sens qu'elles nient
une imperfection ou un défaut? Or, c'est là précisément le
caractère de la pureté. Elle exclut toute souillure qui ternirait la beauté de l'âme ou l'abaisserait en la mêlant à certains éléments d'une nature inférieure, grossière ou banale.
Voilà pourquoi elle est la qualité maîtresse des anges du
Ciel et la grande vertu des vierges qui sont les anges de
la terre. — Etre vierge en effet, c'est *angéliser* sa vie, vivre
à la manière des anges, mener ici-bas une vie angélique.

Quelle est la principale prérogative de l'ange? C'est la
spiritualité. L'ange n'est pas comme l'homme, attelé à ce

---

[1] Voir *La tête et le cœur* par Mr Vallet prêtre de Saint Sulpice.

chariot fangeux qu'on appelle le corps. Par conséquent mener
sa vie, c'est vivre comme si on n'avait pas de corps, c'est
garder dans une chair fragile et peccable une âme toujours
pure; c'est porter sous le dais de la création cette âme
toujours immaculée. C'est ouvrir les yeux sur les réalités
d'en haut et les fermer sur les réalités d'en bas! C'est disposer des ascensions surnaturelles dans son cœur! c'est dire
tous les matins en se levant: « *Sursum Corda!* En haut
mes sentiments! En haut mes pensées! » et par suite, vivre
loin du terre-à-terre vulgaire de la vie sensuelle. — C'est en
un mot, avoir le goût des choses célestes!

Or ce goût, Jeanne Antide Thouret l'eut de bonne heure,
puisque dès l'âge le plus tendre, elle voulut se consacrer
à Dieu, et qu'un des grands bonheurs de son adolescence
fut d'apprendre un jour, qu'elle aurait les ressources suffi-
santes pour suivre sa vocation religieuse et entrer chez les
sœurs de la charité.

De bonne heure, elle *angélisa* sa vie; dans son village
elle ne voyait jamais, à coup sûr, de spectacles qui pussent
effaroucher sa pureté native; mais cela ne lui suffisait pas;
elle devinait que la chasteté est une vertu *frileuse* et qu'il
faut l'entourer de beaucoup de soins, comme une plante délicate, pour la conserver, et voilà pourquoi, elle désira quitter
le monde. Dans un couvent, elle espérait pouvoir mieux
abriter la blancheur de son âme et mieux garder un trésor
qui devait de tout temps être son aimant et sa gloire. Aussi,
la vit-on, après avoir été très-austère pour elle-même recommander fréquemment la sainte vertu, dans ses circulaires, et
édicter dans sa règle, des dispositions particulières pour la
sauvegarder [1]. En cela, elle imitait Saint Vincent de Paul
qui toute sa vie, fut un miroir de pureté, et qui dans ses

---

[1] Voir les *Constitution générales* et notamment, dans la 1ʳ p. et
dans le ch. 2ᵉ le paragraphe 9ᵉ — *Des amitiés particulières*, et dans
la 2ᵉ p., et le ch. 9ᵉ, le paragraphe 3ᵉ: *Prudence avec laquelle il faut
servir les pauvres.*

conférences avec ses collaborateurs et ses filles ne cessait pas
de leur prêcher la mortification et la vigilance comme armes
défensives, contre le sensualisme.

Elle eut donc la première des qualités qui font les grands
cœurs. — La seconde, la grandeur, ou la magnanimité lui fut
également départie.

Etre magnanime, selon Saint Thomas, c'est avoir l'âme
portée aux grandes choses, ou, comme dit Saint François
de Sales, tendre *au grand* de quelque nature qu'il soit:
« Mais à celui qui ne peut faire de grandes choses, se demande un psychologue [1], non pas faute de volonté et d'amour,
mais seulement faute de puissance, sera-t-il interdit, en toute
rigueur, d'aspirer à la magnanimité? »

« Non, répond-il, s'il fait grandement les petites choses,
et si l'étendue de l'amour apporte ce qui manque à l'étendue
des œuvres. Voilà pourquoi la pauvre veuve de l'Evangile
qui n'a donné qu'une obole, se voit placée par Jésus-Christ
lui-même, avant les riches qui ont versé d'abondantes aumônes dans le gazophylacium; car ceux-ci n'ont donné que
de leur abondance, et elle a donné de sa pénurie sans rien
garder pour sa nourriture. Consolante décision du juge infaillible qui abaisse la magnanimité jusqu'à la portée des petits et qui les excite à se faire grands par la seule grandeur
de leur amour. »

Si quelqu'un fut petit ici-bas, par la naissance, et la fortune c'est bien, certes Jeanne Antide Thouret; elle ressem-
blait assez en cela, à la veuve de l'Evangile, mais, en revanche,
comme elle fut grande par les aspiration de la volonté et par
les désir du cœur!

Elle le fut surtout par son courage en face de l'adver-
sité!.. Nous avons vu sa patience, dans le malheur, l'exil et
la persécution. — Nous avons admiré son attitude si digne en
présence du juge aveuglé qui la condamna sans vouloir l'enten-

[1] P. Vallet.

dre. Nous savons avec quelle résignation elle a porté les croix, qui, on peut le dire sans exagération, ont plu sur elle, à toutes les époques de son existence perpétuellement tourmentée!

Elle nous a révélé par sa conduite dans les épreuves la splendeur de cette pensée du Père Lacordaire: « La persécution est à la vie morale ce que la poésie est au style. La poésie en resserrant l'expression de la pensée, la fait jaillir jusqu'aux extrêmes limites du beau. La persécution en tombant sur une âme forte, la détache du monde sans la briser et la porte à Dieu. »

La bonne Mère, en effet, n'était jamais plus près de Dieu que lorsqu'elle se sentait écrasée sous la pression de la douleur: elle ne s'abandonnait jamais tant à lui que lorsqu'il paraissait l'abandonner. N'est-ce pas l'idéal de la magnanimité?

Entre la pureté et la grandeur se place *la délicatesse*, une des plus touchantes vertus de l'âme [1]. La délicatesse est au cœur ce que la finesse est à l'esprit, ce que la grâce est à la beauté. — Dans la conscience, elle a horreur des fautes les plus légères et ne saurait souffrir que la plus petite tache vint ternir la blancheur de la robe d'innocence. Dans la charité elle donne d'une main si aimable et si discrète que l'aumône disparaît sous la forme du plus gracieux présent, et dans l'amitié, elle se révèle avec un tact exquis. Rien de ce qui peut-être agréable à la personne aimée ne lui échappe; elle entend à demi-mot, elle prévient les désirs; tout en se prodiguant, elle a bien soin de ne pas paraître. — Aussi, s'il était permis de définir une chose si indéfinissable, nous dirions que la délicatesse est la *fleur de l'amour*.

Or cette fleur se trouvait à l'aise dans le cœur de la Mère Thouret - car elle y respirait en quelque sorte l'atmosphère qu'elle aimait - et cela au triple point de vue de la pureté, de la charité et de l'amitié.

[1] P. Vallet.

Nous savons déjà ce qu'il faut penser de la pureté de notre héroïne. Pour sa charité, il faut dire que si elle donna *beaucoup*, dans sa vie, elle sut surtout donner *bien*, car elle faisait ses aumônes avec une bonté plus grande encore que sa générosité; elle avait été pauvre elle-même et personne mieux qu'elle, n'eut le secret de secourir les pauvres, sans les blesser. Quant à son amitié, nous verrons plus loin, comment elle l'exerça, envers tous ceux qui en méritaient les faveurs.

Mais voici une vertu plus austère et qui ne se rattache pas moins au cœur. Nous voulons parler de la force.

Force est synonyme de puissance, mais surtout de fermeté, d'une fermeté égale, prête à se déployer à toute occasion et en toute rencontre. Portée à son degré suprême, elle fait les héros et les martyrs. C'est elle qui nous soutient dans la *lutte pour la vie*. Voilà pourquoi le grand précepte des stoïciens était celui-ci: « *Sustine, tiens bon.* » Mais dans cette lutte, elle a un ennemi redoutable, c'est l'égoïsme qui resserre le cœur et le renferme en lui-même. Or, la vertu ne consiste pas à se reposer inutilement en soi-même, mais à se dégager de sa personnalité, et à s'élancer au dehors [1]. Sortir de soi, est la chose difficile; qui ne l'a pas fait, ne connaît que le nom de la vertu; mais qui l'a fait généreusement a écarté l'obstacle principal.

Cela dit, qui ne voit que le cœur de la Mère Thouret répond noblement à toutes ces notions? Avec sa nature généreuse, elle est toujours sortie d'elle-même pour se donner. A qui? A Dieu d'abord, et puis aux pauvres. Elle n'a jamais connu l'égoïsme. Elle se possédait assez pour combattre ses passions, avec une fermeté qui ne savait pas se démentir; mais elle ne s'appartenait pas; elle appartenait aux autres, c'est-à-dire aux malheureux, aux malades, aux humbles, et puis à ses filles, à ses fondations, à ses œuvres.

[1] Thomassin.

De plus elle a *tenu bon* toujours contre les peines crucifiantes, qu'elle a rencontrées. Elle *a supporté* avec héroïsme
- nous l'avons déjà remarqué tout-à l'heure - les épreuves
qui l'ont assaillie, elle a bu jusqu'à la fin avec un courage
héroïque, sa coupe d'amertume. Elle a donc eu *la force* qui
caractérise les grands cœurs.

Mais voici maintenant son triomphe : *la bonté*.

Qu'est-ce que la Bonté ? c'est la médiatrice des êtres, la
conciliatrice des cœurs, l'aimant des âmes. On peut la définir : un penchant naturel à prévenir ou à calmer les souffrances [1]. Elle résume en elle, toutes les affections bienveil-
lantes ou pour mieux dire, chacune de ces affections n'est
autre que la bonté elle-même qui prend un nom particulier
selon les circonstances où elle manifeste son action. - Quel
que soit le nom qu'elle porte, elle a toujours et partout le
don d'attirer. La beauté plaît, l'esprit amuse, la sensibilité
passionne; mais la bonté attache. Donnez-moi un visage où
la rectitude des lignes et la grâce des contours soient par-
faits, mais sans expression de bonté quelconque dans les
yeux et sur les lèvres, ce sera la tête de Méduse.

Voilà pourquoi, un grand orateur disait [2] : « Je n'ai jamais
senti d'affection que pour la bonté rendue sensible dans les
traits du visage. Tout ce qui ne l'a pas, me laisse froid,
même les têtes où respire le génie; mais le premier homme
venu qui me cause l'impression d'être bon, me touche et me
séduit » et il ajoutait; « la bonté est ce qui ressemble le
plus à Dieu et ce qui désarme le plus les hommes. » — C'est
pour cela que le poète a dit à son tour : « La bonté c'est
le fond des natures augustes. »

Elle se trouve dans toutes les grandes âmes : « Quand
Dieu fit le cœur de l'homme, nous apprend Bossuet, il y
mit premièrement la bonté. » Par conséquent tout homme en

---

[1] Latena.
[2] P. Lacordaire.

porte en lui le germe qui se développe plus ou moins pour
donner naissance à un de ces sentiments qui nous honorent
et qu'on appelle, dans le langage humain, philanthropie,
compassion, clémence, générosité, obligeance, dévoûment.
Chacun de ces sentiments est né de la même mère et c'est
cette mère qui exerce sur la terre la royauté des cœurs.
Car, on l'a partout remarqué, ce qui rend les hommes populaires parmi nous, ce n'est pas le génie, ce n'est pas
l'esprit, ce n'est pas la fortune, c'est la bonté. Voulez-vous
être sympathique à ceux qui vous entourent? Voulez-vous
conquérir les âmes que vous rencontrez, soyez bon. C'était
là le secret de Saint François de Sales dont Saint Vincent
de Paul se plaisait à dire ceci: « Il faut que Dieu soit
bien bon, puisque Mgr. de Genève est si bon » et il
n'avait converti tant d'hérétiques que parce qu'il les sédui-
sait par sa bonté.

Ce fut également le secret du divin Sauveur qu'on a appelé l'*enchanteur des âmes* [1] parce qu'il était doux et humble
de cœur, qu'il ne brisait pas le roseau déjà froissé, et qu'il
n'éteignait jamais la mèche fumant encore.

Mais il ne faut pas s'y tromper, pour être bon, il faut
aimer. La bonté est la fille de l'amour, et l'on n'est bon que
dans la mesure où l'on aime.

Si nous voulons donc savoir combien fut bonne, la Mère
Thouret, nous devons nous demander comment elle aima et
pour cela, il nous faut passer en revue ses affections. — Disons
d'abord, pour bien comprendre ce qui va suivre, que l'on
pourrait comparer un cœur aimant à un sanctuaire qui posséderait trois autels principaux, le premier dédié aux *affections
religieuses* avec Dieu pour les diriger, le second consacré
aux *affections sociales* avec la patrie pour les présider, et le
troisième élevé aux *affections personnelles* avec la famille pour
les gouverner.

---

[1] Incantator animarum. *Patrologie.*

Quel a été le culte de la Mère Thouret pour ces affections diverses?.. Quel est le tribut qu'elle leur a payé tour à tour?... Voyons-le en suivant l'ordre que nous venons d'annoncer. Sur l'autel, ou si l'on veut, dans la sphère des affections religieuses, nous devons placer après Dieu, l'Eglise, le Pape, les Evêques, les prêtres.

Nous connaissons déjà l'amour de la bonne Mère pour Dieu. — A cet amour, elle donna toujours les honneurs de la préférence et les charmes de la bienveillance, en ce sens, que chez elle toute autre affection fut éclipsée par celle-là, et qu'elle aurait désiré dans sa ferveur, que le nom de Dieu fût également aimé, chanté et béni dans tous les pays du monde. — Volontiers elle aurait dit comme Sainte Madeleine de Pazzi « Je voudrais avoir une voix forte comme une trompette d'airain pour raconter l'amour de Dieu à tous les échos de l'univers. »

Que dire de son dévoûment à l'Eglise et au Pape? Nous le connaissons aussi, et nous savons qu'il ne se démentit jamais. Il faut même reconnaître que pour l'époque où il s'est manifesté, il fut bien méritoire : car, nous l'avons constaté, de son temps, le vent de la sympathie n'allait pas de France vers Rome. Le Gallicanisme avait détourné le courant. Malgré cela, la bonne Mère montra, dans toutes les circonstances, un attachement inébranlable au Siége apostolique, et une soumission parfaite à son chef. Elle était même étonnée et scandalisée, dans sa foi simple et naïve, de voir des évêques français si peu respectueux des décisions pontificales. Pour elle l'Eglise n'était que là où était Pierre, *ubi Petrus, ibi ecclesia*. Dans le souverain pontife, elle voyait la représentation vivante de Dieu dans ce monde, et, si on lui avait demandé: « Qu'est-ce que le pape? » elle aurait répondu comme ce petit pâtre de la campagne romaine à qui Mgr. de Ségur posait la même question: « *E Cristo in terra. C'est le Christ sur la terre.* »

Ainsi, elle préludait sans s'en douter à cette dévotion personnelle qui depuis, en France et dans l'univers catholique a été mise en honneur pour le Vicaire de Dieu, et qui de tous les points du globe, a conduit des foules enthousiastes à ses pieds.

Du reste, il semble que les saints de notre siècle, comme on l'a remarqué, à propos de Madame Barat, aient deux traits particuliers: 1° un amour plus dévoué et plus tendre pour le centre de la *vérité: Rome*, et 2° un amour plus ardent pour le centre de la *charité: le Sacré Cœur*. C'est là un signe du temps, et ce signe est une consolation pour le présent et une espérance pour l'avenir.

Du Pape aux évêques et aux prêtres, il n'y a qu'un pas: or, pour les uns et pour les autres la Mère Thouret, professait un respect particulier, car en tous, elle voyait les mandataires de Dieu, et les premiers ministres de sa Providence, et ce respect, elle travailla partout à l'inspirer à ses sœurs, à ses novices, à ses élèves.

Nous avons vu la vénération dont elle entoura Mgr. Lecoz bien qu'il eût été évêque constitutionnel; Mgr. de Pressigny, bien qu'il la traitât avec une dureté inouïe et imméritée, Mgr. de Chaffoy bien qu'elle eût à se plaindre de ses procédés. — Nous savons également, avec quelle déférence elle se comporta vis-à-vis de Mr l'abbé Bacoffe bien qu'il ait été la première cause de ses ennuis.

Je ne parle pas des autres prêtres qu'elle a rencontrés à Besançon, à Thonon, à Rome, à Naples, et qui lui ont prêté un concours généreux pour ses œuvres: car à ceux-là elle paya toujours un large tribut de reconnaissance.

Venons maintenant à *ses affections sociales* qui comprennent sa patrie, sa terre natale, son village.

Aima-t-elle sa patrie? Qui peut en douter? C'est pour elle, qu'elle quitta en 1799 la Suisse où elle aurait désiré rester pour vivre dans la solitude et s'y consacrer, comme Dieu l'aurait voulu, à l'instruction des enfants et aux soins des pauvres. Nous avons vu que c'est pour obéir aux inspirations des prêtres exilés comme elle, qui la pressaient d'établir une œuvre dans son pays, qu'elle retourna à Besançon.

Puis, que ne fit-elle pas pour sa terre natale? Les fondations sont là qui répondent pour elle. Elle aurait voulu rentrer dans sa communauté de Paris; on la pria, au nom de la charité de ne pas déserter le poste de confiance que la Providence lui assignait, et par devoûment elle demeura, comme elle y était venue, dans le chef-lieu de la Franche-Comté. Nous savons le bien qu'elle y a fait par elle-même ou par ses filles. — Elle n'oublia pas son village, et nous avons raconté que sa première création, après celle dont Besançon avait été dotée, fut pour Sancey. Elle montra par là que si elle était dévouée à la patrie de son âme: l'Eglise, elle l'était à un égal degré à la patrie de son cœur: la France.

Voici enfin le domaine de ses affections personnelles qui comprend la *famille* et l'*amitié*, ou si l'on veut, la *paernté du sang* et la *parenté du cœur*.

A l'égard de la première elle fut toujours bonne et même généreuse. Elle renonça à sa part d'héritage pour avantager ses frères et sœurs. Elle resta en excellentes relations avec eux, même avec l'aîné Joachim qui dans le principe, l'avait profondément affligée par ses menées révolutionnaires, mais qu'elle eut la consolation de voir revenir à des sentiments meilleurs sur la fin de sa vie. Elle aima tendrement le plus jeune, l'abbé Pierre Thouret qui fut un digne prêtre et qui répondait noblement à ses vues. Elle eut la plus touchante sollicitude pour ses nièces dont plusieurs voulurent suivre sa vocation et vivre sous ses yeux. — En un mot, elle eut pour sa famille *du sang*, la plus tendre comme la plus édifiante affection.

Mais sa vraie famille était celle qu'elle avait fondée elle-même: celle *de son cœur*. — Pour celle-là, que de soins et quel amour! Il serait difficile de le raconter. Elle fut pour ses filles une véritable mère ! Elle les traitait avec une bonté parfaite et une délicatesse exquise, nous en avons les preuves dans ses lettres où nous trouvons parfois les témoignages de la plus vive tendresse. En 1822, de Paris, elle écrivait ceci à la Sœur Boucon qu'elle savait souffrante, et qui, paraît-il, ne se ménageait pas assez. « Soignez-vous donc, ma chère fille ; et songez que si vous ne le faites pas, vous faites le plus grand tort aux malades, aux pauvres qui ont besoin de vous, à la communauté tout entière qui sans vous, ne peut vivre et prospérer. »

On croirait en lisant ces mots, lire Madame de Sévigné, écrivant à sa fille. On ne saurait être plus aimable et plus gracieux.

En 1825, elle écrivait une lettre d'affaires, à Sœur Basile Prince à Thonon et elle la terminait de la manière suivante : « Ma chère fille, donnez-moi des nouvelles de toutes mes bonnes filles de la Savoie, de la France, de Sœur Victoire surtout qui a été indisposée. Comment va-t-elle ? Je comprends tout ce qu'elle a à faire ! Et mes chères filles de Belvaux, souffrent-elles encore autant que par le passé ? Qu'elles sont pauvres des biens de la terre ! Mais Dieu est avec elles ! Secourez-les selon vos forces et leurs besoins..... Communiquez ma lettre à Sœur Térèse, dites-lui que je suis toute à elle pour la vie, en conséquence toute à vous aussi, ma chère fille. Où je suis maintenant, règnent la bonté, la charité et la religieuse amitié. Nos sœurs âgées ou malades ne manquent de rien, ni pour le spirituel, ni pour le temporel ; nous ne cherchons pas l'argent, mais le Ciel, où nous nous rejoindrons un jour. »

A la même époque, elle écrivait également pour affaires à Sœur Marthe, et elle lui parlait ainsi : « Ma bonne fille, vous me demandez si nous ne nous reverrons plus. — Je l'ignore : Dieu seul sait si nous devons nous revoir sur la terre ; mais nous nous reverrons, je l'espère bien, dans le Ciel. — Jésus-Christ nous a acquis le paradis et puis il nous l'a promis, si nous vivons jusqu'à la fin comme il le demande de nous, et si nous savons joindre à une foi vive, une espérance ferme, une charité ardente pour Dieu et le prochain et particulièrement pour nos ennemis ; la miséricorde nous méritera le pardon de Dieu ; excitons-nous à une sincère et humble confiance en lui ; les vertus gagnent son cœur et confondent le démon. »

On voit par ces extraits que nous pourrions multiplier que la Mère Thouret portait toutes ses enfants dans son cœur, et qu'elle savait s'apitoyer sur leurs souffrances et partager leur sollicitude. Aussi comme elle était aimée d'elles ! Comme elle était payée de retour ! On lit ceci dans la vie de la Mère Chappuis : « La bonne Mère s'attachait les sœurs par l'effet des grâces surnaturelles dont elle était douée ; mais il faut dire aussi qu'elle avait une puissance de cœur qui lui subjuguait l'affection de tous ceux avec qui elle était en rapport. Elle aimait profondément et fidèlement. En retour on s'attachait à elle avec force et constance. »

Chacun de ces mots peut s'appliquer à notre vénérée fondatrice. Elle savait conquérir les cœurs. C'est là le témoignage que rendent d'elle encore les sœurs vivantes qui l'ont connue et que j'ai interrogées *moi-même*, à *Regina Cœli !* [1]

Elle avait le *charme*, disent elles ! Elle était d'ailleurs si belle ! Avec son front large, son œil vif, et son sourire bienveillant, elle possédait en quelque sorte, une puissance fascinatrice. — Elle représentait, à ceux qui la voyaient passer, la *Madone des Grâces*, la *Madonna delle Grazie.*

Elle semblait même avoir reçu un don qui ne pouvait qu'accroître son prestige : elle lisait dans les âmes, et quelquefois même, à la manière des prophètes.

Voici, à ce propos, ce que m'a raconté, à Naples, Sœur Henriette Béguené native de la Franche-Comté : « Je n'avais encore que cinq ans, c'était en 1823, la Mère Thouret vint

---

[1] Les trois sœurs Mantelli.

voir mon frère qui l'appelait Tante, bien qu'il n'y eût aucun lien de parenté entre nous. Elle lui dit : « Donne-moi cette enfant. » — Non, répondit mon père ; je n'ai que celle-là, et je tiens à la garder pour moi ; le Bon Dieu n'en a pas besoin. » En attendant, je me sauvai comme quelqu'un qui est effrayé. — J'avais peur en effet, de la coiffure de la religieuse que je voyais pour la première fois. Mon père me rappela, et me dit : « Approche donc, ne crains rien et fais un baiser à Tante Thouret. » Je m'avançai timidement vers la Mère qui me parut bien bonne ; elle me caressa aimablement et me dit : « Veux-tu venir avec moi ? » — Non, répondis-je, je ne veux pas quitter Papa. » — « Eh bien, poursuivit-elle, un jour tu viendras malgré toi ; mais alors tu ne me trouveras plus.

« C'était une prophétie qui s'est parfaitement réalisée. — En 1835, je suis partie pour le noviciat de Verceil. La bonne Mère qui m'avait prédit ma vocation était morte depuis neuf ans ; et pour moi, je n'ai plus quitté la congrégation, je ne restai que quelques mois dans la haute Italie ; je fus bientôt appelée à Naples, et j'y suis encore, après avoir vécu tour à tour dans les maisons de Cassino, d'Arpino, et de Sulmona. »

D'après ce récit, ne semble-t-il pas que la Mère Thouret, eût un don de seconde vue, qu'elle lût dans les âmes, et parfois même dans l'avenir que Dieu leur préparait ? Quoiqu'il en soit, il est certain qu'elle exerçait par son regard, sa grâce ou sa bonté, une influence particulière sur tout son entourage.

Cette influence s'exerçait même en dehors de la communauté ; car elle jouissait d'une grande popularité dans la grande ville de Naples, et elle avait même acquis des sympathies à la Cour. Plusieurs fois, Ferdinand Ier et Marie-Catherine d'Autriche vinrent la voir ensemble et la reine prit même l'habitude de se rendre quelquefois seule, à Regina Cæli, pour assister au dîner des sœurs et goûter leur cuisine.

Un jour même, elle trouva leur pain si bon, qu'elle en demanda le lendemain par une lettre autographe qui s'est conservée; la Mère se fit un plaisir et un honneur d'acquiescer à son désir et de lui envoyer quelques pains de la communauté qui furent mangés, au palais, comme une friandise.

N'est-ce pas dire qu'elle était populaire dans tous les rangs de la hiérarchie sociale, non seulement chez les pauvres qui voyaient en elle une providence compatissante, mais même chez les princes qui la regardaient comme une bienfaitrice de l'humanité?

Après cela, pour clôturer la série de ses *affections personnelles*, que dire de son attachement pour les amis et les bienfaiteurs qui faisaient, eux aussi, partie de la famille de son cœur? Pour eux, elle se montra toujours fidèle, respectueuse et dévouée. Les quelques lettres qui nous restent d'elle à Mgr. Narni, au chanoine Gallinari, à l'abbé Neyre, à Mr Varin, nous prouvent qu'elle n'oubliait jamais de témoigner, au moment voulu, sa vive gratitude à tous les protecteurs de son Institut.

Je me contente pour ne pas trop allonger ce chapitre, de citer les deux fragments suivants. — Le 12 Janvier 1824, elle écrivait ceci au chanoine Gallinari, qui, nous l'avons vu, avait été très-bon pour elle, à Rome:

« Vous avez dû nous accuser plusiers fois de négligence et peut-être d'indifférence, en voyant un si long retard à vous rendre les attentions qui vous sont dûes et à vous donner des nouvelles de notre arrivée.

Mais le nouvel an qui se présente fort à propos, va nous réconcilier, si toutefois quelques pensées préjudiciables avaient pu s'insinuer dans votre esprit.

Que de souhaits! que de vœux ne sont-ils pas montés auprès du Tout-Puissant, dans ces jours consacrés à souhaiter et à exprimer plus particulièrement à ses amis, aux personnes qui nous sont chères, tout ce que le cœur peut désirer de bien, de bonheur et de prospérités spirituelles et temporelles. Eh bien vous êtes un de ces amis et c'est sous ce titre que vous allez agréer les vœux que nous avons formés et que nous renouvelons à ce moment, bien persuadées que votre bonté dont nous avons des preuves ne les dédaignera pas. »

Enfin, par une lettre du 9 Septembre 1825, elle remerciait de son précieux concours, Mr Varin qui, d'après les documents, paraît être le curé de Villecerf, et elle le faisait ainsi :

« J'apprends avec la plus grande satisfaction, par la chère Sœur Elisabeth, tous les services que vous lui rendez ; il paraît, ô homme de Dieu, que vous êtes destiné à devenir le ministre de la Providence auprès de nous !... Ah ! je vous en supplie, continuez à être notre père, notre protecteur, notre appui, et à défendre, au besoin l'innocence et la justice opprimées, et à cultiver le petit grain de sénevé qui a germé à Villecerf ; il peut grandir peu à peu, et former des branches qui s'étendront et se multiplieront en divers pays par la Toute Puissance de Dieu.

Recevez, s'il vous plait, l'hommage de ma parfaite gratitude, et de mon profond respect. »

Ces lignes - on le voit - renferment des sentiments simplement mais noblement exprimés, et nous font pénétrer de plus en plus dans le cœur que nous étudions. Après cette étude, nous ne pouvons maintenant que proclamer ceci : c'est que ce cœur fut vraiment grand, car il possédait à un haut degré toutes les qualités qui font les grands cœurs : la pureté, la magnanimité, la délicatesse, la force et la bonté. Puissent les sœurs de la charité qui gagneront à le contempler et à le scruter encore, le consulter comme un oracle, et le suivre comme un drapeau ! Le Cœur de Jésus est cela pour l'Eglise. Le cœur d'une sainte mère peut l'être aussi pour sa famille !!

CHAPITRE TROISIÈME

Son Esprit.

Trois principales acceptions du mot: esprit. - Qualités d'un grand esprit. - La Mère est de la race des saints aimables. - L'esprit des saints. - Principes et vertus. - Les quatre bénédictions des Communautés. - Un discours préliminaire. - Un manuel de sanctification.

Si j'ouvre un dictionnaire de la langue française, je trouve au mot *esprit*, une trentaine de significations différentes; mais dans ce nombre, il n'y en a guère que trois que nous voulions, et que nous puissions même appliquer à l'esprit de la Mère Thouret. Nous allons les passer en revue, et nous arrêter surtout à la troisième, parce que c'est celle qui doit le plus nous intéresser, comme nous le montrera la suite de ce chapitre.

Dans un sens large, l'esprit est l'ensemble des facultés intellectuelles; c'est l'aptitude à comprendre, à saisir, à juger. Un esprit qui voudrait approcher de l'idéal devrait réunir bien des qualités excellentes: l'universalité et l'étendue, l'élévation et la profondeur et par dessus tout l'unité, Or, peu d'hommes ici-bas savent se hausser à cet idéal sublime. En approcher seulement, c'est le fait du génie, et le génie, qui l'ignore? ne se montre que dans de rares et soudaines apparitions, et il laisse d'ordinaire la place à des individualités qui ne sortent guère de la moyenne. Cependant chacun de nous apporte en venant en ce monde le germe de ces précieuses dispositions intellectuelles. A chacun de féconder ce germe divin, de l'entourer de précautions nécessaires, de le placer dans les conditions plus propres à la naissance, à la floraison, à la fructification. Ces conditions nécessaires paraissent être l'amour de la vérité, l'humilité, l'ordre, l'ouverture et la patience [1].

Il suit de là que pour avoir un esprit grand et puissant, sans qu'il soit extraordinaire, il suffit qu'il soit revêtu des qualités que nous venons d'énoncer. Ces qualités notre vénérée fondatrice les possédait, quelques-unes mêmes, à un haut degré. N'avait-elle pas en effet, je ne dirai pas seulement, l'amour de la vérité; mais même le culte et la passion de la vérité! Et de là ses souffrances extrêmes quand elle la voyait combattue par ceux-là mêmes qui auraient dû se croiser pour elle!

L'humilité est une vertu de l'esprit avant d'être une vertu du cœur, et n'importe pas moins à la connaissance de la vérité qu'à la pratique du bien. — Saint Augustin la regardait comme la première condition à remplir, pour quiconque veut savoir. Elle nous inspire une juste défiance de nos propres forces et nous apprend à recourir aux lumières des autres et pardessus tout à demander à Dieu la grâce de voir comme le fit l'aveugle de l'Evangile.

N'avons-nous pas là, en quelques mots, l'attitude caractéristique de la Vierge de Sancey? Elle ne savait pas grand chose quand elle partit pour le noviciat. Mais avec quelle ardeur elle se mit au travail, et que de fois, elle fit à Dieu la prière de l'aveugle: « *Domine ut videam.* » Seigneur faites que je voie, « *aperiantur oculi mei* » que mes yeux s'ouvrent à la lumière, c'est-à-dire que je puisse apprendre ce que je dois savoir pour instruire l'enfance et secourir la pauvreté! Son humble prière, fut largement exaucée. Ses let-

[1] P. Vallet.

tres, ses circulaires, ses fondations nous le prouvent d'une
manière éclatante.

Il faut dire aussi qu'à son humilité qui ne se démentit
jamais, au milieu de ses succès elle ajoutait une *attention*
soutenue. Elle sut de bonne heure rappeler en elle-même
l'imagination, la mémoire, la raison, les concentrer sur un
seul point; *les appliquer* en un mot à l'étude, et c'est
là ce qui la rendit grave et pondérée, sérieuse et prudente, capable enfin de grandes affaires et de hautes spécu-
lations.

Ajoutons qu'elle n'était pas dépourvue de cette *ouverture*
qui facilite si bien les travaux de l'esprit, qui fait que l'on
comprend vite, et qu'on imagine aisément. De plus, elle pro-
cédait *avec ordre;* elle se défiait - avec raison - de l'avidité
qui porte à trop embrasser à la fois. Elle savait que la digestion intellectuelle a ses lois, comme la digestion corpo-
relle, que tout ce que l'on consomme ne nourrit pas, mais
seulement ce qu'on digère: « *Non ingestum sed digestum.* »

Enfin, elle travaillait *avec patience*, et cette qualité qui
prit chez elle, au point de vue moral, les proportions d'une
grande vertu, fut même une de celles qui armèrent le plus
son esprit pour la lutte. Qui ne sait que la patience est la
moitié du génie, suivant un profond penseur, et que le
travail opiniâtre vient à bout de tout, comme le dit Virgile? [1].
D'ailleurs,

« Le temps n'épargne pas ce que l'on fait sans lui. »

Tout cela, Jeanne Antide l'avait appris et voilà pourquoi,
dans la réalisation de ses désirs, et l'exécution de ses travaux, elle attendait tout de Dieu, du temps et de la patience. Aussi, il faut lui reconnaître un esprit grand et élevé,
puissant et large.

[1] Labor omnia vincit improbus.

Voici maintenant la seconde acception de ce mot, devant laquelle il nous plait de nous arrêter: Dans un sens plus particulier que celui d'ensemble des qualités intellectuelles, l'*esprit* signifie cette vivacité qui fait trouver des saillies piquantes, des aperçus ingénieux, des mots spirituels.

Cela dit, la Mère Thouret avait-elle de l'esprit? Oui. Les sœurs encore vivantes qui l'ont connue m'ont toutes répété qu'elle était d'ordinaire gaie et enjouée en conversation, qu'elle avait la repartie facile et brillante et qu'aisément elle laissait tomber de ses lèvres des mots aimables, faits pour provoquer le sourire de ceux qui l'entouraient. — En communauté, elle racontait quelquefois ses débuts, ses voyages, ses tribulations, le plus souvent elle accompagnait son récit de réflexions pleines de ce sel français, qui donne tant de charme à la causerie. Aussi ses sœurs aimaient-elles à la voir prendre sa récréation avec elles, car elle était un harmonieux composé d'amabilités divines et humaines. Elle donnait l'envie d'être sainte et on aurait pu dire d'elle ce qu'on disait de *Sainte Térèse*: « Dieu soit loué de nous avoir fait connaître une sainte que nous pouvons toutes imiter: sa conduite n'a rien d'extraordinaire; elle mange, dort, parle, vit comme toutes les autres religieuses sans affectation, sans cérémonies, et l'on sent pourtant bien qu'elle est pleine de l'esprit de Dieu. »

A cela, il n'y a rien d'étonnant: « L'esprit, a dit quelqu'un, porte les couleurs de l'âme, comme un valet celles de son maître » et quand l'âme est bonne, simple et pure, l'esprit ne peut être que doux, bienveillant, aimable. C'est ce qui fait que dans les relations ordinaires de la vie, les saints montrent toujours un esprit charmant qui plait et qui attire. Nous en avons un exemple dans Saint François de Sales, Saint Vincent de Paul et tous ceux qui ont été de leur école après eux. — Mais cette école n'est pas seulement de leur temps; elle a été en honneur à toutes les époques de l'Eglise, et on pourrait faire un beau et grand livre avec *l'esprit des saints*, en laissant même à ce mot la signification que je lui donne pour l'instant [1].

La bonne Mère était, même sous ce rapport, de la race des saints. Mais je ne veux pas insister sur ce point; car j'ai hâte d'arriver à la troisième acception du mot qui fait le titre de ce chapitre.

D'après cette nouvelle acception, l'*esprit* est l'ensemble des sentiments, des motifs, des impulsions et des tendances d'après lesquels on se dirige soi-même et on gouverne les autres. Pour la Mère Thouret, comme pour toute fondatrice d'ordre, comme aussi pour tout saint qui a été appelé par Dieu a créer des œuvres utiles à l'humanité, à la famille et à l'Eglise, c'est l'essence des principes, qui les ont inspirés, et des vertus qu'ils ont pratiquées. — De là sont nés ces livres mystiques si précieux qu'on appelle *l'esprit de Saint François de Sales*, *l'esprit de Saint Vincent de Paul*, *l'esprit de Sainte Térèse*, *l'esprit de la Mère Emilie*, et qui ne sont que le recueil des faits édifiants glanés dans la vie de ces saints, de leurs maximes les meilleures, et de leurs pensées les mieux faites à encourager les fidèles, les religieuses ou les prêtres, dans le chemin de la sanctification.

Or, c'est surtout d'après cette troisième signification que je désire étudier l'*esprit* de la Mère Thouret. — Ici nous avons le champ large et c'est tout un volume que j'aurais pu écrire sur ce sujet, si j'avais pu avoir tous les documents désirables.

Il faut cependant savoir se borner, et pour bien diviser ma pensée je vais consacrer la fin de ce chapitre à exposer les *principes* de mon héroïne me réservant de raconter *ses vertus* dans ls chapitre suivant. — Ainsi nous posséderons sa véritable *caractéristique*, ce qui la distingue au milieu des

---

[1] Le marquis de Ségur a fait un ouvrage de ce genre, qui est plein d'intérêt en traitant de la bonté et des affections naturelles chez les saints, 1888.

saintes femmes dont elle a reproduit le portrait, et des vénérables fondatrices auxquelles elle a pu ressembler, en un mot: *son esprit.*

Ses principes étaient bien simples. Ils consistaient surtout à marcher sur les traces de son bien aimé protecteur, de Saint Vincent de Paul qui, nous le savons, dans ses pensées, dans ses paroles, dans ses actions ne s'inspirait que de Jésus-Christ, ne répétait que son langage et ne se conduisait que d'après ses maximes « Jésus-Christ toujours, Jésus-Christ partout, Jésus-Christ en tout et en tous! » C'était là sa doctrine et sa morale, ce qu'il aimait à exprimer d'un mot: « Rien ne me plait qu'en Jésus-Christ » [1].

Cette même doctrine, et cette même morale la Bonne Mère les insinuait toujours dans ses lettres, ses circulaires et ses instructions à ses filles. — Nous avons vu fréquemment dans le cours de cette histoire en publiant des fragments de sa correspondance, qu'elle se plaisait à leur recommander au nom de Jésus-Christ l'humilité, l'obéissance, la régularité, la charité, en un mot, les vertus qui font la vraie religieuse.

La vie de communauté, nous disent les maîtres de la vie spirituelle, a quatre bénédictions principales qui sont: la paix intérieure, l'union des cœurs, l'édification des sœurs et la prospérité de l'institut [2]; et ces quatre bénédictions, la sainte fondatrice les poursuivait de ses désirs pour toutes ses maisons; et voilà pourquoi dans ses instructions orales ou écrites, elle revenait souvent sur l'amour de la paix; le support mutuel, le bon exemple, et le dévoûment qui seuls peuvent procurer ces bienfaits divins.

Parmi ses instructions qui ne sont pas toutes parvenues jusqu'à nous, il y en a une que je me fais un devoir de signaler et cela pour deux raisons: la première, c'est parce

[1] Voir la *Vie de Saint Vincent de Paul* par M' l'abbé Maynard.
[2] Père Giraud, missionnaire de N. D. de la Salette.

qu'elle va nous donner l'idée la plus complète de son esprit,
et la seconde, parce qu'elle est de tout point, admirable.

Signaler n'est pas assez dire: je veux la citer; elle est
si bien conçue, si bien pensée et si bien écrite que je crois
devoir la citer en entier. Elle sert de préface au volume de
ses constitutions.

Elle est écrite en français et accompagnée en regard de
la traduction italienne; elle pourra paraître un peu longue;
mais je n'oserais, tant je la trouve belle et parfaite, en sup-
primer une syllabe.

Elle est intitulée: *Discours préliminaire* [1] et elle mérite
bien ce nom car c'est un vrai discours fait suivant toutes
les règles de l'art, riche en idées nobles, et fécond en
sentiments élevés et généreux. La voici dans toute son in-
tégrité.

« Associer à l'observation exacte des Commandements de
Dieu et de l'Eglise, la pratique fidèle des principaux conseils
de l'Evangile; soulager les pauvres dans leurs besoins spirituels et temporels, voilà, mes très-chères sœurs, les fins
qu'on a eues en vue, en fondant notre Congrégation.

Mais une société ne pourrait subsister longtemps, ni
tendre sûrement à son but, si elle n'avait pour bases solides
des constitutions qui l'organisassent, et pour guides, des
règles sages, capables de la diriger constamment vers ses
fins. Ce fut cette considération qui nous engagea, il y a plusieurs années, à rédiger les constitutions et les règles
que vous avez observées jusqu'à présent avec de si heureux
succès.

Ce que nous vous en donnons ici, afin que vous puissiez
y recourir au besoin, et l'avoir presque continuellement devant les yeux, vous offre tout ce qu'il vous est utile de

___

[1] Ce discours est également imprimé en tête des *Règles et constitutions générales de la Congrégation des Sœurs de la Charité de
Besançon*, publiées en 1863, avec l'approbation du Cardinal Mathieu,
par les sœurs indépendantes de Besançon.

savoir, pour vous aider à remplir fidèlement les devoirs attachés à notre état. Nous n'avons rien omis, dans cet ouvrage, de tout ce qui nous a paru nécessaire, pour fixer les rapports qui doivent exister entre vous toutes, comme membres de la même famille ou communauté; pour diriger votre conduite avec sagesse dans vos emplois particuliers; pour déterminer vos relations au dehors avec les gens du monde, spécialement avec les pauvres, qui doivent exciter toujours notre tendre sollicitude; pour régler tellement l'intérieur de nos maisons, que tout y semble comme nous appeler, et nous conduire à la perfection religieuse, à laquelle il faut que nous aspirions sans cesse; enfin pour établir au milieu de nous un ordre, une harmonie qui, avec le secours de la grâce divine, puissent assurer le succès, l'agrandissement, et la perpétuité de notre Congrégation, pour la gloire de Dieu et pour le salut des âmes.

Vous devez respecter ces constitutions et ces règles, mes très-chères sœurs! Nous ne les avons pas puisées dans notre propre fonds. Hélas! qu'eussions-nous trouvé en nous, pour un ouvrage de cette nature, que misères et que ténèbres humiliantes? Mais nous les avons recueillies, dans la majeure partie, des usages que nous avons vu observer chez les Sœurs de la Charité, où nous avons demeuré long-temps; lesquels usages nous croyons avoir été établis, la plupart du moins, par Saint Vincent de Paul; c'est pourquoi vous regardez avec raison ce grand serviteur de Dieu, comme votre Précepteur, votre protecteur spécial, et votre père. Nous vous présentons aussi ces constitutions et ces règles revêtues de l'approbation du Chef Visible de la Sainte Eglise Catholique, Notre Saint Père le Pape Pie VII, d'après l'examen le plus scrupuleux qui en a été fait par des Personnages très-distingués par leur sagesse, science et probité, à cet effet spécialement destinés par Sa Sainteté. D'ailleurs, en entrant dans la communauté, n'avez-vous pas été censées en accepter les statuts, et vous y soumettre religieusement?

Nous avons la ferme confiance que, tandis que ces constitutions et ces règles seront observées avec exactitude parmi nous, le Seigneur ne cessera de répandre sur notre congrégation, et sur chacune de nous en particulier, ses abondantes bénédictions, et que le bien continuera aussi à s'y faire. Nos maisons répandront de plus en plus au-dehors une odeur suave, une odeur de sainteté, qui édifiera notre prochain; les pauvres, ces membres précieux de Jésus souffrant, seront secourus et soulagés dans toutes leurs misères spirituelles et temporelles; les gens du monde qui nous verront de près, ceux qui ne connaissent pas la vertu, apprendront qu'elle n'est point une chimère, et qu'il fait bon vivre sous ses lois; nous posséderons cette paix admirable qui fait le bonheur de l'homme sur la terre, cette paix douce, après laquelle tous les cœurs soupirent avec ardeur, mais que l'on cherche en vain ailleurs que dans l'accomplissement fidèle de ses devoirs; enfin, nous nous sanctifierons nous-mêmes, en travaillant au bonheur, surtout au salut des pauvres.

I.

Nous le disons ici, pour la gloire de Dieu, et pour ranimer de plus en plus votre ferveur dans la pratique salutaire de nos saintes règles, nous avons la consolation de voir que nous n'avons reçu, jusqu'à présent, de bien des endroits, où vous êtes établies, que des témoignages agréables et satisfaisants, qui nous prouvent que le bien, pour lequel nous existons, se fait, et que les personnes qui aiment la religion, en sont édifiées. A quoi devons-nous ces heureux succès, mes très-chères sœurs, si ce n'est à la fidélité constante que vous avez montrée jusqu'à ce jour pour l'observation de nos règles, et à la bénédiction spéciale que notre miséricordieux Père Céleste a attachée à cette fidélité? Quel motif pour vous engager à continuer, même à mieux faire encore!

Il faut néanmoins en convenir, et ne pas nous le dissimuler, afin de prévenir la surprise, ou le dégoût ; nos règles, sans nous prescrire des austérités corporelles, ni des pénitences aussi fortes que celles que prescrivent beaucoup d'instituts monastiques, nous imposent cependant des devoirs qui coûtent à la nature : les fonctions auxquelles elles nous appliquent, sont pénibles, et les vertus, qu'elles nous commandent, exigent de grands efforts.

Selon ces règles, tout en vivant au milieu du monde, qui doit être comme le théatre de nos travaux, il nous faut le quitter, avec ce que nous y avons de plus cher, nos parents, nos amis, nos connaissances. Il nous faut renoncer au bien-être, aux commodités de la vie, aux honneurs, aux plaisirs, à l'estime du monde, et en quelque sorte à notre fortune, dont nous ne pouvons plus ni user, ni disposer sans permission. Il y a plus, et ceci est d'une autre utilité : il nous faut renoncer à nous-mêmes, à nos lumières, à nos inclinations particulières, à notre liberté, de manière que nous devons nous regarder non seulement comme n'ayant, en quelque sorte, plus rien à nous, mais comme n'étant plus à nous-mêmes.

Que ce double sacrifice est coûteux ! mais aussi qu'il est satisfaisant aux yeux de la foi ! et combien sont précieux les avantages qui en découlent sur celui qui le fait de bon cœur pour l'amour de Jésus-Christ ! De grands biens spirituels sur la terre et une vie à jamais heureuse dans l'éternité seront la riche récompense d'un si beau détachement. « Ah ! que la terre avec tous ses trésors me paraît peu de chose ! s'écriait un grand saint, quand je porte mes regards vers le Ciel ! » Ne tiendrons-nous pas le même langage, mes très-chères sœurs, surtout si nous comparons aux promesses de notre Sauveur, aux récompenses magnifiques et éternelles qu'il a bien voulu attacher à ce parfait renoncement, la brièveté de la vie humaine ici-bas, l'instabilité inquiétante des choses de ce monde, et le peu de temps que nous pourrions jouir de ces prétendus biens? L'expérience que nous avons acquise, les fortunes brillantes qui se sont écroulées et ensevelies sous nos yeux, les grands que nous avons vu tomber tout-à-coup du faîte même des honneurs et de l'élévation, les remords, les larmes le deuil qui succèdent si rapidement aux plaisirs, à la joie, aux satisfactions terrestres; tout ne nous annonce-t-il pas assez qu'il n'y a que vanité en ce monde, si ce n'est servir Dieu, faire le bien, et sauver son âme?

Quant au renoncement à nous-mêmes, que nous prescrivent nos saintes règles, Dieu l'exige déjà en grande partie de nous comme chrétiennes. Il assujettit notre intelligence, en nous obligeant à croire une multitude de mystères, bien au-dessus de nos faibles lumières; il lie notre volonté, il enchaîne nos penchants avec des lois, dont la transgression nous rendrait coupables à ses yeux, et nous attirerait les terribles châtiments de la justice. D'ailleurs, ce que nos règles demandent de nous en ce point, n'est-ce pas raisonnable, et même nécessaire? Elles veulent que nous renoncions à notre volonté; mais notre volonté le plus souvent entraînée et dirigée par l'amour propre n'est-elle pas l'obstacle le plus décidé à la vertu, et à la perfection chrétienne? Le principe de tous les désordres qui règnent dans le monde? La cause de la perte éternelle de tous ceux qui courent à la damnation? Hé! qu'est-ce qui a creusé l'enfer, si ce n'est cette propre volonté, révoltée dans certains anges contre Dieu? Et pourquoi nos saintes règles exigent-elles ce renoncement? Afin que dégagées de nous-mêmes, et qu'élevées au-dessus de nos inclinations terrestres, nous n'appartenions plus qu'à Dieu seul, et que nous accomplissions d'une manière parfaite ses préceptes; afin qu'attachées aux sages statuts de notre état, nous remplissions avec fidélité les devoirs qu'ils nous imposent; et que religieusement soumises à nos Supérieurs, nous soyons préservées des pièges et des illusions dans lesquels l'ennemi du salut, nos inclinations perverses, et nos propres lumières (qui souvent, sans le concours de la grâce divine ne sont que ténèbres, quand il s'agit de notre conduite personnelle) pourraient nous précipiter. Au surplus, quel ordre, quelle harmonie, quelle subordination régneraient dans une société quelconque, à plus forte raison dans une communauté religieuse, sans le sacrifice si avantageux de la propre volonté?

Compterons-nous aussi pour peu de chose les mérites multipliés que nous assurera l'obéissance? Chaque action que nous ferons par le motif de cette belle vertu, sera revêtue comme d'un caractère particulier, d'un caractère religieux, qui la rendra plus agréable au Seigneur, et plus méritoire pour le Ciel. Elle sera une victoire sur notre amour-propre, qu'elle affaiblira de plus en plus; une victoire sur le démon, laquelle le confondra, en nous fortifiant contre ce redoutable ennemi: une victoire sur le monde, dont elle diminuera en nous ce qui peut y être encore de son esprit et de ses pernicieuses maximes: L'homme obéissant racontera des victoires, dit l'écriture [1].

Comparez maintenant, mes très-chères sœurs, le joug salutaire du renoncement et de l'obéissance que nous imposent nos saintes règles, avec l'esclavage tyrannique dans lequel le monde réduit ses aveugles adorateurs. Là, tout est grand, généreux, digne de la noblesse de notre âme et de sa sublime destinée; ici, tout est bas, humiliant, et ne respire qu'un honteux asservissement. Là, on ne trouve que paix solide, que grâces abondantes, que bénédictions multipliées; ici, on n'éprouve que chagrins, que rebuts, et souvent que désespoir affreux. Là, la récompense est certaine, magnifique, et elle n'aura point de bornes dans la vie future; ici on ne rencontre que fumée, vaines promesses, qu'ingratitudes accablantes. Le joug du renoncement et de l'obéissance est sûr; la résignation en Dieu le rend doux, léger

[1] Prov. XXI, 28.

et agréable ; l'esclavage du monde est au contraire dur, pesant, insupportable, en sorte qu'il ne fait que des malheureux pour la vie présente, et pour celle à venir. Voyez ces infortunés idolâtres du monde : comme les passions les tyrannisent ! comme le chagrin les dévore ! comme l'ambition les consume ! comme le mauvais succès les désespère ! comme leurs désirs toujours renaissants et jamais rassasiés, les irritent, les transportent et leur ôtent tout repos ! Monde pervers et trompeur, tu ne fis jamais que des dupes et que des victimes, comment peut-on encore t'aimer, et baiser les chaînes d'airain dont tu accables tes misérables sectateurs? Mais revenons à nos saintes règles.

Elles nous commandent de crucifier notre chair avec tous ses désirs ; c'est-à-dire de garder une pureté et une chasteté inviolables. Précepte très-étendu dans la pratique ; il nous interdit toute pensée volontaire, toute affection libre, tout désir réfléchi, tout regard délibéré et toute autre action consentie, opposée à la décence, à l'aimable vertu. Il demande de nous une humilité profonde, de ferventes prières, une vigilance continuelle, la mortification de nos sens et de notre cœur, la fuite des dangers, un courage, une constance, une fermeté inébranlables dans les combats que l'ennemi de notre Dieu et de notre salut ne cessera, peut-être, de nous livrer pendant toute notre vie ; il nous défend toute relation dangereuse non nécessaire, toute familiarité suspecte, même toute inutilité avec les personnes d'un sexe différent, en sorte que nous devons tâcher d'imiter la pureté admirable des esprits célestes et de vivre, à cet égard, avec notre corps, comme si nous n'en avions point. Puissions-nous être comme des anges sur la terre !...

II.

Mais faites attention, mes très-chères sœurs! que nos règles ne sont, en quelque manière ici, que l'organe de la loi divine, qui impose les mêmes devoirs, et fait les mêmes défenses aux personnes qui veulent se santifier au milieu du monde, dans un état libre. A la vérité le vœu de chasteté que nous faisons, ajoute une nouvelle obligation à côté de celle du précepte divin : en sorte, que si nous avions le malheur de prévariquer contre la sainte vertu, nos fautes contracteraient une malice nouvelle et criminelle, la malice attachée au sacrilège ; parce que nous violerions alors la consécration particulière que nous avons faite de notre cœur et de notre corps à Dieu, par notre vœu de chasteté. Mais aussi, combien ce même vœu ne rend-il pas agréables à notre céleste époux, tous les efforts que nous faisons pour lui demeurer constamment fidèles? Et de quel degré de gloire ne seront pas couronnées, dans le ciel, les victoires multipliées que nous aurons remportées sur l'ennemi de l'aimable vertu? Ah! si les vierges, suivront continuellement l'agneau sans tache, chantant à sa gloire un cantique, que nulle autre bouche n'osera prononcer [1], quelle élévation, quelle glorieuse couronne, ne sont pas réservées dans l'éternité, aux âmes pures, qui auront ajouté au prix inestimable de la vertu, considérée en elle-même, le sacrifice généreux de leur liberté, le mérite particulier attaché au vœu?....

J'ai ajouté que nos saintes règles nous appliquaient à des emplois, dont les fonctions sont souvent pénibles. C'est surtout de l'éducation des enfants, et du service des malades pauvres que je veux parler ici. Or, qui ne voit au premier coup-d'œil, combien l'un et l'autre emploi présentent de difficultés et de sujets de dégout? D'un côté, la

---

[1] Apoc. x. v. 3. 4.

malpropreté, le peu de dispositions, la paresse, la dissipation, l'indocilité, la grossièreté, le défaut de bonne volonté et de piété de la plupart de vos élèves ; à quoi il faut ajouter la nullité de vos soins pour plusieurs, les peines, la fatigue et l'ennui attachés à l'enseignement, tout vous pèse, vous dégoûte, vous rebute ; de l'autre côté, la rudesse, l'ingratitude, l'insensibilité, l'impatience, les plaintes, les murmures, l'ignorance, des plaies dégoûtantes, des maladies de toutes espèces, la mort même : voilà en raccourci les objets souvent hideux, presque toujours désagréables, que vos fonctions vous mettent en quelque manière, continuellement devant les yeux. Quelle force d'âme! quel courage! quelle constance! quelle foi! en un mot, quelle vertu ne faut-il pas pour triompher toujours du dégoût auquel de si pénibles fonctions ne cessent de vous exposer? Mais, mes très-chères sœurs! quels motifs puissants vous engagent d'ailleurs, à persévérer avec zèle dans ces pieux exercices de charité?

Apprendre aux pauvres à connaître, aimer, et servir le Seigneur, c'est faire en partie, ce que le Sauveur du monde est venu faire sur la terre [1], c'est travailler à établir le règne de Dieu, à renverser la puissance de l'enfer ; c'est coopérer au salut des âmes. Que cette fonction est belle, mes très-chères sœurs! qu'elle est sublime, et digne de la sainteté de notre vocation! Pouvons nous offrir à notre Divin Rédempteur, de bonnes œuvres qui lui plus soient agréables? Non, répond un S. Concile [2]. Aussi, une gloire semblable à l'éclat brillant qui environne les astres du firmament, sera, dans le Ciel, la récompense magnifique des âmes éclairées et généreuses, qui se seront appliquées avec zèle à former leur prochain à la vertu : c'est le Saint Esprit qui nous en assure [3].

---

[1] « L'esprit de Dieu.... m'a envoyé pour évangéliser les pauvres. » Luc LV. 18.

[2] Concile d'Aix-la-Chapelle.

[3] Dan. XII. 3.

Pourquoi vous donner tant de peines, vous exposer à tant de contradictions et d'embarras, disait un homme du monde à Saint Ignace, lorsqu'il jetait, à Rome, les fondements de l'Institut de la Compagnie de Jésus? Quand je n'empêcherais qu'un seul péché mortel, répondit le Saint Fondateur, ne serais-je pas bien dédommagé de toutes mes peines? Et vous, mes très-chères sœurs! en exerçant les œuvres de miséricorde que nos règles vous prescrivent envers les pauvres n'en empêcherez-vous pas aussi de ces péchés qui outragent la Majesté Divine, qui perdent les âmes, qui remplissent l'enfer de victimes à jamais malheureuses? Combien de pauvres vous béniront éternellement dans le Ciel, parce que vous leur aurez appris à sanctifier leurs misères, à profiter de leurs maladies, à s'approcher dignement des Sacrements? Combien se rappelleront toute leur vie les sages instructions que vous leur aurez données dans leur enfance; y conformeront leur conduite, et les propageront dans le sein de leurs nombreuses familles? Ah! s'il y a un péché originel qui fait sentir à tous les hommes ses effets pernicieux, il y a aussi un genre de bien qui étend au loin ses douces influences, et qui se transmet d'âge en âge, de siècle en siècle: ce bien précieux, ce bien inestimable, c'est la science de la Religion, la science du salut, et c'est cette science que vous tâchez d'inculquer aux enfants et aux malades pauvres.

III.

Si néamnoins il vous semble quelquefois que vos peines, vos soins, et votre temps soient perdus, parce que vous n'apercevez pas sur-le-champ le succès de votre zèle, ne vous dégoûtez pas, ne perdez pas courage; et loin de rien diminuer de vos bons offices, continuez-les avec plus de constance et plus d'ardeur encore s'il se peut. Qui sait si Dieu ne bénira pas un jour vos travaux, et si ceux qui en sont les objets, n'en profiteront pas dans la suite, lorsque devenus

plus raisonnables, ou frappés à l'approche des dangers que
vous leur aurez montrés, ils verront enfin que tout leur
bonheur et leur unique ressource ne consistent qu'à se convertir sincèrement à Dieu, qu'à mettre ordre à leur conscience,
et qu'à assurer leur salut par une prompte pénitence? Combien n'a-t-on pas vu de pécheurs, qui après avoir résisté
longtemps à la grâce, aux avis pressants, aux sollicitations
les plus touchantes, rentraient tout-à-coup en eux-mêmes et
changeaient comme miraculeusement de conduite? D'ailleurs,
Dieu ne vous demande pas le succès: c'est à lui seul à le
donner [1]; mais il couronnera vos efforts, et il les récompen-
sera à jamais dans l'éternité; cela ne vous suffit-il pas?

Quant à l'ingratitude et aux autres manquements, que
vous pouvez éprouver de la part de certains pauvres plus
grossiers, que vous importe? Est-ce des pauvres que vous
attendez votre rétribution, et votre récompense? Est-ce leur
estime, leur respect, leur affection que vous cherchez? Ah!
loin de vous des motifs si bas, des vues si rampantes, un
mobile si indigne de votre vocation et de la sainteté des
fonctions que vous exercez! Ce serait bien alors que les
peines attachées à notre état, pèseraient vivement sur vous,
et qu'elles vous accableraient. Votre espérance serait vaine:
tout le fruit que vous devriez recueillir à votre avantage de
vos travaux, se dissiperait devant vous comme de la fumée;
il ne vous en resterait rien pour la vie future. Prenez garde,
dit le Sauveur du monde, de faire le bien en présence des
hommes, dans l'intention d'être vus d'eux; vous ne recevriez
aucune récompense du père céleste [2]. Non, mes très-chères
sœurs! non, ce ne sera pas pour le monde, je veux dire pour
lui plaire, pour vous en attirer la considération et de stériles
louanges, que vous devez faire les généreux sacrifices que
vous prescrivent nos saintes règles; mais pour la gloire de

[1] Cor. I.
[2] Math. VI, I.

Dieu, pour coopérer, si j'ose m'exprimer ainsi, aux travaux de votre divin époux; pour étendre son culte, et lui procurer de fidèles adorateurs. Ce sera dans le Ciel que vous chercherez un trésor solide, non sur cette terre de misères, sur laquelle nous ne faisons que passer rapidement, comme une ombre fugitive. Le Ciel! ah! Voilà où vous porterez votre cœur! où vous élèverez vos regards et vos pensées, lorsqu'environnées de peines et d'ennuis vous serez tentées de laisser le bien que vous devez faire! Et quelles consolations, quel courage ne puiserez-vous pas dans la contemplation des récompenses immenses, qui vous attendent dans le Ciel?

Ainsi sans vous laisser abattre ni par le dégôut, ni par la fatigue, ni même par les manières grossières de ceux qui doivent être les objets de votre zèle et de votre tendre sollicitude, vous enseignerez les enfants avec soin, vous visiterez les malades avec bonté; vous distribuerez charitablement à ceux-ci les remèdes temporels, imitant ce pieux Samaritain loué dans l'Evangile; et à l'exemple du vertueux Tobie, vous ensevelirez les morts. Mais toutes vos relations avec la jeunesse, les infirmes, les malades pauvres ne se termineront pas à des œuvres temporelles de miséricorde: votre but principal sera le salut des âmes. Vous aurez donc souvent, et avec prudence des paroles d'édification dans la bouche; et comme vous le prescrivent nos saintes règles, vous instruirez les ignorants, vous consolerez les affligés, vous encouragerez ceux que vous verrez abbatus sous le poids de leurs misères, vous les porterez tous au bien, et par vos sages avis, et par vos bons exemples.

Mais, que dis-je, vos bons exemples? Ah! Vous comprenez, sans doute, combien il nous importe de n'en jamais donner d'autres! car comme le dit Saint Chrysostome, la voix des œuvres se fait bien mieux entendre, et elle est bien plus efficace que le son perçant de la trompette: en sorte que, continue le même Docteur, si nous avons soin de briller par des vertus solides; si nous nous montrons doux, miséricordieux,

purs de cœur, patients à supporter les injures, bien aises
d'avoir à souffrir... nous n'attirerons pas moins efficacement
à la vérité ceux qui seront témoins de notre édifiante conduite, que si nous faisions des miracles en leur présence [1] :
tant le bon exemple a d'empire sur les esprits et sur les
cœurs. Mais en vain nous donnerions aux pauvres des
avis sages, et nous leur ferions des remontrances, et des
instructions touchantes; en vain même nous leur dirions les
choses les plus admirables et les plus capables de gagner
le cœur à la vertu, si notre conduite extérieure démentait
nos paroles et nos discours, nous serions comme l'airain son-
nant, ainsi que s'exprime l'Apôtre [2]; nous ne ferions, aucun
ou presqu'aucun fruit, et ceux qui nous entendraient, témoins
de la contrariété qui se trouverait entre nos discours et nos
actions, nous feraient ce reproche amer, que le fils de Dieu
faisait aux Scribes et aux Pharisiens : ils disent, et ils enseignent assez; mais ils ne font pas eux-mêmes, ce qu'ils prescrivent aux autres [3]. N'en doutez pas, mes très-chères sœurs !
le monde est exigeant jusqu'au scrupule, envers les personnes
qui font profession de piété et de consécration particulière à
Dieu : il ne leur pardonne pas même la faiblesse, et il ne
veut rien voir en elles, en quoi il puisse se reconnaître lui-
même. Prenons donc garde de donner prise à sa malignité.
Ah! quel malheur ne serait-ce pas pour nous? Quel malheur
pour la communauté, et même pour les pauvres, si notre conduite venait jamais à se démentir au milieu du monde, et à
se trouver en opposition avec les saintes règles de notre état?
Il est certain aussi que plus nous sommes exposées aux regards du public, plus nos chutes seraient désolantes, et se
répandraient au loin par la renommée; et que plus notre état
est saint, plus elles seraient grièves et funestes à la religion.

[1] Hom. xv, sur le chap. 5 de Saint Mathieu.
[2] Cor. 1.
[3] Math. xxiii, 3.

Ce serait cependant trop peu que de nous montrer irré-préhensibles au dehors, sous les yeux du monde, si nous ne l'étions pas en effet dans l'intérieur de nos maisons, et en présence de nos compagnes, dans le fond de notre âme, et devant celui qui voit tout. Notre justice purement extérieure et hypocrite, nous rendrait semblables aux Scribes et aux Pharisiens, et nous perdrait infailliblement comme eux : c'est le Sauveur lui-même qui nous l'annonce [1]. Tâchons donc, mes très-chères sœurs, d'être réellement telles que nous voudrions paraître aux yeux des hommes: mais tâchons de l'être pour la gloire de Dieu, pour l'honneur de la religion, pour le bien général de notre Communauté, pour notre propre bonheur et pour le salut des âmes. Que la charité, et une sainte harmonie règnent toujours au milieu de nous. Qu'on n'y voie point de prédilections, d'amitiés particulières, ni d'antipathies volontaires: supportons-nous mutuellement; hélas! nous avons toutes des défauts et des imperfections plus ou moins ridicules et dignes de blâme; à quel titre nous préférerions-nous donc à nos compagnes? De quel droit les mépriserions-nous, et nous permettrions-nous, d'en parler désavantageusement, ou de les maltraiter? Que celles donc, qui parmi nous, exercent quelque office de prééminence, ne s'en enflent pas, et ne montrent jamais de dureté envers celles qui leur obéissent: on prouve une grande faiblesse de génie, on prouve qu'on a l'âme basse, qu'on est au-dessous et indigne du rang qu'on occupe, quand on s'énorgueillit, qu'on se tient fier, et qu'on se prévaut de son autorité, pour montrer de la passion, ou pour tourmenter injustement ses inférieurs. Que toutes celles d'entre nous qui obéissent (hé! nous obéissons toutes sans exception) ne se livrent pas aux murmures, aux plaintes, à la jalousie, à l'esprit de cabale, et de

---

[1] « Si votre justice n'est pas plus abondante que celle des Scribes et des Pharisiens vous n'entrerez pas dans le royaume des cieux. » Math. v, 40.

parti. Qu'elles n'interprètent jamais en mauvaise part les leçons, les avis, les avertissements, même les réprimandes qu'elles pourront recevoir; mais qu'elles obéissent avec la candeur et la simplicité de l'enfant à l'exemple d'Isaac qui se laissa lier, monter sur le bûcher, pour être immolé selon l'ordre de Dieu, par la main de son propre père [1], à l'exemple de Jésus-Christ, qui quoique Dieu, et maître suprême de Marie et de Joseph, a bien voulu leur être soumis pendant sa vie mortelle [2] pour nous servir de modèle, et nous apprendre par son exemple, à nous soumettre saintement nous-mêmes à nos supérieurs. Edifions-nous en toutes choses les unes les autres. Nous sommes toutes les enfants de la même famille: si Dieu a voulu que les hommes eussent entr'eux une sollicitude mutuelle pour leur bonheur, comme le Saint Esprit nous l'apprend dans l'Ecriture [3], à plus forte raison nous, qui sommes si étroitement liées ensemble par notre état, par nos fonctions, nos devoirs, et par tant d'autres rapports, devons nous nous efforcer de nous être utiles réciproquement par nos bons exemples, nos sages discours, et par une conduite constamment vertueuse et toujours édifiante.

Que si jamais il se trouve dans la communauté des esprits altiers qui refusent de se soumettre, des génies bizarres qui veuillent faire comme bande à part, distraire les autres de la vie commune, introduire des nouvautés; des sujets brouillons, qui se permettent de semer la discorde, de murmurer, de mal interpréter de condamner à tort ou à droit, de former des partis; des âmes corrompues qui répandent le scandale. et le désordre dans le sein de la Communauté ou au-dehors; qu'ils apprennent tous que nos constitutions et nos règles les rejettent hors de notre sainte association, comme des membres gangrenés, qui pourraient infecter le reste du corps, et en entraîner la perte entière.

[1] Gen. XXII, 9.
[2] Luc. II, 51.
[3] Eccl. XVII, 12.

Voilà en raccourci, mes très-chères sœurs, les fonctions et les devoirs les plus difficiles que nos saintes règles nous imposent, avec quelques-uns des motifs pressants qui nous engagent à embrasser avec courage, et à suivre avec constance la pratique salutaire de ces devoirs et de ces fonctions utiles. Vous parlerai-je ici des moyens multipliés que nous trouvons au milieu de nous pour remplir dignement une tâche si importante? L'expérience vous a déjà appris, sans doute, combien est avantageuse la réunion d'un grand nombre de cœurs, qui semblent avoir conspiré unanimement pour faire le bien; combien sont touchants les exemples nombreux de vertus, que l'on a sans cesse devant les yeux; quelle force, quel courage, quelle sainte ardeur l'on puise dans la compagnie d'associées, qui s'entr'aident, qui se consolent et qui s'édifient mutuellement. Un frère qui est aimé par son frère, dit l'Ecriture, est comme une ville fortifiée [1]. Hé! peut-il exister une fraternité plus parfaite, que celle qui doit régner entre nous? Ce n'est pas le sang, qui l'a opérée, mais la lumière de la grâce divine; ce n'est pas l'habitude qui la soutient, mais le zèle de la gloire de Dieu, du bien de la société et du salut des âmes.

D'ailleurs, quels secours ne puisons-nous pas aussi dans les exercices de piété que nous faisons tous les jours, dans nos conférences des vendredis, dans la fréquentation des Sacrements, dans les avis salutaires qui nous sont donnés? Quelles lumières ne nous fournira pas encore la lecture réfléchie de nos saintes règles? Nous ne craignons pas de le dire ici, mes très-chères sœurs! nos règles nous apprendront tout ce que nous avons à faire pour nous sanctifier dans notre état, et pour y faire le bien; elles nous dirigeront même sans cesse vers la perfection, en nous conduisant comme par la main, dans nos fonctions et nos emplois, dans l'intérieur de nos maisons et au-dehors: semblables, si j'ose m'exprimer

[1] Prov. XVIII, 19.

ainsi, à cette colonne mystérieuse qui précédait Israël dans le désert [1], elles dissiperont les ténèbres qui nous environneront durant la nuit, c'est-à-dire nos doutes, nos perplexités dans les occasions difficiles; et durant le jour, c'est-à-dire dans les choses faciles et ordinaires, elles seront encore notre guide: partout elles nous éclaireront, et nous montreront le chemin que nous devons suivre. Que nous reste-t-il donc à faire, si ce n'est de marcher à pas fermes à la clarté de cette brillante lumière? Ah! que ne puis-je vous y, exhorter avec des paroles de feu! que ne puis-je écrire nos saintes règles dans vos cœurs en caractères de bronze, en caractères ineffaçables! que ne puis-je surtout vous engager à les aimer tellement, que jamais vous ne vous écartiez, de propos délibéré, d'aucun de leurs préceptes salutaires, des avis sages qu'elles renferment, de la route sûre qu'elles nous tracent pour nous conduire au bien! N'en doutons pas, mes très-chères sœurs! notre fidélité à suivre nos saintes règles nous rendra semblables à ces vierges prudentes de l'évangile, qui se trouvèrent ornées, munies d'huile et de lumière, toutes prêtes à recevoir le divin époux et à le suivre au festin des noces [2]. Et quelles vertus! quelle multitude de bonnes œuvres n'aurons nous pas à présenter à ce divin époux, quand il nous appellera pour régner avec lui dans les siècles des siècles?

IV.

Mais attendons-nous-y, mes très-chères sœurs! pour arriver à ce terme si désirable, à ce bonheur suprême, par la fidélité à nos saintes règles et à tous nos devoirs, il nous faudra lutter avec force contre les flots agités d'une mer bien orageuse, combattre avec courage des ennemis nombreux et

[1] Exod. XIII, 21.
[2] Math. XXV, 10.

redoutables, et paraître devant notre céleste époux chargées
des dépouilles que la pusillanimité, l'inconstance et la paresse
ne touchèrent pas ou qu'elles ne conservèrent jamais. Parlons
plus clairement: il nous faudra combattre contre le monde,
qui, par ses discours séduisants, ses maximes perverses, ses
exemples contagieux, peut-être même, par ses persécutions
ouvertes, ne cessera de tendre des pièges à notre vertu. Il
nous faudra combattre contre le démon, qui jaloux de nous
voir échapper à sa fureur, irrité des efforts que nous ferons
pour lui arracher d'autres victimes encore, s'agitera continuellement, dressera des embûches partout contre nous, et ne
demeurera en repos que quand nous serons dans le séjour
de la gloire, ou que lorsqu'il nous aura découragées et em-
pêchées de faire le bien. Mais quels obstacles ne rencontre-
rons-nous pas aussi dans notre propre cœur? Notre amour
propre se trouvera blessé dans mille circonstances; notre volonté se verra presque toujours contredite; nos idées, nos lumières particulières seront rejetées; notre attachement au
monde, à nos proches, aux biens de la terre, aux honneurs,
aux plaisirs, à l'estime du monde, sera combattu sans relâche: que sais-je? tout ce moi-même si cher et si délicat,
toutes nos inclinations et nos habitudes demeureront comme
enchaînées et réduites dans une servitude pénible, qui néanmoins durera autant de temps que la vie. Que de combats
n'aurons-nous pas à soutenir contre ces ennemis domestiques
et étrangers? Mais aurons-nous moins de courage et de constance pour travailler à nous sauver, et à sauver d'autres
âmes avec nous, que les gens du siècle n'en montrent, pour
acquérir les biens périssables de la terre, pour s'élever à de
futiles honneurs, et parvenir à une gloire qui, après tout,
n'est qu'une fumée vaine et passagère? D'ailleurs le temps
des périls, des souffrances et des combats est si court, et la
récompense attachée à notre fidélité, sera si durable, si magnifique et si parfaite! Quel puissant motif pour nous encourager!

Au reste gardons-nous bien de compter le moins du monde
sur nos propres forces, et d'appuyer notre confiance sur nous-
mêmes, ou sur les efforts que nous nous proposons de faire:
hélas! que sommes-nous, qui que nous soyons, que misère
et que péché? Et que pouvons nous de notre propre fonds,
que demeurer inutiles et que faire le mal? Mais, comme nous
avons déjà écrit à celles d'entre vous, qui ont fait les vœux,
ainsi que le grand Apôtre, nous pouvons tout en celui qui
nous fortifie [1]: la grâce du Seigneur nous suffit [2] pour renverser les efforts de toutes les puissances armées contre nous.
Et cette grâce, Dieu ne nous la refusera pas, si nous la lui
demandons avec confiance; si nous ne cherchons qu'à lui plaire
en tout, et si nous tâchons d'être fidèles aux règles sages
de notre état. Mes très-chères sœurs! c'est au milieu des
combats et des tentations que la vertu se perfectionne [3] et
qu'elle se couvre de son plus beau lustre. C'est aussi en faveur de la faiblesse, mais de la faiblesse qui est humble, qui
connaît son néant et son impuissance, qui attend de Dieu
toute sa force et tout son appui, que le Seigneur se plait à
développer les effets merveilleux de sa bonté paternelle, et
à manifester la grandeur de sa puissance [4]. Oh! mes très-
chères sœurs! si nous étions véritablement humbles, comme
les devoirs même les plus difficiles que nous imposent nos
règles nous deviendraient faciles dans la pratique! Comme
Dieu se plairait, si j'ose m'exprimer ainsi, à se servir de
nous pour faire le bien! avec quelle bonté il nous protégerait
dans tous nos combats, et dans tout ce que nous entrepren-
drions pour sa gloire! Ah! n'oublions jamais, que quand nous
aurions les plus grands succès, et qu'il nous semblerait que
nous fissions les plus belles choses, nous ne laisserions pas
que de n'être rien par nous mêmes et de nous-mêmes, et

[1] Philipp. IV.
[2] Cor. II.
[3] Ibid.
[4] Cor. I.

que nous devrions toujours nous regarder comme des servantes inutiles. C'est le précepte que Jésus-Christ donna autrefois à ses apôtres, qui valaient sans doute, bien mieux que
nous, et qui ont fait beaucoup plus de bien que nous n'en
pourrons jamais faire quels que soient notre zèle, et nos efforts.

V.

Enfin, recevez ce livre, mes très-chères sœurs! non
comme une production profane, ou purement humaine; mais
comme un présent que notre divin Sauveur vous envoie
dans sa miséricorde, par les mains du Pontife son Vicaire
sur la terre. Lisez-le, méditez-le et faites tout ce qu'il vous
prescrit. Ah! ne vous en détournez ni à droite, ni à gauche [1]!
Que rien ne vous y paraisse léger et peu important, puisque
tout ce qui y est réglé, se trouve lié avec l'ordre qui doit
régner parmi nous, et que d'ailleurs un verre d'eau froide,
donné à un pauvre au nom de Jésus-Christ ne demeurera
pas sans récompense. Ressouvenez-vous, que si nous sommes
fidèles dans les moindres choses nous le serons facilement
dans les grandes [2]; que Dieu compte toutes nos actions, et
qu'il écrit sur le livre de vie jusqu'au plus petit pas que
nous fasions par obéissance. « Or, le vrai obéissant (dit
Saint François de Sales), aime ses règles les honore et les
estime uniquement comme le chemin par lequel il doit s'ache-
miner à l'union de son esprit avec Dieu; et pourtant il ne
se détourne jamais de cette voie, ni de l'observance des
choses qui y sont dites par forme de direction non plus que
de celles qui y sont commandées. »

Conspirons donc toutes ensemble, avec le même zèle et
la même ardeur, pour témoigner avec les faits à nos consti-

---

[1] Deut. V, 32.

[2] « Celui qui est fidèle dans les petites choses, l'est aussi dans
les grandes. » Luc. XVI, 10.

tutions et à nos règles, le respect, l'attachement et la fidélité que nous leur devons, et pour transmettre ces mêmes sentiments aux filles de la Charité sous la protection de Saint Vincent de Paul qui viendront après nous. De cette sorte, non seulement nous nous enrichirons de nos propres bonnes œuvres, mais nous participerons encore à celles qui se feront après notre mort, par une suite de nos exemples édifiants et de notre bonne conduite.

Que la grâce de Notre-Seigneur Jésus-Christ soit avec vous toutes. Ainsi soit-il [1]. »

Que dire de ces pages? Elles sont magistralement, nous pourrions même dire *virilement* écrites. Nous avons observé à propos des circulaires de la Mère Thouret qu'elles étaient parfois rédigées à la manière des pastorales épiscopales; ne semble-t-il pas que ce discours est fait à la manière des grandes œuvres oratoires? Ceci ne saurait nous surprendre; car nous savons par les sœurs qui l'ont connue que lorsqu'elle parlait, elle le faisait avec une véritable éloquence; par les accents de sa parole chaude et vibrante, elle touchait facilement les cœurs, elles les émouvait même parfois, surtout quand elle discourait sur la passion du Sauveur ou sur la dévotion à la Sainte Vierge au point d'arracher des larmes à ses auditrices [2].

C'est par le cœur qu'on est éloquent — « pectus est quod disertos facit » et en vertu de cette loi, elle devait l'être beaucoup; car nous connaissons la valeur et la puissance de son cœur.

Quoiqu'il en soit, ce discours nous livre en quelque sorte son esprit et nous le fait connaître beaucoup mieux que n'au-

[1] Apoc. XXII, 21.
[2] « Disfogava gli affetti del suo cuore da intenerire quante l'udivano. » Note de Sœur Mélanie Mantelli.

rait pu le faire une analyse de ses maximes et de ses pensées. Nous en avons là, sous les yeux la quintessence et la fleur.

Nous y respirons, pour ainsi dire tous les parfums de son âme si généreuse pour Dieu, si dévoué pour les pauvres.

Aussi, en respirant ces parfums, c'est-à-dire en transcrivant les conseils qu'on vient de lire, la pensée suivante a traversé mon esprit. Je me suis dit : « j'écris ici le jugement des *filles de la charité*. Ces pages leur sont connues, puisqu'elles forment, pour ainsi dire, le portique du temple de leurs constitutions. Mais qui sait si toutes se conforment aux enseignements et aux recommandations qu'elles contiennent ? qui sait si toutes harmonisent leur vie avec les leçons et les aspirations qu'elles y lisent ? qui sait si toutes en méditent l'*esprit*, en dignes filles d'une telle mère ?

Oui, mes sœurs, vous avez là un manuel de sanctification que vous consulterez toujours avec utilité pour votre âme !

Vous avez reçu de votre fondatrice, je l'avoue, un héritage difficile à porter. Elle vous a laissé des exemples qui ne sont pas peut-être toujours aisés à suivre. Mais vous avez en votre possession un *vade mecum* qui vous guidera sûrement dans la voie du devoir, de la sainteté et du dévoûment. Prenez-le pour la règle invariable de votre conduite, à travers les sentiers épineux de la vie religieuse, et arrivées au terme de votre course, vous n'aurez pas à redouter les jugements de Dieu !

Mais avec les principes exposés dans le discours que nous venons d'admirer nous n'avons que la moitié de l'*esprit* de la Mère Thouret. Nous devons maintenant pour connaître l'autre moitié, passer en revue les principales vertus qu'elle a pratiquées. C'est là l'objet du chapitre qui suit.

CHAPITRE QUATRIÈME

Ses Vertus.

*Deux portraits de religieuse. - Mœurs de la colombe d'après
Saint Thomas. - La Mère Thouret reproduit fidèlement
les habitudes de l'oiseau symbolique. - Parallèle avec
Saint Vincent de Paul.*

Quelles furent les vertus de la Mère Thouret? Ce furent
celles d'une vraie religieuse. Et comment pouvons-nous connaître les vertus d'une vraie religieuse? En faisant son portrait, tel que l'ont esquissé les maîtres de la vie spirituelle.
Or, d'après ces maîtres, voici ce portrait:

1° La vraie religieuse se plait dans une entière séparation
du monde, et elle trouve son repos et sa paix dans le silence
et la solitude.

2° Sa vie est une vie d'humilité, de pauvreté, de chasteté,
d'obéissance, d'immolation, de dévoûment.

3° La charité - et une charité tendre, forte, constante,
toujours surnaturelle - pénètre et vivifie tout en elle : l'esprit,
le cœur, les paroles, les œuvres.

4° Par suite, elle est en toute vérité une victime de Dieu,
en union avec Jésus-Christ, dans son divin sacrifice, et en
cette qualité d'hostie, elle doit être tout entière appliquée à
Dieu, à ses intérêts, à sa gloire, et tout immolée à son bon
plaisir [1].

---

[1] Voir *De l'esprit et de la vie de sacrifice dans l'état religieux*,
par le P. S. M. Giraud (épilogue).

Y a-t-il dans cette esquisse que j'emprunte à un auteur ascétique un seul trait qui ne convienne à notre révérende fondatrice? Je ne le crois pas. Mais voici un autre portrait peint par un autre maître - et quel maître! il a nom Saint Thomas - qui va mieux encore, nous donner la physionomie de notre chère héroïne.

Le docteur angélique nous fait connaître dans l'une de ses œuvres immortelles les qualités et les habitudes de *la colombe,* et je trouve que ces qualités et ces habitudes forment en réalité le caractère de la vraie religieuse. — Je trouve même qu'elles sont la reproduction mystérieuse des vertus que nous admirons dans la bonne mère et que celle-ci a pris à cœur de répondre par sa vie à cette recommandation du prophète: « *Estote quasi columba.* Soyez comme la colombe [1]. » Voyons plutôt:

1º La colombe, nous dit l'ange de l'école, habite le long des courants d'eau. — 2º Elle choisit les meilleurs grains pour sa nourriture. — 3º Elle nourrit les petits des autres mères. — 4º Elle ne déchire pas avec son bec. — 5º Elle n'a pas de fiel. — 6º Elle fait son nid dans les trous du rocher. — 7º Enfin, elle gémit au lieu de chanter [2].

A ces traits il est facile, si je ne me trompe, de reconnaître la religieuse qui vit suivant les règles de sa vocation, et en particulier celle qui fait l'objet de cette étude. Si même nous rapprochons les deux portraits que je présente au lecteur, en tête de ce chapitre, nous voyons qu'ils se ressemblent assez. Le second n'est en définitive que la copie symbolique du premier.

Pour nous en convaincre, analysons l'un après l'autre chacun des coups de pinceau du peintre magistral à qui nous

---

[1] Jérémie 48, 18.

[2] Secus fluenta habitat — meliora grana eligit — pullos alienos nutrit — non lacerat rostro — felle caret — in foraminibus petræ nidificat — gemitum pro cantu habet. (Saint Thomas).

le devons, et voyons si nous pouvons, sous l'image de l'oiseau biblique retrouver l'âme qui nous intéresse.

1° *La colombe habite le long des courants d'eau.* C'est là sa première habitude. Et pourquoi la pratique-t-elle ? Pour se plonger dans l'eau quand elle aperçoit le faucon, le brigand des airs, et se soustraire à la rapacité de ses serres ; *ut viso accipitre, mergat se et evadat.* N'est-ce pas là ce que fait aussi la religieuse ? Elle se *plaît dans une entière séparation du monde ;* elle vit dans le silence et la solitude et se place tout près des sources de la grâce, pour s'y plonger quand elle aperçoit le brigand des sphères surnaturelles, le démon et se soustraire ainsi à la tyrannie de son empire. Pour bien comprendre ceci, il faut savoir qu'une maison religieuse est comme un jardin planté dans les domaines de l'Eglise. — Ce jardin est fermé [1] à tous les bruits qui viennent du monde et à tous les vents qui soufflent du dehors. On y entend le murmure de la prière et le chant de cantiques. Comme un ange armé d'une épée flamboyante, l'innocence est sur le seuil, et garde les barrières pour que l'ennemi ne puisse jamais entrer. Dans ces conditions le cloître ou le couvent devient un paradis délicieux comme l'Eden des anciens jours [2].

Les vertus y paraissent comme des fleurs admirées par les saints, cultivées par les anges, aimées par le Seigneur. Elles y brillent d'un vif éclat et y répandent un parfum exquis de pureté. C'est tout à la fois, un spectacle pour la terre et pour le Ciel, et ce spectacle a d'autant plus de charmes qu'il présente des beautés et des merveilles de tout genre. On y voit, dit Saint Grégoire de Nysse, on y voit des *allées ombragées* et couvertes de rosée [3]. Dans ces allées on aperçoit les horizons de Dieu et l'on respire l'air frais du Ciel. Ce

---

[1] Hortus conclusus. *Cant.* 4, 12.
[2] Hortus voluptatis. Ezech. 35, 35.
[3] Umbrosa et roscida fit via justi.

jardin est arrosé pas des eaux vives [1]. La grâce y circule par
mille conduits divers qui y portent à toute heure la fécondité. Les sources sacramentelles s'y donnent rendez-vous, et
pour comble de bonheur, Dieu lui-même vient s'y promener
comme dans le paradis terrestre parce qu'il s'y trouve bien,
et qu'il y fixe sa demeure et puis surtout, parce qu'il se
regarde comme le cultivateur de ce jardin : « Mon père est
un agriculteur, a dit Notre-Seigneur [2]. » Heureuses donc les
âmes qui vont chercher un refuge dans une maison religieuse !
Elles y trouvent des douceurs que le monde ne connaît pas,
des suavités qu'il ne saurait soupçonner !

Ces douceurs et ces suavités, Jeanne Antide Thouret
voulut de bonne heure les goûter, et voilà pourquoi dès l'âge
le plus tendre, elle songea à la vie religieuse. Dans le principe elle ignorait encore à quel ordre elle donnerait sa pré-
férance, et ce ne fut qu'après avoir étudié sa vocation, que
sa marraine et son curé décidèrent qu'elles deviendrait sœur
de la charité.

Dès qu'elle le fut, elle ne voulut plus cesser de l'être,
et malgré la Révolution, l'exil et la persécution, elle resta
toujours fidèle à ses premières aspirations. En 93, et les
années qui suivirent cette date sinistre, elle aurait pu faire
comme beaucoup de ses compagnes qui jetèrent leur cornette
et revinrent dans leur famille. Mais cette pensée n'effleura
même pas son esprit. Toute sa vie elle aima *la paix et le repos*
de sa communauté et l'une de ses grandes joies, quand elle
s'absentait pour les affaires de la congrégation ou pour des
fondations nouvelles, était de rentrer au bercail. Aussi jusqu'à
sa mort, prêcha-t-elle à ses filles et par la parole et par
l'exemple, l'amour de la solitude. Elle leur disait en effet
souvent, que quoiqu'appelées dans le monde pour y porter
des remèdes et des consolations aux pauvres et aux malades,

---

[1] Hortus irriguus. Isaie IV, II.
[2] Pater meus agricola est. Saint Jean 15, I.

elles devaient vivre comme derrière les grilles d'un couvent cloîtré [1], et cela parce que la solitude retrempe les esprits, fortifie les âmes et forme les caractères; qui ne sait en effet que c'est dans le silence qu'on se prépare aux grandes pensées, aux dévoûments généreux, aux héroïsmes sublimes! Voilà pourquoi les saints ont fait de la retraite le plus grand éloge. Saint Bernard l'appelle la mort des vices et la vie des vertus [2] et Saint Basile à son tour dit qu'elle est la volupté des âmes saintes [3].

2° La seconde habitude de la colombe consiste à choisir les grains les meilleurs pour sa nourriture. N'est-ce pas là aussi ce que fait la religieuse? Elle choisit pour sa sanctification les vertus les plus éminentes et les dévotions les meilleures; parmi les vertus, l'obéissance, la pauvreté, la chasteté, l'humilité, l'immolation et le dévoûment, et parmi les dévotions le culte de la Sainte Vierge, de la Croix et des Saints. — Dans le monde, elle aurait pu se sauver en pratiquant les vertus ordinaires; mais cela ne lui a pas suffi; elle a voulu arriver jusqu'à l'héroïsme chrétien et alors elle a dit adieu à la patrie, à la famille et à l'amitié. Elle a abandonné les plaisirs de la vie qui pour elle sont des bagatelles et des riens; elle a renoncé à ses espérances, à ses affections à ses intérêts, et pour jamais elle a pris la *meilleure part.* Et tandis que dans le monde, ses compagnes se livrent à toutes les fantaisies de leur imagination, elle soumet sa volonté au joug de l'obéissance. Tandis qu'elles savourent à loisir, les jouissances que donne la fortune, elle goûte dans la retraite les joies qu'apporte la pauvreté. Tandis qu'elles recherchent avec empressement les enivrements de la volupté, elle recherche avec bonheur les enchantements de la chasteté. Tandis qu'elles vont avec frénésie à ceux qui rient et s'amu-

---

[1] Voir ses constitutions.
[2] Mors vitiorum, vita virtutum.
[3] Sanctarum animarum delectatio...

sent, pour faire comme eux, elle va, à ceux qui pleurent et souffrent pour les consoler.

C'est là en peu de mots l'histoire de toute religieuse. C'est par conséquent celle de Jeanne Antide Thouret qui aux trois vœux d'obéissance, de pauvreté et de chasteté, ajouta celui de soigner les pauvres. En cela, elle montrait son amour pour l'humilité, l'immolation et le dévoûment.

Comment pratiqua-t-elle toutes ces vertus? Son histoire est là pour répondre. Elle les pratiqua - nous l'avons bien souvent constaté pour sa gloire - de la manière la plus édifiante en les faisant toujours marcher de pair avec les dévotions qui sont chères aux âmes chrétiennes. Elle avait surtout un amour d'enfant pour la Sainte Vierge, et elle ne passait pas de jour sans réciter en son honneur le rosaire, ou seule, ou avec Sœur Rosalie. Nous avons déjà dit sa dévotion pour le crucifix; la plupart de ses méditations roulaient sur le mystère de la passion. Enfin, elle avait ses saints de prédilection: Saint Joseph, Saint Louis, Saint Janvier, Saint Jean et tous les soirs avant de se coucher, elle baisait leur image suspendue aux murailles de sa chambre, ainsi que celle de sa chère Madone, la reine de son cœur.

En 3° lieu, il est dans les mœurs de la colombe de nourrir les petits des autres mères.

C'est là aussi ce que fait la religieuse hospitalière et éducatrice. Elle prend sous sa tutelle virginale les enfants que les mères lui confient, et leur apprend à lire à la fois, dans cet alphabet divin qu'on appelle le firmament, et dans ce petit livre religieux qu'on appelle le catéchisme; elle leur enseigne le signe de la croix, l'histoire du paradis, la perfidie du serpent, la chute du premier homme, l'incarnation du Verbe, et la vie de Jésus-Christ. Elle leur dit ce que furent les patriarches, les prophètes, les apôtres, les papes et les martyrs. Elle leur raconte les gloires du passé, les espérances de l'avenir, les tristesses de la mort, et les promesses de l'immortalité.

Elle leur montre la terre comme un lieu de pèlerinage où l'on passe quelques jours, le purgatoire comme un exil où l'on émigre pour quelques jours aussi ; l'enfer comme une prison où l'on souffre toute l'éternité et le Ciel comme une patrie où l'on jouit toute l'éternité aussi. En un mot, elle fait son éducation chrétienne : goutte à goutte, elle infuse dans leur âme, les saintes croyances qui feront sa vie surnaturelle, pareille à une mère qui goutte à goutte donne à ses enfants le lait qui fera leur vie physique. — La Mère Thouret a rempli ce rôle bien longtemps, et puis elle l'a enseigné avec une sollicitude vraiment maternelle, à ses filles pour que celles-ci le continuassent après elle, pour la joie des familles pauvres.

Elle a par conséquent élevé les enfants des autres mères, et l'on peut même dire qu'elles les a *nourris* à la lettre par la fondation des orphelinats qu'elle a créés. D'ailleurs, n'aurait-elle rien fait pour les orphelins, pour les enfants des classes populaires ou les jeunes filles de l'aristocratie, elle aurait encore imité la colombe, en soignant les malades - enfants eux aussi des autres mères - qui venaient échouer dans ses hôpitaux.

Comment s'est elle acquittée de ces diverses fonctions ? La réponse est également dans son histoire. Elle est aussi dans ses constitutions ; car tout y est prévu d'avance pour la direction parfaite des écoles gratuites et des pensionnats, et pour les soins délicats des orphelins et des malades. — Sa charité embrassait toutes les misères, et il n'y en avait pas une qui la trouvât indifférente. Aussi lui était-il facile de reproduire la quatrième qualité de la colombe qui ne déchire *jamais avec son bec.*

4° Dans le monde il y a une charité qui grâce à Dieu est très en honneur. C'est la charité qui donne ; mais il y en a une autre qui l'est, hélas ! beaucoup moins ; c'est la charité qui pardonne.

La première - dans notre France surtout - n'est jamais en défaut, soit qu'il s'agisse des pauvres, des blessés, des prisonniers, soit qu'il s'agisse des victimes d'un fléau, d'une épidémie ou d'une révolution. Devant les infortunes qui passent, le chrétien s'incline et donne à pleines mains; mais il n'en est pas de même pour la charité qui oublie et qui supporte. Celle-là est moins connue et moins aimée. A côté d'elle au contraire, on voit se dresser fréquemment la rancune qui mord, la jalousie qui déchire, la haine qui dévore, et de là la zizanie dans les familles, la mésintelligence parmi les âmes, la discorde entre les frères. De là des susceptibilités et des froissements qui rendent en quelque sorte la vie insupportable. De là, enfin des colères sourdes, invétérées, inexorables qui parfois rongent les cœurs jusqu'à la tombe, à la manière des vers qui bientôt rongeront les cadavres dans le sépulcre.

Les communautés religieuses elles-mêmes ne sont pas tout à fait à l'abri d'une partie de ces misères quand la charité, *ciment des âmes*, selon Saint Augustin [1] n'y règne pas en souveraine absolue. La Mère Thouret fut appelée à en savoir quelque chose, dans sa communauté de Besançon, où de bonne heure, elle rencontra des oppositions sourdes et où enfin, grâce à l'ambition des uns, et à l'animosité des autres, elle trouva une hostilité déclarée; elle aurait pu s'armant de la loi, comme quelques uns le lui conseillaient, faire un procès à Mgr. de Pressigny et réclamer au nom de la justice, une maison qui était sienne; mais en face de la persécution elle resta douce comme la colombe. Elle ne voulait pas de violences et de déchirements et durant les péripéties lamentables de la division qui la fit tant souffrir, elle se réfugia toujours dans la prière, la patience et la résignation. Pourquoi? C'est que comme l'oiseau symbolique, elle n'avait pas de fiel dans son âme.

5º C'est là la cinquième qualité de la colombe: *felle caret*. Il n'est pas rare de rencontrer dans les rangs de la société

[1] Glutinum animarum.

des âmes aigries contre tout le monde, et enfiellées contre Dieu lui-même; elles ne se trouvent jamais contentes, jamais heureuses; elles s'en prennent au ciel et à la terre, aux hommes et aux choses, et volontiers elles feraient, si elles l'osaient un procès à la Providence, pour lui demander raison de sa partialité qui fait qu'il y a du bonheur pour les autres et qu'il n'y en a pas pour elles; elles se disent chrétiennes mais elles ne veulent pas chercher leur consolation dans cette vertu trop obscure à leurs yeux qui s'appelle: la conformité aux desseins de Dieu.

Il n'en était pas ainsi pour la bonne Mère; Dieu sait si sur la route de la vie, elle avait rencontré des peines qui pouvaient lui mettre du fiel dans le cœur, et cependant elle n'en montra jamais pour personne. Elle ne garda jamais rancune à Mr Bacoffe qui avait soufflé contre elle le vent de la révolte, n'en voulut pas à ses sœurs qui écoutèrent ses inspirations, et elle pardonna généreusement à Mgr. de Pressigny qui la traita comme une religieuse coupable.

D'où venait cela? C'est qu'élévée à l'école de Saint Vincent de Paul, elle se livrait à la Providence comme un enfant se livre à sa mère. Si Dieu lui envoyait une joie, elle l'en remerciait, s'il lui envoyait une épreuve, elle l'en bénissait encore. Elle adorait la main qui la frappait, et baisait la verge qui la flagellait. — Et où donc avait-elle trouvé cette admirable disposition? Dans l'esprit de sacrifice. En embrassant sa vocation elle avait fait une immolation volontaire et complète de ses rêves et de ses désirs.

La vraie religieuse n'agit pas autrement. Pareille au phénix qui voulant mourir se construit un nid avec des branches odoriférantes, le remplit de parfums, meurt dessus et renaît plus beau de ses cendres fumantes, elle est morte au monde en faisant un holocauste des choses qui l'y attachaient: il s'est produit dans son âme une combustion spirituelle qui emporte les vieux éléments de sa nature, et elle renaît en quelque sorte de ses cendres plus forte, plus généreuse, en un mot métamorphosée par la grâce de Dieu.

Dans ces conditions, elle ne peut respirer que la charité – une charité tendre, constante et surnaturelle, – qui, comme nous l'avons dit plus haut, vivifie tout en elle, l'esprit, le cœur, les paroles et les œuvres. Comment de la sorte pourrait-elle avoir du fiel?

6° Un sixième trait caractérise la colombe: *elle fait son nid dans les trous du rocher*. Ces trous représentent les vœux qui sont comme la citadelle de la vie religieuse. Qu'est-ce en effet que la vie religieuse? Saint Liguori la définit ainsi: « Un genre de vie stable et permanent approuvé par l'Eglise, dans lequel les fidèles s'engagent à tendre à la perfection par le moyen des trois vœux de pauvreté, d'obéissance et de chasteté, faits conformément à la règle de l'ordre. » Or, que ces vœux soient solennels ou simples, perpétuels ou temporaires – ne seraient-ils que d'un an ou moins encore – l'obligation de celui qui les émet est la même *quant à la pratique personnelle du vœu* pour le temps que le vœu embrasse.

Par conséquent les vœux une fois prononcés deviennent pour la religieuse comme une redoute dans laquelle elle se réfugie et s'enferme pour défendre sa virginité; et là elle fait son nid de privations et de sacrifices, comme dans le rocher, la colombe compose le sien des éléments divers qu'elle a recueillis.

Ce nid ainsi confectionné elle le garde avec amour et vaillance, et si parfois, il est menacé par l'ennemi elle aime mieux mourir que le livrer, car elle préfère le martyre à l'apostasie. Elle agit en cela comme ce chevalier du moyen âge qui fit la belle réponse que voici à un aventurier. Il défendait une citadelle, dans les montagnes au nom du roi. L'aventurier suivi de soudards armés vient lui dire: « rends-moi la place, si non je prends ta tête » et lui, avec une fierté vraiment chevaleresque lui répond: « la place n'est pas à moi, elle est à mon roi, je ne te la livrerai pas; quant à ma tête, viens la chercher, si tu le peux. »

Il y a dans l'histoire une foule de vierges de Dieu qui ont fait des réponses aussi sublimes au temps des révolutions; elles ont dit à leurs persécuteurs qui leur demandaient une lacheté: « Mon âme n'est pas à moi, elle est à mon Dieu; vous ne l'aurez jamais; quant à ma tête, prenez-la si vous voulez; plutôt la mort que la forfaiture! »

C'est dans des termes à peu près semblables que la Mère Thouret répondit – nous l'avons raconté – aux révolutionnaires de Besançon qui voulaient lui extorquer un serment sacrilège. Dans tous les cas, elle garda toujours son âme *enfermée* dans ces quatre vœux, avec un courage et une persévérance héroïques.

Tout ce qu'elle exécuta dans le domaine de ses fondations successives elle le fit au nom de l'obéissance. Elle observa la pauvreté avec une rigueur qui émerveillait ses sœurs. Elle pratiqua la charité avec une vigilance *hérissée* en quelque sorte des plus minutieuses précautions, et elle fut fidèle à son vœu de soigner les pauvres avec une constance qui ne sut jamais se démentir.

Elle avait bâti son nid dans les trous d'un rocher inaccessible et elle sut y vivre et y mourir inexpugnable et invaincue.

7° Enfin elle imita encore la colombe dans sa septième habitude qui consiste *à gémir au lieu de chanter.*

Pourquoi chante-t-on dans les églises? C'est parce que la musique a une puissance particulière de conquête sur les âmes: elle les charme, les adoucit et les subjugue. C'est là une vérité vieille comme le monde, célébrée par les prophètes de la Bible et reconnue par les Pères de l'Eglise. Aussi un savant abbé du moyen-âge appelait-il la musique sacrée « une pieuse invitation à l'Esprit-Saint [1] » voulant dire par là que

---

[1] Rupert.

le chant chrétien ouvre l'âme, et que lorsque l'âme est ainsi ouverte, l'Esprit-Saint s'y précipite en pacifique vainqueur.

Pour les mêmes raisons on chante dans les couvents : mais ici les psaumes et les cantiques ont un autre caractère. La religieuse ne chante pas comme un chrétien ordinaire. Son chant ressemble au gémissement d'une exilée dans un pays étranger, d'une exilée qui n'aspire qu'à s'envoler vers la patrie où l'on chante toujours et où on ne pleure jamais.

Aussi, son âme, nous disent les Pères, est-elle comme une symphonie - *symphonialis est anima* - mais comme une symphonie plaintive et langoureuse, une symphonie pareille à celles que feraient des harpes à demi-brisées par un choc violent.

Jeanne Antide Thouret chanta donc dans sa vie comme peuvent et savent chanter les vierges de Dieu. Mais plus que toute autre, elle fut de bonne heure une harpe à demi-brisée ; nous savons pourquoi. Elle eut à traverser tant de tribulations ! Dieu lui envoya tant d'épreuves !...

Elle eut certes bien des occasions de chanter victoire, après ses fondations qui toutes furent bénies du ciel ! Mais il semble qu'au lendemain de tous ses succès, Dieu se soit plu à lui envoyer des humiliations ou des amertumes, comme pour lui donner la note du gémissement au milieu du triomphe.

D'ailleurs - nous l'avons dit plus haut - une religieuse est une victime de Dieu en union avec Jésus-Christ, dans son divin sacrifice, et en cette qualité d'hostie, elle doit être tout immolée au bon plaisir de Dieu. — Comment dans cet état pourrait-elle faire entendre des chants de joie exubérante ou d'allégresse triomphante ?

« On appelle religieux, dit Saint Thomas, ceux qui se dévouent totalement au service divin et qui s'offrent à Dieu comme un holocauste. En effet l'état religieux peut être considéré comme un holocauste par lequel on s'offre à Dieu tout entier avec tout ce que l'on possède. On offre à Dieu

les biens extérieurs par le vœu de la pauvreté volontaire ;
ou lui consacre le bien de son propre corps principalement
par le vœu de continence ; enfin on lui offre totalement le
bien de l'âme par l'obéissance, puisqu'on lui fait de la sorte
le sacrifice de sa volonté propre [1]. »

C'est d'après cette doctrine que Saint François de Sales
écrivait à une jeune sœur professe : « Or sus, ma très-chère
fille, enfin vous voilà sur l'autel sacré en esprit, afin d'y être
sacrifiée et immolée et même consumée en holocauste devant
la face du Dieu vivant [2]. »

La Mère Thouret savait tout cela, et bien des fois elle
le rappelle à ses filles, à ses novices surtout dans ses conférences spirituelles. Aussi, bien qu'elle fut d'un caractère
enjoué, on ne la vit jamais faire éclater, même quand elle
était jeune encore, une gaîté folâtre. A l'exemple de Jésus-
Christ, la divine victime qu'on n'a pas vu rire mais qu'on
a vu pleurer, elle montra toujours tout en étant d'une affa-
bilité souriante, une grande gravité qui portait à Dieu.

N'est-ce pas dire qu'elle aussi, faisait comme la colombe,
qui *gémit au lieu de chanter ?*

Elle reproduisit donc les qualités et les habitudes de l'oiseau
mystique. Elle eut par suite toutes les vertus d'une parfaite
et vraie religieuse, quoi qu'aient pu dire contre elles quelques
unes de ses sœurs qui la dénigrèrent par jalousie ou par
ambition.

Non seulement elle les posséda, mais on peut dire qu'elle
les pratiqua avec une rare perfection et ici, je me plais à
faire à son sujet les observations que fait l'historien de
Saint Vincent de Paul, au sujet des vertus de son héros.

Ces observations sont au nombre de cinq, et les voici :
elles peuvent en quelque sorte servir de cadre au portrait
moral de la bonne mère.

[1] 2, 2, 9, 196.
[2] Lettres.

« Premièrement, dit Abelly, Mʳ Vincent n'a rien recherché ni affecté d'extraordinaire ni de singulier dans l'exercice des vertus ; il s'est toujours plu volontiers à la pratique de celles qu'on estime les plus communes comme de l'humilité, de la patience, de la débonnaireté, de la mortification, du support du prochain, de l'amour de la pauvreté et autres semblables ; mais il les a pratiquées d'une manière qui n'était pas commune.

Secondement, il ne s'est pas restreint à l'exercice de quelque vertu particulière, mais il avait reçu de Dieu une habitude et une capacité de cœur qui lui faisait embrasser toutes les vertus chrétiennes qu'il a toutes possédées à un degré très-parfait.

Troisièmement il ne se contentait pas d'avoir les vues et les affections des vertus, mais il s'appliquait continuellement à les mettre en pratique.

Quatrièmement comme il était infatigable en l'exercice des vertus, il était aussi insatiable en l'acquisition des mêmes vertus et l'on peut dire en vérité qu'il était du nombre de ceux qui ont une faim et une soif continuelle de la justice.

Cinquièmement enfin, quoique ces vertus fussent connues de tous ceux qui le fréquentaient, nonobstant toutes les industries qu'il employait pour les cacher, il n'y avait que lui qui ne les voyait point ; son humilité lui mettant continuellement un voile devant les yeux qui lui en dérobait la vue. »

Or, de ces cinq considérations, il n'y en a pas une seule qu'on ne puisse, si on le veut, appliquer à notre révérende fondatrice. Il ne m'appartient certes pas de la *canoniser,* mais après avoir raconté sa vie et analysé son âme, son cœur, et son esprit, il me semble qu'on peut reconnaître en elle sans efforts, qu'elle a apporté à la poursuite des vertus beaucoup de la volonté, de la constance, et de la modestie de son cher protecteur. — Elle a étudié à son école, elle s'est pénétrée de son esprit ; elle a, comme lui, pratiqué les vertus

les plus communes; mais elle ne l'a jamais fait d'une manière commune. — Car si elle a montré la simplicité de la
colombe, elle a montré en même temps, suivant le précepte
du Sauveur, la prudence du serpent. — Ce dernier trait
ressortira dans l'examen que nous allons faire de ses constitutions.

CHAPITRE CINQUIÈME

Ses constitutions.

Approbation de l'évêque et du pape. - Trois parties dans le livre des constitutions. - Une profession. - La retraite. - Le salut de l'âme. - La révérence aux pauvres. - La vertu angélique. - Un supplément relatif à l'éducation. - Différence entre les deux Constitutions. - Conclusion. - Culte des constitutions. - Prière.

Les constitutions religieuses tirent leur autorité de l'approbation qu'elles ont obtenue soit de l'évêque diocésain, soit du Saint Siége: de l'évêque diocésain lorsque durant le temps des premiers essais d'une communauté naissante il a bien voulu les reconnaître et les sanctionner; du Saint Siége, quand après quelques années d'épreuves, le pape a daigné se prononcer en leur faveur d'une manière formelle et solennelle.

Le droit canon nous apprend, en effet, que celui qui tenterait de fonder une nouvelle congrégation, sans avoir au moins l'approbation de l'Ordinaire du lieu, et surtout si c'était contrairement à sa volonté, ferait une tentative tout à fait inutile; elle serait même criminelle, et les vœux qui seraient émis dans une telle association seraient sans valeur, n'étant pas chose agréable à Dieu [1].

---

[1] Craisson *Des communautés à vœux simples.*

Il est évident que les Constitutions approuvées par le Saint Siége sont revêtues de la plus grande autorité pour l'Eglise universelle. Celle qu'elles reçoivent de l'approbation épiscopale est aussi très-considérable, et mérite aussi respect, et soumission, mais en soi cette autorité ne s'étend pas au de là de la juridiction de l'Evêque.

Nous savons déjà que les constitutions de l'Institut des filles de la charité sous la protection de Saint Vincent de Paul, ont eu tour à tour la sanction épiscopale et la sanction pontificale : la première de Mgr. Lecoz, et la seconde du pape Pie VII. Nous connaissons également leur histoire. La Mère Thouret les écrivit à Dôle en 1801, les fit imprimer à Besançon en 1807 ; les porta à Rome en 1818, pour les faire approuver par le souverain pontife ; obtint pour elles cette faveur en 1819 et les fit reparaître en 1820 dans la Ville Eternelle, avec les quelques modifications introduites par la Congrégation des évêques et Réguliers. Depuis, elles n'ont pas changé. Nous nous sommes promis d'en examiner la composition et les beautés ; voici le moment.

Nous ne pouvons évidemment les reproduire dans ces pages : car les confesseurs ordinaires et extraordinaires et les personnes autorisées par la supérieure générale peuvent seuls les connaître ; mais il nous est bien permis pour la gloire de celle qui les écrivit, d'en étudier l'esprit. Une fois de plus, nous verrons que notre éminente fondatrice avait toutes les qualités requises pour bien gouverner la congrégation qu'elle fonda par obéissance à ses supérieurs ecclésiastiques.

Ces constitutions comprennent, après le discours préliminaire que nous avons publié, trois parties principales. La première contient à son tour trois chapitres : Le premier de ces chapitres édicte les réglements généraux pour tous les jours, toutes les semaines, tous les mois et tous les ans. Le second traite de la discipline ordinaire de la communauté, et par conséquent, des confessions, des communions, des récréations, du costume, des voyages, des vœux, des retraites, etc..... Le troisième regarde les sœurs malades et les derniers devoirs à leur rendre.

La seconde partie renferme les devoirs des sœurs envers les pauvres et se trouve dotée de sept chapitres et d'un appendice. Le premier chapitre regarde les hôpitaux ; le second les hospices de charité ; le troisième, les écoles ; le quatrième, les orphelinats ; le cinquième, les prisonniers ; le sixième, les voyageurs et les pèlerins pauvres ; le septième l'esprit avec lequel les sœurs doivent servir les pauvres ; et l'appendice, enfin, les pensionnats.

La troisième partie qui nous donne le régime intérieur de la communauté, est divisée en huit chapitres : le premier règle les principaux offices de la communauté, les diverses fonctions des sœurs dans la maison ; le second : les élections aux emplois supérieurs ; le troisième : le conseil de la supérieure générale et la division des provinces ; le quatrième : la réception des sujets, leur postulat ; le cinquième, la conduite des novices, leur prise d'habit, leur admission aux vœux, etc..... ; le sixième : le changement des sujets dans les maisons particulières ; le septième : la maison principale, et le huitième enfin les conditions préalables à un établissement particulier.

Le tout est couronné par une conclusion qui explique l'usage que les sœurs doivent faire du livre des constitutions, et l'obligation rigoureuse qu'elles ont de les observer.

On comprend aisément, par ce simple exposé que notre fondatrice, en femme prévoyante, n'avait rien oublié pour que ses filles vécussent en même temps en vierges de Dieu ferventes et en servantes des pauvres dévouées.

Mais entrons en quelques détails. Nous avons admiré l'édifice ; pénétrons-y pour en contempler l'harmonie.

Dans la première partie, parmi les choses auxquelles nous pouvons toucher, nous nous plaisons à signaler surtout ce qui regarde les vœux et les retraites. Disons d'abord que nous avons eu le plaisir et la consolation d'assister un jour, à une cérémonie de profession faite dans la magnifique église de *Regina Cœli,* et que nous en avons été profondément ému. La fête était présidée par un chanoine-prélat de Naples, et il y avait là vingt jeunes religieuses qui, après une retraite fervente de quelques jours prêchée par un pieux rédemptoriste, devaient émettre leurs vœux solennels. Nous avons rarement vu une cérémonie plus touchante. L'orgue faisait entendre ses plus douces mélodies; les élèves de la maison chantaient leurs plus beaux cantiques; les postulantes qui n'ont encore que la capette, les novices qui aspirent à suivre les traces de leurs aînées, et les professes qui portent le poids des années, étaient rangées sous les yeux de la supérieure générale et de la provinciale dans l'enceinte sacrée, et derrière elles avaient pris place quelques parentes des intéressantes victimes pour jouir de leur bonheur, et s'en montrer peut-être jalouses.

Avant la messe, les sœurs élues vinrent l'une après l'autre, au pied du maître-autel, s'incliner devant le prélat, et recevoir de ses mains d'abord un modeste crucifix, et puis une couronne de roses blanches.

En leur donnant le crucifix, le célébrant prononçait en latin la formule que voici: « Recevez le Christ crucifié qui vous apprendra que vous avez renoncé au monde et que vous devenez la fidèle épouse de Jésus. » Puis, en leur mettant la couronne sur la tête, il ajoutait: « Recevez la couronne de la virginité et puisque vous êtes sur la terre couronnée par nos mains, puissiez-vous un jour être également couronnée de gloire et d'honneur par le Christ dans le Ciel. »

Cela fait, chaque professe pieusement émue et portant le double trésor qui devait lui rappeler toute sa vie les promesses de ce jour, revenait à sa place, au chant des saintes psalmodies.

Puis commençait le saint sacrifice qui se poursuivait à l'audition d'harmonies ravissantes, exécutées sur l'orgue.

A la communion, venait le moment le plus palpitant. Les jeunes sœurs se rangeaient à la table sainte et chacune, en face de l'hostie présentée par le prélat prononçait à haute voix, au milieu d'un silence religieux, la formule suivante : « Je.... (ici les noms du baptême, du père, de la mère et du pays natal), en la présence de Dieu et de toute la Cour céleste, renouvelle les promesses de mon baptême, et fais vœu à Dieu de pauvreté, de chasteté, d'obéissance à Mgr. notre Evêque, et à vous, notre Révérende Mère Supérieure-générale, et à vos légitimes Successeurs, conformément à nos règles, durant le temps seulement de ma permanence dans la Congrégation ; et pour le même temps, de m'employer au service corporel et spirituel des pauvres, en la compagnie des Filles de la Charité sous la protection de Saint Vincent de Paul ; ce que je demande à Dieu par les mérites de Jésus-Christ Crucifié, et par l'intercession de la très-Sainte Vierge.

A Naples le . . . . . . 1890 [1].

Après cela la sœur communiée regagnait son banc, et la cérémonie se terminait par le *Te Deum*.

Pendant qu'on chantait l'hymne de la reconnaissance, les nouvelles professes, un cierge allumé à la main, allaient embrasser les sœurs, les novices et les postulantes, et baiser la main à la supérieure générale et à la provinciale. Ce spectacle était vraiment émouvant, et dans les rangs de la phalange bénie comme de l'assistance recueillie, on voyait bien

---

[1] Voici la formule des vœux adoptée dans la règle primitive : Je ... en la présence de Dieu et de toute la Cour céleste, renouvelle les promesses de mon baptême, et fais vœu à Dieu de pauvreté, de chasteté, d'obéissance à notre Révérend Père supérieur-général, et à vous, notre révérénde Mère supérieure générale, et à vos légitimes successeurs, conformément à nos règles, pour un an ; et pour le même temps, de m'employer au service corporel et spirituel des pauvres, en la compagnie des filles de Saint Vincent de Paul : ce que je demande à Dieu par les mérites de Jésus-Christ crucifié, et par l'intercession de la très-sainte Vierge.

A. . . . . . . le. . . . . 18. .

des larmes indiscrètes trahir la joie qui régnait dans les cœurs.

Cette scène se renouvelle bien souvent à *Regina Cœli*, comme dans tous les noviciats de la Congrégation: mais toujours et partout, elle laisse à ceux qui en sont les heureux témoins, un impérissable souvenir.... En entourant l'émission des vœux de la solennité qu'elle leur a donnée, la Mère Thouret savait ce qu'elle faisait: elle n'ignorait pas que pour une religieuse, le trépied de son salut repose sur une fervente première communion, une sainte profession et une bonne mort; et voilà pourquoi, elle voulut d'abord, comme l'ont voulu la plupart des fondatrices que la profession se fit en grande pompe et puis, ce qui n'existe pas dans tous les ordres, que l'émission des vœux eût lieu, en la présence de la sainte Hostie.

Les particularités que nous venons de raconter, ne se trouvent pas, il est vrai, dans les Constitutions, mais on les lit dans un directoire particulier qui en est comme la suite et l'explication, pour ce qui concerne les saints vœux. Quant aux retraites, la digne mère aimait à les proclamer de la plus haute importance pour la sanctification. L'instruction solide qu'elle leur consacre nous le prouve.

Aussi comme elle était heureuse, quand elle se voyait, à *Regina Cœli*, entourée d'une couronne de ses filles plongées dans le silence et le recueillement, à la veille d'une profession! Comme elle aimait à donner des conseils à celles qui venaient frapper à sa porte! Comme elle savait, par sa douceur et sa bonté, les encourager au devoir, à la patience, au dévouement! Une retraite est, à mes yeux, comme un *concert spirituel* [1] qui se donne dans un couvent, aux religieuses, au profit de Dieu. Toute âme a deux harpes à son service: l'esprit et le cœur. Il suffit, pour organiser ce concert, d'harmoniser ces deux harpes entr'elles, et de les faire vibrer pen-

---

[1] Voir *A Notre Dame de Lourdes* par l'auteur: chap. 16.ᵉ

dant quelques jours dans la solitude, au nom du Ciel, et de la vertu, et même du péché et de l'enfer; les méditations que l'on fait sur ces divers sujets produisent toujours des impressions salutaires. Or, dans une maison mère, la supérieure générale est comme le *chef d'orchestre* qui par ses mouvements et ses regards dirige l'ensemble des harmonies produites, et ce rôle, la Mère Thouret le remplissait à merveille. Elle savait d'un mot, d'un geste ou d'un sourire encourager les sœurs retraitantes, et quand les exercices étaient terminés, toutes partaient contentes des quelques jours qu'il leur avait été donné de passer auprès d'elle dans la prière et le silence. Elles emportaient de doux souvenirs, de généreuses résolutions, de saintes pensées, et c'est avec une vaillance nouvelle et un courage retrempé qu'elles revenaient à leur vie d'immolation et de labeur.

Dans la seconde partie des Constitutions, trois passages nous ont particulièrement frappé. Le premier est l'introduction placée au premier chapitre, à propos des *devoirs des filles de la charité envers les pauvres*. Cette introduction est ainsi conçue :

« La Charité Chrétienne embrasse tous les temps, tous les lieux et toutes les personnes, sans distinction d'âge, de sexe, ni de condition : elle verse avec une égale bonté ses bienfaits dans les mains suppliantes qui la réclament ouvertement, et dans le sein de l'indigence honteuse, qu'elle sait découvrir à travers les ombres du silence où elle se tient cachée. Il n'est point d'infirmité à laquelle elle ne compatisse avec sincérité; point de besoin auquel elle ne pourvoie volontiers, selon l'étendue de ses facultés et de son pouvoir.

Animées du zèle qu'inspire cette belle vertu, les Filles de la Charité se dévoueront généreusement au soulagement de toutes les classes de pauvres. Elles serviront ceux qui seront malades, dans les hôpitaux, ou dans leurs propres réduits. Elles instruiront les filles indigentes dans des écoles gratuites, érigées à cette fin. Elles élèveront les orphelins et les

enfants trouvés. Elles secourront les prisonniers et les pèlerins misérables. Partout elles voleront au devant de l'indigence, de tout leur pouvoir, et selon les vues bienfaisantes
des fondateurs et des administrations particulières.

Mais les services que les sœurs rendront aux pauvres, ne
se termineront pas aux besoins temporels, ni au soin de la
santé du corps; le salut de l'âme! voilà ce qui leur sera surtout cher, et ce qui animera toute l'ardeur de leur zèle, ce
à quoi elles s'appliqueront avec prudence, d'une manière constante et infatigable. »

Comme on voit bien dans ces dernières lignes, le grand
idéal que poursuivait la Mère Thouret! Elle voulait sans
doute - comme nous avons eu occasion de le remarquer ailleurs - soulager les corps, mais avant tout elle désirait élever
les âmes! Elle était heureuse de guérir les plaies physiques;
mais elle l'était bien plus de guérir les plaies morales!! Voilà
pourquoi elle recommandait à ses filles de remplir auprès de
leurs malades, un ministère en quelque sorte sacerdotal.

Le second passage que je tiens à citer, regarde l'esprit
avec lequel les sœurs doivent servir les pauvres. Quoi de
plus beau et de plus touchant que les articles qu'on va lire!

1. Elles les serviront avec respect, regardant en leur personne, la personne de Jésus Christ, qui, quoique Souverain
Seigneur de toutes choses, a bien voulu se faire pauvre, et
agréer comme fait à lui-même, tout le bien qu'on ferait en
son nom, au plus petit des hommes [1]. Pour témoigner ce
respect, les sœurs feront la révérence aux pauvres, en les
abordant, et en les quittant.

2. Avec cordialité, leur montrant un air de gaîté modeste.

3. Avec compassion, recevant avec bonté leurs plaintes, pre-
nant part à leurs misères, et s'efforçant d'adoucir leurs peines.

---

[1] « En vérité, je vous le dis : Tout ce que vous avez fait à un
de ces petits qui sont mes frères, c'est à moi-même que vous
l'avez fait. » Matth. XXV, 40.

4. Avec charité et patience, supportant leurs infirmités les plus dégoûtantes, même leurs railleries, leurs reproches, leurs injures.

Que dire après ces recommandations? Les commenter serait les déflorer! Comment ne pas admirer cependant, la première par laquelle la Bonne Mère veut que ses sœurs fassent la révérence aux pauvres en les abordant et en les quittant? Comme c'est bien là la charité qui vient du cœur, et du cœur formé à l'école de Jésus-Christ et de Saint Vincent de Paul!!

La délicatesse peut-elle aller plus loin? nous ne le croyons pas. Cette politesse pour le pauvre nous rappelle la bonté de ce chrétien qui, faisant l'aumône à un mendiant, la lui donnait de la main gauche, pour que la droite ne la sût pas, et de cette main droite saluait respectueusement le malheureux en qui il voyait son Dieu déguisé. C'est par des traits de ce genre que notre sainte Fondatrice savait rendre la charité en même temps secourable, exquise et conquérante.

Le troisième passage concerne la prudence avec laquelle les sœurs devront servir les pauvres. « Les sœurs, y est-il dit, tâcheront de ne pas perdre de vue les dangers auxquels les relations extérieures les exposent. Quelle vertu ne faut-il pas, pour se trouver souvent au milieu du monde, sans en contracter la contagion, et sans s'attacher à rien de ce qui est dans le monde? Quel renoncement à soi-même n'est pas nécessaire à des personnes qui, toutes dévouées à Dieu, et au service des pauvres, sont obligées, par état, de faire une multitude de sacrifices très-pénibles et très-coûteux à la nature, sans se rechercher jamais d'une manière purement naturelle, sans espérance de jouir d'aucune considération humaine, ni d'obtenir d'autres récompenses que celles qui viennent de Dieu seul? Quelle perfection pour des âmes, qui, n'ayant pour clôture, que l'obéissance, pour cellule, qu'une habitation commune, les rues d'une ville, les salles des hôpitaux, etc., etc., pour grille, que la crainte de Dieu, pour voile, que la sainte modestie, doivent néammoins vivre au milieu du monde comme n'y étant pas, y conserver une pureté angélique, répandre partout la bonne odeur de Jésus-Christ, et pratiquer, dans le sein même de la dissipation et du scandale, les vertus sublimes du cloître? »

Il est certain que les sœurs de la Charité étant, par vocation, en contact perpétuel avec le monde, sont exposées à des dangers que ne connaissent pas les religieuses cloîtrées. Elles sont cependant tenues, en vertu de leurs vœux, aux mêmes obligations que leurs compagnes recluses ; et voilà pourquoi notre supérieure générale, qui avait pour la sainte pureté l'instinct de l'hermine, prémunissait ses chères enfants contre les périls qu'elles pouvaient rencontrer dans l'exercice de leur ministère. Sa consolation et son orgueil étaient de les voir passer, dans les rangs d'une société corrompue et corruptrice comme des esprits célestes, comme des anges de Dieu.

Et de fait, n'est-ce pas là l'impression que laissent après elles les sœurs de la charité, quand elles apparaissent au milieu de nos foules humaines? Durant une guerre d'Afrique, des arabes en ayant vu quelques-unes soignant des soldats blessés, s'approchèrent d'elles, émus d'admiration et de respect et vinrent leur demander naïvement si elles ne descendaient pas du Ciel!

Entre la seconde et la troisième partie des Constitutions, se trouve placé un appendice ou supplément, qui est consacré aux pensionnats. C'est un programme d'éducation que nous avons eu l'occasion de louer ailleurs, et dont nous ne dirons rien ici. Qu'il nous suffise de faire connaître l'observation préliminaire qui lui sert de préambule.

« Les filles de la charité, dit la Mère Thouret, se souviendront constamment que le but réel de notre institution, est de nous dévouer entièrement au service des pauvres ; et que nous ne devons, en conséquence, rendre des services aux riches, quels qu'ils soient, que quand les pauvres n'en souffrent aucunement, ni former des pensionnats que d'après des motifs ou des circonstances qui semblent commander impérieusement cette espèce de bien ; mais toujours avec attention que l'intérêt des pauvres ne s'en trouve pas grevé [1].

On reconnaît bien dans cette courte observation l'esprit et le cœur de la Bonne Mère : Dieu avant tout, et après lui les pauvres ! C'était là son cri. Elle voulut bien, pour complaire aux familles qui le lui demandaient, consentir à fonder des maisons d'éducation pour les jeunes filles des classes nobles ou aisées, mais ce ne fut jamais au détriment des classes laborieuses et populaires. Car ses premières créations furent des hospices de charité, des hôpitaux, des orphelinats et des écoles gratuites. Voilà comment elle entendait la charité : elle commençait toujours par les humbles et les petits.

La troisième partie de ses Constitutions s'ouvre par un chapitre des plus importants et nous devons le signaler parce qu'il fut une des causes ou plutôt l'un des prétextes sur lesquels s'appuya Mgr. de Pressigny, d'accord avec les sœurs séparatistes, pour consommer la division de Besançon.

Au 2ᵉ paragraphe de ce chapitre, nous lisons ceci, dans les règles primitives :

« § II. DES OFFICES MAJEURS.

I. Du supérieur-général.

1. Cette dignité est attachée aux Prélats assis canoniquement sur le siège archiépiscopal de Besançon.

2. Monseigneur l'Archevêque préside aux élections, qui ont lieu pour remplir les offices majeurs, et il confirme le choix des sujets élus pour occuper ces offices » etc. etc....

Dans les Constitutions approuvée par Pie VII, ce paragraphe est modifié de la manière suivante :

[1] Dans les règles primitives cet appendice vient après la 3ᵉ partie.

« DES OFFICES MAJEURS.

1. Partout où les filles de la Charité vont s'établir, elles demeurent sous la surveillance de l'Evêque du Diocèse.

2. Il préside aux élections qui ont lieu, dans la maison située dans son Diocèse, pour remplir les offices majeurs. Sa présidence cependant est bornée, à veiller au seul bon ordre, sans qu'il puisse influer sur les élections. Il approuve néanmoins les élections faites, d'après la déclaration des sœurs, qui les auront faites, à la manière des autres congrégations.

3. Il ne doit point examiner les présentes constitutions. Il doit respecter la sanction qu'elles ont obtenu du Saint-Siége, et pour cela, il ne peut y rien changer, ni y apporter la moindre modification, pas même en forme de déclaration, ou d'interprétation, qui est réservée au seul Souverain Pontife. Conséquemment, il ne pourra ni ajouter de nouvelles charges, ni de nouvelles méthodes aux Filles de la Charité, ni modifier, et bien moins encore empêcher, retarder, ou suspendre les dispositions de ces règles.... etc. etc... »

Les deux textes donnent diverses prérogatives à l'évêque pour ce qui regarde la prise d'habit, l'admission aux vœux, la remise et le renouvellement de ces mêmes vœux etc... etc... mais dans le second approuvé par le Pape la dignité de supérieur-général attachée aux archevêques de Besançon, leur est enlevée.

Ces prélats ne peuvent avoir sur les sœurs de la charité que les droits accordés à tous les ordinaires des diocèses. Ajoutons que le Saint Siége dans cette modification n'innovait point; il ne faisait que consacrer la discipline constante de l'Eglise dans les Instituts à Supérieure générale.

La troisième partie des Constitutions qui, comme nous l'avons indiqué plus haut, donne le régime intérieur de la communauté, se termine par une conclusion dont voici un fragment, et par une prière que nous reproduisons en entier.

32

« CONCLUSION.

Usage que l'on fera du livre de notre Institut.

1. Les sœurs regarderont toujours ce livre comme un trésor. Il contient en effet des richesses bien précieuses, la connaissance des devoirs attachés à notre état, d'amples instructions sur la manière dont nous devons nous efforcer de les remplir, et des leçons capables de nous conduire, avec le secours de la grâce divine, à la plus haute perfection.

2. En conséquence, on le conservera précieusement: il demeurera serré dans une armoire, dont la Supérieure générale dans la maison principale, et dans les maisons particulières les sœurs servantes auront la clef: toujours on le traitera avec un saint respect. »

On comprend sans peine ces deux recommandations. Pour un religieux ou une religieuse, le livre des règles, est le code de leur sanctification! C'est le manuel de leur persévérance. C'est le catéchisme de leur salut. Non seulement les moindres ordonnances leurs sont chères; mais le texte lui-même, le style quoique vieux et démodé peut-être, la langue dans laquelle les règles sont rédigées, tout cela leur est particulièrement cher. Pour rien au monde, ils ne voudraient qu'on y fît le moindre changement. Tel mot qui a vieilli leur paraît rendre mieux dans sa naïveté, la pensée, l'esprit, les vues des premiers fondateurs. Le changer, lui en substituer un autre plus moderne, lui paraîtrait une profanation. Cela peut paraître excessif; mais, nous savons qu'un grand nombre d'âmes religieuses ont ce culte pour le style même de leurs saintes Constitutions.

Le livre qui les renferme est pour ces âmes le livre par excellence. On a dit que après la Bible, le plus beau livre sorti de la main des hommes c'est l'Imitation de Jésus-Christ. Mais, pour ceux et celles qui sont appelés aux joies de la vocation religieuse : c'est le livre des Constitutions.

Un ancien évêque de Lyon, saint Eucher, disait qu'un religieux ne doit compter parmi les jours de sa vie que ceux qu'il a passés sans avoir transgressé aucune de ses règles [1].

C'est pour la même raison que la Mère Thouret donnait à ses filles les recommandations que nous venons de lire. Elle avait reçu sa loi, comme au sommet d'un nouveau Sinaï, dans la solitude où elle s'était réfugiée à Dôle, pour l'écrire, et elle voulait qu'elle fut précieusement gardée comme dans une arche d'alliance, dont les supérieures seules pourraient avoir la clé. N'est-ce pas dire l'amour et le respect qu'elle eut toute sa vie pour une règle dont elle était la vivante incarnation? Aussi, il n'est pas étonnant qu'elle ait couronné ces Constitutions pour lesquelles elle a si saintement vécu, et si vaillamment souffert par la belle prière que voici :

« O mon Dieu, nous ne pouvons pas en douter, après les marques spéciales de protection que vous n'avez cessé de nous accorder jusqu'à présent; c'est vous qui avez formé notre congrégation; c'est vous qui lui avez donné l'accroissement en si peu de temps, et qui l'avez soutenue, comme par la main, au milieu de dangers multipliés, où elle eût infailliblement péri sans votre assistance. Achevez votre ouvrage; continuez à nous protéger; inspirez-nous de plus en plus l'esprit de notre saint état; le zèle et la fidélité pour l'observation de nos statuts; faites que cet esprit, ce zèle et cette fidélité se propagent dans notre congrégation; et que tandis qu'il y aura sur la terre des filles de votre grand serviteur Saint Vincent de Paul, elles soient toutes des imitatrices, et comme des copies fidèles des vertus de cet illustre fondateur. Nous vous en conjurons par les mérites de Jésus-Christ, qui vit et règne avec vous dans les siècles des siècles. Ainsi soit-il. »

Enfin le livre des Constitutions se ferme sur la supplique de notre digne fondatrice au Saint Père pour obtenir leur

---

[1] Voir Père Giraud.

approbation et sur le bref de Pie VII qui est la réponse à cette même supplique. L'une et l'autre nous sont connus. Nous n'avons plus maintenant qu'à fermer nous-mêmes ce livre, et à garder les parfums que nous avons respirés en le parcourant. Ces parfums sont de ceux qu'on aime à garder longtemps, parce qu'ils laissent après eux, une odeur d'édification et de sainteté, la bonne odeur de Jésus-Christ!!!

CHAPITRE SIXIÈME

Ses filles.

Mère Geneviève Boucon. - Sœur Victoire Bartholemot. - Sœur Rosalie Thouret. - Sœurs Caroline Chambrot et Marie Térèse Vignet. - Sœur Marie Joseph Bocquin.

I.

MÈRE GENEVIÈVE BOUCON.

Deux flambeaux. - Origine de Sœur Geneviève. - Sa vie. - Ses vertus. - Son humilité. - Son administration. - Sa maladie. - Ses derniers moments. - Sa mort. - Son épitaphe.

Nous ne pouvons dans un livre comme celui-ci, oublier les religieuses qui prêtèrent à la Mère Thouret, dans l'accomplissement de ses œuvres, le généreux concours de leur zèle et de leur activité. La première dans la liste, qui serait nombreuse si nous voulions toutes les mentionner, celle qui mérite le plus notre admiration, après la vénérée fondatrice est la Sœur Geneviève Boucon dont nous allons, à grands traits, esquisser la vie.

Nous la connaissons déjà, puisque nous l'avons vue à l'œuvre, à Naples, mais il est bon de contempler de plus près son angélique physionomie. Elle fut la seconde colonne des filles de la charité sous la protection de Saint Vincent de Paul; et l'on pourrait dire d'elle, en associant son nom à celui de notre héroïne: « *Hæc duo candelabra;* voilà les deux flambeaux de la congrégation! »

Elle naquit en 1773 de Jean François Boucon et d'Eli-sabeth Curie, à Echenon-la-Méline, petit village de la Haute Saône qui dépend de l'arrondissement et du canton de Vesoul. Au baptême, elle reçut le nom de Jeanne Claude.

Ses parents étaient aisés, pieux et charitables; ils con-servaient fidèlement les traditions du passé, la foi des anciens jours, et pendant la tourmente révolutionnaire de 1792-93, on les vit, donner dans leur maison, aux prêtres persécutés, l'hospitalité la plus cordiale et la plus chrétienne.

Avec de pareils exemples sous les yeux, l'enfant ne pou-vait que suivre les sentiers du devoir et de la vertu. Déjà en 1790 - à cette époque, elle n'avait encore que dix-sept ans - alors que les compagnes de son âge, ne rêvaient que plaisirs et frivolités, elle quitta le foyer paternel pour se rendre à Vesoul, et s'enrôler dans une association de dames hospitalières qui visitaient les malades dans les hôpitaux. C'est ainsi qu'elle faisait l'apprentissage de cette charité ar-dente qui, toute sa vie, fut le rêve de son âme affamée de dévouement. En 1800, du consentement de son père, elle vint se joindre à Besançon, à la famille naissante de la Mère Thouret, et cinq ans plus tard, après un noviciat passé dans la ferveur, elle prononça ses vœux, selon la règle qu'elle avait embrassée.

En 1811, elle fut appelée à Naples, par la supérieure générale qui avait gardé d'elle le meilleur souvenir, et là, affectée tout d'abord à l'hôpital des Incurables, elle eut pour mission de soigner les femmes infirmes. Elle s'acquitta de ses fonctions avec une bonté et une délicatesse parfaites, si bien qu'elle parvint à convertir une demoiselle protestante qui se trouvait parmi ses malades, et obtint son abju-ration [1].

---

[1] *Della vita di Suora Genoveffa Boucon.* Commentario del sacer-dote Antonio d'Amadio. Estratto dalla raccolta religiosa di Napoli: *La Scienza e la Fede*.

Bientôt après, elle fut nommée maîtresse des novices, et bien qu'elle n'eût - nous l'avons dit - accepté cette charge qu'à son cœur défendant, elle la remplit à la grande joie de la fondatrice et des religieuses. C'est elle qui remplaça la Mère Thouret dans le gouvernement de la maison, lorsque cette dernière partit d'abord pour Rome en 1818, et puis pour la France en 1821. Nous savons avec quelle intelligence elle mena sa barque à ces diverses époques.

Enfin, en 1826, elle fut appelée par la Providence à succéder à la supérieure générale, et tous les cinq ans jusqu'à sa mort qui ne devait arriver que trente ans après, elle fut réélue par ses sœurs qui ne se lassaient ni de l'aimer, ni de la servir. Mais aussi, elle leur rappelait si bien la Mère qu'elles avaient perdue. Elle était si pieuse, si bonne et si douce!! Elle savait si bien faire aimer le Bon Dieu!! Ses grandes dévotions étaient le crucifix, l'eucharistie et la Sainte Vierge!

On la voyait souvent baiser dans un élan d'amour la croix qui pendait à sa ceinture. On l'entendait fréquemment, alors qu'elle se croyait seule, pousser des oraisons jaculatoires comme celles-ci [1]: « O mon bon Jésus! O mon doux Sauveur! Que vous êtes aimable! Faites, s'il vous plaît, que je vous aime de plus en plus! » Ses désirs furent bénis du Ciel; car, elle obtint de son directeur la faveur de communier tous les jours, et, comme elle ne voulait pas être seule à jouir, dans la communauté, des délices eucharistiques, elle demanda au pape pour ses sœurs la permission de pouvoir s'approcher de la Table sainte, trois fois par semaine au lieu d'une seule fois, comme la règle l'indiquait. Cette grâce lui fut accordée, et elle reçut même le droit, d'autoriser dans son institut la communion plus fréquente, quand elle le jugerait à propos. C'est dire qu'elle était dévorée du zèle de la maison de Dieu. Elle inculquait en même temps à ses

[1] Ibidem.

filles, un grand amour pour Marie. Son grand désir était de les voir simples, pures et douces comme ce modèle sans pareil de la vierge chrétienne. Elle leur recommandait surtout la mansuétude pour les pauvres et les malades, sachant qu'avec cette précieuse qualité, on peut faire des merveilles et remporter des victoires. Notre-Seigneur n'a-t-il pas dit : « *Bienheureux les doux parce qu'ils conquerront le Ciel?* » J'ai lu quelque part le récit d'une expérience étrange. Pendant qu'un orage éclatait en pleine mer, et qu'un navire était battu de toutes parts, par les vagues en furie, il vint à la pensée du capitaine de faire verser de l'huile sur les flots écumants. L'huile tomba au milieu de la tempête, elle apaisa les flots autour du vaisseau menacé, et l'équipage sauvé par ce stratagème continua son voyage sans encombre. N'y a-t-il pas une image de la puissance que peut exercer la douceur sur les cœurs courroucés, et sur les esprits révoltés ?

La Mère Boucon le savait, et, si elle prêchait la mansuétude à ses sœurs, c'est qu'elle la pratiquait, dans une large mesure elle-même, vis-à-vis de ses subordonnés.

A cette grande douceur, elle joignait une humilité profonde. Elle fuyait les honneurs : plusieurs fois, elle pria instamment la communauté de lui rendre sa liberté; elle voulait, à tout prix, rentrer dans les rangs des simples religieuses.... Souvent des personnages de distinction venaient sonner à la porte du couvent pour la voir [1]; elle se cachait ou bien s'excusait aimablement de ne pouvoir aller au parloir. Quand Pie IX exilé de Rome vint à Naples, le 27 Septembre 1849, il alla visiter Regina Cæli [2]; mais aussitôt qu'elle eut baisé son pied, elle se retira dans un coin du monastère, parce que le Saint Père lui avait, avec sa bénignité ordinaire, adressé quelques paroles d'éloges, qui avaient fait monter la rougeur à son front virginal. Le cortège pontifical

---

[1] Ibidem.
[2] Nous donnerons plus loin le récit de son passage.

fit le tour de la maison, elle ne le suivit pas: elle avait peur sans doute de recueillir en chemin d'autres paroles flatteuses du Souverain Pontife.

Quelquefois, les jeunes élèves du pensionnat, lui donnaient des séances académiques, dans lesquelles on se plaisait à chanter ses louanges, en prose, en vers, en musique, comme c'est l'usage dans les maisons d'éducation; et certes elle le méritait bien: elle avait tant fait pour ses chères enfants! et cependant elle n'assistait qu'avec peine à ces fêtes littéraires. Son humilité n'y trouvait pas son compte.

Elle voulait, à tout prix, se faire en tout, petite, vivre effacée devant Dieu et devant les hommes. On comprend d'après cela, jusqu'à quel point elle devait porter l'amour de la pauvreté. Un jour elle remarqua plus qu'à l'ordinaire, dans sa cellule, un crucifix d'argent dont lui avait fait cadeau un grand personnage de Naples, et aussitôt elle l'enleva pour le porter dans une autre chambre: elle le trouvait trop beau pour elle.

Elle avait en outre un grand culte pour les pauvres et son bonheur était, quand elle le pouvait, de les secourir personnellement. Lorsqu'elle n'avait pas d'argent à leur donner, elle tâchait de trouver par ci, par là, des débris d'étoffe et des morceaux de linge, de les rouler dans le tablier d'une de ses sœurs qu'elle appelait à l'improviste, et de les envoyer secrètement ainsi à ceux qu'elle savait en avoir besoin. On la vit plus d'une fois emprunter de petites sommes pour venir en aide à de jeunes orphelines et soulager des familles besogneuses. Mais la misère qui lui paraissait la plus auguste était celle des prêtres. Elle voyait en eux les Oints du Seigneur, et quand elle en connaissait qui étaient dans une situation précaire, - comme il s'en trouve tant en Italie, - elle ne se donnait pas de repos, qu'elle n'eût pu leur envoyer quelques secours [1].

---

[1] Ibidem.

Tout cela nous donne la mesure de son cœur dont ses filles surtout purent durant les longues années de son gouvernement apprécier les généreuses qualités. Avec une sollicitude vraiment maternelle, elle pourvut à tous leurs besoins spirituels et temporels, elle fit magnifiquement restaurer l'église de *Regina Cœli*, et voulut que les cérémonies du culte s'y fissent avec pompe et solennité. Elle dota la maison d'une infirmerie, veilla à ce que la nourriture des religieuses et des élèves fut bonne, saine et fortifiante, et s'abaissa toujours avec un soin méticuleux jusqu'aux derniers détails de son administration qu'elle rendit pour tous cordiale et bienveillante.

Aussi sous sa direction, la congrégation s'agrandit-elle dans des proportions extraordinaires. Elie possédait, un an avant sa mort, treize cents sœurs répandues dans deux cent vingt cinq maisons. Dans le seul royaume des Deux-Siciles, on comptait cinquante six communautés [1]. C'était, on le voit, un état florissant pour un institut qui n'avait que cinquante cinq ans d'existence.

Mais qui ne sait que dans ce pauvre monde tous les bonheurs se paient, même et surtout les bonheurs religieux? La Mère Boucon en est une preuve. Elle resta malade et infirme les cinq dernières années de sa vie. Dieu voulait sans doute qu'elle achetât pour son ordre les faveurs qu'il lui accordait. Mais ses souffrances prolongées et parfois très-aiguës furent pour *Regina Cœli* une prédication de tous les jours, car elle supporta son mal avec une patience qu'on ne saurait trop louer. Ce mal que les médecins avaient appelé une névrose apoplectique, s'aggrava vers la fin de Juin 1856. Le 27 de ce mois, il sembla vouloir livrer un dernier assaut qui fut terrible; car on craignit un instant que la malade ne passerait pas la nuit. L'heure suprême cependant ne

---

[1] *Elenco delle case religiose delle Suore della carità ecc.* in-4°, 1856. Napoli.

devait pas encore sonner. La Révérende Mère conservait
encore toutes ses facultés intellectuelles, et comprenait parfaitement son état, sans en être le moins du monde alarmée.
Elle demanda les derniers sacrements, et désira obtenir une
bénédiction apostolique. Pour cela, elle dicta elle-même une
supplique qui s'est conservée et que nous nous faisons un
devoir de reproduire, parce qu'elle nous révèle, outre son
humilité, sa tendresse pour l'Institut qu'elle aimait comme
le prunelle de ses yeux. La voici :

« De mon lit de souffrance, placée entre le temps et
l'éternité, sur le point de rendre mon dernier tribut à la
nature, et pressant sur mon cœur Jésus Crucifié, j'adresse
mes supplications, pour la dernière fois, à Votre Sainteté,
ô Suprême Pasteur de l'Eglise de Dieu. Prosternée en esprit
à vos très-saints pieds, j'implore de votre Souveraine Clémence la faveur de vouloir bien accueillir dans votre cœur
paternel le cher Institut que, dans l'ardeur de la sainte
dilection de Jésus-Christ, je déposai déjà dans ses sacrées
plaies. Je l'abandonne maintenant entre les bras de votre
brûlante charité, ô très-saint Père ; daignez le regarder toujours comme le bien-aimé de votre cœur.

En dernier lieu, j'implore un pardon entier de tout ce
dont je me suis rendue coupable devant Dieu et devant
Votre Sainteté, durant les trente années de ma charge. J'ai
la douce confiance d'obtenir cette grâce de Notre-Seigneur
d'abord, ensuite de Votre Sainteté. Je vous supplie de
m'en donner un gage assuré par la dernière bénédiction
Apostolique, que j'implore avant mon départ de l'exil terrestre. »

La réponse à cette touchante supplique ne se fit pas
longtemps attendre : Pie IX envoya gracieusement sa bénédiction à la Bonne Mère qu'il avait entrevue à Naples, et
dont il avait gardé le souvenir....

En attendant, celle-ci avait reçu, dans les meilleurs sentiments, les derniers sacrements. Avant la cérémonie, elle

s'aperçut que les sœurs rangées autour d'elle, versaient des larmes: « Pourquoi pleurez-vous, leur dit-elle, d'une voix encore très-assurée; laissez-moi m'en aller vers ma patrie; ne me retenez plus: il y a si longtemps que je désire partir. Non, cette fois, vous ne réussirez pas à m'arracher des bras de mon Dieu, comme vous l'avez fait d'autres fois. »

Après cela, le prêtre lui donna le Saint Viatique et l'Extrême Onction, et pendant que les rites sacrés s'accomplissaient, on remarqua qu'elle avait une figure radieuse. On sentait qu'elle était heureuse de voir arriver la mort qui, pour elle, était, comme pour la Mère Thouret, une sœur et une libératrice.

Mais dans la maison régnait une tristesse navrante: dans les corridors, on entendait les sanglots des religieuses et des élèves qui pleuraient à chaudes larmes, en pressentant le malheur qui allait les frapper.

Après son action de grâces, la malade déclara qu'elle voulait bénir toutes ses filles, et qu'à ce moment-là, elle comprenait dans sa pensée, les absentes aussi bien que les présentes: « Approchez, disait-elle, venez mes chères enfants, je veux vous donner à toutes le baiser de paix et ma dernière bénédiction. »

Si vous vous fussiez trouvées à cet attendrissant spectacle, raconte la Sœur Généreuse Caillet, dans une lettre écrite aux Religieuses de Besançon, vous eussiez vu la vénérable moribonde lever ses mains tremblantes pour nous bénir, et nous presser contre son cœur; vous l'eussiez vue, le visage baigné d'une sueur mortelle, s'efforcer pour nous embrasser et nous faire ses derniers adieux. Et comme l'on craignait de trop la fatiguer: « Non, non, disait-elle, faites venir les autres sœurs, appelez-les toutes. » Enfin pour satisfaire la maternelle charité dont elle était animée, elle nous répéta les paroles mémorables de l'Apôtre Saint Jean, que nous garderons comme un précieux et perpétuel souvenir: « Mes chères enfants, je vous recommande la charité fraternelle, aimez-vous les unes, les autres ; la Charité ouvre le Ciel ; la discorde mène à l'enfer. » Depuis ce moment là elle se concentra toute en Dieu. Sa patience à supporter ses excessives souffrances, la sérénité de son visage, le doux sourire de ses lèvres, annonçaient sa prochaine béatitude. Ses aspirations continuelles, ses baisers affectueux au *Crucifix* qu'elle appelait *son amour*, édifiaient tous ceux qui la voyaient, et les pieux ecclésiastiques qui l'assistaient, étaient émus jusqu'aux larmes. Cependant, de temps en temps, elle sortait de son recueillement pour bénir ses filles, qui venaient en foule des divers établissements, et elle s'occupait encore de son Institut [1]. »

Elle n'oubliait rien, ni personne, elle voulut même envoyer ses hommages au roi, et à la reine par une personne de confiance qui se chargea du message. Le cardinal archevêque l'honora d'une visite, ainsi que le prélat qui remplissait auprès de lui les fonctions de vicaire-général ; elle leur parla avec tant d'onction, que les sœurs, en l'entendant, ne pouvaient retenir leurs larmes. Elle remercia de la manière la plus touchante son confesseur, son médecin, ses infirmières, et après une agonie qui dura huit jours, elle s'endormit dans le Seigneur, le 5 Juillet, à une heure un quart du matin [2].

Elle était âgée de 83 ans. Elle en comptait 51 de profession et 56 de vie religieuse.

Ses obsèques furent pareilles à celle de la Mère Thouret. Son corps porté par les sœurs, autour du monastère fut déposé pendant deux jours dans l'église sous un beau catafalque ; chaque matin de ces deux jours, une grand'messe fut chantée au grand autel, tandis qu'un grand nombre de prêtres disaient des messes basses aux autels latéraux et à la fin du second jour, la dépouille mortelle de la chère dé-

---

[1] Lettre du 22 Juillet 1856.
[2] Sœur Généreuse Caillet.

funte fut inhumée dans la chapelle de l'Immaculée Conception, à côté de la fondatrice. Sœur Jeanne Antide et Sœur Geneviève étaient comme les deux grands apôtres de la congrégation nouvelle : elles n'avaient pas été séparées dans la vie : elles ne pouvaient point l'être dans la mort. Elles sont donc couchées, comme Saint Pierre et Saint Paul à Rome, l'une près de l'autre, dans le même sépulcre, sous la même pierre, et sous les yeux de la même Madone. Aussi, non loin de l'inscription tumulaire consacrée à la mémoire de la première supérieure générale, on peut lire, de l'autre côté de l'autel, l'épithaphe qui rappelle les mérites de la seconde.

La voici, telle qu'elle fut composée par un éminent professeur d'éloquence et de littérature, à l'université royale de Naples, Mr Gennaro Séguino :

GENOVEPHA BOVCON
QVAE VT PRIMVM PER AETATEM LICVIT
SORORIBVS CHARITATIS NOMEN DEDIT
NEAPOLIM DEIN ARCESSITA
MODERATRICIS GENERALIS VICES
STRENVE SAPIENTERQVE OBIVIT
TVM DIGNITATE IPSA SIBI CONCREDITA
ET XXX AN. SPATIO NVNQVAM ABIVDICATA
SODALITATIS SVAE FINES AC DECVS
MIRIFICE AMPLIFICAVIT
IN EGENIS SVBLEVANDIS
SINGVLAREM EXPLICVIT LIBERALITATEM
ET RELIGIONIS STVDIO EXARDESCENS
NIHIL PRAETER COELESTIA QVAESIVIT
HEIC COMPOSITA EST
PROPE IMMORTALIS MEMORIAE VIRAGINEM
QVAE ORDINIS FVNDAMENTA POSVIT
VT CVI VIVENS HAESIT ANIMO
POST MORTEM HAEREAT CINERIBVS
II NON IVL. AN. MDCCCLVI AETATIS LXXXIII
AD PACEM SVPERVM MIGRAVIT
TVMVLO HOC QVAM PRAECLARVM
MVLIERIS FORTIS CONDITVR EXEMPLAR.

Cette inscription rédigée - on le voit - en un beau style lapidaire peut se traduire ainsi : « Ici repose - Geneviève Boucon - qui, dès que son âge le lui permit - s'enrôla parmi les sœurs de charité. - Appelée un jour à Naples - elle remplit avec vaillance et sagesse - les fonctions de supérieure générale. - Revêtue plus tard de la dignité suprême - et confirmée pendant 30 ans dans sa charge - elle donna un élan merveilleux - aux œuvres de sa compagnie et un lustre particulier à leur gloire. - Elle déploya une générosité admirable - pour le soulagement des pauvres. - Brûlant d'amour pour la religion - elle ne rechercha ici bas que les richesses célestes. - Elle dort - à côté de la vierge courageuse d'immortelle mémoire - qui fut la fondatrice de son ordre - afin qu'après avoir été, pendant la vie près de son cœur - elle soit, après la mort, près de sa dépouille. - Elle s'est éteinte au 2 des nones de Juillet, l'an 1856, dans sa 83ème année - pour voler au bonheur des élus - et ce tombeau garde les cendres - de celle qui fut un type accompli de la femme forte. »

II.

SŒUR VICTOIRE BARTHOLEMOT [1]

Une héroïne. - Son enfance. - Sa vocation. - Son nom. - Sa belle conduite à Gray. - Sa victoire. - Son dévouement. - On l'envoie à Bourg, à Saint Paul. - Elle fonde un noviciat. - Ses relations avec la Mère Thouret. - Ses fondations en Piémont. - Ses dernières années.

Nous voici en présence de l'une des figures les plus attachantes de l'Institut des filles de la Charité. Sœur Victoire est une véritable héroïne dans le sens strict du mot,

[1] D'après des documents authentiques.

et ce n'est pas en prose qu'il faudrait raconter son histoire, mais en vers : car il y a dans sa vie, des faits qui ne seraient pas déplacés dans un drame ou dans une épopée.

Disons d'abord que le nom religieux que lui donna la Mère Thouret au noviciat, semble avoir été la prophétie des victoires de tout genre qu'elle devait remporter dans le cours de sa laborieuse existence. Nous l'avons laissée à Saint Paul, où elle avait été nommée supérieure par la Mère Thouret et où ses succès furent brillants. Voyons maintenant quels furent ses débuts dans la vie chrétienne et religieuse.

Dans le monde, elle s'appelait Térèse Bartholemot. Elle naquit à Thervay le 24 Avril 1791, d'une famille dans laquelle se conservaient depuis longtemps les sentiments d'une foi pure et d'une piété fervente....... Elle suça en quelque sorte, avec le lait, les principes qui font les âmes vertueuses. Dès que sa petite intelligence commença à s'ouvrir, sa mère lui parla de Dieu, des anges et du ciel. Malheureusement bientôt - à quatre ans - elle devint orpheline. Mais elle ne fut pas pour cela, abandonnée de Dieu. Une de ses tantes la prit chez elle, l'adopta comme son enfant, et continua à l'élever chrétiennement. Elle l'initia de bonne heure aux travaux et aux soins du ménage, et Térèse qui avait une nature richement douce, profita si bien de ses leçons qu'elle put s'occuper de l'éducation de ses deux petites sœurs.

A dix ans, elle fit sa première communion, avec une ferveur angélique qui édifia la famille et la paroisse ; quoiqu'encore d'une tendre jeunesse elle parut comprendre toute l'importance de ce premier acte religieux, et après l'avoir saintement accompli ; elle persévéra franchement dans l'amour de l'étude et de la sagesse. Elle s'approchait fréquemment des sacrements et montrait un grand goût pour le travail.

On ne la voyait jamais inoccupée ; c'était l'abeille de la maison, étudiant ses leçons, aidant sa tante ou surveillant ses sœurs. De plus elle faisait preuve d'un cœur bon, sensible et généreux; elle s'apitoyait facilement sur le sort des pauvres, et des mendiants qui passaient devant sa porte: elle était toujours disposée à leur faire l'aumône ou d'un morceau de pain, ou d'un petit sou.

Aussi, on ne fut pas étonné quand elle manifesta l'intention de se faire religieuse, et d'entrer chez les Sœurs de la Charité. Dans le principe, on ne sembla pas s'arrêter à ses désirs, mais il fallut bien finir par l'écouter. Un jour, poussée par une pensée d'en haut, elle prit son père à part, et lui parla ainsi: « Mon cher père, lui dit elle, il y a déjà plusieurs années que je prie le Bon Dieu de me faire connaître ma vocation; or, je crois comprendre maintenant qu'il m'appelle à la vie religieuse. Je ne puis suivre cet appel d'en haut sans votre consentement, et je viens vous le demander; ne me le refusez pas, mon bon père, car vous résisteriez à Dieu lui-même. »

Ce père ému et surpris de cette communication, voulut d'abord résister; il fit à Térèse les observations que lui suggéra son cœur: mais celle-ci sut si bien répondre qu'il dut s'avouer vaincu et accorder son consentement. C'était là, la première victoire remportée par la jeune fille.

Cependant il fut convenu qu'elle resterait encore quelques mois, à la maison, et que pendant ce temps elle éprouverait de plus en plus sa vocation naissante. Elle acquiesça aux désirs de son père qui ne pouvait se faire à la pensée de la séparation, et le jour des adieux venu, elle prit congé de sa famille en larmes, et se rendit à Besançon, chez la Mère Thouret. Elle fut – on le devine – accueillie à bras ouverts dans la communauté; car elle portait sur son front le sceau des âmes généreuses; elle entra au postulat, et au bout de trois mois d'épreuves, elle fut admise au noviciat.

Il est d'usage pour les novices de leur faire tirer au sort le nom qu'elles doivent porter en religion; à Térèse échut

33

le non d'Eloi. Mais la Supérieure générale qui semblait avoir découvert dans la jeune novice, une âme appelée à de grandes choses, jugea à propos de ne pas lui laisser ce nom-là.

Elle lui dit donc : « Ma chère enfant, je désire changer le nom que le sort vous a donné. Désormais, vous vous appellerez Sœur Victoire ! Je crois que la Providence a des vues sur vous, et voilà pourquoi je vous donne ce nom ; mais rappelez-vous que vous ne répondrez à ces vues d'en haut que par l'obéissance et l'humilité ; en pratiquant ces deux vertus fidèlement vous remporterez de véritables victoires. » Il y a là, une scène admirable et touchante ! Elle rappelle ces tableaux du moyen âge dans lesquels un preux vieillard revenu de plus de vingt batailles frappe du plat de son épée un jeune page et l'arme chevalier en lui recommandant de marcher dans le chemin de l'honneur et de ne jamais forligner.

Puis quoi de plus beau que cette Mère générale qui revenue, elle aussi, de plus de vingt batailles, prend, à ce moment solennel, une attitude de prophétesse inspirée, et annonce à la novice innocente et naïve, dans l'âme de laquelle elle lit l'avenir, les victoires qu'elle doit un jour remporter par l'obéissance et l'humilité !

La prophétie ne devait pas tarder à s'accomplir. La Mère Thouret partit pour Naples afin d'y fonder la maison que demandait Murat, et Sœur Victoire continua son noviciat à Besançon. Mais ce n'est pas là qu'elle devait le finir : au bout d'un an, elle fut envoyée à Gray, pour instruire les enfants pauvres et visiter les malades à domicile. Elle y remplit ces deux emplois avec un zèle, une patience et une charité qui lui valurent la sympathie et l'admiration de tous ceux qui la virent à l'œuvre.

Elle devint bientôt populaire, et lorsqu'elle passait dans les rues, tout le monde s'inclinait devant elle, avec respect, comme devant un ange de miséricorde. Sa popularité arriva à son apogée en 1814.

Napoléon était vaincu, et les armées alliées pénétraient en France. Les Autrichiens étaient aux portes de Gray, et la consternation était dans la ville, parce qu'on les disait prêts à faire main basse sur la population pour y prendre de sanglantes représailles.... La Maison des Sœurs était devenue le refuge de tous ceux qui avaient des raisons de craindre un mauvais parti. L'émotion était générale, on était à l'une de ces heures qui sonnent de loin en loin dans l'histoire, où les grands cœurs se montrent, où les vraies héroïnes se révèlent. Sœur Victoire poussée par l'un de ces dévouements sublimes qui nous ont donné les Geneviève de Nanterre, les Jeanne d'Arc et les Jeanne Hachette, prend la détermination virile de sauver la cité à elle seule. Mais pour suivre l'inspiration qui l'anime et le projet qu'elle caresse, elle a besoin de la permission de sa supérieure; elle va la demander, mais elle ne peut l'obtenir; elle insiste, elle prie, elle supplie, elle plaide si bien sa cause qu'elle finit par emporter, comme d'assaut, l'autorisation sollicitée.

Cela fait, elle se recommande à Dieu, se fait accompagner par une jeune fille de ses amies, et pleine de confiance et de courage, la voilà partie! Où va-t-elle ainsi, alors que l'ennemi se dispose à mettre tout à feu et à sang? Que peut-elle espérer, alors que le vainqueur ne respire que la vengeance? Elle a sans doute son secret, car elle traverse la foule anxieuse et se rend droit à l'Hôtel de Ville, où elle trouve le maire entouré des magistrats, et tourmenté comme eux par les plus cruelles alarmes. Ils sont du reste prêts à partir pour aller au devant de l'armée autrichienne qui approche, et à livrer au général qui la commande les clés de la ville que l'un d'eux porte déjà sur un plateau d'argent.

D'un coup d'œil rapide notre jeune héroïne a compris l'événement qui se prépare, et hardiment elle s'avance vers le maire pour lui parler. Elle est grande et belle, belle surtout de son courage et de ses vingt cinq ans, et à son

aspect, l'espérance commence à renaître dans les âmes op-
pressées par la peur. De toute part on s'empresse autour
d'elle, et on lui crie : « Sœur Victoire, soyez notre providence ! volez, s'il vous plaît, à notre secours ! Nous voilà
perdus sans ressources ! Un malheureux de la basse-ville
vient de tirer sur l'ennemi, et nous a tous compromis. Le
général autrichien a juré de nous faire expier cela ; suivez-
nous et peut-être pourrez-vous apaiser sa colère. »

« C'est bien, répondit la vaillante Sœur, courage, messieurs, nous serons sauvés ! mais mettons d'abord notre
confiance en Dieu ! Quant à moi, je vous accompagne ; allons
ensemble vers le général, et puis laissez-moi faire. »

Après ces mots, elle se met en marche avec la munici-
palité, et va jusqu'à la porte de la ville. Le général se
présente et Sœur Victoire s'avance vers lui pour le haran-
guer. Elle tombe à ses pieds et lui parla ainsi : « Général,
je viens à deux genoux vous demander grâce pour la ville.
Vous avez devant vous nos magistrats qui vous en appor-
tent les clés. Ils sont soumis à vos ordres et respectueux
de vos volontés. Aucun d'eux n'est coupable. Un imprudent
a tiré sur vos troupes ; mais lui seul est répréhensible. Pour
un seul citoyen qui a mérité la mort, ne punissez pas les
autres qui sont innocents. De grâce, montrez-vous clément : la
clémence est la sœur de la victoire, pour moi je ne me re-
lèverai que lorsque vous m'aurez accordé la faveur que je
vous demande. »

Le général fut ému de cette humble et éloquente requête
et s'inclinant vers la religieuse prosternée : « Qui êtes vous ? »
lui dit-il, « Je ne suis, répondit celle-ci, qu'une pauvre
sœur de la charité ; ma vocation est de secourir les malades
et les malheureux ; je m'offre à soigner vos blessés, si vous
le permettez. »

Devant une si grande générosité, le chef de l'armée autrichienne se trouva désarmé, et promit de ne faire aucun
mal aux habitants. La sœur venait de remporter là une

éclatante victoire, et la population reconnaissante lui aurait fait une ovation triomphale, si elle ne s'était soustraite à son enthousiasme pour retourner modestement à sa communauté.

Par ses soins une ambulance fut bientôt organisée, et tous les jours, notre héroïne victorieuse - qui pouvait désormais arborer son nom comme un drapeau - vint y soigner avec un dévouement sans pareil, les blessés autrichiens. Elle enrôla sous sa bannière une de ses compagnes, et quelques dames pieuses de la ville, et pendant de longs jours, elle dépensa des trésors de charité auprès des malades de l'ennemi.

Mais son dévouement allait être mis à une dure épreuve : une épidémie éclata dans l'ambulance. Le poste devenait dangereux ; les dames le désertèrent. Seule, Sœur Victoire eut le courage de le garder avec sa compagne, et l'on vit ces deux humbles religieuses se multiplier, avec un zèle infatigable, pour apporter aux soldats des remèdes et des consolations. Leur conduite fut si belle que les officiers autrichiens furent obligés de rendre hommage à leur sublime charité.

Sœur Victoire en profita quelquefois pour rendre service aux habitants. Les paysans, que l'ennemi réquisitionnait aux environs pour porter les provisions, étaient parfois gardés et retenus en ville, outre mesure, au grand détriment de leurs travaux agricoles. Ils allaient trouver la jeune providence de l'hospice, et grâce à son intervention, ils obtenaient aussitôt, de retourner dans leurs champs. Quelquefois même la Bonne Sœur, comme ils l'appelaient, les accompagnait jusqu'en dehors des portes, pour leur servir de sauf-conduit ; les armes autrichiennes s'abaissaient sur son passage et nos paysans étaient libres.

Mais Dieu permit que l'épidémie se répandit dans la campagne ; elle sévit surtout dans un village voisin, où les filles de la charité avaient une maison. C'est même chez elles qu'elle fit ses premières victimes. Or, on ne pouvait à ce moment-là, avoir aucun secours de Besançon qui était bloqué. On s'adressa à Sœur Victoire, et celle-ci quitta tout pour voler au secours de ses sœurs. Elle leur prodigua ses soins, avec l'élan de sa nature généreuse, et resta auprès d'elles jusqu'à ce qu'elles fussent rétablies. Mais dans l'intervalle, elle revint, malgré tout, quelquefois à Gray, pour prouver qu'elle n'abandonnait pas son ambulance. Elle ne faisait en quelque sorte qu'aller et venir entre la ville et le bourg. Elle était d'une telle activité qu'elle paraissait être partout en même temps, pour distribuer gracieusement en tout lieu des ordonnances et des encouragements.

Il aurait fallu une santé de fer, un tempérament d'acier pour résister à tant de fatigues. La Bonne Sœur tomba malade à son tour, et sa maladie fut même si grave, qu'on craignit pour sa vie. Mais on pria tant pour elle, qu'elle guérit. Elle entra sans tarder en convalescence : elle avait remporté une victoire sur la mort.

Quand elle fut complètement rétablie, elle fut envoyée à Bourg pour s'occuper des enfants trouvées recueillis dans un hospice et c'est là que la Mère Thouret allant à Paris en 1821, la retrouva toujours bonne, ardente et dévouée.

De Bourg - nous l'avons vu - elle alla à Saint Paul où se fondait une maison. Elle y fut accueillie avec enthousiasme, mais ses commencements furent durs et pénibles ; le pays était pauvre et les sœurs étaient sans ressources. Le curé partagea ses meubles avec elles, et leur céda tout ce qu'il avait de mieux chez lui ; il s'imposa par suite de grandes privations ; il alla même jusqu'à leur donner ses matelas, ne gardant pour lui qu'un peu de paille pour se coucher.

C'est lui qui, de concert avec les familles les plus aisées, pourvoyait à leur nourriture. Il était si heureux de les avoir pour instruire les petits enfants, qu'il aurait tout sacrifié pour les garder. Sœur Victoire n'était pas faite pour reculer

devant la pauvreté : encore ici elle devait triompher ; car
elle était destinée à marcher de victoire en victoire. Du reste,
il ne lui déplaisait pas de voir sa maison ressembler
un peu à la grotte de Bethléem, et d'y rencontrer des
privations, des souffrances, des humiliations. De plus, elle
se confiait de tout cœur à la Providence : elle comptait
sur Dieu qui n'abandonne jamais les siens. Elle avait
appris à l'école :

> « Qu'aux petits des oiseaux, il donne leur pâture,
> « Que sa bonté s'étend sur toute la nature. »

et elle n'eut jamais un moment de désespérance.

Elle songea même à agrandir son œuvre, et pendant
l'hiver 1822, elle fit part à son bon curé, du projet qu'elle
avait conçu de recevoir des pensionnaires et des aspirantes.
Le pasteur vit là une inspiration d'en haut, et approuva le
projet. Aussitôt notre jeune supérieure se mit en campagne ;
elle rédigea des prospectus, les fit répandre en Suisse et en
Savoie, et bientôt on vit arriver à Saint Paul, des pensionnaires et des aspirantes. En 1823, il y en avait déjà un
assez grand nombre : n'était-ce pas là une victoire ? Dieu
bénissait visiblement la première création de la fervente religieuse.

Dans le courant de la même année, Mgr. de Thiollat
vint prendre possession de son évêché d'Annecy, et il fallut
obtenir son autorisation afin de pouvoir fonder le noviciat
rêvé. — Pour cela rien ne fut négligé. Aidée et soutenue
par son curé, Sœur Victoire se rendit, un jour, au chef-
lieu du diocèse, eut une longue conférence avec Mgr. l'évêque,
et revint à Saint Paul, munie de la permission désirée.

Dès son retour, elle s'empressa d'informer la Mère Thouret
de la bonne nouvelle, et la supérieure générale, après en
avoir référé à Mr l'Abbé Neyre, qui faisait partie du complot, la nomma son assistante générale en Savoie.

Dès ce moment, la supérieure de Saint Paul devint maîtresse des novices et provinciale, bien qu'elle n'eut pas encore ce titre, et elle remplit si bien ces diverses fonctions que la Bonne Mère de Naples la prit pour l'une de ses principales conseillères et la regarda comme l'une de ses meilleures amies. Elle lui écrivait souvent, lui faisait ses confidences, lui racontait ses joies et ses douleurs. Mais surtout elle la consolait quand elle la savait triste, préoccupée et découragée; en un mot elle la traitait comme la meilleure des filles.

Aussi le prestige de Sœur Victoire ne fit que grandir. De tout côté on lui demandait des fondations nouvelles. C'est elle qui, en 1825, se rendit à Verceil – nous l'avons déjà raconté – pour organiser d'une façon définitive, les deux maisons que cette ville possédait. Les postulantes lui arrivaient en grand nombre à Saint Paul, si bien qu'à plusieurs reprises, elle put en envoyer quelques unes au noviciat de Naples, après les avoir éprouvées seulement trois mois.

Les ressources arrivaient également pour assurer la prospérité matérielle de sa communauté. Une demoiselle de Blonnay lui légua, en mourant, une maison de campagne, entourée d'une propriété de rapport, et l'excellent curé qui lui était toujours dévoué, lui procura des ouvriers pour défricher, cultiver et améliorer le terrain. Au bout de quelque temps elle eut là, des récoltes qui allégèrent singulièrement les charges de son noviciat. Dieu bénissait de plus en plus son zèle et récompensait largement son dévouement.

Après la mort de la Mère Thouret, qui fut pour elle un coup terrible, elle reçut plusieurs lettres des administrateurs de l'hospice des aliénés de Turin, qui lui demandaient une dizaine de sœurs pour soigner les pauvres malades. Elle promit d'acquiescer à leurs désirs, et en 1828 elle se mit en route avec les religieuses demandées, pour se rendre dans la capitale du Piémont. Impossible de décrire l'état lamentable dans lequel elle trouva les fous. Ils étaient attachés et couchés, sur un fumier comme des bêtes de somme. Navrée du spectacle désolant qu'ils lui offraient, elle se mit aussitôt à l'œuvre, avec ses compagnes, pour améliorer leur sort; et dans peu de jours l'hospice fut transformé à la grande satisfaction des familles et des administrateurs.

Mais ce résultat ne fut pas obtenu sans fatigues. Sœur Victoire tomba malade à Turin, et dut y prolonger son séjour. Sur ces entrefaites, la Mère Boucon ayant appris le bien qu'elle avait fait partout sur son passage, la nomma provinciale pour le Piémont. Mais notre sœur crut devoir décliner cette nomination, pour des raisons de santé. Elle exposa à la Supérieure Générale que ses forces s'amoindrissaient de jour en jour, que le climat d'Italie l'éprouvait beaucoup, et que dans ces conditions, elle la priait de la laisser retourner en Savoie. Elle ajoutait cependant qu'elle était prête à tous les sacrifices dans l'intérêt de l'Institut.

La Mère Boucon n'insista pas, et Sœur Victoire nommée provinciale quand même, put revenir à sa chère maison de Saint Paul. « C'est là, disait-elle, que j'ai beaucoup souffert; c'est là aussi que Dieu m'a accordé de douces consolations; c'est là que je désire vivre et mourir. »

De retour en Savoie, elle y retrouva la force et l'activité des anciens jours et elle continua ses œuvres avec une ardeur nouvelle. L'une de ses plus importantes fut la fondation d'un hôpital de fous, dans une riante vallée aux environs de Chambéry. Elle-même alla y installer ses religieuses, et lorsque la maison commença à fonctionner, elle revint au noviciat d'où elle devait rayonner et visiter les communautés qui dépendait de son provincialat. Mais elle s'aperçut bientôt que la situation de Saint Paul lui rendait son rayonnement singulièrement difficile et incommode. Elle habitait un site montagneux, isolé, d'un accès peu aisé, et dans tous les cas très-éloigné des maisons piémontaises. Elle songea alors à transporter sa résidence sur un point plus central, et la Providence permit qu'elle trouvât à La Roche, dans la Haute-

Savoie, un domaine qui paraissait réunir toutes les conditions requises pour recevoir le personnel des novices, et la suite de la provinciale.

C'est donc là, qu'elle alla planter sa tente en 1841, mais non sans laisser des parcelles de son cœur à Saint Paul.

Là elle dirigea encore vingt ans, avec une sagesse consommée les deux provinces de Savoie et du Piémont. Mais en 1861, fatiguée et vieillie, succombant pour ainsi dire sous le poids de ses victoires, elle offrit humblement sa démission à la Supérieure générale. Et certes, elle avait bien droit au repos, car elle était au travail et à la peine depuis plus de cinquante ans. Sœur Caroline Chambrot acquiesça à sa demande, en considération de son grand âge et de ses longs services, et lui donna la consolation de pouvoir prendre sa retraite à Saint Paul, dans la maison où la rappelaient les meilleurs souvenirs de sa vie.

Elle y vécut encore trois ans, uniquement occupée a penser à son âme, et à édifier ses sœurs. Elle s'éteignit doucement, comme une lampe du sanctuaire à laquelle l'huile a manqué, au mois de Décembre 1864. Elle emportait les regrets de tous ceux qui l'avaient connue ou approchée dans le pays, et laissait après elle une trace qui ne s'est pas encore effacée.

Elle avait noblement répondu, dans une vie faite d'obéissance et d'humilité, à la prophétie de la Mère Thouret et réalisé, elle aussi, cette parole de la Sagesse : « *Vir obediens loquetur victoriam ;* l'âme obéissante aura des victoires à raconter [1]. »

Dans ses œuvres comme dans ses vertus, elle s'était toujours et partout montrée la Sœur Victoire !!

[1] rb˸ , 21, 28.

IV.

SŒUR ROSALIE THOURET

Son origine. - Son éducation. - Ses fonctions. - Ses fondations.
Sa maladie. - Sa mort. - Ses obsèques.

Voici encore un nom qui impose l'admiration, et devant lequel nous devons nous incliner avec sympathie et respect.

Sœur Rosalie Thouret était - nous le savons déjà - la nièce de notre fondatrice. Elle naquit à Sancey-le-long, le 21 Mars 1793 et mourut à Modène le 17 Décembre 1853. Ces deux dates forment le cadre d'une existence qui s'est consommée au service de Dieu et des pauvres. Nous allons en passer en revue les principaux événements.

Sœur Rosalie vint au monde au cœur de la Terreur. Elle était fille de Marguerite Ligier et de Joachim Thouret - ce même Joachim qui - nous l'avons vu - avait trempé dans la Révolution, au grand déplaisir de sa sœur, mais qui plus tard pour la consolation de sa famille, revint à des sentiments meilleurs.

Elle reçut au baptême le nom de Marie Joseph. Entre six et sept ans, en 1799, elle fut confiée à sa tante qui fut sa première institutrice au retour de l'exil, et qui la prit avec elle dans la maison qu'elle fonda à Besançon.

C'est dire qu'elle grandit dans une atmosphère de piété et de charité. Aussi à 15 ans, en 1808, manifesta-t-elle le désir d'entrer ou plutôt de rester dans la communauté de sa tante. On comprend ainsi qu'elle ait pu nous renseigner sur l'enfance et le noviciat de notre héroïne, comme elle l'a fait dans son manuscrit.

En 1810, elle partit pour Naples; elle était du nombre des huit sœurs courageuses qui répondirent à l'appel de Murat. C'est à *Regina Cœli* qu'elle fit sa profession le 3 Avril 1815; et depuis cette époque, elle ne quitta plus la supérieure générale qui la fit plus tard sa secrétaire. Elle l'accompagna dans tous ses voyages à Rome, à Thonon, à Paris, à Besançon; elle fut toujours avec elle à l'honneur comme à la peine, et elle devint en quelque sorte son œil, comme la Sœur Boucon était son bras. C'est elle qui tint sa correspondance dans les moments les plus pénibles de sa vie, à l'époque de l'approbation de sa règle, et au milieu de ses démêlés avec Mgr. de Pressigny, et de ses difficultés avec la communauté de Besançon. Aussi il paraît que Pie VII la remarqua dans les diverses audiences qu'il accorda à sa tante, et qu'un jour il lui offrit aimablement un petit souvenir qu'elle garda précieusement jusqu'à sa mort.

A son avénement, la Mère Boucon la garda comme sa secrétaire et la fit son assistante. Mais elle dut un jour s'en séparer, malgré toute la tendresse qu'elle avait pour elle.

En 1834 François IV [1], duc de Modène [2] voulut confier l'hôpital et le refuge de sa ville aux sœurs de la charité de Naples: il demanda donc des religieuses à la supérieure

---

[1] François IV (1779-1846) fils de l'archiduc Ferdinand d'Autriche et de Marie Béatrix d'Este refusa d'épouser Pauine Bonaparte. Les immenses biens de sa mère et la dot de sa femme Marie Béatrix de Savoie, en firent le prince le plus riche de l'Europe. Actif, intelligent, généreux il protégea l'agriculture et les arts. Chassé de ses états en 1831, il fut rétabli par les Autrichiens. — L'une de ses filles, Marie Térèse épousa le comte de Chambord. Son fils François V lui succéda en 1846; en 1859, il fut forcé par les intrigues de Cavour de quitter ses états dont le Piémont s'empara.

[2] Le duché de Modène est un ancien état de l'Italie septentrionale. Capitale Modène. Villes principales: Reggio, Correggio, Canossa, Carpi. La ville de Modène compte 31000 habitants. Elle a une belle cathédrale du XIe siècle.

générale et celle-ci jeta les yeux, pour cette nouvelle fondation sur Sœur Rosalie qui se rendit aussitôt à l'appel du prince.

Bien accueillie à Modène, elle eut bientôt conquis les esprits et les cœurs. Elle avait, hâtons-nous de le dire, quelque chose de la nature généreuse, active et virile de la Mère Thouret. Elle voyait vite les choses et jugeait rapidement les hommes; elle se dépensait nuit et jour pour ses œuvres; elle semblait être partout en même temps, elle avait comme sa tante, la passion de la charité. Se dévouer était un besoin pour elle; elle appliquait en toutes choses ce proverbe oriental qui paraît fait pour les âmes grandes et bonnes; « fais le bien et jette-le à la mer; si les poissons l'ignorent, Dieu le saura. » Mais à Modène, Dieu ne fut pas seul à savoir le bien opéré par la nouvelle supérieure. La ville et la cour en furent bientôt instruites et édifiées, et le duc qui voulait, avant tout, le bien-être de ses sujets, comprit sans tarder qu'il avait en elle un puissant auxiliaire pour ses bonnes œuvres.

Aussi il désira dès 1836, qu'elle rayonnât dans ses états, et qu'elle songeât à y fonder d'autres maisons. Pour cela il fallait un noviciat; il la pria de l'établir dans sa capitale, et comme il avait une immense fortune et un grand cœur, il lui donna toutes les facilités voulues et lui promit des secours en argent pour la réalisation de ses projets charitables et patriotiques.

Encouragée par la bonté et la munificence du prince, Sœur Rosalie se mit au travail, et le 8 Décembre 1837, pour la fête de l'Immaculée Conception, elle inaugurait son noviciat. Dieu bénit si bien son zèle, qu'au bout de quelques années, elle compta une centaine de novices heureuses de vivre sous ses ordres, et que avant sa mort, elle put avoir une vraie province sous sa direction. Cette province englobait à peu près dans sa jurisdiction tout le territoire de l'Emilie. Elle comprenait 19 communautés dont les principales étaient celles de Bologne [1] de Ravenne [2] de Ferrare [3] de Pesaro [4] de Césène [5] et de Reggio [6].

Le nom seul de ces villes importantes nous fait comprendre le rayonnement que notre vaillante sœur sut donner à son œuvre dans les 20 ans qu'elle occupa sa charge. Comme la Mère Thouret, elle alla de triomphe en triomphe et comme la Sœur Bartholemot, elle marcha de victoire en victoire. Mais la mort sembla jalouse de ses succès, et l'arrêta au milieu de sa carrière apostolique, en 1853.

Le 10 Décembre de cette année, elle tomba, frappée à mort, comme un soldat blessé sur le champ de bataille. Une pneumonie se déclara, et bientôt on sut et on répéta partout, à la cour et en ville, que la provinciale était dangereusement malade. A cette triste nouvelle tout le monde s'émut, les princes et les nobles, l'aristocratie et le peuple, les riches et les pauvres. On venait à toute heure du jour, à la porte du noviciat, pour connaître les progrès du mal

---

[1] Bologne ville de 104000 habitants est après Rome et Florence une des cités les plus riches en monuments et en objets d'art. Elle faisait partie autrefois des Etats de l'Eglise. Le noviciat fondé en 1837 à Modène y fut transféré en 1881 après avoir été fixé à Reggio de 1872 à cette date.

[2] La ville de Ravenne qui appartenait également à l'ancien état romain compte 60500 habitants.

[3] Ferrare dépendait aussi de l'état romain. C'est une ville de 75550 habitants.

[4] Pesaro ville des marches d'Italie : 21000 habitants.

[5] Césène compte 38000 habitants.

[6] Reggio d'Emilie, chef-lieu de la province de son nom est une ville de 50600 habitants. L'Emilie comprend les anciens duchés de Parme, de Modène et les Romagnes. Elle compte huit provinces : Bologne, Ferrare, Forlì, Modène, Parme, Plaisance, Ravenne et Reggio. A cette nomenclature ajoutons Faenza ville de 36000 habitants. Bologne possédait une école. Ravenne quatre, Ferrare quatre, Pesaro deux, Césène deux, Reggio deux, Faenza une, et Modène trois.

ou les espérances du moment. De tout côté on priait pour le rétablissement d'une santé si précieuse à la province et au duché. Mais hélas! on apprit bientôt que l'art ni la prière n'avaient pu conjurer le péril, et que désormais tout espoir de guérison était perdu. Le 17 Décembre, l'auguste malade succomba, après avoir reçu avec une grande ferveur les derniers secours de la religion et avec une grande reconnaissance les témoignages de la sympathie populaire.

Ses obsèques furent belles comme celles d'une princesse aimée de ses sujets [1]. Et de fait n'avait-elle pas été pendant 20 ans, à Modène, la reine de la charité comme sa tante l'avait été à Naples? Elle y avait vécu entourée d'enfants, d'orphelins, de malades, de pauvres et d'infirmes, qui tous célébraient sa compatissance pour le malheur et son dévouement pour l'infortune. Sur sa bière on grava une belle épitaphe latine qui rappelait ses vertus, ses fondations, et dont voici un fragment:

FLEBILIS OMNIBUS PRAECIPUE SODALIBUS SUIS
QUAS UTI PIA MATER USQUE DILEXIT.
HAVE! HAVE! ANIMA SUAVISSIMA ET MATER OPTIMA
SED TU IAM CAELO RECEPTA
UTI FIRMISSIMA SPES EST SORORES DIAEC. CHARITOS. UNIVERSAS
AT POTISSIMUM FAMILIAM HANCCE TUAM
QUAM IN TERRIS DEGENS IMPENSIUS DILEXISTI
NUNC VOLENS PROPITIA PERPETUO
RESPICIAS. TUEARE.

« Elle fut regrettée de tous et surtout de ses compagnes qu'elle aima toujours comme une excellente mère.

« Salut! Salut! Ame suave et mère parfaite. - Du haut du ciel, où déjà tu as reçu ta récompense - nous en avons

---

[1] Une sœur de *Regina Cœli* qui l'a connue me disait d'elle: « *era donna da regnare*. C'était une femme faite pour régner. »

la ferme espérance - regarde toujours avec bienveillance et couvre de ta protection toutes les sœurs du diocèse de Mo-dène, et en particulier cette famille pour laquelle tu t'es dépensée avec tant de dévouement et d'amour [1]. »

Ces paroles disent assez le souvenir que Sœur Rosalie laissait après elle et le parfum qui devait embaumer sa mémoire.

Elle avait 60 ans d'âge et elle en avait passé 45 en re-ligion. Son nom est resté inséparable de celui de la Mère Thouret. Elle était née sa nièce, mais elle était devenue l'une de ses plus dignes élèves, et l'une de ses filles les meil-leures [2].

La destinée et la mort les séparèrent en ce monde en 1826, mais la gloire et le bonheur les ont réunies dans l'autre en 1853 !!

V.

SŒUR CAROLINE CHAMBROT ET MARIE TÉRÈSE VIGNET

Il importerait de donner ici une notice biographique sur les deux mères qui ont été appelées par la Providence à porter l'héritage des Mères Thouret et Boucon, ou du moins d'esquisser rapidement leur portrait. Mais nous ne le ferons pas : elles n'appartiennent pas encore assez à l'histoire, car il n'y a que quelques années qu'elles ont disparu de ce monde; et d'ailleurs viendra le jour où leurs mérites pourront être racontés dans un volume spécial. Nous nous contentons pour

---

[1] Professeur Annibal Riva.

[2] Les détails de cette biographie sont tirés d'une nécrologie écrite par un prêtre de Modène le 20 Décembre 1853, trois jours après la mort de Sœur Rosalie.

aujourd'hui de rappeler simplement leur nom de famille et de religion, le pays qui les a vu naître et les principales dates de leur vie de supérieure générale.

Après la mort de la Mère Boucon, le Souverain Pontife Pie IX, de sainte mémoire, nomma Vicaire Générale de l'Institut Sœur Caroline Chambrot de Serraval (Haute-Savoie). Lorsque ses trois ans de vicariat furent écoulés, le même Saint Père Pie IX, par un Bref apostolique du 13 Mars 1860, la nomma Supérieure Générale, fonction quelle remplit pendant 20 ans, après lesquels elle passa le reste de sa vie en qualité de Sœur Servante. Elle mourut à Montemarciano, le 5 Juillet 1889, à l'âge de 76 ans. Elle en avait passé 57 en religion.

Sœur Marie Térèse Vignet de Chieri (Piémont), succéda à Sœur Caroline Chambrot dans le gouvernement de l'Institut. Elle fut élue Vicaire Générale le 10 Mai 1880 par Sa Sainteté le Pape Léon XIII, et après les trois années de son vicariat, le Saint Père lui envoya un Bref par lequel il la nommait Supérieure Générale. Elle ne demeura dans cette charge que deux ans, étant morte le 5 Août 1885.

Elle était âgée de 64 ans et en avait passé 46 en Communauté.

Ces deux religieuses ont bien mérité de la Congrégation des *filles de la Charité sous la protection de Saint Vincent de Paul:* elles ont dignement rempli leurs fonctions délicates, et leur mémoire est restée en vénération dans l'Institut à la prospérité duquel elles ont travaillé avec un dévouement inaltérable et un zèle infatigable.

VI.

SŒUR MARIE JOSEPH BOCQUIN.

Après la mort de Sœur Marie Térèse Vignet, son assistante, Sœur Marie Joseph Bocquin, d'Aix-les-Bains (Savoie), fut élue Vicaire Générale le 20 Août 1885 par sa Sainteté le Pape Léon XIII. Lorsqu'elle eût terminé son vicariat, elle reçut un Bref apostolique du 2 Juin 1888, qui la nommait Supérieure Générale de l'Institut qu'elle gouverne actuellement.

Ici, nous devons nous taire plus encore qu'au sujet des deux héritières des supérieures primitives que nous venons de nommer, pour ne pas effrayer une modestie qui s'alarmerait trop vite. L'avenir qui nous juge dira seul plus tard le bien que nous voudrions dire de la Bonne Mère d'aujourd'hui.

Si nous avions la témérité de le dire déjà maintenant, nous nous attirerions de la part de la supérieure générale, des reproches amers, pareils à ceux que s'attira de la part de Saint Vincent de Paul, un prêtre de la Mission qui de son propre mouvement, sans consulter le pieux fondateur, fit imprimer de son vivant une notice historique sur son institut. Le Saint lui écrivit en ces termes : « Je suis très-affligé de votre publication. J'en ai une douleur si sensible que je ne puis vous l'exprimer, parce que c'est une chose fort opposée à l'humilité de publier ce que nous sommes et ce que nous faisons. C'est aller contre l'exemple de Notre Seigneur qui n'a pas voulu que pendant le temps qu'il a été sur la terre, on ait écrit ses paroles et ses œuvres. S'il y a quelque bien en nous et en notre manière de vivre, il est de Dieu, et c'est à lui de le manifester, s'il le juge expédient. Mais quant à nous, qui sommes de pauvres gens igno-

rants et pécheurs, nous devons nous cacher comme inutiles
à tout bien et comme indignes qu'on pense à nous. »

Si à notre tour nous nous hasardions à écrire une notice
historique sur la mère générale qui gouverne depuis sept ans
la congrégation des filles de la charité, nous recevrions à
coup sûr, une admonestation pareille. Nous saurons l'éviter. –
Contentons-nous de dire que cette digne mère dont nous
ne voulons avoir aucun reproche, fait revivre une humilité
bien connue dans sa famille religieuse, et que nous avons
dans cette humilité même une transition toute trouvée pour
revenir à la Mère Thouret et consacrer le chapitre suivant
à sa *gloire posthume*.

CHAPITRE SEPTIÈME

Sa Gloire.

*Gloire de Saint Vincent de Paul. - Popularité de le Mère Thou-
ret. - Grâces merveilleuses. - Grégoire XVI. - L'hôpital
Saint Esprit. - Les hospitalières de Brescia. - Pie IX. -
Sa visite à Regina Cœli. - Ses bontés pour les Sœurs
à Rome. - Léon XIII. - Sa munificence pour les filles
de la Mère Thouret.*

La gloire! Ce mot accolé au nom de la Mère Thouret
va peut-être paraître trop pompeux. Mais je n'en trouve pas
d'autre pour exprimer l'auréole qui l'entoure aux yeux de
tous ceux qui voudront étudier sa vie et ses œuvres. Qu'est-ce
que la gloire? C'est l'honneur qui se forme de la constante
admiration que les hommes témoignent pour les vertus éton-
nantes et pour les talents extraordinaires et utiles à la société, et l'hommage qu'ils sont forcés de leur rendre [1].

Or, pouvons-nous refuser notre admiration et notre hommage à la fondatrice des sœurs de la charité, après tout ce
que nous avons appris de ses vertus et de ses talents? Je
ne le crois pas.

Il est dit que lorsque Saint Vincent de Paul fut mort, il
n'y eut dans toute la France qu'une voix pour exalter ce
grand serviteur de Dieu. La reine mère Anne d'Autriche

[1] Sacy.

s'écriait: « L'Eglise et les pauvres viennent de faire une grande perte. » La reine de Pologne écrivait : « J'ai bien de la douleur pour la perte que nous avons faite du bon Mr Vincent; j'aurai toujours une grande estime pour sa mémoire. » Pour la consoler on dut lui envoyer le crucifix du saint, et une partie de son chapelet. L'évêque de Cahors, Nicolas Sevin, écrivait à son tour. « J'ai perdu en Mr Vincent un des meilleurs amis que j'eusse au monde. J'ai pourtant la consolation que, par la lettre qu'il m'a écrite cinq jours avant son décès, il m'a promis de ne jamais m'oublier devant Dieu, ce qui me fait croire qu'il me continue maintenant où il est, la même charité.... »

A ce concert d'éloges, il serait facile d'ajouter le témoignage d'un grand nombre d'autres personnages de France et d'Italie, d'évêques, de prêtres et de religieux : mais ce ne serait que répéter en d'autres termes ce que nous venons d'exprimer.

Or, après la mort de la Mère Thouret, il arriva à *Regina Cœli* de France et d'Italie, des témoignages de ce genre, en moins grand nombre sans doute, mais quelques-uns aussi précieux et aussi éclatants, pour rendre hommage à la mémoire de celle qui venait de disparaître.

Puis, c'est une chose qu'assurent les Sœurs de Naples et de Rome, souvent dans sa maison on se tourna vers elle, pour obtenir des guérison inespérées, et des grâces surnaturelles, et plusieurs fois les prières qui lui furent adressées eurent les meilleurs résultats. Le moment n'est pas encore venu de faire connaître les faveurs providentielles qu'on croit devoir à son intervention; mais quand il viendra, elles seront publiées, s'il y a lieu, avec les documents à l'appui. Pour l'instant, il suffit de constater que les Religieuses qui ont eu assez de confiance en leur sainte Mère pour l'invoquer, n'ont eu qu'à s'en louer en toute occurrence et jamais à s'en repentir. Sa tombe, son nom et sa mémoire sont toujours en vénération, à Naples, et Dieu pourrait bien permettre un jour, qu'à sa couronne déjà bien belle vint s'ajouter le fleuron des vrais miracles.

Alors, on pourrait songer à introduire en cour de Rome, un procès canonique tendant à faire proclamer par la congrégation des Rites, sa *vénérabilité*, comme on l'a fait, quand il l'a fallu, pour deux servantes de Dieu, fondatrices elles aussi de Sœurs de la Charité: Marie Marguerite Dufrost de Lajeminerais et Madeleine de Canossa.

En attendant, depuis plus d'un demi-siècle les souverains pontifes n'ont jamais cessé de témoigner aux filles de la charité sous la protection de Saint Vincent de Paul, la plus grande confiance, et la plus touchante tendresse. Tous ont admiré leur zèle et leur dévouement, et quand l'occasion s'est présentée, ils ne leur ont pas ménagé les éloges. Ces éloges étaient sans doute adressés aux filles; mais ils remontent aussi à la Mère. N'est ce pas d'elle qu'elles tiennent l'esprit qui les caractérise? Leur gloire est aussi la sienne. Tout le monde connait à Rome l'important et magnifique hôpital du Saint Esprit [1]. Or nos sœurs l'occupent et le desservent depuis 1837. Qui leur en a confié la direction? Le pape Grégoire XVI.

[1] Ina, roi des Saxon, fonda cet hôpital en 717 pour ses compatriotes. De là son nom de *Santo Spirito in Sassia*. Plus tard en 1198 Innocent III le fit reconstruire, en confia la direction à un ordre de frères hospitaliers dit du *Saint Esprit*. En 1471 le pape Sixte IV le fit encore presqu'entièrement reconstruire; il fit notamment la grande salle qui a 126 mètres de long sur 12 de large. Les Papes Paul III, Benoît XIV, Pie VI, et Pie IX y ont également fait d'importantes améliorations. Cet hôpital peut contenir 1600 lits, on y reçoit les malades de tous les pays et de toutes les religions: il entretient une école de clinique, une vaste bibliothèque de médecine, appelée *lancisiana* du nom du docteur *Lancisi* qui l'a donnée, une riche collection d'instruments de chirurgie, une salle de dissection. A cet hôpital, sont annexés deux autres grands établissements placés sous la même administration. Le 1er est destiné aux enfants trouvés dont le nombre est d'environ 800, et le 2e aux aliénés des deux sexes pouvant contenir plus de 500 individus.

Ce pontife était peu satisfait de l'administration intérieure de ce vaste établissement, et ayant entendu parler du bien que faisaient à Naples les religieuses de la Mère Thouret, il les appela à Rome, pour le remettre entre leurs mains. Il n'eut certes pas à s'en repentir, et il faut bien qu'on ait reconnu les mérites de ces vaillantes sœurs, pour que rien n'ait pu les ébranler depuis 55 ans qu'elles sont là, ni les révolutions successives qui ont bouleversé Rome, ni les changements de directeurs de la maison, ni l'avènement du gouvernement piémontais. Au contraire, elles n'ont fait que s'affermir de plus en plus; leurs œuvres se sont étendues; leur nombre s'est augmenté et après avoir commencé par être un petit troupeau, elles forment aujourd'hui un bataillon serré de 52 sœurs.

Mais la munificence de Grégoire XVI ne s'arrêta pas à ce premier acte de bonté. Vers l'an 1840, dans la ville de Brescia, qui dépendait alors du royaume lombard-vénitien, une pieuse dame eut la pensée de fonder une congrégation de sœurs hospitalières qui se voueraient au soin des malades dans les hôpitaux, et à l'instruction des enfants du peuple. Une fois sa fondation terminée, elle demanda à plusieurs reprises l'approbation pontificale qui devait encourager ses essais et consacrer son œuvre. Le pape examina longtemps la question et enfin le 5 Juin de l'année sus-nommée, il envoya à cette charitable dame un bref approbatif, avec la condition que son institut ne franchirait pas les frontières de son royaume d'origine, et que ses constitutions seraient rédigées d'après celles des sœurs de la charité appelées récemment à Rome. N'était-ce pas là rendre hommage indirectement aux éminentes qualités de nos sœurs? D'ailleurs les premières lignes du bref apostolique étaient consacrées à faire leur éloge.

Pour elles, Pie IX ne fut pas moins attentionné et généreux que son prédécesseur. Il les avait connues et appréciées à Imola, où elles dirigeaient depuis quelque temps un hôpital civil, une école d'enfants pauvres et un pensionnat de demoiselles, et dans cette ville où il laissait de si doux souvenirs, il fut si bon pour elles que malgré les multiples occupations de son ministère épiscopal, il voulut être leur confesseur. Aussi, quand en 1846, il partit pour le conclave, la plupart accompagnèrent de leurs larmes les adieux qu'il leur fit. L'une des plus jeunes [1] se hasarda même à lui dire, en pleurant : « Vous ne reviendrez plus, vous serez pape! » - « Taisez-vous donc » lui répondit l'archevêque. Mais la prophétie, malgré ses protestations, devait se réaliser. Mgr. Mastai fut à peine monté sur le trône pontifical que ses premières pensées furent pour ses sœurs, comme il les appelait, et quelques jours après son élévation, il voulut répondre aux félicitations qu'elles lui avaient adressées ; il leur écrivit de sa propre main, une lettre qu'elles conservent précieusement dans leur maison-mère à Rome comme un titre de noblesse.

Voici cette lettre; nous nous faisons un plaisir de la reproduire, parce qu'en quelques mots simples, mais partis du cœur, elle nous révèle l'affection du grand pape pour la famille de la Mère Thouret :

24 Juin 1846

Mes très-chères filles en Jésus-Christ,

La joie que vous manifestez était naturelle; mais, à vrai dire, l'honneur suprême et immérité que je reçois est accompagné d'un tel fardeau que dans la situation que la Providence me donne, non seulement la joie doit être amoindrie, mais que pour ma part, elle est complètement inconnue. Le Bon Dieu m'aidera, je l'espère, je le crois. Je bénis vos deux directrices : Sœur Eulalie et Sœur Dorothée. Je bénis également toutes vos sœurs, chacune d'elles en particulier, ainsi

[1] Elle vit encore ; c'est la Sœur Irène Buzio supérieure actuelle de l'hôpital *Saint Esprit*.

que chacune de vos maisons. Je continuerai à vous assister et à vous consoler par l'intermédiaire de personnes amies. Priez pour moi plus que jamais.

Pie pp. IX [1].

Les promesses de cette lettre ne furent jamais oubliées, et à toutes les époques de son long pontificat, Pie IX donna toujours des preuves particulières de sollicitude, non seulement aux religieuses d'Imola, mais encore à l'Institut tout entier.

Quand chassé de Rome, par la révolution de 1848, il vint à Naples, où Ferdinand II lui offrit une respecteuse et cordiale hospitalité, il fut à peine arrivé, qu'il désira visiter les sœurs de *Regina Cæli*. Il savait que là, elles avaient un hôpital de 800 malades, un pensionnat de jeunes filles de l'aristocratie napolitaine, une école gratuite de 200 enfants du peuple, et il voulut leur porter ses premières bénédictions. Nous avons été assez heureux pour trouver quelques détails sur sa visite et nous allons mentionner les principaux [2].

C'était dans l'après midi du 27 Septembre 1849. Pie IX suivi de sa cour et de celle du roi, se rendit en carosse au

---

[1] Voici le texte de cette lettre:

« 24 Giugno 46

« Dilettissime Figlie in J. C.

Era naturale la gioia che manifestate, vero è però che l'immeritato altissimo Onore, è accompagnato da tanto peso da temperare non solo, ma per parte mia d'ignorare affatto la gioia della mia attuale situazione. Dio benedetto, m'aiuterà, lo spero, lo credo. Benedico le due Direttrici suor Eulalia, e suor Dorotea, e benedico del pari tutte e singole le altre Suore, non che le rispettive Comunità. Io seguiterò ad assistervi e confortarvi per mediate persone. Pregate più di prima per me.

Pius pp. IX. »

[2] Diario della venuta e del soggiorno in Napoli di Sua Beatitudine Pio IX. 27 Settembre 1849.

couvent, et à son arrivée, sur le seuil de l'église, il fut salué par le chant triomphal d'un *Ecce Sacerdos magnus*, composé tout exprès pour la circonstance par le célèbre Mercadante, directeur du conservatoire royal de musique, à Naples. Il vint d'abord s'agenouiller aux pieds du maître-autel, adora le Saint Sacrement exposé, et reçut la bénédiction donnée par Mgr. Acciardi évêque d'Anglona-Tursi, et puis pénétra dans le monastère, où il rencontra sur ses pas, réunies pour le fêter les religieuses et les pensionnaires de la maison.

Tandis qu'il marchait dans le cloître, douze fillettes, vêtues de blanc, et couronnées de lys et de roses, répandaient sur son passage, des fleurs et des plantes odoriférantes. On aurait dit une phalange de jeunes séraphins venus du ciel pour accueillir dans le temple de la charité le vicaire du Christ, proscrit et persécuté. Après s'être rafraîchi dans un petit salon où on lui avait préparé un modeste *rinfresco*, suivant l'usage italien, il se dirigea vers la grande salle du réfectoire où l'attendait un magnifique trône orné de belles tentures et surmonté de trois bustes représentant : Sa Sainteté, le roi et la reine.

En s'y rendant, il rencontra, bénit et complimenta Mercadante à qui il donna sa main à baiser, et alla s'asseoir sur le trône. Là, il écouta avec plaisir un chœur chanté par les jeunes filles et accompagné d'instruments à cordes, tels que harpes, pianos, violons et violoncelles, et puis trois poésies composées par le professeur [1] de littérature de la maison, et récitées par trois jeunes élèves du pensionnat [2].

Puis vint un second chœur, dû, comme le premier, au talent du maëstro qui était là, mais si beau que le doux pontife en parut profondément ému. Aussi, c'est les larmes aux

---

[1] Mr Gennaro Seguino.
[2] Melles Marianne Ciardulli, Stephanine Volpi et Amelie Mercadante.

yeux, qu'il remercia les sœurs et les enfants de leur touchante réception. Il leur adressa avec cette pénétrante onction
qui catactérisait sa parole vibrante, une chaleureuse allocution dans laquelle il fit le plus grand éloge de ces vierges
de Dieu qui consacrent leur vie au soulagement des malades,
à la consolation des pauvres, à l'assistance des orphelins, à
l'éducation des enfants, et termina son discours qui ne parut que trop court, par quelques conseils paternels à l'adresse
des élèves. Il leur recommanda surtout l'obéissance et com-
menta pour elles, avec un à-propos merveilleux, cette parole
du Sauveur: « *Doce me, Domine, facere voluntatem tuam,
quia Deus meus es tu; Enseignez-moi, Seigneur, à faire votre
volonté parce que vous êtes mon Dieu.* »

Après cela, il donna sa bénédiction à l'assemblée recueillie
et agenouillée, et admit au baisement de son pied, tous ceux
qui la composaient: les Sœurs conduites par la Mère Boucon,
les pensionnaires précédées de leurs maîtresses, les novices,
les postulantes, les professeurs, les médecins, les serviteurs
et les servantes de la communauté.

Il accepta gracieusement le don qui lui fut fait d'un tapis
et de deux coussins brodés en or, et d'un portefeuille orné
de ses armoiries. Puis, il voulut visiter le couvent, les salles,
le pensionnat, les écoles; admira en passant les travaux des
élèves et s'en alla en accordant aux sœurs fières de l'avoir
reçu les plus amples bénédictions.

Il était à peu près déjà l'heure de l'*Ave Maria* quand,
avec sa cour, il prenait la route du palais royal de Portici [1].

Ce jour là, il avait fait beaucoup d'heureuses et lui même
partait heureux ou du moins consolé du bonheur qu'il avait
donné en passant.

Quand il s'agit du bonheur, il est aussi doux et peut-être
plus doux de le donner que de le recevoir, et cette douceur

---

[1] Une belle inscription lapidaire encastrée dans l'un des murs du
chœur des religieuses à *Regina Cœli*, rappelle la visite de Pie IX.

Pie IX l'a connue et recherchée bien souvent dans sa vie émaillée de bienfaits de tout genre. Son exil fini, il rentra à Rome, grâce à la protection de la France, et dès son retour il fut de nouveau plein de bonté pour les sœurs de la charité. C'est ainsi qu'en 1851 nous le voyons appeler leur supérieure générale et lui ordonner de porter son noviciat, dans la ville sainte, et de le fixer dans une maison qu'il leur donne à côté de l'hôpital *Saint Esprit*. Mais là les novices ne sont pas assez solitaires; et c'est alors que pour répondre aux vues et aux désirs du souverain pontife, la Mère Chambrot se prend à chercher un site retiré et silencieux, où elle puisse heureusement transplanter les jeunes fleurs cultivées jusque là à *Regina Cæli* et au *Saint Esprit*.

En 1860, elle fait l'acquisition d'une belle et grande maison entourée d'un parc, près de l'église de la *Bocca della verità* et en 1862, elle y transporte pour complaire toujours au Saint Père, non seulement le noviciat, mais encore le postulat et la résidence de la supérieure générale.

Dès ce moment les liens qui unissent Pie IX à nos sœurs ne font que se resserrer de plus en plus, et l'on ne saurait dire les attentions délicates qu'il a pour elles, en toute occurrence. Dans ses promenades de l'après-midi, il s'arrête souvent devant leur maison mère ou le *Saint Esprit* pour leur rendre visite et les encourager par quelques paroles aimables; il enrichit leur institut d'un grand nombre de précieuses indulgences; il les admet fréquemment en sa présence au Vatican, soit dans des audiences privées, soit dans des audiences publiques; il leur fait de loin en loin des cadeaux magnifiques: il n'oublie dans sa munificence aucune de leurs communautés de Rome, de Naples, d'Imola et d'ailleurs; il les assiste de larges aumônes pour qu'elles puissent mieux secourir les pauvres, et jusqu'à la fin de ses jours il les traite en filles privilégiées de son cœur, je pourrais presque dire *en enfants gâtées*. Je me hâte de proclamer qu'il n'a pas trouvé en elles des ingrates: elles l'ont toujours payé d'une généreuse gratitude pendant sa vie, et par de là la tombe, elles ont poursuivi son souvenir d'un vrai culte d'admiration, de tendresse et de vénération ; il a travaillé à leur gloire et à leur tour elles ont travaillé à la sienne.

Que dire maintenant de son successeur? Léon XIII n'a pas été moins bon et moins paternel pour nos sœurs, que Grégoire XVI et Pie IX. Ce qu'il a fait pour elles depuis son avènement au trône pontifical est là pour nous le prouver.

Dès le commencement de son règne, la *Société romaine pour les intérêts catholiques*, eut l'idée d'ériger dans le quartier le plus pauvre, le plus populeux du Trastevère, un asile pour les tout petits enfants. Ce projet fut bientôt mis à exécution à côté de l'église des Gênois, et le pape accepta qu'on appelât cette pieuse et utile fondation *l'asile Léon XIII*. Puis, quand il s'agit de choisir les religieuses qui en auraient la direction, il désigna lui-même les filles de la Mère Thouret, bien que Rome ne manquât pas de sœurs éducatrices vouées à l'instruction de l'enfance.

C'était là certes une marque de confiance qui valait plus qu'un éloge. Du reste, au bout d'un an, l'œuvre était en pleine prospérité. Trois cents enfants, fréquentaient déjà l'asile, à la grande joie des parents. Aussi rien ne fut beau et touchant comme le spectacle que présenta un jour ce bataillon d'enfants présentés au Saint Père, par leurs bienfaiteurs et leurs sœurs dans une audience solennelle. Ils furent tous admis au baisement du pied, et après avoir chanté un hymne composé pour la circonstance, devant la cour pontificale, ils eurent le plaisir d'entendre le souverain pontife leur adresser quelques paroles pour louer tout à la fois leur innocence et le dévouement de celles qui leur prodiguaient leurs soins maternels.

Depuis lors, il n'a pas cessé de les couvrir de sa protection, et de leur accorder en maintes occasions des faveurs et des secours.

Quelques années plus tard, la supérieure générale suivie de ses assistantes avait l'honneur d'être reçue en audience privée, et priait le Saint Père de lui permettre de donner son nom de baptême *Joachim* à l'asile et à l'école qu'elle avait l'intention de créer auprès de la maison mère. Léon XIII lui accordait gracieusement la grâce demandée et accompagnait sa réponse des paroles les plus flatteuses pour la congrégation des sœurs de la charité. Puis il mettait le comble à sa bonté, en offrant à la Mère, une de ses plus grandes photographies signée de son nom, pour que son portrait fut placé dans la salle même de l'école, et que les enfants apprissent à connaître et à aimer leur bienfaiteur.

Enfin, voici le plus beau trait de sa munificence pour les sœurs qui ont son estime, et on peut dire sa tendresse. Il y a quatre ans, en 1888, il a fondé à ses frais, à Segni, ville assez voisine de Carpineto, sa terre natale, un asile et une école pour l'instruction des enfants pauvres. Il a acheté pour cette œuvre charitable et patriotique, un immense palais qu'il a fait approprier aux besoins scolaires, et encore là, il a voulu mettre les sœurs de la *Bocca della verità*. L'établissement porte son nom, sept sœurs ont été appelées à le diriger, et c'est lui qui pourvoit à leur entretien. Elles sont encore loin du pape; mais elles constatent souvent qu'elles sont près de son cœur, par les dons qu'il leur fait, par les secours qu'il leur envoie, et surtout par la bienveillance qu'il leur témoigne.

Il n'y a pas bien longtemps l'évêque de Segni faisait sa visite *ad limina;* il était reçu par Sa Sainteté et lui rendait compte des œuvres de son diocèse. Dans ce compte rendu, nos sœurs furent les premières nommées; le prélat raconta, avec grande satisfaction, le bien qu'elles faisaient aux enfants par l'instruction, à la population par l'exemple; et Léon XIII, l'ayant écouté religieusement, se félicita avec lui des bonnes nouvelles qu'il apprenait, et fit sans réserve, l'éloge des sœurs de la charité. C'est même dans cette audience qu'il laissa tomber de ses lèvres ces paroles que nous avons déjà citées ailleurs, dans ce récit, et d'après lesquelles nos sœurs auraient reçu une mission divine pour l'éducation de l'enfance [1].

N'est ce pas dire et proclamer qu'elles ont un secret particulier pour donner les principes qui d'un petit enfant doivent un jour faire un chrétien, et d'une jeune fille, une femme forte? Mais ce secret qui le leur a appris? qui le leur a communiqué? N'est-ce pas la Mère Thouret qui, dans ses constitutions, a pris la peine de rédiger, à leur intention, un programme pédagogique complet pour l'enseignement primaire et l'enseignement secondaire..? N'est-ce pas leur fondatrice qui dans ce programme n'a rien oublié de ce qui touche à l'éducation physique et morale? N'est-ce pas elle encore qui, pour toutes les œuvres qu'elles embrassent, leur a donné l'esprit de Saint Vincent de Paul, qui leur a montré la manière la plus évangélique et la plus chrétienne de soigner les malades, les pauvres, les orphelins, les aliénés, les prisonniers, etc.... qui, en un mot, a fait d'elles des héroïnes de charité et de dévouement?

Par conséquent les hommages que les souverains pontifes se sont plu à leur rendre, dans les circonstances solennelles que nous venons de rappeler, lui reviennent de droit, et forment, à nos yeux, les rayons de sa *gloire posthume* que nous venons d'étudier.

Nous savons ce que nous devons penser de la gloire *historique* qui lui est dûe, avant sa mort; sa vie nous le révèle assez amplement. Peut-être nous pourrons apprendre plus tard, quand sonnera l'heure de la Providence, le tribut de gloire *céleste* que Dieu lui a réservé. En attendant, l'examen de son œuvre va nous montrer, dans le chapitre suivant, de nouveaux rayons de sa *vraie* gloire.

[1] La plupart des détails concernant Grégoire XVI, Pie IX, et Léon XIII, nous les devons à l'obligeance d'un digne Prélat de la cour de Rome.

CHAPITRE HUITIÈME

Son Œuvre.

Commencements de la Mère Thouret. - Prospérité croissante - État actuel de la congrégation. - Les postes d'honneur et de confiance. - La sœur de charité. - Les filles de la Mère Thouret ont droit aux hommages qu'on lui rend partout.

La vraie gloire de la Mère Thouret est dans son œuvre, et son œuvre nous est aujourd'hui parfaitement connue. Elle existe au soleil de notre siècle; elle est là sous nos yeux, comme une roche granitique que rien n'a pu ébranler:

« Sta come torre ferma » [1].

Nous pouvons par conséquent la considérer dans son ensemble, et jeter sur elle un coup d'œil rapide qui nous permettra de mieux la juger. C'est ce que nous allons faire pour avoir une plus haute idée de la renommée que mérite notre vénérable fondatrice.

Un poète a dit ceci de l'homme de guerre:

« Le soldat regagnant la montagne ou la plaine,
« Après le long travail qui le tint asservi,
« Portant l'étoile d'or ou le galon de laine,
« Répond quand on lui dit: « Qu'as tu fait? » — « J'ai servi [2]. »

[1] Le Dante.
[2] Henry de Bornier.

Si dans la nuit du 24 Août 1826, lorsque l'âme de la Mère Thouret a paru au tribunal suprême, Dieu lui a dit: « Qu'as tu fait? » elle aussi a pu répondre: « J'ai servi. »

Elle a servi en effet pendant 39 ans de 1787 a 1826. Elle a servi l'Eglise et la pauvreté, en France, en Suisse, en Savoie, en Italie et toujours avec courage et magnanimité. Nous l'avons, dans le cours de cette histoire, comparée, un jour, à un grand homme, et à un général; nous pourrions facilement la comparer à un vaillant soldat qui n'a jamais déserté le poste du dévouement et qui est mort au champ d'honneur. En 1787 elle part pour le séminaire. Elle en est chassée par la Révolution. Elle revient dans son pays; elle en est également expulsée. Elle émigre en Suisse. Après la tourmente, elle retourne à Besançon. En 1799 elle y jette les premiers fondements de son institut. Elle a le bonheur de voir cet institut prospérer et grandir. En 1807, elle le fait autoriser par l'Empereur. En 1810, elle le transplante à Naples, et le répand peu à peu en France et en Italie.

En 1819 elle le fait approuver par Pie VII. A partir de ce moment, elle le voit rayonner et s'étendre, et quand elle meurt en 1826, elle a la consolation de voir qu'il compte déjà 136 maisons. Pour arriver à ce beau résultat, il ne lui avait fallu que 16 ans. Ne semble-t-il pas qu'elle a marché comme un conquérant? Après sa mort, son œuvre a pris des proportions nouvelles, grâce sans doute aux bénédictions qu'elle lui a laissées.

En 1837 ses filles sont appelées à Rome. En 1843 elles sont autorisées dans le royaume de Sardaigne, par des lettres patentes du roi Charles Albert [1]. En 1851 elles transfèrent le noviciat de Naples à Rome. En 1862, elles y éta-

---

[1] Ces lettres patentes du 8 Février 1843, autorisent les filles de la charité à fonder un noviciat dans le duché de Savoie, à y établir d'autres communautés, à y acquérir des immeubles jusqu'à concurrence de 200,000 livres etc.

blissent la maison générale, et depuis, leurs succès ne se comptent plus : elles ont, il est vrai, pour les encourager dans leurs créations multiples, à part la protection du ciel qui s'est montrée même dans les épreuves, l'appui de Napoléon III en France, de Charles Albert et de ses successeurs en Piémont, de Ferdinand II et de son fils à Naples, des souverains pontifes à Rome. Les Révolutions qui ont modifié le régime politique et la carte géographique en France et en Italie, ne leur ont fait rien perdre de leurs positions, et aujourd'hui elles sont dans un état de prospérité toujours croissante.

Sans compter les maisons soumises à Besançon [1], elles ont 546 communautés, ainsi réparties :

    432 en Italie
    93 en France
    9 en Suisse
    12 dans les îles de Malte et de Gozzo [2].

Ces communautés sont gouvernées par cinq provinces et alimentées par autant de noviciats qui sont fixés au siége de ces provinces.

Ces provinces sont celles de Rome, de Naples, de Bologne de Verceil et de la Roche. Les trois premières ont sous leur dépendance les maisons d'Italie, de Malte et de Gozzo; la quatrième gouverne celles du Piémont; et la cinquième celles de France.

---

[1] La Congrégation de Besançon posséde 240 établissements: 180 dans le diocèse de Besançon ; 30 dans le diocèse de Saint Claude; 25 dans différents diocèses, 5 en Suisse. Le personnel est de 1100 membres. La province de Nîmes indépendante de celle de Besançon et fondée par Mgr. Cart en 1844, compte 50 établissements et un personnel de 300 membres.

[2] Petite île de la méditerranée au N. O. de Malte; ancienne Ogygié d'Homère.

Et maintenant quelle est la destination de ces maisons?
nous le devinons déjà. Ce sont des hôpitaux civils et militaires, des hospices d'aliénés, des orphelinats, des Refuges,
des laboratoires, des pensionnats, des écoles, des asiles, des
maternités, etc.... Les filles de la Mère Thouret s'inclinent
vers toutes les misères de ce monde; elles secourent toutes
les infortunes; elles relèvent toutes les faiblesses; elles assiè-
gent en quelque sorte tous les postes de confiance que
donne l'Eglise.

Quels sont ces postes? nous venons de les nommer: un
des plus difficiles est l'*hôpital*. Là, sont reçus les malheureux
sans feu ni lieu, sans père ni mère, sans parents ni patrie.
Qui s'occupe d'eux? qui panse leurs plaies? qui sèche leurs
larmes? Une sœur de la charité!...

Voici maintenant l'*hospice des incurables*. Ceux qui entrent
là, n'en sortiront que morts. On pourrait mettre sur la
porte comme à l'avenue de l'infernal séjour, l'inscription
dantesque:

> « Lasciate ogni speranza, voi ch'entrate. »
> « Entre qui que tu sois, et laisse l'espérance! »

Il y a là en effet des infirmes qui sont condamnés pour
jamais, et qui attendent dans des souffrances sans nom la
fin d'un martyre qui ne cessera qu'avec leur trépas. Qui
adoucit leurs douleurs? Une sœur de la charité.

Plus loin c'est le *Refuge* où vivent dans la pénitence et
le repentir des femmes qui ont traîné dans la boue leur innocence et qui ont vendu dans la rue, leur vertu. Rien n'est
hideux comme les plaies de ces âmes profanées par le vice.
Qui travaille à les purifier devant Dieu, à les réhabiliter
devant les hommes? Une sœur de la charité.

Il y a un asile qui n'est pas moins triste que celui-là,
bien que ce soit à un autre point de vue: c'est l'*asile des
aliénés*. Là, sont enfermés des êtres qui ont perdu la raison,
sur le front desquels ne brille plus le sceau de l'intelligence,

dont la physionomie révèle une âme presque éteinte, qui ne savent plus penser, vouloir, aimer, et qui ne sont plus capables que de rire ou de pleurer. Il y a là aussi un poste de dévouement à prendre? Qui l'a pris? La sœur de la charité. C'est elle qui avec une sollicitude maternelle soigne ces êtres amoindris, et qui les empêche, si c'est possible, de vivre comme de vils animaux.

Que dire de l'*orphelinat?* C'est la maison de ceux qui n'en ont plus, la famille de ceux qui n'en ont pas. Là viennent échouer de petits enfants et des fillettes qui ont besoin de protection, de tendresse et d'amour; qu'on élève dans les principes religieux, qu'on prépare à la vie sérieuse et qu'on rend à la société, adolescents utiles ou jeunes filles chrétiennes. Qui doit remplir ce rôle? Qui donne à ces enfants abandonnés, les douceurs, les suavités, les illusions de la famille? C'est encore la sœur de la charité.

Le pensionnat, l'école, l'asile sont aussi des postes d'honneur qui demandent du savoir, du tact, de la patience et du dévouement. Qui les occupe le mieux pour la consolation des parents, et pour la joie de l'Eglise? La sœur de la charité.

Or, à tous ces postes que nous venons d'énumérer et à beaucoup d'autres encore, nous trouvons les *sœurs grises* de la Mère Thouret. Voilà son œuvre! Voilà ce qu'elle a fait avec son génie, ou plutôt avec son cœur! Voilà ce que nous devons à l'humble vierge de Sancey. Ce n'est pas elle, il est vrai, il faut l'avouer, qui a créé la fille de la charité, ou pour parler plus exactement, ce n'est pas elle qui l'a *inventée*, puisque c'est Saint Vincent de Paul qui l'a donnée à la France, à l'Eglise et au monde; mais il semble qu'elle l'a fait passer par un moule nouveau. Dans tous les cas, la religieuse qu'elle a en quelque sorte pétrie et façonnée de ses mains est bien de la famille de Saint Vincent, et je ne crains pas de dire que si la *sœur de charité,* dont les peintres, les poètes et les écrivains ont popularisé la cornette blanche par leurs tableaux, leurs vers ou leurs légendes est la *fille aînée* de ce grand bienfaiteur de l'humanité, la *sœur grise au voile noir* est sa fille cadette. Celle-ci marche en effet en toutes choses sur les traces de celle-là : elle a les mêmes aspirations, elle se livre aux mêmes travaux, elle exerce les mêmes fonctions, et en face du péril ou du malheur, elle a le même courage et la même vertu. Il suffit pour en être convaincu de l'avoir vu remplir ses différents rôles d'infirmière, d'éducatrice, d'institutrice. Pour nous qui de près avons pu la contempler à Rome, auprès des malades du Saint Esprit, des blessés de la Consolation [1] et des enfants de l'asile Léon XIII; à Naples auprès des incurables de *Regina Cœli* et des pensionnaires de la même maison; à Terracine, auprès des orphelines du comte Augustin Antonelli [2], à Turin, à Bologne, à Verceil. à Nice, à Chambéry, à Annecy etc... auprès des infirmes, des fous, des orphelins, des repenties et des pauvres, nous savons que partout elle se montre à la hauteur de sa tâche tour à tour ardue, délicate et pénible.

Aussi, tout ce que l'on dit d'élogieux dans les salons, dans les journaux, dans les congrès des filles de M\[r] Vincent on peut le répéter bien haut des filles de Madame Thouret.

---

[1] L'hôpital de la Consolation, non loin du Capitole, est également desservi par nos sœurs. Sur l'emplacement qu'il occupe, il y avait jadis un hôpital fondé en 1085 sous le nom de Sainte Marie des Grâces : en 1471 on construisit l'église de la Consolation en l'honneur d'une image qui se trouvait sur une muraille, et Alexandre VII la réunit à l'hôpital qui est consacré aux blessés et aux malades qui ont besoin d'opérations chirurgicales.

[2] Nous nous plaisons à mentionner ici, l'orphelinat Grégoire Antonelli élevé à Terracine, par le comte Augustin Antonelli, neveu du célèbre cardinal, à la mémoire de son père. Cet orphelinat a 25 jeunes filles de 5 à 18 ans, qui sous la direction de 5 sœurs apprennent à lire, écrire, compter, coudre, broder, cuisiner, et peuvent, quand elles quittent la maison, devenir caméristes, gouvernantes et même institutrices; car les plus intelligentes prennent des leçons de chant, de musique, de littérature.... Grâce à l'impulsion donnée par le généreux fondateur, homme d'esprit et de cœur qui consacre à ces pau-

Les unes et les autres répondent merveilleusement à l'idéal
que nous venons d'exposer et ont droit par conséquent au
même respect, à la même apothéose.

Or qui vaut cela aux secondes? Leur fondatrice. Encore
une fois, voilà son œuvre! Voilà ce qu'elle a su faire pour le
bien de l'humanité, pour l'honneur de l'Eglise et pour la gloire
de Dieu. Ses filles ont marché sur ses traces, obéi à ses
inspirations, et compris son esprit. Du haut du ciel, elle
doit être fière d'elles, et si Dieu lui permettait de leur faire
part de sa joie, elle leur dirait à coup sur: « Mes enfants,
c'est bien! je suis contente de vous! »

vres enfants de son pays, une partie de sa fortune, et à la méthode
suivie par les religieuses, l'instruction est solide, l'éducation parfaite
et la tenue excellente dans cette pieuse maison. Voici d'ailleurs expliqué dans le 2 chapitre du réglement, le but noble, religieux et charitable que le comte Antonelli, secondé en tout par sa digne compagne, poursuit et veut atteindre :

Regolamento interno
per l'Orfanotrofio femminile Gregorio Antonelli in Terracina (Roma 1890).

Scopo dell' Istituto.

Art. 3º — Il fondatore nello instituire un orfanotrofio di bambine
ha avuto in animo di fare un affettuoso omaggio alla memoria del
rimpianto padre suo, ed in pari tempo una cosa gradita ed utile al
suo paese nativo, ricoverando le povere orfanelle della stessa città
di Terracina, procurando loro educazione ed istruzione. Epperò lo
scopo di questo Istituto è quello d' istruire le povere orfanelle,
giusta la volontà del Fondatore, in modo che riescano buone came-
riere, governanti, maestre, istitutrici, dando perciò alle orfane quello
sviluppo maggiore alla virtù fisica, intellettuale e morale, che loro
dev'essere utile per portare in seno della società quel vantaggio che
attender puossi dalla donna saviamente educata. Sarà studio perciò
delle Suore scoprire le tendenze e le aspirazioni di ciascuna orfanella,
per indirizzarla in quella via che può più facilmente assicurarle una
buona sistemazione all'uscita dell'Ospizio.

CHAPITRE NEUVIÈME

Conclusion.

*Utinam! Les colonnes d'un édifice. - État de la question. -
Lettre de Mère Boucon. - Réponse de Sœur Vuitton
Gros. - Mémoire de la supérieure générale de Naples au
pape. - Statu quo. - La « Bocca della verità. » - Une
immortelle. - Deux vœux.*

Utinam! Nous connaissons l'âme, le cœur, l'esprit, les vertus, les constitutions, les filles, la gloire, l'œuvre, de notre héroïne; il ne nous manque plus qu'à donner une conclusion à son histoire.

Mais pourquoi mettons-nous ce mot *utinam* en tête de ce chapitre? Le voici.

Les armes de Besançon sont: d'or, à l'aigle éployée, lampassée de sable tenant dans chacune de ses serres deux colonnettes de même, mises en pal avec la devise: *Utinam!* Ce mot, on le sait, signifie *Dieu veuille! Plaise à Dieu*

Or c'est là le cri qui s'échappe de mon cœur; c'est là le mot qui tombe de ma plume, maintenant que j'arrive à la fin de cet ouvrage. Pourquoi? on l'a deviné sans doute.

Voilà soixante six ans, que la Mère Thouret est partie pour l'Eternité, comme un aigle qui va chercher le repos dans son aire, et en s'envolant ainsi vers le ciel, où l'atten-

dait la récompense due à ses travaux, elle semblait porter
dans ses mains, les deux colonnes de la maison qu'elle avait
fondée ici-bas pour la gloire de Dieu et le soulagement des
pauvres. Ces deux colonnes étaient Besançon et Naples. Déjà
de son vivant, elles s'étaient visiblement éloignées l'une de
l'autre, et par suite l'édifice, sans être ébranlé, était divisé
en deux. Après sa mort, l'éloignement n'a fait que s'accentuer
de plus en plus. Il est vrai que le côté de l'édifice que soutient la colonne de Naples s'est largement agrandi et qu'il
s'est donné, quatre nouvelles colonnes comme pour remplacer celle qui est perdue. Ce sont : Rome, Bologne, Verceil
et La Roche.

Le côté que soutient la colonne de Besançon s'est aussi
un peu agrandi, et semble vouloir se contenter de la part
que les événements lui ont faite, fier qu'il est de s'appuyer
sur la colonne primitive.

Voilà où en est la belle œuvre de la Mère Thouret. Cette
œuvre que nous avons tant admirée, et qui de fait, a mérité les bénédictions de l'Eglise et les applaudissements de
l'histoire, a, malgré tout, une tache. Cette tache à un nom :
c'est la séparation ! Ne pourrait elle pas disparaître ? N'y aurait
il pas moyen de l'effacer ? Quelle harmonie heureuse règne-
rait alors dans tout l'édifice ! Et quelle grâce et quelle force
lui donneraient toutes les colonnes rapprochées les unes des
autres ! quel magnifique portique posséderait le temple de la
charité élevé par la vierge de Sancey !

Voilà pourquoi j'ai voulu me servir ici de la devise de
Besançon : *Utinam ! Dieu veuille* que les deux branches de
la famille désunie se réunissent un jour ! *Plaise à Dieu* que
bientôt l'édifice soit un et que les filles de la même mère
obéissent aux mêmes constitutions, marchent sous la même
bannière ! *Utinam !*

C'est là le désir des sœurs de Rome : c'est également
le rêve de beaucoup parmi les sœurs de Besançon. D'où vient
donc qu'on n'est pas encore parvenu à une entente définitive,

et que la séparation continue toujours dans la maison édifiée par la Mère Thouret ? Nul ne saurait bien le dire.

Voyons cependant où en est la question.

Nous savons que la Fondatrice mourut avec l'amer chagrin de n'avoir rien pu faire pour la réconciliation. La seconde supérieure accepta la situation telle qu'elle était, et voulut y rémédier, quand elle crut le moment venu. Après avoir mûrement réfléchi, elle écrivit à la supérieure de Besançon le 7 Mars 1836 une longue lettre qui avait deux objets.

En 1er lieu, elle la priait instamment, si faire se pouvait, de lui envoyer des aspirantes pour le noviciat de Naples, vu le nombre de ses œuvres qui s'augmentaient de jour en jour, et elle lui demandait cela au nom de la fraternité qui les unissait.

En 2ème lieu, elle touchait à la question qui la tourmentait le plus comme supérieure générale, et voici en quels termes délicats, elle exprimait l'amertume de son âme :

« Mais cette charge, dont la responsabilité m'effraie, m'oblige souvent à de sérieuses réflexions que je ne crains pas de vous communiquer. Voici les plaintes que je fais à Notre Seigneur avec toute l'effusion d'un cœur affligé : Mon Dieu, pourquoi souffrez vous que notre institut soit divisé, tandis que nous ne devrions former qu'une seule et même famille ? Nous sommes les enfants d'une même mère et nous traitons ensemble comme des étrangères au lieu de nous entr'aider mutuellement et de travailler d'un commun accord à la gloire de notre Dieu et au bien de notre prochain. Ce qu'il y a de plus affligeant, c'est que nous ignorons les causes de notre désunion et les moyens d'y remédier. Ce n'est pas tout, Seigneur, cette communauté que vous m'avez confiée est composée de jeunes plantes qui ont encore besoin d'appuis ; cependant vous avez déjà appelé à vous celles d'entre nous qui les auraient pu soutenir ; il n'en reste plus qu'un petit nombre qui ne tarderont pas d'aller rejoindre leurs compagnes dans l'éternité. Que deviendra alors cette pauvre Com-

munauté? Aurai-je la douleur de fermer les yeux avant de
lui avoir trouvé une autre Mère?

Voilà les tristes pensées qui troublent souvent mon sommeil et qui me font répandre bien des larmes en secret.
Qu'en pensez-vous, ma révérende Mère? Le Seigneur les
essuiera-t-il? Aurons-nous la consolation de nous réunir?
Oui, je l'espère, et quand ce beau jour sera venu, je n'aurai
plus rien à désirer et je dirai avec le saint vieillard Siméon:
« Je suis contente de mourir. »

Telle était la lettre de la bonne Mère Geneviève Boucon
à la supérieure de Besançon. Celle-ci lui répondit sans tarder,
à la date du 17 Mars 1836, une lettre également très-longue,
dans laquelle après avoir dit qu'il ne lui était pas possible
d'envoyer des aspirantes à Naples, elle traitait ainsi la grande
et délicate question:

« La seconde partie de votre lettre, ma Révérende Mère,
est d'un intérêt bien plus précieux encore, et c'est parce que
je partage vos désirs que peut-être les difficultés de réaliser
cette union m'est apparue bien grande. Je viens donc vous
soumettre toutes mes pensées.

« Pour réunir en un seul corps les deux portions dont
la séparation est maintenant consommée, il faut rétablir une
unité parfaite et en faire le centre ou à Besançon ou à Naples.
Or, je pense que jamais les Sœurs de notre congrégation
ne consentiront à se remettre entièrement à la disposition
de l'autorité résidant hors de France. Je crois parler ici sans
prévention et sans influence; mais il me semble que cet arran-
gement serait contre nature. Cependant fixer à Besançon le
siège de la centralisation me paraît difficile pour les Sœurs
que vous avez formées. Jamais elles n'ont eu de relations
avec nous; nous sommes pour elles comme des étrangères
et tout à coup ce serait avec Besançon qu'il faudrait correspondre, de Besançon qu'il faudrait recevoir son obédience etc. Ma Révérende Mère, il n'y a que vous qui puis-

siez juger si l'esprit de votre congrégation est assez uni pour ce sacrifice.

En second lieu, les autorités spirituelles et civiles consentiraient-elles jamais à reconnaître la Supérieure Générale résidant en France? En troisième lieu, comment réunir dans un seul Noviciat, *car je crois que si l'on veut établir et maintenir l'uniformité, il n'en faudrait qu'un seul*, des personnes si éloignées? il faudrait pour cela des frais immenses. En quatrième lieu, la réunion s'opérant, la Communauté aurait un besoin plus grand de sujets capables, dévoués, doués d'une grande étendue d'esprit et d'une grande force de volonté. Or, si chacune peut-être de ces congrégations, quoique ne renfermant pas dans son sein des rouages aussi étendus, aussi compliqués, a peine à trouver des têtes assez bien organisées pour faire donner une impulsion droite et forte aux choses, la difficulté ne deviendra-t-elle pas plus grande encore?

Qu'il faudrait de tact, de prudence, d'esprit de Dieu pour conduire cette grande famille et ne faire de tous ses membres qu'un cœur et qu'une âme! Puis viendrait encore l'administration temporelle qui ne serait pas chose facile.

Enfin les deux ramifications d'une société qui a pris naissance dans le même berceau, mais qui n'ont plus de liens qui les unissent, font, à coup sûr, quoique séparées, un grand bien, chacune dans sa sphère; réunies feraient-elles le même bien et n'y aura-t-il pas toujours dans le sein de cette communauté devenue une extérieurement, un germe de division et des habitudes différentes qui pourraient amener encore une rupture qui se ferait avec effort et qui serait, et plus dangereuse, et moins édifiante encore que la première? Si vous ne partagez pas mes craintes, ma Révérende Mère, combattez-les par vos espérances, par le courage que Dieu vous donne et que vous le prierez de me communiquer, s'il veut que nous travaillions de concert à ce projet si vaste et d'une exécution, ce me semble, si difficile.

Je crois bien que notre digne Archevêque ne s'opposerait pas à notre réunion; mais je n'ai pas cru devoir lui communiquer votre lettre, parce qu'elle m'a paru renfermer un désir plutôt qu'un projet, et un désir encore qui serait plutôt le votre que celui de votre congrégation. Cependant, j'en ai parlé à Notre Supérieur et c'est de concert avec lui et avec nos Sœurs du Conseil que je vous fais cette réponse. Puissiez-vous, ma R. M., trouver dans cet écrit la preuve du souvenir bien flatteur que notre communauté conserve de vous, de la confiance que vous nous inspirez, de la bonne volonté que nous avons de travailler en commun à la même œuvre, si telle est la volonté de notre bon et commun Maître, et des sentiments tout particuliers de respect et de dévouement avec lesquels j'ai l'honneur d'être etc. »

Signé: Sr Athanase Vuitton Gros
Sup. Gén.

La correspondance entre Naples et Besançon n'en resta pas là [1]. La Mère Boucon écrivit même à l'archevêque de cette dernière ville, pour le prier de vouloir bien s'occuper de la réconciliation des deux communautés, et de servir d'intermédiaire entr'elles; mais tout fut inutile, rien n'aboutit.

Nous en avons la preuve dans un mémoire que la même supérieure générale adressa en 1842, à Grégoire XVI, pour répondre à quelques questions que le pape lui avait fait poser, à propos des modifications apportées, et de la séparation des maisons de Besançon et de Naples.

Il est dit en effet à la fin de ce mémoire que depuis 16 ans - c'est-à-dire depuis le commencement de sa charge -

---

[1] Nous possédons une lettre de la Mère Boucon, adressée le 17 Avril 1841 à la supérieure générale de Besançon, et écrite à l'instigation de l'archevêque de Naples. Cette lettre, comme celle du 7 Mars 1836, a trait à la question épineuse.

la supérieure générale n'a pas cessé de faire des démarches dans le but d'obtenir la réunion des deux centres, que ces démarches n'ont amené aucun résultat, qu'après la dernière lettre de l'archevêque de Besançon elle a perdu tout espoir [1] et qu'elle s'en remet pour la décision à la sagesse et au bon plaisir de Sa Sainteté.

Depuis 1842, il y a eu d'autres pourparlers; de nouvelles tentatives ont été faites; mais par suite de je ne sais quelle fatalité, on est toujours resté aux désirs exprimés, aux regrets échangés. Et cependant, il serait si facile de s'entendre! L'accord, si on le voulait bien, pourrait si aisément se rétablir!

« Qu'il faudrait, s'écriait en 1837, la Sœur Athanase Vuitton Gros, de tact, de prudence, d'esprit de Dieu pour conduire cette grande famille et ne faire de tous ses membres qu'un cœur et une âme! » Or rien de tout celà ne manque ni à Rome ni à Besançon. Avec quelques petits sacrifices on pourrait, ce semble reconquérir l'harmonie des anciens jours, et alors, une ère nouvelle de prospérité se lèverait sur la congrégation des filles de la Mère Thouret. Il n'y aurait qu'un bercail et qu'un troupeau. Toutes les sœurs se donneraient le baiser de paix; la joie et le bonheur s'épanouiraient dans une famille née

---

[1] Voici le texte même de la fin de ce mémoire:

« Nello spazio d'anni 16, o Beatissimo Padre, che la medesima occupa la carica di Superiora, ha per reiterate volte prese delle misure e fatte delle diligenze mediante la corrispondenza letteraria, per trattare di riunire questa separazione; ma pare che siasi adoperata inutilmente.

« In comprova di ciò l'Esponente depone con la presente a piè di V. S. l'ultima lettera ricevuta dall'Arcivescovo attuale di Besanzone trattante questo affare, dalla quale essa rileva avere perduta ogni speranza di poter riuscire in questa riunione.

« L'Esponente perciò a discarico della sua coscienza rimette il tutto alle sante disposizioni della S. V. onde ne decida a suo beneplacito ecc. ... »

sous les mêmes auspices, vouée aux mêmes principes, gardée par le même esprit, et faite par conséquent pour s'unir comme doivent s'unir les enfants de la même Mère!

Pour moi, j'ai la conscience, après avoir étudié l'histoire de la séparation, d'avoir dit la vérité, en racontant ses commencements, ses progrès et sa consommation.

La maison-mère de Rome se trouve à côté de l'église appelée *della Bocca della Verità;* et cette église est ainsi nommée à cause d'un immense masque en pierre muni d'une grande bouche qu'on voit dans le péristyle. Cette bouche est dite depuis des siècles *Bouche de la vérité.* Or avant d'entreprendre ce livre que je termine, j'ai fait deux choses que je veux mentionner ici. D'abord j'ai plongé ma main dans cette grande bouche avec le désir intime que cette main qui allait prendre la plume, n'écrivit que l'expression de la vérité, au sujet d'une division regrettable. Ce désir est-il pleinement réalisé? J'ose l'espérer, et dans ce cas, je prie la Mère Thouret d'user de son influence auprès de Dieu pour que la vérité éclaire toutes ses filles! Puisse-t-elle également au nom de la vérité qui est la sœur de la justice et de la charité, rapprocher les esprits et rasséréner les cœurs. - *Utinam!!*

Enfin, grâce a son intervention, plaise à Dieu que cette colonne qui soutient en France, l'édifice séparé des sœurs grises entre pour jamais en ligne avec les colonnes qui en Italie soutiennent la maison-générale, et alors nous aurons sous les yeux le spectacle consolant d'un seul temple grandiose élevé à la même charité et ouvert aux mêmes misères. *Utinam!!*

Puis après avoir plongé ma main dans la bouche de la vérité, j'ai cueilli dans les plates-bandes du jardin de la maison-mère, une humble fleur, une modeste immortelle que j'ai placée sur la tombe de la Mère Touret. Elle est l'emblème de ses vertus! Puisse-t-elle grandir aux yeux de ses filles et embaumer son Institut! Puisse-t-elle l'embaumer si bien que l'Eglise s'en aperçoive, et qu'elle veuille à son tour respirer son parfum. Alors, pour les sœurs de la charité viendra le moment de demander à Rome la béatification de leur sainte fondatrice. Plaise au Ciel que cette demande puisse un jour se formuler sans réserves, et ce désir bientôt s'exprimer sans hésitation ! *Utinam !* Puisse enfin sans trop tarder, la Bonne Mère dont on vient de lire la vie, recevoir du Vicaire de Dieu, l'auréole de la Sainteté !

C'est là le vœu de son historien et ce sera également, je l'espère, celui de ses admirateurs ! *Utinam !!!*

Fin

NOTES

ET PIÈCES JUSTIFICATIVES

I

Statuts de la Congrégation.

(Voyez page 185).

Nous jugeons à propos de faire connaître ici l'approbation accordée en 1810 par Napoléon aux Statuts de la Mère Thouret, et ces statuts eux-mêmes.

Nous ne les avons pas insérés dans la trame de cette histoire pour ne pas entraver le récit.

Voici d'abord l'approbation impériale donnée dans le décret suivant:

MINISTÈRE DES CULTES.

Extrait des minutes de la Secrétairerie d'Etat

Au Palais de Saint Cloud, le 28 Août 1810.

Napoléon, Empereur des Français, Roi d'Italie Protecteur de la Confédération du Rhin.

Sur le rapport de notre Ministre des Cultes, Notre Conseil d'Etat entendu,

Nous avons décrété et décrétons ce qui suit:

Art. 1.

Les Statuts des Sœurs de la Charité, lesquels demeureront annexés au présent Décret, sont approuvés et reconnus.

Art. 2.

Le nombre des maisons agrégées de la dite Congrégation sera fixé par un décret rendu en Notre Conseil d'Etat et pourra être augmenté selon le besoin des hospices et des pauvres, de la même manière et en vertu d'un décret : nulle maison ne pourra être considérée comme agrégée ou affiliée, qu'après ladite autorisation donnée en Notre Conseil d'Etat, et les Préfets n'en pourront tolérer l'existence.

Art. 3.

Les membres de la dite Congrégation continueront de porter leur costume actuel et jouiront de tous les privilèges par nous accordés aux Congrégations hospitalières en se conformant aux Règlements Généraux concernant ces Congrégations.

Art. 4.

Le présent Décret d'Institution publique et les Statuts y annexés seront insérés au Bulletin des Lois.

Art. 5.

Notre Ministre des Cultes est chargé de l'exécution du présent Décret.

Signé: NAPOLÉON.

Voici maintenant ces statuts. Ils nous montrent d'une façon parfaite l'esprit de sagesse, de prévoyance et de gouvernement de la fondatrice des Sœurs de la charité. Une supérieure générale est comme un commandant d'armée. Le général montre son talent stratégique dans le maniement de ses troupes, et la Supérieure montre sa valeur intellectuelle dans la direction de ses phalanges.

Ces statuts comprennent cinq chapitres : le premier regarde l'organisation de la communauté ; le second, la réception des aspirantes ; le troisième les vœux ; le quatrième, les engagements réciproques entre la communauté et les sœurs professes ; et le cinquième, le costume.

ORGANISATION DE LA COMMUNAUTÉ.

Art. 1.

Tous les établissements des Sœurs de la Charité, où qu'elles soient établies, ne forment qu'une seule et même communauté dont le gouvernement est tout entier entre les mains d'une Supérieure Générale.

Art. 2.

La Supérieure Générale rend compte à l'Evêque du Diocèse de la maison Chef-lieu.

Art. 3.

A la tête de chaque Etablissement particulier est une Sœur Servante qui représente la Supérieure Générale en son absence ; elle rend compte à la Supérieure Générale ; elle rend aussi compte aux Administrateurs civils de ce qui est relatif à leur administration.

Art. 4.

La Supérieure Générale visite tous les Etablissements de l'Institut, ou les fait visiter par d'autres Sœurs, pour voir si tout est en bon ordre, soit envers les sœurs, soit envers les pauvres.

En méditant le 2e de ces articles, on peut voir qu'il était un outil providentiel entre les mains de la Mère Thouret. En faisant dans chaque diocèse l'Ordinaire *supé-rieur-né* de ses maisons, la fondatrice acquérait d'immenses avantages pour son Institut. Elle pouvait d'avance compter sur la sympathie des évêques qui seraient heureux d'avoir dans leur juridiction des religieuses *non-exemptes*, et elle supprimait par là même pour l'avenir, de grandes difficultés pour le gouvernement de sa congrégation. Les filles de la charité de Paris relèvent toutes d'un Supérieur Général et lorsque une difficulté plus ou moins épineuse surgit parmi elles dans un pays lointain, ou sous un ciel étranger, la solution court le risque de se faire un peu attendre, à cause de l'éloignement de l'autorité compétente. Pour nos Sœurs de la Charité, il n'en est pas ainsi. L'évêque du lieu étant leur supérieur partout où elles se trouvent, il peut plus aisément, instruire leur cause sur place; il voit de près les sujets et il remédie plus promptement aux situations embarrassées.

RÉCEPTION DES ASPIRANTES.

Art. 1.

La Supérieure Générale reçoit les aspirantes depuis l'âge de dix-huit ans, jusqu'à vingt-huit.

Art. 2.

Elle exige des aspirantes un trousseau et une somme d'argent selon la faculté des aspirantes, pour satisfaire à leur pension alimentaire et autres frais, pendant les quinze ou dix-huit premiers mois de leur Noviciat.

Art. 3.

On donne l'habit religieux aux novices au bout de quinze ou dix-huit mois de vocation.

Des Vœux.

Art. 1.

Les vœux en usage dans notre Communauté sont annuels ; on ne les fait qu'au bout de cinq ans passés consécutivement dans notre Communauté ; on les fait pour un an seulement ; et on les renouvelle au bout de l'an pour un an ; cela tant que l'on reste dans notre Congrégation. Les Sœurs ne les font pour la première fois et ne les renouvellent qu'après qu'elles en ont témoigné un vrai désir à la Supérieure Générale. Elle le leur permet avec l'agrément de l'Evêque.

Art. 2.

Les vœux sont au nombre de quatre : 1° Le vœu de Pauvreté, 2° celui de Chasteté, 3° celui d'obéissance à la Supérieure Générale, 4° celui de s'employer au service corporel et spirituel des pauvres malades et à l'instruction des filles indigentes, en la Compagnie des filles de Saint Vincent de Paul, nommées depuis le Chapitre Général, Compagnie des Sœurs de la Charité de Besançon.

Engagements réciproques entre la Communauté et les Sœurs Professes.

Art. 1.

Toutes les sœurs s'obligent, en faisant les vœux, à donner leurs soins aux différents offices ou emplois auxquels elles seront appliquées par l'Autorité compétente, et la Communauté s'engage à son tour à les nourrir, entretenir et soigner en santé et en maladie tant qu'elles demeurent dans son sein et qu'elles s'y comportent en dignes Sœurs de la Charité et filles de Saint-Vincent de Paul.

Art. 2.

Toutes les propriétés des Sœurs soit professes ou non professes leur sont conservées, même avec la capacité de les augmenter en héritant, recevant des legs, donations, pensions et présents, de les faire valoir, défendre et d'en disposer selon les Lois de l'Empire; cependant afin que les Sœurs puissent pratiquer, même à l'égard de leur temporel, cet esprit de pauvreté si recommandé dans l'Evangile, si utile à la perfection et si nécessaire au maintien de l'ordre dans une Communauté, elles ne pourront disposer de leurs biens sans en avoir une permission spéciale de la Supérieure Générale, qui ne la leur accordera qu'avec prudence, et seulement pour des meubles, linges et effets conformes à la pauvreté et à l'uniformité recommandées par les Règles de notre Institut. Semblablement, et pour les mêmes raisons et afin de parer aux injustices, dilapidations, dispositions imprudentes et à beaucoup d'autres inconvénients elles ne traiteront, ne transigeront, ne discuteront par manière de procès ou autrement, à l'égard de leur temporel privé, et elles n'en disposeront en aucune façon, sans permission de la même

Supérieure Générale; cependant si un sujet était éloigné de la même Supérieure, dans un établissement de ladite Communauté, dans un cas pressant de mort, la Sœur Servante, représentant la Supérieure Générale, lui permettra de mettre ordre à ses affaires temporelles, par testament ou de tout autre manière autorisée par les Lois de l'Etat. Du reste le compte sera rendu le plus tôt possible à la Supérieure Générale, de tout ce que contiendra cette affaire, afin que, si on a commis quelque méprise, elle soit réparée le plus tôt possible.

Art. 3.

Les Sœurs ne feront pas, par elles-mêmes, à l'égard de leur temporel personnel ce qui exigerait leur présence au dehors, ni ce qui les distrairait de leur travail envers les pauvres, et des exercices, des emplois et de la vie réglée de la Communauté, mais elles auront recours (avec permission de la Supérieure Générale) à des personnes de confiance qu'elles chargeront, par procuration, ou d'une autre manière convenable, d'agir et de gérer leurs affaires en leur privé nom. Il est aisé de voir combien une conduite différente serait capable d'amener dans la Communauté de désordres et d'inconvénients.

Art. 4.

Si une Sœur quitte la Communauté, de quelque manière que ce soit, on lui rendra, si c'est dans la première année du noviciat, une partie de la pension exigée, au pro rata du temps qu'elle aura demeuré dans la Congrégation, relativement à cette première année, et, en quelque temps que ce soit, tout ce qui existera de son trousseau, dans l'état où il se trouvera, ainsi que ses autres propriétés mises en dépôt.

Art. 5.

Si une Sœur novice vient à mourir dans la Communauté, pendant sa première année de noviciat, son trousseau et le restant de l'argent de sa pension restent en propre à la Communauté.

Du temporel de la Communauté.

Art. 1.

A la maison Chef-lieu ou Noviciat, et dans tous les autres établissements de la Congrégation, la nourriture, le linge, les habits, les lits, les remèdes et généralement tous les meubles sont en commun et traités comme propriétés de la Communauté; tous les dons, de quelque nature qu'ils soient, faits à la Supérieure Générale, ou à d'autres sœurs de la Communauté, sont une propriété de ladite Communauté.

Art. 2.

Tous les dons qui sont faits à la Supérieure Générale, ou à d'autres sœurs, en faveur des pauvres, ne sont pas une propriété de la Communauté, mais des pauvres.

Art. 3.

Le linge, meubles, nourriture ou autres effets qui sont une propriété des Sœurs de la Communauté et apportés par elles, ne sont pas confondus avec ceux des pauvres, non plus que les propriétés des pauvres avec celles de la Communauté; elles sont séparées, marquées chacune à leur destination.

Du Costume.

Il consiste: 1° en un voile blanc et un noir par dessus;
2° un bandeau; 3° une mentonnière; 4° un collet en forme
de rabat; 5° une robe d'étoffe grise; 6° un tablier noir;
2° un chapelet et un Christ pendants. Toutes les Sœurs de
la Congrégation seront revêtues du même costume.

II.

Note relative à la vénération dont la Mère Thouret est l'objet dans son pays natal.

(Voyez page 534).

M. l'abbé Seydet ayant reçu de Rome un portrait de la
Mère Thouret, écrivait ceci à la Supérieure Générale, à la
date du 31 Janvier 1884:

« Je sais que tout culte public est défendu. Je ne per-
mettrai donc pas même qu'on expose son image à la chapelle
publique pendant la réunion de la conférence des Dames
de Grand-Sancey. Nous ferons notre dévotion dans les réunions privées. Je me propose donc de faire prier notre Sœur
Jeanne-Antide tous les jours du carême dans les établissements
des Sœurs, dans les familles qui le voudront, et les dimanches
dans les réunions de la conférence des Dames.

Je veux implorer son crédit en faveur de toute la paroisse
pour la conversion des âmes et leur sanctification, et pour
l'établissement de Grand-Sancey fondé par elle en 1807.

Je suis sûr, ma très Révérende Mère, que vous voudrez
bien vous associer à nos intentions et à notre dévotion.
Aidez-nous, s'il vous plaît, à obtenir miséricorde par les

mérites et le crédit de votre pieuse Fondatrice pour sa gloire en Notre-Seigneur. Non, il ne sera pas dit qu'elle rentrera dans son pays les mains vides; j'attends ses bénédictions.

Nos bonnes gens me disent: Sera-t-elle bientôt canonisée? Vous ne savez pas que c'est là une grande affaire qui ne marche que fort lentement. Obtenez par vos prières que Dieu la glorifie un jour. Mais ce jour, s'il doit venir, ne sera pas pour nous. C'est au ciel que nous le verrons. Telle est ma réponse. Cependant, ma très Révérende Mère, la procédure préparatoire pourrait peut-être se faire assez vite pour que, non pas moi avec mes 70 ans, mais d'autres plus jeunes, aient le bonheur de l'appeler canoniquement Vénérable. Dieu le veuille.

C'est alors que la paroisse de Sancey serait plus intimément liée à votre institut de Rome qui est devenu le refuge de notre Sœur Thouret repoussée de sa maison de France. »

Cette lettre écrite par le pieux curé de Sancey, se passe de commentaires: elle nous prouve le culte d'amour, de respect et de confiance dont est entourée notre *sainte* fondatrice dans le village qui l'a vu naître.

Ce culte n'est pas moins fervent dans les maisons italiennes et françaises de la Congrégation des filles de la charité sous la protection de Saint Vincent de Paul. Les Religieuses de toutes les communautés que j'ai visitées, m'ont toutes posé la question que posaient en 1884 à leur curé, les bonnes gens de Sancey: « Notre Mère sera-t-elle bientôt canonisée? »

J'ai toujours répondu : « C'est le secret de Dieu. L'Eglise se prononcera, quand la Providence le jugera à propos. En attendant, il faut prier, et tâcher d'obtenir par la prière des grâces, et des faveurs surnaturelles. »

Je m'entretenais naguère à Rome avec S. E. le cardinal préfet de la Congrégation des Rites, de la Mère Thouret, de ses vertus que j'avais racontées dans le livre que voici, et du désir qu'avaient ses filles, de la voir bientôt monter sur les autels, et il me répondait avec autant de justesse que d'esprit : « Que cette bonne fondatrice se *hâte* de faire des miracles ; qu'elle mette à les faire cette *furia francese* qui caractérise l'âme française et alors nous pourrons introduire la cause de sa béatification en cour de Rome. »

Fin des notes et pièces justificatives

IMPRIMATUR

Fr. Raphael Pierotti O. P., S. P. A. Magister.
Iulius Lenti Patr. Const. Vicesgerens.

« Chargé d'examiner l'histoire de la Mère Thouret, je l'ai lue avec attention et un intérêt croissant. Sauf les corrections légères que j'ai signalées à l'auteur, je suis heureux d'attester que non seulement cette histoire ne renferme rien de contraire au dogme ni à la morale, mais qu'elle est en outre un excellent livre, appelé à faire un très grand bien d'abord aux nombreuses filles de la Pieuse Fondatrice qui savoureront avec délices le parfum qui s'exhale des vertus de leur Mère, et même aux catholiques sérieux, aux âmes de foi désireuses de connaître les grandes âmes de notre siècle.

Rome, Collége Saint Antoine, 8 Septembre 1891.

Fr. Raphael D'Aurillac
Proc. Gén. des Frères Mineurs. »

TABLE DES MATIERES

LIVRE PREMIER

L'ère des Commencements (1765-1799).

CHAPITRE PREMIER

SA PATRIE.

CHAPITRE DEUXIÈME

SON VILLAGE.

LIVRE SECOND

L'ère des succès (1799-1810).

CHAPITRE PREMIER

SES PREMIÈRES FONDATIONS (1799-1800).

CHAPITRE DEUXIÈME

SES CONSTITUTIONS (1801-1802).

LIVRE TROISIÈME

L'ère des bénédictions (1810-1821).

LIVRE QUATRIÈME

L'ère des difficultés (1821-1826).

CHAPITRE PREMIER

SON VOYAGE EN FRANCE (1821).

CHAPITRE DEUXIÈME

SON SÉJOUR À PARIS (1821-1823).

CHAPITRE TROISIÈME

SA JUSTIFICATION (1822).

LIVRE CINQUIÈME

L'ensemble du caractère.

CHAPITRE PREMIER

SON AME.

CHAPITRE DEUXIÈME

SON CŒUR.

CHAPITRE HUITIÈME

SON ŒUVRE.

CHAPITRE NEUVIÈME

CONCLUSION.